CW01468290

Anuario Del Observatorio De La Plata Para El Año ...

Observatorio de La Plata

Nabu Public Domain Reprints:

You are holding a reproduction of an original work published before 1923 that is in the public domain in the United States of America, and possibly other countries. You may freely copy and distribute this work as no entity (individual or corporate) has a copyright on the body of the work. This book may contain prior copyright references, and library stamps (as most of these works were scanned from library copies). These have been scanned and retained as part of the historical artifact.

This book may have occasional imperfections such as missing or blurred pages, poor pictures, errant marks, etc. that were either part of the original artifact, or were introduced by the scanning process. We believe this work is culturally important, and despite the imperfections, have elected to bring it back into print as part of our continuing commitment to the preservation of printed works worldwide. We appreciate your understanding of the imperfections in the preservation process, and hope you enjoy this valuable book.

ANUARIO

DEL

OBSERVATORIO DE LA PLATA

2129

ANUARIO

DEL

OBSERVATORIO DE LA PLATA

PARA EL

AÑO 1891

BUENOS AIRES
LIBRERÍA DE C. M. JOLY Y Cía
719-721, CALLE VICTORIA, 725-727
(antes 135 á 143)

—

1891

PREFACIO

Este volumen es el quinto de la publicación anual del Observatorio de La Plata, creado por ley del 10 de octubre 1882 y organizado en cuanto á su personal en marzo de 1885.

Todas las mejoras introducidas sucesivamente en el Anuario en los años anteriores han sido conservadas en el actual, cuya disposición general es idéntica á la del de 1890.

El capítulo relativo á la estadística es más reducido este año que en los años anteriores, y es el caso de repetir aquí lo que se ha dicho al respecto en los prefacios anteriores : « Desde su creación, el Observatorio ha hecho lo posible para procurarse el conjunto completo de los datos de estadística general de la República, que por su naturaleza dan la prueba evidente de los adelantos incesantes del país; su publicación anual en este libro destinado á ser repartido en todas las partes del mundo civilizado presenta por consiguiente un interés de primer orden. Desgraciadamente, á pesar de todos nuestros esfuerzos, cada año repetidos, no hemos podido conseguir hasta ahora todos los elementos indispensables para completar ciertos cuadros generales. Sin embargo nos es agradable consignar aquí la viva expresión de nuestra gratitud hacia los señores jefes de las varias reparticiones nacionales y provinciales, y sobre todo hacia los señores gobernadores de las Provincias, quienes siempre han atendido con toda deferencia á nuestros pedidos periódicos. »

El estado actual del Observatorio respecto á los instrumentos, es el siguiente : á más de los ya recibidos y consignados en los volúmenes anteriores, se ha instalado

(RECAP)
298814

en su sitio el gran círculo meridiano de 22 centímetros, como también ha llegado á nuestro poder, procedente del Europa, el ecuatorial fotográfico de 33 centímetros destinado al levantamiento de la carta del cielo y el telescopio reflector de 80 centímetros. Estos instrumentos serán armados en sus torres respectivas una vez que se haya terminado la instalación de las cúpulas giratorias destinadas á abrigarlos. La del ecuatorial está casi terminada y recién se va á dar principio á la del telescopio.

Se han recibido también dos cronógrafos eléctricos construídos por el señor Fenón según los indicaciones del que suscribe, lo que eleva á cinco el número de instrumentos de esta clase que posee el Observatorio.

Será recién en el corriente año 1891 que estará listo el gran ecuatorial de 433 milímetros.

En cuanto á las construcciones, su adelanto ha seguido los progresos de los instrumentos en vista de los cuales han sido emprendidas; así la torre del ecuatorial fotográfico está completamente terminada; se da mano en este momento á las construcciones destinadas al espectroscopio, al aparato de fotografía del sol y á la pequeña torre del altazimut; en seguida se levantará la torre del ecuatorial de 16 pulgadas, y en fin, el edificio destinado á la Meteorología.

Al renovar la expresión de nuestra gratitud hacia los señores gobernadores de la Provincia de Buenos Aires, quienes todos hasta ahora han manifestado el mayor interés en todo lo que se relaciona con el Observatorio, nos es grato afirmar que tenemos las más fundadas esperanzas respecto al apoyo decidido que el más importante establecimiento científico de la Provincia encontrará acerca de su Gobernador actual el señor don Julio A. Costa.

Francisco Beuf,
Director.

Octubre de 1890.

(RECAP)

ÍNDICE

PREFACIO v
Signos y abreviaturas. 3
Principio de las estaciones 3
Artículos principales del Calendario para 1891. 4
Fiestas movibles en 1891 4
Origen del Calendario. — Eras. — Períodos. 5
Calendario Egipciano 5
» Persa 6
» Árabe 6
» Israelita. 7
» Griego. 8
» Romano primitivo 8
» Gregoriano 10
» Republicano Francés 10
Fiestas movibles 11
Ciclo Solar 11
Ciclo Lunar. 11
Indición Romana 12
Período Juliano. 12
Años del período Juliano 12
Epacta 13
Anuario: Sol, Luna, Planetas, Tiempos verdaderos y sideral, Declinación del Sol. 14
Concordancia entre los Calendarios 38
Tabla de los semi-diámetros del Sol. 40
Entrada del Sol en los signos del Zodíaco. 41
Tabla de los apogeos y perigeos, de las distancias á la Tierra y de los semi-diámetros y paralage de la Luna en 1891. 42
Posiciones de los Planetas en el cielo 50
Posiciones aparentes de varias estrellas 52
Eclipses de Sol y Luna en 1891 73

Eclipses de los satélites de Júpiter 76
Ocultaciones de estrellas por la Luna, visibles en La Plata en 1891 78
Porción iluminada del disco de Mercurio. 82
Porción iluminada del disco de Venus 83
Elementos aparentes de los anillos de Saturno 84
Explicación y uso de las efemérides. 85
Tabla **A**, para convertir el tiempo sideral en tiempo medio 87
Tabla **B**, para convertir el tiempo medio en tiempo sideral. 88
Efemérides de estrellas 89
Tabla **C**, para la observación de la mayor elongación. . . 91
Table **D**, para deducir, de los ortos y ocasos del Sol en La Plata, los ortos y ocasos en un lugar comprendido entre 21° y 56° de latitud austral 103
Tabla **E**, para deducir, de los ortos y ocasos de la Luna en La Plata, los ortos y ocasos en un lugar comprendido entre 20° y 60° de latitud austral 112
Tabla **F**, de refracción 123
Tabla **G**, de conversión de los arcos en tiempo, y recíprocamente 126
Elementos de la Tierra. 128
Elementos de la Luna. 130
Sistema Solar. 131
Cuadro de los principales elementos del sistema Solar . . 133
Cuadro de los elementos de los Planetas entre Marte y Júpiter. 137
Elementos de los satélites de Marte, Júpiter, Saturno, Urano y Neptuno 166
Cuadro de los elementos de los Cometas periódicos, cuya vuelta ha sido observada 170
Nota explicativa de las estrellas fugaces 172
Épocas y posiciones en ascensión recta y declinación del centro de emanación de los principales enjambres de estrellas fugaces 175

Pesas y Medidas.

Pesas y medidas de la República Argentina. Leyes de pesas y medidas 179
Pesas y medidas de la provincia de Buenos Aires. 187
» » » » Santa Fe 189
» » » » Entre Ríos. 191
» » » » Corrientes. 193
» » » » San Luis 194
» » » » Mendoza 197
» » » » San Juan. 198
» » » » Córdoba 200
» » » » Santiago del Estero . 202
» » » » Tucumán 204
» » » » Salta 205
» » » » Catamarca 207
» » » » La Rioja 209
» » » » Jujuy 210

Pesas y Medidas extranjeras.

Medidas de longitud 212
Medidas de capacidad. 213
Medidas topográficas 214
Pesas inglesas. 214
Pesas holandesas 215
Medidas de superficie inglesas 215
Brazas de cartas marinas 215
Medidas de itinerarios 216
Leguas y millas 216

Monedas.

Ley de monedas de la República Argentina 219
Valor legal de las monedas extranjeras en moneda nacional 223

Monedas extranjeras.

Alemania. 224
Austria-Hungría 224

Bélgica 225
Brasil (E. U. del) 225
Chile 225
Dinamarca 226
España 226
Ecuador 227
Estados Unidos 227
Estados Unidos de Colombia 228
Francia 228
Grecia 229
Holanda 229
Inglaterra 230
Italia 230
Méjico 231
Noruega 231
Perú 231
Portugal 232
República Oriental del Uruguay 232
Rusia 233
Suecia 233
Suiza 234
Venezuela 234

Geografía.

Posiciones geográficas de los Observatorios 237
Posición geográfica de los principales puntos de la República Argentina y países limítrofes 242
Estados de la tierra que tienen arriba de un millón de kilómetros cuadrados ó más de 10 millones de habitantes. 245

Relieves del suelo.

África 246
América del Norte 247
América del Sud 248
Asia 250
Europa 252
Altura comparada de las montañas más notables 260
Altura comparada de algunos pasos 262
Largo probable de los ríos principales 263

Lagos principales. 265
Altura de algunos lugares habitados. 267
Área de la República Argentina 268
Largo de arcos de meridiano y paralelos en diversas latitudes 269

Estadística.

Cálculo de la población de la República Argentina 273
Cuadro demostrativo del movimiento inmigratorio en el año 1889. 275
Clasificación de los inmigrantes de Ultramar 276
Comercio exterior de la República. 277
Población de la provincia de Buenos Aires. 278
Resumen general correspondiente á las escuelas de la provincia por el año 1889 280
Censo agrícola-pecuario de la provincia de Buenos Aires . 281

Meteorología.

Observaciones meteorológicas hechas en el Observatorio desde octubre 1889 á septiembre 1890. 285
Observaciones magnéticas. 302
nstrucciones para hacer las observaciones meteorológicas. 303
Observación del barómetro 303
» de los termómetros. 308
» de la humedad del aire 313
» de la lluvia 315
» del viento 317
» de la nebulosidad. 319
» de las tormentas 320
Servicio telegráfico meteorológico. 330

Tablas meteorológicas.

Tabla I, para reducir el barómetro á 0° 333
Tabla II y II *bis*, para la reducción del barómetro al nivel del mar 342
Tabla III, psicrométrica para las temperaturas inferiores à 0° 344
Tabla IV, psicrométrica para las temperaturas superiores á 0° 347

Conversión en milímetros de los barómetros y pluviómetros ingleses, graduados en pulgadas y fracciones de ídem 367
Comparación de los termómetros Fahrenheit y centígrado . 368
Comparación de los termómetros Reaumur y centígrado . 369
Tablas para calcular las alturas por medio de observaciones barométricas. 370
Termómetro hipsométrico 388
Tabla hipsométrica 389

Tablas de conversión.

Tabla de conversión de pies y pulgadas franceses en metros y decimales de metro. 393
Tabla de conversión de líneas francesas en milímetros y viceversa. 394
Tabla de conversión de centímetros y decímetros en pies, pulgadas y líneas francesas 395
Tabla de conversión de pies y pulgadas ingleses en metros y decimales de metro. 396
Tabla de conversión de fracciones de pulgadas inglesas en milímetros 397

Mareas.

Cálculo de la hora de la pleamar. 402
Cuadro I. Mareas más grandes del año 1891. 407
Cuadro II. Establecimiento del puerto. Unidad de altura y declinación de la brújula para 1891. 408
Tabla III. Valor del número A. 412
Tabla IV. Corrección C 414

Datos diversos : Mecánica, Física y Química.

Unidades de medida. 419
Unidades eléctricas. 423
Unidades de presión. 431
Unidades de energía 432
Pesantez. — Péndulo 433
Valores de la aceleración y largo del péndulo. 434
Cuadro de los índices de refracción. 435

Índices para siete rayas del espectro 436
Longitud de la onda de luz 437
Velocidad del sonido y de la luz 439
Velocidades diversas 440
Cuadro de la dilatación del mercurio de 0° á 100°. 441
Coeficiente de la dilatación lineal de los cuerpos sólidos. . 442
Punto de fusión de diversos cuerpos. 446
Punto de ebullición. 448
Licuefacción de gases 450
Mezclas frigoríficas 451
Cuadro de los cuerpos simples y de sus equivalentes . . . 452
Densidad de los sólidos 456
Densidad de rocas diversas 459
Densidad de substancias diversas. 460
Densidad de líquidos 463
Propiedades físicas de las maderas de la República Argentina. 464
Peso específico y densidad de los gases 484
Fuerza elástica de los vapores de algunos líquidos 488
Fuerza elástica de los vapores del mercurio y del azufre. . 489
Tensión del vapor de agua 490

Lista de las obras donadas al Observatorio. 495
Publicaciones periódicas que recibe el Observatorio en canje. 504
Personal del Observatorio. 505

ANUARIO

SIGNOS Y ABREVIACIONES

FASES DE LA LUNA

L. N. Luna nueva.	L. LL. Luna llena.
P. C. Primer cuarto.	S. C. Segundo cuarto.

ABREVIACIONES

h. . hora.		°... grado.	
m .. minuto	de tiempo.	′... minuto	de arco.
s ... segundo		″... segundo	

F. C... Fiesta Cívica.

SIGNOS DEL ZODÍACO

0	♈	Aries	0°	6	♎	Libra.	180°
1	♉	Taurus	30	7	♏	Scorpius . . .	210
2	♊	Gemini	60	8	♐	Sagittarius . .	240
3	♋	Cancer	90	9	♑	Capricornus. .	270
4	♌	Leo.	120	10	♒	Aquarius. . .	300
5	♍	Virgo.	150	11	♓	Pisces	330

⊙ Sol. | ☾ Luna.

PLANETAS

☿ Mercurio.	♂ Marte.	♅ Urano.
♀ Venus.	♃ Júpiter.	♆ Neptuno.
♁ La Tierra.	♄ Saturno.	

PRINCIPIO DE LAS CUATRO ESTACIONES

OTOÑO . .	el 20 de Marzo	á las 5^h33^m	p. m.	Tiempo medio de La Plata
INVIERNO .	el 21 de Junio	á las 1.41	p. m.	
PRIMAVERA	el 23 de Septiembre	á las 4.22	a. m.	
VERANO. .	el 21 de Diciembre	á las 10.49	a. m.	

ARTÍCULOS PRINCIPALES

DEL

CALENDARIO PARA EL AÑO 1891

Año 6604 del período Juliano.

» 2667 de las Olimpiadas, ó la 3ª de la 667ª Olimpíada, empieza en Julio 1891, fijando la era de las Olimpíadas 775 1/2 años antes de J. C., ó hacia el 1.° de Julio del año 3938 del período Juliano.

» 2644 de la fundación de Roma, según Varrón.

» 2638 desde la era de Nabonassar, fijada el miércoles 26 de Febrero del año 3967 del período Juliano, ó 747 año antes de J. C., según los cronologistas, y 746 según los astrónomos.

» 1891 del calendario Gregoriano establecido en Octubre de 1582, hacen 308 años; empieza el Jueves 1.° de Enero.

» 1891 del calendario Juliano ó ruso, comienza 12 días más tarde, el martes 13 de Enero.

» 99 del calendario Republicano francés, empieza el 23 de Septiembre de 1890; y el año 100 empieza el 23 de Septiembre de 1891.

» 5651 de la era de los Judíos, empieza el 15 de Septiembre de 1890, y el año 5652 empieza el 3 de Octubre de 1891.

» 1308 de la Egira, calendario turco, empieza el 17 de Agosto de 1890, y el año 1309 empieza el 7 de Agosto de 1891, conforme al uso de Constantinopla, según l'*Art de vérifier les dates*.

Cómputo Eclesiástico

Número de Oro	11
Epacta	XX
Ciclo Solar	24
Indicción Romana	4
Letra Dominical	D

Témporas

Febrero	18, 20 y 21
Mayo	20, 22 y 23
Septiembre	16, 18 y 19
Diciembre	16, 18 y 19

FIESTAS MOVIBLES

Septuagésima	25 de Enero
Ceniza	11 de Febrero
Pascua de Resurrección	29 de Marzo
Rogaciones	4, 5 y 6 de Mayo
La Ascensión del Señor	7 de Mayo
Pascua del Espíritu Santo	17 de Mayo
La Santísima Trinidad	24 de Mayo
Corpus Christi	28 de Mayo
1er Domingo de Adviento	29 de Noviembre

ORIGEN DEL CALENDARIO

ERAS — PERÍODOS

La palabra calendario viene del latín *calendas*, nombre con que los Romanos designaban el primero de cada mes. El calendario actual nace de los Romanos; sin embargo, ya en varios pueblos más antiguos se dividía el año en 365 días; es decir, con arreglo al movimiento del Sol. En otros pueblos la distribución del tiempo era regida por la Luna, y en otros se tenía en cuenta el Sol y la Luna á la vez. Describimos á continuación los más importantes entre los primitivos.

CALENDARIO EGIPCIANO

El calendario egipciano era de 360 días divididos en 12 meses de 30 días, más 5 días suplementarios llamados *epagómenos* que se añadían al fin de los 360 mensuales.

Resulta de esta división, un atraso de un día en 4 años solares; es decir, que al cabo de 1461 años, el año comenzaba de nuevo á la misma época con respecto al Sol. Este intervalo constituía un período que se llamaba *sotiaco*.

La *Era de Nabonasar* era fechada con años de esta naturaleza y principiaba el Miércoles 26 de Febrero del año 747 ant. J. C. En el año 724 de dicha era, cuyo primer día correspondía al Viernes 25 de Agosto del año 25 ant. J. C., los Egipcios adoptaron el calendario de los Romanos, y para esto les fué suficiente sumar un día suplementario cada 4 años.

Las observaciones astronómicas de Tolomeo en el *Almagesto*, son fechadas con los meses y días del año egipciano y á partir de la era de Nabonasar..

Damos á continuación el nombre de los meses del año egipciano :

1° *Thôth.*	5° *Tybi.*	9° *Pakhô.*
2° *Paôphi.*	6° *Mechir.*	10° *Payni.*
3° *Athyr.*	7° *Phamenôth.*	11° *Epiphi.*
4° *Khoïac.*	8° *Pharmauthi.*	12° *Mesori.*

CALENDARIO PERSA

El año de los persas era idéntico al egipciano, y ha sido seguido hasta el siglo XI de la era moderna. En esta época se le intercaló un día suplementario cada 4 años, y para tener en cuenta la pequeña diferencia que aun existía entre el año y el movimiento del Sol, cada 28 ó 32 años, alternativamente, se aumentaba de un día al año quinto y no al cuarto que seguía al del último aumento, lo que hacía que este calendario fuera el más perfecto de todos los de su época.

CALENDARIO ÁRABE

Este calendario, como el de los turcos y musulmanes actuales, está basado en el movimiento de la Luna. Los años son de 12 meses que tienen 29 ó 30 días cuyo total es de 354 ó 355 días. El principio de un mes coincide siempre con una Luna nueva. De esto resulta que cada año principia 10 ú 11 días adelantado con respecto al Sol. La denominación de los meses, es como sigue :

1° *Mouharran*, de 30 días.	7° *Redjeb*, de 30 días.
2° *Safar*, de 29 días.	8° *Schaaban*, de 29 días.
3° *Reby 1°*, de 30 días.	9° *Ramadân*, de 30 días.
4° *Reby 2°*, de 29 días.	10° *Schewal*, de 29 días.
5° *Djoumadi 1°*, de 30 días.	11° *Dsou'lkaadah*, de 30 días.
6° *Djoumadi 2°*, de 29 días.	12° *Dsou'lkedjah*, de 29 días.

El orden en que se suceden las dos clases de años, constituyen un ciclo de 30 años lunares, compuesto de 19 *comunes* y 11 *abundantes*, después de lo cual regresan en el mismo orden. Los números : 1, 3, 4, 6, 8, 9, 11, 12, 14, 15, 17, 19, 20, 22, 23, 25, 27, 28 y 30 del ciclo son comunes, y los 2, 5, 7, 10, 13, 16, 18, 21, 24, 26 y 29 son abundantes.

Se sabe que la Era Mahometana es la *Egira*, cuyo primer año ha principiado el 16 de Julio del año 622 de la era moderna.

El año 1307 de la *Egira* es el 17° del ciclo, y es por consiguiente común; el año 1308 es el 18°, es abundante y se compone entonces de 355 días, ha principiado el Domingo 17 de Agosto de 1890. El año 1309, 19° del ciclo es común, principiará el Viernes 7 de Agosto de 1891.

CALENDARIO ISRAELITA

El calendario actual de los Israelitas tiene su origen en el siglo IV de esta era. El año es luni-solar, y hay de dos clases: el *común* y el *embolísmico*. Están repartidos en un ciclo de 19 años; los últimos son los 3°, 8°, 11°, 14°, 17° y 19° del ciclo. Los meses son lunares de 29 ó 30 días, y el año común se compone de 12 meses, y el embolísmico de 13. Damos sus nombres á continuación:

1° *Tisri*, de 30 días.
2° *Marchesvan*, de 29 días.
3° *Kislev*, de 30 días.
4° *Tébeth*, de 29 días.
5° *Schebat*, de 30 días.
6° *Adar*, de 29 días.
7° *Nisan*, de 30 días.
8° *Iyar*, de 29 días.
9° *Sivan*, de 30 días.
10° *Thamouz*, de 29 días.
11° *Ab*, de 30 días.
12° *Elloul*, de 29 días.

Adar tiene 29 ó 30, según que el año es común ó embolísmico; en este último caso el mes suplementario se llama *Veadar* ó *Adar 2°*.

Este calendario sirve principalmente á los Israelitas modernos para fijar sus fiestas y ceremonias religiosas. El agregado del mes suplementario hace que la Pascua caiga siempre con la luna nueva más próxima al equinoccio de verano, que como se sabe, sirve para determinar el primer día del año.

La Era de los Israelitas principia 3760 ant. J. C., ó sea en el año 953 del período Juliano.

El año 5651 de la Era, principia el 15 de Septiembre de 1890, y el año 5652, el 3 de Octubre de 1891.

CALENDARIO GRIEGO

Los Griegos contaban los años por la luna, á razón de 12 meses alternativamente de 30 y 29 días, con un mes embolísmico de 30 días que se añadía á los años, 3. 5, 8, 11, 14, 16 y 17 de un ciclo de 19 años, analogamente á los Israelitas. Los años de 12 meses se llamaban *Áticos*. Los meses se denominaban de la manera siguiente :

1° *Hecatombœon*, de 29 días.	7° *Gaméleon*, de 29 días.
2° *Metagitnion*, de 30 días.	8° *Anthesterion*, de 30 días.
3° *Boedromion*, de 29 días.	9° *Elaphébolion*, de 29 días.
4° *Maimacterion*, de 30 días.	10° *Munychion*, de 30 días.
5° *Pyanepsion*, de 29 días.	11° *Thargelion*, de 29 días.
6° *Posidéon*, de 30 días.	12° *Skirophorion*, de 30 días.

En los años embolísmicos se repetía el 6° mes, y entonces se tenía el *Posidéon 1°* y *Posidéon 2°*.

La división del tiempo se hizo después por medio de un período de 4 años llamado *Olimpiada*, puesto que su principio tenía lugar en la época fijada para la celebración de los juegos olímpicos.

La primera olimpíada corresponde al año 775 ant. J. C.

CALENDARIO ROMANO PRIMITIVO

El año romano instituído por Rómulo, se componía de 304 días divididos en los diez meses siguientes :

1° *Martius*, de 31 días.	6° *Sextilis*, de 30 días.
2° *Aprilis*, de 30 días.	7° *September*, de 30 días.
3° *Majus*, de 31 días.	8° *October*, de 31 días.
4° *Junius*, de 30 días.	9° *November*, de 30 días.
5° *Quintilis*, de 31 días.	10° *December*, de 30 días.

Numa reformó esta manera de contar el año, con el objeto de hacerlo concordar con la aparición de las estaciones. Él agregó para esto dos nuevos meses : Januarius de 29 días, Februarius de 28 días ; y para satisfacer á una superstición en que se consideraba á los números impares como de buen augurio, disminuyó un día á cada uno de los meses pares de Rómulo, lo que los hizo á todos impares, á excepción de Februarius, y se tenía entonces en el orden natural:

1° *Januarius*, de 29 días.	7° *Sextilis*, de 29 días.
2° *Martius*, de 31 días.	8° *September*, de 29 días.
3° *Aprilis*, de 29 días.	9° *October*, de 31 días.
4° *Majus*, de 31 días.	10° *November*, de 29 días.
5° *Junius*, de 29 días.	11° *December*, de 29 días.
6° *Quintilis*, de 31 días.	12° *Februarius*, de 28 días.

en total : 355 días.

Faltaba, pues, un poco más de diez días por año, y para remediar esto se añadía de dos en dos años un mes intercalado, de 22 ó 23 días alternativamente, lo que da : 355 días para el primero, 377 para el segundo, 355 para el tercero, 378 para el cuarto, ó sea en cuatro años 1465 días, lo que da el promedio de 366,25; es decir, que el año de Numa era demasiado largo en un día.

Reforma Juliana. En la época de Julio César, el desacuerdo sobrevenido entre la división del tiempo y las estaciones, alcanzó á dos meses, que este hizo añadir á uno de los años, por lo que fué calificado de año *de confusión*, porque tenía 444 días, y para el porvenir se encargó al astrónomo Sosígenes de Alejandría, el determinar exactamente la duración del año solar.

Sobre su indicación se decidió en el año 45 ant. J. C. ó sea el año de Roma 709, que desde ese momento tres años consecutivos serían de 365 días y el cuarto de 366, lo que da para el año trópico una duración de 365,25 días. Este día suplementario fué llamado *bisiesto* y debía ser intercalado en el año cuyo guarismo fuera divisible por 4.

El número de días de cada mes fué fijado tal como está hoy día y en su orden actual, con sus mismos nombres, cambiando sólo y sucesivamente los de Quintilis y Sextilis en Julio, y Agosto, el primero en honor del reformador del calendario, y el segundo en honor de su sucesor.

CALENDARIO GREGORIANO

En realidad, la duración del año trópico es de 365,2422, es decir, que el año Juliano era demasiado largo en 0,0078 día por año, ó de 0,78 por siglo, de modo que en 1582, bajo el pontificado de Gregorio XIII, el atraso del año respecto al equinoccio era ya de 10 días. Este defecto del calendario había sido con anterioridad señalado por Bede en el año 700 y en el siglo XIII por Roger Bacon y otros sabios. La reforma efectiva pudo solamente realizarse en 1581 por el papa susodicho, que adoptó el proyecto que le fué presentado para esto, por el médico y astrónomo veronés Aloisio Lilio. Se decidió entonces que el día siguiente al 4 de Octubre de 1582 se llamaría, no el 5, sino el 15 de Octubre; que para asegurar el porvenir no se considerarían más como bisiestos los años seculares tales como 1700, 1800, 1900, cuyo número de siglos no es divisible por 4; es decir, de cuatro años seculares consecutivos habia sólo uno bisiesto.

La resolución de Gregorio XIII fué publicada en los primeros meses de 1581. Esta reforma fué adoptada inmediatamente por Francia, España, Portugal, Italia, etc. Los países protestantes, así como los daneses y holandeses, no la adoptaron sino en el año de 1700; y los ingleses en 1752. Los rusos y los griegos han conservado el calendario Juliano. Por el cuadro de concordancias que damos más adelante, se ve que el atraso del calendario Juliano sobre el Gregoriano es de 12 días para el año de 1889.

CALENDARIO REPUBLICANO FRANCÉS

En este calendario, la era tenía como origen el año 1792 correspondiente á la fundación de la República. Se le ha utilizado solamente durante 13 años.

El año estaba dividido en 12 meses de 30 días cada uno, seguidos de 5 ó 6 días suplementarios, según que el año fuera de 365 ó 366 días. El principio del año era á media noche del día civil en que tenía lugar el equinoccio verdadero de otoño para el Observatorio de París.

Para hallar la fecha común en concordancia con una fecha republicana, basta conocer el primer día ó *carácter* del año. Atribuyendo á cada día de la semana un número de orden, es decir representando : Domingo por 1. Lunes por 2.... Sábado por 7 ó 0, se tiene la regla siguiente:

Duplíquese el número de orden del mes, añádase 4, súmese el carácter del año y la fecha del día, divídase la suma por 7, y el resto será el número del dia buscado.

FIESTAS MOVIBLES

Todas las fiestas movibles son arregladas por la de Pascua. Ésta se celebra el primer Domingo después de la Luna llena, que tiene lugar el día mismo del equinoccio de primavera ó algunos días después. Según el cómputo eclesiástico, se ha fijado el equinoccio el 21 de Marzo, y el día 14° de la Luna como el de la Luna llena; de donde resulta que el Domingo de Pascua no puede caer sino entre el 22 de Marzo y el 25 de Abril inclusive.

CICLO SOLAR

Es un período de 28 años Julianos, después del cual los días de la semana vuelven á tener el mismo orden con la misma fecha : es igual al producto de 4 por 7, indicando el primer número el regreso periódico de los años *bisiestos* y el segundo el período de los días de la semana. Este ciclo principia en el año 9 ant. J. C.

CICLO LUNAR

Se compone de 19 años Julianos, ó sea de 235 lunaciones, después de las cuales las Lunas nuevas tienen lugar en las mismas fechas del año. Este ciclo fué descubierto por METON, unos 430 años antes de J. C. Fué hallado tan notable, que grabaron en letras de oro en el templo de Minerva el número que correspondía al ciclo. Por esta razón se llama *número de oro* al número del año del ciclo lunar de la fecha.

Se hace principiar el ciclo lunar, el año de la reforma juliana, es decir, un año antes de la era nuestra. Para hallar entonces el número de oro, ó el ciclo lunar de un año determinado, basta sumar 1 á la fecha anual, dividir el resultado por 19, y el cociente será el número de períodos trascurridos desde el principio de la era; el resto será el número de oro.

Por ejemplo, para 1891 tendremos que dividir 1892 por 19, lo que da 99 períodos como cociente, y el resto 11 es el número de oro correspondiente.

INDICCION RÓMANA

Es un período de 15 años Julianos. Su origen es relativo á un impuesto que se efectuaba cada 15 años en tiempo de los emperadores romanos. Su uso ha sido conservado hasta ahora en la corte pontificia. Este período ha debido empezar 3 años antes de nuestra era. Luego, como en el caso anterior, lo encontraremos para la fecha por el resto del cociente $\frac{1891 + 3}{15}$; es decir, que la indicción romana para 1891 es de 4.

PERÍODO JULIANO

Es el número de años igual al producto de los ciclos solar, lunar y de indicción, es decir $28 \times 19 \times 15$ lo que da 7980 años, después de los cuales los tres ciclos regresan en el mismo orden. Este notable período imaginado por José Scaliger, y cuya inmensa duración abarca todos los tiempos históricos, ha sido utilizado por los cronologistas. El año 1 de la era nuestra corresponde al año 4713 del período Juliano, lo que permite hallar fácilmente el año de dicho período para una época dada. Así el año 1891 es el 6604 del período Juliano.

Consignamos aquí las correspondencias en fechas del período Juliano, con las eras principales de la historia general.

AÑOS DEL PERÍODO JULIANO

953 el 1° de la era de los Israelitas, 7 de Octubre de este mismo año 953.

3938 el 1° de la era de las Olimpíadas, hacia la mitad del año 3938 del período.
3961 el 1° de la fundación de Roma, según Varrón.
3967 el 1° de la era de Nabonasar, el miércoles 26 de Febrero del año 3967.
4714 el 1° de la era cristiana.
5335 el 1° de la Egira, 16 de Julio de este mismo año 5335.
6505 el 1° de la República Francesa.

EPACTA

La epacta es propiamente, lo que es preciso añadir al año lunar de 354 días para formar el año común solar de 365 días. Si por ejemplo, la luna nueva cae el 1° de Enero, la diferencia 11 que es á la vez la *edad* de la luna al principio del segundo año, es la epacta del segundo año; la del tercer año sería 22, y la del cuarto 33; pero como al fin del tercer año lunar se intercala un mes de 30 días, la diferencia se reduce á 3; luego las epactas siguientes serán 14, 25 y 36 ó 6; 17, 28 y 39 ó 9, etc.

La epacta ha sido imaginada por el sabio ya nombrado Aloisio Lilio, con objeto de ligar el año lunar con el solar, de manera de poder determinar con exactitud la época de la fiesta de Pascua, y por consiguiente, las movibles.

Teniendo en cuenta que la epacta de un año es, según lo antedicho, la edad de la luna en el primer día de este año, es fácil encontrar todas las lunaciones del año, admitiendo que las doce lunaciones de cada año son alternativamente de 29 y 30 días; lo que no es perfectamente exacto, pero que basta para hacer conocer la fecha de la fiesta de Pascua.

Para hallar la epacta de un año conociendo la del año anterior, basta añadirle 11, y si la suma es menor que 30, es la epacta buscada, si no se le resta 30. En 1890 la epacta es IX y tendremos entonces para 1891: IX + XI = XX.

1891 **EN TIEMPO CIVIL**

Día del mes	Día de la semana	ENERO	SOL Orto	SOL Ocaso	SOL Declinación	Tiempo verdadero á medio día medio
			h m	h m	o ,	h m s
1	J	†*La Circ. de N.S.J.C.*	4.52	7.16	—22.59,9	11.56.11
2	V	San Isidoro.	4.52	7.16	22.54,6	11.55.43
3	S	Santa Genoveva. . .	4.53	7.16	22.48,9	11.55.15
4	**D**	San Tito	4.54	7.16	22.42,7	11.54.47
5	L	San Telésforo. . . .	4.55	7.16	22.36,1	11.54.20
6	M	†*La Ador. de los S. R.*	4.56	7.16	22.29,0	11.53.54
7	M	San Julián	4.56	7.16	22.21,4	11.53.28
8	J	San Luciano	4.57	7.16	22.13,5	11.53. 2
9	V	Santa Basilia	4.58	7.16	22. 5,1	11.52.37
10	S	San Guillermo. . . .	4.59	7.16	21.56,2	11 52.12
11	**D**	San Higinio.	5. 0	7.16	21.47,0	11.51.48
12	L	San Benedicto. . . .	5. 1	7.16	21.37,3	11.51.25
13	M	San Gumersindo. . .	5. 2	7.16	21 27,2	11.51. 2
14	M	San Hilario	5. 3	7.15	21.16,7	11.50.40
15	J	San Mauro	5. 4	7.15	21. 5,7	11.50.18
16	V	San Marcelo.	5. 5	7.15	20.54,4	11.49.58
17	S	San Sulpicio	5. 6	7.14	20.42,7	11.49.38
18	**D**	Santa Liberata . . .	5. 7	7.14	20.30,6	11.49.18
19	L	San Canuto.	5. 8	7.14	20.18,1	11.49. 0
20	M	San Sebastián. . . .	5. 9	7.13	20. 5,2	11.48.42
21	M	San Fructuoso. . . .	5 10	7.13	19.51,9	11.48.25
22	J	San Vicente.	5.11	7.12	19.38,3	11.48. 9
23	V	San Ildefonso. . . .	5.12	7 12	19.24,3	11.47.54
24	S	San Timoteo	5.13	7.11	19. 9,9	11.47.39
25	**D**	†*Septuagésima* . . .	5.14	7.11	18.55,2	11.47.25
26	L	San Policarpo. . . .	5.15	7.10	18.40.2	11.47.12
27	M	San Juan Crisóstomo	5.16	7.10	18.25,0	11.47. 0
28	M	San Julián	5.17	7. 9	18. 9,1	11.46.48
29	J	San Valerio. . . .	5.18	7. 8	17.53,0	11.46.38
30	V	Santa Martina. . . .	5.19	7. 7	17.36,7	11.46.28
31	S	San Pedro Nolasco. .	5 20	7. 7	—17.20,0	11.46.19

El día es de 14^h24^m el 1° y de 13^h47^m el 31.
Disminuye en el mes de 37^m.

EN TIEMPO ASTRONÓMICO

Días del mes	LUNA Paso al meridiano	Orto	Ocaso	Tiempo sideral á medio día medio
	h m s	h m	h m	h m s
1	17.22. 0	11.30	23.21	18.44. 2
2	18. 2.47	11.56	—	18.47.59
3	18.44.39	12.22	0.17	18.51.55
4	19 28 48	12.50	1.15	18.55.52
5	20.16.26	13.22	2.16	18.59.48
6	21. 8.37	13.58	3.20	19. 3.45
7	22. 5.49	14.42	4.27	19. 7.41
8	23. 7.25	15.35	5.35	19.11.38
9	—	16.38	6.41	19.15.35
10	0.12.27	17.48	7.42	19.19.31
11	1.14.44	19. 2	8.35	19.23.28
12	2.15.42	20.16	9.20	19.27.24
13	3.12.21	21.27	9.59	19.31.21
14	4. 5. 7	22.36	10.33	19.35.17
15	4.54.57	23.43	11. 4	19.30.14
16	5.43. 4	—	11.35	19.43.10
17	6.30.41	0 48	12. 6	19.47. 7
18	7.18.50	1.51	12.39	19.51. 4
19	8. 8.11	2.55	13.16	19.55. 0
20	8.59. 0	3.57	13.57	19.58.57
21	9.50.56	4.57	14.43	20. 2.53
22	10.43.10	5.52	15.34	20. 6.50
23	11.34.34	6 42	16.29	20.10.46
24	12.24. 7	7.25	17.27	20.14.43
25	13.11.16	8. 3	18.24	20.18.39
26	13.55.53	8.36	19.21	20.22.36
27	14.38.21	9. 5	20.18	20.26.33
28	15.19.18	9.32	21.13	20.30.29
29	15.59.38	9.58	22. 9	20.34.26
30	16.40.18	10.24	23. 4	20.38.22
31	17.22.25	10.50	—	20.42.19

Días	PLANETAS Orto	Ocaso	Paso al meridiano
☿ MERCURIO			
	h m	h m	h m
1	18.19	8.26	1.24
11	17.23	7.20	0.26
21	15.58	5.56	22.56
♀ VENUS			
	h m	h m	h m
1	14.31	4.25	21.32
11	14.20	4. 6	21.12
21	14. 6	3.58	21. 2
♂ MARTE			
	h m	h m	h m
1	21.44	10.34	4. 9
11	21.41	10.13	3.57
21	21.37	9.52	3.45
♃ JÚPITER			
	h m	h m	h m
1	19.30	9.17	2.25
11	19. 2	8.44	1.55
21	18.35	8.12	1.24
♄ SATURNO			
	h m	h m	h m
1	10.47	22.12	16.29
11	10. 7	21.31	15.49
21	9.27	20.50	15. 9
♅ URANO			
	h m	h m	h m
1	12.35	1.46	19. 9
11	11.56	1. 8	18.30
21	11.17	0.30	17.52

S. C. el 3 á 6h 21m a. m.
L. N. el 10 á 11h33m a. m.

P. C. el 17 á 2h26m a. m.
L. LL. el 24 á 8h34m p. m.

1891 EN TIEMPO CIVIL

Día del mes	Día de la semana	FEBRERO	SOL Orto	SOL Ocaso	SOL Declinación	Tiempo verdadero á medio día medio
			h m	h m	° ′	h m s
1	D	San Cecilio.	5.21	7. 6	—17. 3,0	11.46.11
2	L	†*La Purificación* . .	5.22	7. 5	16.45,7	11.46. 3
3	M	San Blas	5.23	7. 4	16.28,1	11.45.57
4	M	San Donato.	5.24	7. 4	16.10,3	11.45.51
5	J	Santa Águeda. . . .	5.25	7. 3	15.52,1	11.45.46
6	V	San Teófilo.	5.26	7. 2	15.33,7	11.45.42
7	S	San Romualdo . . .	5.27	7. 1	15.15,0	11.45.38
8	D	San Juan de Mata. .	5.28	7. 0	14.56,1	11.45.35
9	L	Santa Polonia. . . .	5.29	6.59	14.36,9	11.45.34
10	M	San Amancio	5.30	6.58	14.17,4	11.45.33
11	M	*Ceniza*	5.31	6 57	13.57,8	11.45.32
12	J	Santa Eulalia. . . .	5.32	6.56	13.37,9	11.45.33
13	V	San Benigno.	5.33	6.55	13.17,7	11.45.34
14	S	San Valentín	5.34	6.54	12.57,4	11.45.36
15	D	Santa Jovita.	5.35	6.53	12.36,8	11.45.39
16	L	San Elías.	5.36	6.52	12.16,1	11.45.43
17	M	San Rómulo.	5.37	6.51	11.55,1	11.45.47
18	M	San Simeón.	5.38	6.49	11.34,0	11.45,52
19	J	San Gabino.	5.39	6.48	11.12,7	11.45.58
20	V	San Nemesio	5.40	6.47	10.51,2	11.46. 4
21	S	San Fortunato. . . .	5.41	6.46	10.29,5	11.46.11
22	D	Santa Margarita. . .	5.42	6.45	10. 7,7	11.46.19
23	L	San Damián.	5.43	6.44	9.45,8	11.46.27
24	M	Santa Primitiva. . .	5.44	6.42	9.23,6	11.46.36
25	M	San Cesáreo.	5.45	6.41	9. 1,4	11.46.45
26	J	N.Sra. de Guadalupe.	5.46	6.40	8.39,0	11.46.56
27	V	San Justo.	5.47	6.38	8.16,5	11.47. 6
28	S	San Rufino mártir. .	5.48	6.37	— 7.53,8	11.47.17

El día es de 13ʰ45ᵐ el 1° y de 12ʰ49ᵐ el 28.
Disminuye en el mes 56ᵐ.

EN TIEMPO ASTRONÓMICO

Días del mes	LUNA: Paso al meridiano	LUNA: Orto	LUNA: Ocaso	Tiempo sideral á medio día medio
	h m s	h m	h m	h m s
1	18. 7. 8	11.19	0. 3	20.46.15
2	18.55.36	11.52	1. 4	20.50.12
3	19.48.42	12.31	2. 7	20.54. 8
4	20.46.41	13.18	3.13	20.58. 5
5	21.48.36	14.15	4.19	21. 2. 2
6	22.52.20	15.21	5.22	21. 5.58
7	23.55. 0	16.34	6.19	21. 9.55
8	——	17.49	7. 9	21.13.51
9	0.55.17	19. 5	7.51	21.17.48
10	1.51.41	20.18	8 28	21.21.44
11	2.44.47	21.28	9. 2	21.25.41
12	3.35.32	22.36	9.34	21.29.37
13	4.25. 5	23.43	10. 6	21.33.34
14	5.14.29	——	10.39	21.37.31
15	6. 4.31	0.48	11.15	21.41.27
16	6.55.32	1.51	11.55	21.45.24
17	7.47.24	2.52	12.40	21.49.20
18	8.39.32	3.49	13.30	21.53.17
19	9.30.58	4.40	14.24	21.57.13
20	10.20.50	5.25	15.20	22. 1.10
21	11. 8.28	6. 4	16.18	22. 5. 6
22	11.53.43	6.38	17.15	22. 9. 3
23	12.36.47	7. 8	18.12	22.13. 0
24	13.18.11	7.36	19. 8	22.16.56
25	13.58.39	8. 1	20. 3	22.20.53
26	14.39. 2	8.27	20.59	22.24.49
27	15.20.18	8.53	21.56	22.28.46
28	16. 3.27	9.20	22.55	22.32.42

Días	PLANETAS: Orto	PLANETAS: Ocaso	PLANETAS: Paso al meridiano
	☿ MERCURIO		
	h m	h m	h m
1	15.23	5.33	22.28
11	15.29	5.38	22.34
21	15.54	5.48	22.52
	♀ VENUS		
	h m	h m	h m
1	13.59	3.58	20.58
11	13.58	4. 1	21. 0
21	14. 3	4. 5	21. 4
	♂ MARTE		
	h m	h m	h m
1	21.33	9.29	3.31
11	21.29	9. 8	3.19
21	21.25	8.47	3. 6
	♃ JÚPITER		
	h m	h m	h m
1	18. 5	7.36	0.51
11	17.37	7. 4	0.21
21	17. 8	6.31	23.48
	♄ SATURNO		
	h m	h m	h m
1	8.42	20. 4	14.23
11	8. 1	19.22	13.42
21	7.20	18.39	12.59
	♅ URANO		
	h m	h m	h m
1	10.34	23.43	17. 9
11	9.55	23. 4	16.29
21	9.15	22 22	15.50

S. C. el 2 á 0h54m a. m.
L. N. el 8 á 10h20m p. m.

P. C. el 15 á 2h38m p. m.
L. LL. el 23 á 3h27m p. m.

1891 EN TIEMPO CIVIL

Día del mes	Día de la semana	MARZO	SOL Orto	SOL Ocaso	SOL Declinación	Tiempo verdadero á medio día medio
			h m	h m	° ′	h m s
1	D	San Rudecindo . . .	5.48	6 36	— 7.31,1	11.47.29
2	L	San Heraclio.	5.49	6.35	7. 8,2	11.47.41
3	M	San Emeterio	5.50	6.33	6.45,3	11.47.54
4	M	San Casimiro	5.51	6.32	6.22,2	11.48. 7
5	J	San Adrián	5.52	6.31	5.59,0	11.48.20
6	V	San Olegario	5.53	6.30	5.35,2	11.48.34
7	S	Sto. Tomás de Aquino	5.54	6.28	5.12,5	11.48.49
8	D	San Apolonio	5.54	6.27	4.49,1	11.49 3
9	L	Santa Francisca. . .	5.55	6.25	4.25,7	11.49.19
10	M	San Melitón.	5.56	6.24	4. 2,2	11.49.34
11	M	San Zacarías	5.57	6.23	3.38.6	11.49.50
12	J	San Gregorio, papa .	5.58	6.21	3.15,0	11.50. 6
13	V	San Leandro	5.59	6.20	2.51,4	11 50.22
14	S	Santa Matilde. . . .	6. 0	6.19	2.27,7	11.50.39
15	D	San Raimundo. . . .	6. 0	6.17	2 4,0	11.50.56
16	L	Santa Isabel.	6. 1	6.16	1.40,3	11.51.13
17	M	San Patricio.	6. 2	6.14	1.16,6	11.51.30
18	M	San Gabriel arcángel.	6. 3	6.13	0.52,9	11.51.48
19	J	El Patriarca San José.	6. 4	6.12	0.29,2	11.52. 6
20	V	San Braulio.	6. 4	6.10	— 0. 5,5	11.52.24
21	S	San Benito.	6. 5	6. 9	+ 0.18,2	11.52.42
22	D	San Octaviano. . . .	6. 6	6. 7	0.41,9	11.53. 0
23	L	San Victoriano. . . .	6. 7	6. 6	1. 5,5	11.53.19
24	M	San Agapito.	6. 8	6. 5	1.29,2	11.53.37
25	M	†*La Encarn. del Señor*	6. 8	6. 3	1 52,7	11.53.55
26	J	San Manuel.	6. 9	6. 2	2.16,3	11.54.14
27	V	San Ruperto.	6 10	6. 0	2.39,8	11.54.32
28	S	San Sixto papa . . .	6.11	5.59	3. 3,2	11.54.51
29	D	†*Pascua de Resurr* .	6.12	5 58	3.26,8	11.55. 9
30	L	San Juan Clímaco. .	6.12	5.56	3.49,9	11.55.28
31	M	San Benjamín. . . .	6.13	5.55	+ 4.13,1	11.55.46

El día es de 12^h48^m el 1° y de 11^h42^m el 31.
Disminuye en el mes 1^h 6^m.

EN TIEMPO ASTRONÓMICO

Días del mes	LUNA: Paso al meridiano	LUNA: Orto	LUNA: Ocaso	Tiempo sideral á medio día medio
	h m s	h m	h m	h m s
1	16.49.31	9.51	23.56	22.36.39
2	17.39.23	10.27	——	22.40.35
3	18.33.33	11. 9	0.59	22.44.32
4	19.31.44	11.59	2. 3	22.48.29
5	20.32.44	12.59	3. 6	22.52.25
6	21.34.29	14. 7	4. 4	22.56.22
7	22.34.58	15.20	4.56	23. 0.18
8	23.32.44	16.35	5.41	23. 4.15
9	——	17.50	6.20	23. 8.11
10	0.28. 2	19. 3	6.56	23.12. 8
11	1.20.57	20.14	7.29	23.16. 4
12	2.12.32	21.25	8. 2	23.20. 1
13	3. 3.47	22.33	8.35	23.23.57
14	3.55.27	23.40	9.11	23.27.54
15	4.47.55	——	9.51	23.31.51
16	5.41. 5	0.44	10.35	23.35.47
17	6.34.20	1.43	11.24	23.39.44
18	7.26.45	2.37	12.17	23.43.40
19	8.17.28	3.24	13.14	23.47.37
20	9. 5.51	4. 5	14.11	23.51.33
21	9.51.43	4.40	15. 8	23.55.30
22	10.35.20	5.11	16. 5	23.59.26
23	11.17. 9	5.39	17. 2	0. 3.23
24	11.57.53	6. 5	17.58	0. 7.20
25	12.38.22	6.31	18.53	0.11.16
26	13.19.29	6.56	19.51	0.15.13
27	14. 2. 9	7.23	20.50	0.19. 9
28	14.47.18	7.53	21.50	0.23. 6
29	15.35.41	8.26	22.53	0.27. 2
30	16.27.49	9. 6	23.56	0.30.59
31	17.23.34	9.52	——	0.34.55

Días	PLANETAS: Orto	PLANETAS: Ocaso	PLANETAS: Paso al meridiano
	☿ MERCURIO		
	h m	h m	h m
1	16.19	5.53	23.11
11	16.53	5.52	23.35
21	17.57	6.10	0. 1
	♀ VENUS		
	h m	h m	h m
1	14.10	4. 8	21. 9
11	14.22	4.10	21.16
21	14.36	4. 9	21.23
	♂ MARTE		
	h m	h m	h m
1	21.21	8.31	2.56
11	21.16	8.11	2.44
21	21.12	7.51	2.32
	♃ JÚPITER		
	h m	h m	h m
1	16.46	6. 5	23.24
11	16.18	5.32	22.54
21	15.50	4.59	22.23
	♄ SATURNO		
	h m	h m	h m
1	6.47	18. 4	12.26
11	6. 6	17.21	11.43
21	5.25	16.38	11. 1
	♅ URANO		
	h m	h m	h m
1	8.43	21.51	15.18
11	8. 4	21.11	14.37
21	7.23	20.30	13.57

S. C. el 3 á las 3h46m p. m.
L. N. el 10 á las 7.59 a. m.

P. C. el 17 á las 5h19m a. m.
L. LL. el 25 á las 9h20m a. m.

1891 EN TIEMPO CIVIL

Día del mes	Día de la semana	ABRIL	SOL Orto	SOL Ocaso	SOL Declinación	Tiempo verdadero á medio día medio
			h m	h m	o ,	h m s
1	M	San Venancio. . . .	6.14	5.53	+ 4.36,3	11.56. 4
2	J	San Francisco de Paula	6.15	5.52	4.59,4	11.56.22
3	V	San Benito de Palermo	6.15	5.51	5.22,4	11.56.40
4	S	San Isidro.	6.16	5.49	5.45,3	11.56.58
5	D	Santa Irene.	6.17	5.48	6. 8,1	11.57.15
6	L	San Celestino	6.18	5.47	6.30,8	11.57.33
7	M	San Epifanio	6.19	5.45	6.53,4	11.57.50
8	M	San Dionisio.	6.19	5.44	7.15,9	11.58. 7
9	J	Santa Casilda	6.20	5.43	7.38,3	11.58.23
10	V	San Ezequiel	6.21	5.41	8. 0,5	11.58.40
11	S	San León.	6.22	5.40	8.22,6	11.58.56
12	D	San Zenón	6.22	5.39	8.44,6	11.59.12
13	L	San Hermenegildo. .	6.23	5.37	9. 6,4	11.59.27
14	M	San Pedro G. Telmo.	6.24	5.36	9.28,0	11.59.43
15	M	Santa Anastasia. . .	6.25	5.35	9.49,5	11.59.58
16	J	San Toribio	6.26	5.34	10.10,9	0. 0.12
17	V	San Aniceto.	6.26	5.32	10.32,0	0. 0.26
18	S	San Amadeo	6.27	5.31	10.53.0	0. 0.40
19	D	San Jorge.	6.28	5.30	11.13,8	0. 0.54
20	L	Santa Inés	6.29	5.29	11.34,4	0. 1. 7
21	M	San Anselmo	6.30	5.27	12. 2,9	0. 1.20
22	M	San Sotero	6.30	5.26	12.15,1	0. 1.32
23	J	San Gerardo.	6.31	5.25	12.35,1	0. 1.44
24	V	San Honorio.	6.32	5.24	12.55,0	0. 1.55
25	S	San Marcos	6.33	5.23	13.14,6	0. 2. 6
26	D	San Cleto.	6.33	5.22	13.34,0	0. 2.16
27	L	San Pedro Almengor.	6.34	5.20	13.53,1	0. 2.26
28	M	San Prudencio. . . .	6.35	5.19	14.12,1	0. 2.35
29	M	San Paulino.	6.36	5.18	14.30,8	0. 2.44
30	J	Santa Catal. de Siena	6.37	5.17	+14.49,3	0. 2.53

El día es de 11^h39^m el 1° y de 10^h40^m el 30.
Disminuye en el mes 59^m.

EN TIEMPO ASTRONÓMICO

Días del mes	LUNA Paso al meri-diano	Orto	Ocaso	Tiempo sideral á medio día medio
	h m s	h m	h m	h m s
1	18.22. 0	10.47	0.57	0.38.52
2	19.21.32	11.50	1.56	0.42.49
3	20.20.27	12.59	2.48	0.46.45
4	21.17.29	14.11	3.34	0.50.42
5	22.12.16	15.24	4.14	0.54.38
6	23. 5. 9	16.37	4.50	0.58.35
7	23.57. 5	17.49	5.23	1. 2.31
8	———	19. 0	5.56	1. 6.28
9	0.48.38	20.11	6.29	1.10.24
10	1.40.59	21.20	7. 4	1.14.21
11	2.34.31	22.28	7.43	1.18.18
12	3.29. 9	23.32	8.26	1.22.14
13	4.24.13	———	9.15	1.26.11
14	5.18.36	0.30	10. 8	1.30. 7
15	6.11.12	1.20	11. 4	1.34. 4
16	7. 1.10	2. 4	12. 2	1.38. 0
17	7.48.16	2.41	13. 0	1.41.57
18	8.32.41	3.14	13.57	1.45.53
19	9.15. 0	3.43	14.54	1.49.50
20	9.55.58	4. 9	15.50	1.53.47
21	10.36.28	4.34	16.46	1.57.43
22	11.17.26	5. 0	17.43	2. 1.40
23	11.59.49	5.26	18.42	2. 5.36
24	12.44.33	5.55	19.43	2. 9.33
25	13.32.27	6.27	20.46	2.13.29
26	14.23.59	7. 5	21.49	2.17.26
27	15.19. 4	7.49	22.52	2.21.22
28	16.16.46	8.42	23.52	2.25.19
29	17.15.31	9.42	———	2.29.16
30	18.13.34	10.48	0.45	2.33.12

Días	PLANETAS Orto	Ocaso	Paso al meri-diano
	☿ MERCURIO		
	h m	h m	h m
1	19. 2	6.17	0.38
11	19.54	6.22	1. 6
21	20.10	6. 9	1.12
	♀ VENUS		
	h m	h m	h m
1	14.54	4. 5	21.30
11	15.10	4. 0	21.35
21	15.26	3.53	21.40
	♂ MARTE		
	h m	h m	h m
1	21. 7	7.31	2.19
11	21. 1	7.14	2. 8
21	20.56	6.58	1.57
	♃ JÚPITER		
	h m	h m	h m
1	15.18	4.23	21.49
11	14.49	3.49	21.18
21	14.19	3.15	20.46
	♄ SATURNO		
	h m	h m	h m
1	4.39	15.51	10.15
11	3.58	15. 9	9.34
21	3.18	14.28	8.53
	♅ URANO		
	h m	h m	h m
1	6.39	19.45	13.12
11	5.59	19. 3	12.31
21	5.18	18.22	11.50

S. C. el 2 á 2^h39^m a. m. | P. C. el 15 á 9^h49^m p. m.

L. N. el 8 á 5^h 5^m p. m. | L. LL. el 24 á 1^h14^m a. m.

1891 **EN TIEMPO CÍVIL**

Día del mes	Día de la semana	MAYO	SOL Orto	SOL Ocaso	SOL Declinación	Tiempo verdadero á mediodía medio
			h m	h m	o '	h m s
1	V	San Felipe.	6.37	5.16	+15. 7,5	0. 3. 0
2	S	San Anastasio. . . .	6.38	5.15	15.25,5	0. 3. 7
3	D	San Alejandro. . . .	6.39	5.14	15.43,2	0. 3.14
4	L	San Silvano, *Rogac*. .	6.40	5.13	16. 0,7	0. 3.20
5	M	San Pío V, *Rogaciones*	6.41	5.12	16.17,9	0. 3.26
6	M	San Lucio, *Rogación*.	6.41	5.11	16 34,9	0. 3.30
7	J	†*La Ascens. del Señor*	6.42	5.10	16.51,6	0. 3.35
8	V	San Desiderio	6.43	5. 9	17. 7,9	0. 3.39
9	S	San Gregº Nacianceno	6.44	5 9	17.24,1	0. 3.42
10	D	San Cirilo.	6.44	5. 8	17.39,9	0. 3.44
11	L	San Mamerto	6.45	5. 7	17.55,4	0. 3.46
12	M	San Nero	6.46	5. 6	18.10,6	0. 3.48
13	M	San Segundo	6.47	5. 5	18.25,5	0. 3.49
14	J	San Sabino	6.48	5. 4	18.40,1	0. 3.49
15	V	San Modesto	6.48	5. 4	18.54,4	0 3.49
16	S	San Ubaldo.	6.49	5. 3	19. 8,4	0. 3.48
17	D	†*Pascua del E.S.* . .	6.50	5. 2	19.22,0	0. 3.47
18	L	San Venancio	6.51	5. 2	19.35,3	0. 3.45
19	M	Santa Prudencia. . .	6.51	5. 1	19.48,3	0. 3.43
20	M	San Bernardino . . .	6.52	5. 0	20. 0,9	0. 3.40
21	J	San Timoteo.	6.53	5. 0	20.13,2	0. 3.36
22	V	Santa Rita.	6.54	4.59	20.25,2	0. 3.32
23	S	San Vicente.	6.54	4.59	20.36,8	0. 3.28
24	D	† *La Santis. Trinidad*	6.55	4.58	20.48.0	0. 3.23
25	L	FIESTA CÍVICA . . .	6.56	4.58	20.58,9	0. 3.17
26	M	San Isaac.	6.56	4 57	21. 9,5	0. 3 11
27	M	Santa María Magdal. .	6.57	4.57	21.19.6	0. 3. 5
28	J	† *Corpus Christi*. .	6.58	4 56	21.29,4	0. 2.58
29	V	San Alejandro. . . .	6.58	4.56	21.38.9	0. 2.50
30	S	San Fernando. . . .	6.59	4.55	21.47,9	0. 2.42
31	D	Santa Ángela	7. 0	4.55	+21.56,6	0. 2.34

El día es de 10^h39^m el 1º y de 9^h55^m el 31.
Disminuye en el mes 44^m.

EN TIEMPO ASTRONÓMICO

Días del mes	LUNA Paso al meridiano	LUNA Orto	LUNA Ocaso	Tiempo sideral á medio día medio
	h m s	h m	h m	h m s
1	19. 9.38	11.58	1.32	2.37. 9
2	20. 3.20	13. 8	2.13	2.41. 5
3	20.54.58	14.18	2 49	2.45. 2
4	21.45.24	15.28	3.22	2.48.58
5	22.35.41	16.38	3.53	2.52.55
6	23.26.50	17.48	4.25	2.56.51
7	———	18.58	4 58	3. 0 48
8	0.19.48	20. 7	5.35	3. 4.45
9	1.14. 7	21.14	6.16	3. 8.41
10	2.10. 1	22.17	7. 3	3.12.38
11	3. 6. 4	23.12	7.55	3.16.34
12	4. 0.50	23.59	8.51	3.20.31
13	4.53. 4	———	9.50	3.24.27
14	5.42. 6	0.40	10.49	3.28.24
15	6.27.58	1.14	11.47	3.32.20
16	7.11.11	1.45	12 44	3.36 17
17	7.52.31	2.12	13.40	3.40.14
18	8.32.58	2.37	14.36	3.44.10
19	9.13.30	3. 2	15.33	3.48. 7
20	9.55.13	3.28	16.31	3.52. 3
21	10.39. 8	3.56	17.31	3.56. 0
22	11.26.14	4.27	18.34	3 59.56
23	12.17.12	5. 3	19.39	4. 3.53
24	13.12. 9	5.45	20.44	4. 7.49
25	14.10.17	6.36	21.46	4.11.46
26	15. 9.55	7.35	22.42	4.15.43
27	16. 9. 0	8.40	23.32	4.19.39
28	17. 5.49	9.49	———	4.23.36
29	17.59.44	10.59	0.14	4.27.32
30	18 50.58	12. 8	0.51	4.31.29
31	19.40.22	13.17	1.24	4.35.25

Días	PLANETAS Orto	PLANETAS Ocaso	PLANETAS Paso al meridiano
☿ MERCURIO			
	h m	h m	h m
1	19.36	5.46	0.43
11	18.27	5. 3	23.41
21	17.26	4.19	22.51
♀ VENUS			
	h m	h m	h m
1	15.43	3.45	21.44
11	16. 1	3.37	21.49
21	16.19	3.30	21.54
♂ MARTE			
	h m	h m	h m
1	20.50	6.43	1.47
11	20.43	6.29	1.36
21	20.35	6.16	1.26
♃ JÚPITER			
	h m	h m	h m
1	13.49	2.41	20.13
11	13.17	2. 6	19.40
21	12.45	1.31	19. 6
♄ SATURNO			
	h m	h m	h m
1	2.38	13.47	8.12
11	1.58	13. 7	7.33
21	1.19	12.28	6.54
♅ URANO			
	h m	h m	h m
1	4.38	17.41	11. 9
11	3.57	16.59	10.28
21	3.17	16.18	9.48

S. C. el 1° á las 10^h 0^m a. m. | P. C. el 15 á las 3^h 13^m p. m.
L. N. el 8 á las 2^h 24^m a. m. | L. LL. el 23 á las 2^h 34^m p. m.
S. C. el 30 á las 3^h 3^m p. m.

1891 **EN TIEMPO CIVIL**

Día del mes	Día de la semana	JUNIO	SOL Orto	SOL Ocaso	SOL Declinación	Tiempo verdadero á mediodía medio
			h m	h m	o ,	h m s
1	L	San Firmo.	7. 0	4.55	+22. 4,9	0. 2.25
2	M	San Marcelino. . . .	7. 1	4.55	22.12,8	0. 2.16
3	M	Santa Paula.	7. 1	4.54	22.20,4	0. 2. 6
4	J	Santa Saturnina. . .	7. 2	4.54	22.27,5	0. 1.56
5	V	San Mariano.	7. 2	4.54	22.34,2	0. 1.46
6	S	San Norberto	7. 3	4.54	22.40,6	0. 1.35
7	D	San Pablo, obispo . .	7. 4	4.54	22.46,6	0. 1.24
8	L	San Salustiano. . . .	7. 4	4.53	22.52,1	0. 1.13
9	M	San Primo.	7. 5	4.53	22.57,3	0. 1. 1
10	M	Santa Margarita . . .	7. 5	4.53	23. 2,0	0. 0.49
11	J	San Bernabé.	7. 5	4.53	23. 6,4	0. 0 37
12	V	San Nazario.	7. 6	4.53	23.10,3	0. 0.25
13	S	San Antonio de Padua	7. 6	4.53	23.13,8	0. 0.13
14	D	San Basilio	7. 7	4.53	23.17,0	0. 0. 0
15	L	Santa Crecencia . . .	7. 7	4.53	23 19,5	11.59.48
16	M	San Aureliano. . . .	7. 8	4.53	23.22,0	11.59.35
17	M	San Manuel.	7. 8	4.54	23.23,9	11.59.22
18	J	San Leoncio.	7. 8	4.54	23.25,3	11.59. 9
19	V	San Gervasio	7. 8	4.54	23.26,4	11.58.56
20	S	San Silverio papa . .	7. 9	4.54	23.27,0	11.58.43
21	D	San Luis Gonzaga . .	7. 9	4.54	23.27,3	11.58.30
22	L	San Paulino.	7. 9	4.54	23.27,1	11.58.18
23	M	Santa Agripina . . .	7. 9	4.55	23.26,5	11.58. 5
24	M	†*La Nativid. de S. J. B.*	7. 9	4.55	23.25,5	11.57.52
25	J	San Eloy	7.10	4.55	23.24,1	11.57.39
26	V	San Juan, mártir . .	7.10	4.56	23.22,2	11.57.27
27	S	San Zoilo	7.10	4.56	23.20,0	11.57.14
28	D	San Irineo	7.10	4.56	23.17,4	11.57. 2
29	L	†*San Pedro y S. Pablo*	7.10	4.57	23.14,3	11.56.50
30	M	Santa Emiliana . . .	7.10	4.57	+23.10,9	11.56.38

El día es de 9^h55^m el 1°, de 9^h45^m el 21 y de 9^h47^m el 30.
Disminuye de 10^m del 1° al 21 y crece 2^m del 21 al 30.

EN TIEMPO ASTRONÓMICO

Días del mes	LUNA Paso al meridiano	Orto	Ocaso	Tiempo sideral á medio día medio
	h m s	h m	h m	h m s
1	20.29. 4	14.24	1.55	4.39.22
2	21.18.16	15.32	2.25	4.43.18
3	22. 8.57	16.40	2.56	4.47.15
4	23. 1.44	17.49	3.31	4.51.12
5	23.56.40	18.56	4. 9	4.55. 8
6	——	20. 1	4.53	4.59. 6
7	0.52.40	21. 0	5.42	5. 3. 1
8	1.48.33	21.51	6.38	5. 6.58
9	2.42.37	22.35	7.36	5.10.54
10	3.33.43	23.13	8.36	5.14.51
11	4.21.24	23.45	9.35	5.18.47
12	5. 5.57	——	10.33	5.22.44
13	5.49.46	0.13	11.30	5.26.41
14	6.28.37	0.39	12.26	5.30.37
15	7. 8.43	1. 4	13.21	5.34.34
16	7.49.27	1.29	14.18	5.38.30
17	8.31.58	1.56	15.17	5.42.27
18	9.17.23	2.25	16.19	5.46.23
19	10. 6.43	2.58	17.23	5.50.19
20	11. 0.30	3.38	18.29	5.54.16
21	11.58.25	4.26	19.34	5.58.13
22	12.59. 4	5.23	20.34	6. 2.10
23	14. 0. 9	6.28	21.27	6. 6. 6
24	14.59.24	7.38	22.13	6.10. 3
25	15.55.29	8.49	22.52	6.13.59
26	16.48.13	10. 0	23.26	6.17.56
27	17.38.17	11. 9	23.58	6.21.52
28	18.26.49	12.17	——	6.25.49
29	19.15. 4	13.23	0.28	6.29.46
30	20. 4.11	14.30	0.58	6.33.42

Días	PLANETAS Orto	Ocaso	Paso al meridiano
☿ MERCURIO			
	h m	h m	h m
1	17. 1	3.50	22.24
11	17.12	3.39	22.26
21	17.51	3.49	22.52
♀ VENUS			
	h m	h m	h m
1	16.39	3.24	22. 2
11	16.58	3.22	22.10
21	17.17	3.23	22.21
♂ MARTE			
	h m	h m	h m
1	20.24	6. 4	1.15
11	20.14	5.54	1. 4
21	20. 1	5.44	0.53
♃ JÚPITER			
	h m	h m	h m
1	12. 8	0.51	18.28
11	11.33	0.15	17.52
21	10.57	23.34	17.15
♄ SATURNO			
	h m	h m	h m
1	0.36	11.47	6.11
11	23.54	11. 9	5.34
21	23.16	10.33	4.56
♅ URANO			
	h m	h m	h m
1	2.33	15.34	9. 3
11	1.53	14.53	8.23
21	1.13	14.13	7.43

L. N. el 6 á 0^h35^m p. m. | L. LL. el 22 á 1^h20^m a. m.
P. C. el 14 á 8^h42^m a. m. | S. C. el 28 á 7^h24^m p. m.

1891 EN TIEMPO CIVIL

DÍA del mes	DÍA de la semana	JULIO	SOL Orto	SOL Ocaso	SOL Declinación	Tiempo verdadero á medio día medio
			h m	h m	° ′	h m s
1	M	San Julio mártir	7.10	4.57	+23. 7,0	11.56.26
2	J	San Martiniano	7.10	4.58	23. 2,7	11.56.15
3	V	San Trifón	7.10	4.58	22.58,0	11.56. 3
4	S	San Martín, obispo	7.10	4.59	22.53,0	11.55.52
5	D	Santa Filomena	7. 9	4.59	22.47,5	11.55.42
6	L	San Rómulo	7 9	5. 0	22.41,6	11.55.32
7	M	San Fermín	7. 9	5. 0	22.35,3	11.55.22
8	M	Santa Isabel reina	7. 9	5. 1	22.28,7	11.55.12
9	J	FIESTA CÍVICA	7. 9	5. 1	22.21,6	11.55. 3
10	V	San Januario	7. 8	5. 2	22.14,2	11.54 54
11	S	San Cipriano	7. 8	5. 3	22. 6,4	11.54.46
12	D	San Félix	7. 8	5. 3	21.58,2	11.54.38
13	L	San Anacleto	7. 7	5. 4	21.49,6	11.54.31
14	M	San Buenaventura	7. 7	5. 4	21.40,7	11.54 24
15	M	San Enrique, emper.	7. 7	5. 5	21.31,4	11.54.17
16	J	N. Señora del Carmen	7. 6	5. 6	21.21,7	11.54.12
17	V	San Alejo	7. 6	5. 6	21.11,7	11.54. 6
18	S	San Camilo	7. 5	5. 7	21. 1,3	11.54. 1
19	D	San Vicente de Paul	7. 5	5. 8	20.50,5	11.53.57
20	L	San Jerónimo	7. 4	5. 8	20.39,4	11.53.54
21	M	San Víctor	7. 4	5. 9	20.27,9	11.53.50
22	M	San Teófilo	7. 3	5.10	20.16,1	11.53.48
23	J	San Apolinario	7. 2	5.10	20. 4,0	11.53 46
24	V	San Francisco Solano	7. 2	5.11	19.51,5	11.53.44
25	S	San Cristóbal	7. 1	5.12	19.38,7	11.53.44
26	D	Santa Ana	7. 0	5.12	19.25,6	11.53.43
27	L	San Pantaleón	7. 0	5.13	19.12,2	11.53.44
28	M	San Inocencio	6.59	5.14	18.58,4	11.53.45
29	M	San Faustino	6.58	5.15	18.44,3	11.53.46
30	J	San Abdón	6 57	5.15	18.29,9	11.53.48
31	V	San Ignacio de Loyola	6.57	5.16	+18.15,2	11.53.51

El día es de 9^h47^m el 1° y de 10^h19^m el 31.
Aumenta en el mes 32^m.

EN TIEMPO ASTRONÓMICO

Días del mes	LUNA Paso al meridiano	Orto	Ocaso	Tiempo sideral á mediodía medio
	h m s	h m	h m	h m s
1	20.55. 4	15.37	1.31	6.37.39
2	21.48. 4	16.44	2. 7	6.41.35
3	22.42.51	17.49	2.48	6.45.32
4	23.38.20	18.49	3.34	6.49.28
5	———	19.43	4.27	6.53.25
6	0.32.58	20.30	5.24	6.57.21
7	1.27.10	21.10	6.24	7. 1.18
8	2.14.31	21.44	7.24	7. 5.15
9	3. 0.27	22.14	8.23	7. 9.11
10	3.43.33	22.41	9.20	7.13. 8
11	4.24.35	23. 6	10.16	7.17. 4
12	5. 4.32	23.30	11.11	7.21. 1
13	5.44.27	23.56	12. 7	7.24.57
14	6.25.29	———	13. 4	7.28.54
15	7. 8.49	0.23	14. 3	7.32.50
16	7.55.34	0.54	15. 5	7.36.48
17	8.46.40	1.30	16.10	7.40.44
18	9.42.30	2.14	17.15	7.44.40
19	10.42.20	3. 7	18.18	7.48.37
20	11.44.19	4. 9	19.16	7.52.33
21	12.45.58	5.19	20. 7	7.56.30
22	13.45. 8	6.32	20 49	8. 0.26
23	14.40.51	7.46	21.26	8. 4.23
24	15.33.21	8.58	21.59	8. 8.19
25	16.23.32	10. 7	22.30	8.12.16
26	17.12.37	11.16	23. 1	8.16.13
27	18. 1.47	12.23	23.33	8.20. 9
28	18.52. 2	13.30	———	8.24. 6
29	19.43.59	14.36	0. 7	8.28. 2
30	20.37.37	15.41	0.47	8.31.59
31	21.32.12	16.42	1.31	8.35.55

PLANETAS Días	Orto	Ocaso	Paso al meridiano
☿ MERCURIO			
	h m	h m	h m
1	18.48	4.25	23.40
11	19.37	5.24	0.29
21	19.57	6.22	1.11
♀ VENUS			
	h m	h m	h m
1	17.36	3.28	22.33
11	17.52	3.39	22.46
21	18. 5	3.53	22.59
♂ MARTE			
	h m	h m	h m
1	19.48	5.36	0.42
11	19.33	5.27	0.31
21	19.16	5.19	0.18
♃ JÚPITER			
	h m	h m	h m
1	10.19	22.56	16.37
11	9.40	22.16	15.58
21	8.59	21.36	15.18
♄ SATURNO			
	h m	h m	h m
1	22.39	9.57	4.20
11	22. 2	9.22	3.44
21	21.25	8.47	3. 8
♅ URANO			
	h m	h m	h m
1	0.33	13.33	7. 3
11	23.50	12.53	6.24
21	23.11	12.15	5.45

L. N. el 6 á $0^h 7^m$ a. m.
P. C. el 14 á $1^h 37^m$ a. m.

L. LL. el 21 á $10^h 2^m$ a. m.
S. C. el 28 á $0^h 41^m$ a. m.

1891 · EN TIEMPO CIVIL

Día del mes	Día de la semana	AGOSTO	SOL Orto	SOL Ocaso	SOL Declinación	Tiempo verdadero á medio día medio
			h m	h m	° ,	h m s
1	S	San Domiciano . . .	6.56	5.17	+18. 0,2	11.53.54
2	D	N. S de los Ángeles. .	6.55	5.18	17.44,9	11.53.58
3	L	San Eufrodio	6.54	5.18	17.29,4	11.54. 2
4	M	Sto Dom. de Guzmán.	6.53	5.19	17.13,5	11.54. 7
5	M	San Osvaldo.	6.52	5.20	16.57,3	11.54.13
6	J	La transfig. de N.S.J.C.	6.51	5.20	16.40,9	11.54.19
7	V	San Cayetano	6.50	5.21	16.24,2	11.54.26
8	S	San Ciriaco	6.49	5.22	16. 7,3	11.54.33
9	D	San Pastor	6.48	5.23	15.50,1	11.54.41
10	L	San Lorenzo.	6.47	5.23	15.32,6	11.54.50
11	M	San Rufino	6.46	5.24	15.14,9	11.54.59
12	M	Santa Clara.	6.45	5.25	14.56,9	11.55. 9
13	J	San Hipólito.	6.44	5.26	14.38,7	11.55.19
14	V	San Eusebio.	6.43	5.26	14.20,3	11.55.30
15	S	†*La Ascensión de M.S.*	6.42	5.27	14. 1,6	11.55.41
16	D	San Roque	6.41	5.28	13.42,7	11.55.53
17	L	Santa Liberata. . . .	6.40	5.29	13.23,7	11 56. 6
18	M	San Floro.	6.38	5.29	13. 4,3	11.56.19
19	M	San Julio mártir. . .	6.37	5.30	12.44.8	11.56.33
20	J	San Bernardo . . .	6.36	5.31	12.25,1	11.56.47
21	V	Santa Anastasia . . .	6.35	5.32	12. 5,2	11.57. 1
22	S	San Marcial.	6.34	5.32	11.45,1	11.57.16
23	D	San Timoteo.	6.32	5.33	11.24,8	11.57.31
24	L	San Bartolomé. . . .	6.31	5.34	11. 4,4	11.57.47
25	M	San Luis, rey. . . .	6.30	5.35	10.43,7	11.58. 3
26	M	San Ceferino	6.29	5.35	10.22,9	11.58.20
27	J	San José de Calasáns	6.27	5.36	10. 1.9	11.58.37
28	V	San Agustín.	6.26	5.37	9.40,7	11.58.54
29	S	Santa Cándida. . . .	6.25	5.37	9.19,4	11.59.12
30	D	† *Santa Rosa de Lima*	6.23	5.38	8.58,0	11.59.30
31	L	San Ramón Nonato. .	6.22	5.39	+ 8.36,4	11.59.48

El día es de 10^h21^m el 1° y de 11^h17^m el 31.
Aumenta en el mes 56^m.

EN TIEMPO ASTRONÓMICO

Días del mes	LUNA: Paso al meridiano	LUNA: Orto	LUNA: Ocaso	Tiempo sideral á mediodía medio
	h m s	h m	h m	h m s
1	22.26.32	17.38	2.21	8.39.52
2	23.19.12	18.27	3.16	8.43.48
3	———	19. 8	4.15	8.47.45
4	0. 9.12	19.44	5.14	8.51.42
5	0.57. 8	20.15	6.14	8.55.38
6	1.40. 5	20.43	7.11	8.59.35
7	2.21.44	21. 8	8. 8	9. 3.31
8	3. 1.52	21.33	9. 3	9. 7.28
9	3.41.27	21.57	9.58	9.11.24
10	4.21.30	22.23	10.54	9.15.21
11	5. 3. 7	22.52	11.51	9.19.17
12	5.47.25	23.25	12.51	9.23.14
13	6.35.25	———	13.53	9.27.11
14	7.27.51	0. 4	14.57	9.31. 7
15	8.24.45	0.52	16. 0	9.35. 4
16	9.25. 6	1.49	17. 0	9.39. 0
17	10.26.53	2.54	17.54	9.42.57
18	11.27.49	4. 7	18.40	9.46.53
19	12.26.13	5.22	19.20	9.50.50
20	13.21.34	6.37	19.56	9.54.46
21	14.14.22	7.50	20.29	9.58.43
22	15. 5.32	9. 1	21. 0	10. 2.40
23	15.56.15	10.11	21.33	10. 6.36
24	16.47.29	11.21	22. 7	10.10.33
25	17.39.56	12.29	22.45	10.14.29
26	18.33.43	13.35	23.28	10.18.26
27	19.28.18	14.38	———	10.22.22
28	20.22.41	15.35	0.17	10.26.19
29	21.15.35	16.25	1.11	10.30.15
30	22. 6. 2	17. 9	2. 8	10.34.12
31	22.53.31	17.46	3. 7	10.38. 9

Días	PLANETAS: Orto	PLANETAS: Ocaso	PLANETAS: Paso al meridiano
☿ MERCURIO			
	h m	h m	h m
1	20. 6	7. 9	1.37
11	19.55	7.34	1.45
21	19.32	7.43	1.39
♀ VENUS			
	h m	h m	h m
1	18.14	4.12	23.14
11	18.18	4.32	23.26
21	18.17	4.53	23.36
♂ MARTE			
	h m	h m	h m
1	18.56	5.11	0. 4
11	18.37	5. 3	23.49
21	18.17	4.54	23.35
♃ JÚPITER			
	h m	h m	h m
1	8.12	20.52	14.32
11	7.28	20.10	13.49
21	6.44	19.28	13. 6
♄ SATURNO			
	h m	h m	h m
1	20.44	8. 9	2.29
11	20. 8	7.36	1.53
21	19.32	7. 2	1.19
♅ URANO			
	h m	h m	h m
1	22.28	11.33	5. 3
11	21.50	10.55	4.24
21	21.11	10.18	3.46

L. N. el 4 á 1^h21^m p. m.
P. C. el 12 á 5^h20^m p. m.

L. LL. el 19 á 5^h37^m p. m.
S. C. el 26 á 8^h18^m a. m.

1891 **EN TIEMPO CIVIL**

Día del mes	Día de la semana	SEPTIEMBRE	SOL Orto	SOL Ocaso	SOL Declinación	Tiempo verdadero á medio día medio
			h m	h m	° ′	h m s
1	M	San Fermín.	6.21	5.40	+ 8.14,6	0. 0. 7
2	M	San Esteban.	6.19	5.40	7.52,8	0. 0.26
3	J	San Sandalio	6.18	5.41	7.30,8	0. 0.45
4	V	Santa Rosalía. . . .	6.17	5.42	7. 8,6	0. 1. 4
5	S	San Justianino . . .	6.15	5.43	6.46,4	0. 1.24
6	D	San Fausto	6.14	5.43	6.24,0	0. 1.44
7	L	Santa Regina	6 12	5.44	6. 1,6	0. 2. 4
8	M	†*La Nativ. de María S.*	6.11	5.45	5.39,0	0. 2.25
9	M	San Jerónimo	6.10	5 45	5.16,4	0. 2.45
10	J	San Nicolás.	6. 8	5 46	4.53,6	0. 3. 6
11	V	San Emiliano	6 7	5.47	4.30,8	0. 3.27
12	S	San Serapio.	6. 5	5.48	4. 7,9	0. 3.48
13	D	San Eulogio.	6. 4	5.48	3.45,0	0. 4. 9
14	L	San Cornelio	6. 3	5.49	3.21,9	0. 4.30
15	M	Santa Melitona . . .	6. 1	5.50	2.58,8	0. 4.51
16	M	San Cipriano.	6. 0	5.50	2.35,7	0. 5.12
17	J	San Pedro de Arbués.	5.58	5.51	2.12,5	0. 5.34
18	V	Santa Sofía	5.57	5.52	1.49,3	0. 5.55
19	S	San Jenaro	5.55	5.53	1.26,0	0. 6.16
20	D	San Eustaquio. . . .	5.54	5.53	1. 2,7	0. 6.38
21	L	San Mateo.	5.52	5.54	0.39,3	0. 6.59
22	M	San Mauricio	5 51	5.55	+ 0.15,9	0. 7.20
23	M	San Lino	5.50	5.56	— 0. 7.4	0. 7.41
24	J	N. S. de las Mercedes.	5.48	5.56	0.30,8	0. 8. 1
25	V	Santa María.	5.47	5 57	0.54,3	0. 8.22
26	S	Santa Justina	5.45	5.58	1.17,7	0. 8.42
27	D	San Cosme	5.44	5.59	1.41,1	0. 9. 3
28	L	San Wenceslao . . .	5.42	5.59	2. 4,5	0. 9.23
29	M	Dedic de San Miguel.	5.41	6. 0	2.27,8	0. 9.42
30	M	Santa Sofía	5.40	6. 1	— 2.51,2	0.10. 2

El día es de 11^h19^m el 1° y de 12^h21^m el 30.
Aumenta en el mes 1^h2^m.

EN TIEMPO ASTRONÓMICO

Días del mes	LUNA — Paso al meridiano	LUNA — Orto	LUNA — Ocaso	Tiempo sideral á medio día medio
	h m s	h m	h m	h m s
1	23.37.54	18.18	4. 7	10.42. 5
2	——	18.46	5. 5	10.46. 2
3	0.20.17	19.12	6. 1	10.49.58
4	1. 0.45	19.36	6.57	10.53.55
5	1.40.21	20. 0	7.52	10.57.51
6	2.20. 1	20 26	8.48	11. 1.48
7	3. 0.43	20.53	9.44	11. 5.44
8	3.43.28	21.24	10.42	11. 9.41
9	4.29.11	21.59	11.43	11.13.38
10	5.18.40	22.42	12.45	11.17.34
11	6.12.13	23.33	13.46	11.21.31
12	7. 9.26	——	14.46	11.25.27
13	8. 8.59	0.33	15.41	11.29.24
14	9. 9. 2	1.41	16.29	11.33.20
15	10. 7.49	2.54	17.12	11.37.17
16	11. 4.26	4. 9	17.49	11.41.13
17	11.58.51	5.24	18.23	11.45.10
18	12.51.44	6.36	18.56	11.49. 7
19	13.44. 5	7.50	19.29	11.53. 3
20	14.36.52	9. 2	20. 3	11.57. 0
21	15.30.46	10.14	20.41	12. 0.56
22	16.25.50	11.24	21.23	12. 4.53
23	17.21.59	12.30	22.11	12. 8.49
24	18.17.41	13.31	23. 5	12.12.46
25	19.11.49	14.24	——	12.16.42
26	20. 3.18	15. 9	0. 2	12.20.39
27	20.51.39	15.48	1. 1	12.24.36
28	21.36.55	16.21	2. 0	12.28.32
29	22.19.34	16.50	2.59	12.32.29
30	23. 0.20	17.16	3.56	12.36.25

Días	PLANETAS — Orto	PLANETAS — Ocaso	PLANETAS — Paso al meridiano
☿ MERCURIO			
	h m	h m	h m
1	18.50	7.16	1. 5
11	17.59	6. 2	0. 2 23.55
21	17.11	4.47	22.57
♀ VENUS			
	h m	h m	h m
1	18.13	5.16	23.45
11	18. 7	5.37	23.52
21	17.59	5.57	23.59
♂ MARTE			
	h m	h m	h m
1	17.54	4.46	23.19
11	17.32	4.37	23. 4
21	17.10	4.28	22.48
♃ JÚPITER			
	h m	h m	h m
1	5.54	18.41	12.17
11	5. 8	17.58	11.33
21	4.23	17.16	10.49
♄ SATURNO			
	h m	h m	h m
1	18.52	6.25	0.40
11	18.16	5.51	0. 6
21	17.40	5.18	23.27
♅ URANO			
	h m	h m	h m
1	20.29	9.36	3. 5
11	19.51	9. 0	2.27
21	19.14	8.24	1.50

L. N. el 3 á $4^h 24^m$ a. m.
P. C. el 11 á $7^h 16^m$ a. m.

L. LL. el 18 á $1^h 12^m$ a. m.
S. C. el 24 á $7^h 16^m$ p. m.

1891 **EN TIEMPO CIVIL**

Día del mes	Día de la semana	OCTUBRE	SOL Orto	SOL Ocaso	SOL Declinación	Tiempo verdadero á medio día medio
			h m	h m	° ′	h m s
1	J	San Remigio.	5.38	6. 2	— 3.14,5	0.10.21
2	V	San Eleuterio	5.37	6. 2	3.37,8	0.10 40
3	S	San Cándido.	5.35	6. 3	4. 1,1	0.10.59
4	D	San Francisco de Asís	5.34	6. 4	4.24,3	0.11.17
5	L	San Froilán.	5.33	6. 5	4.47,5	0.11.35
6	M	San Bruno	5.31	6. 6	5.10,6	0.11.52
7	M	San Sergio	5.30	6. 6	5.33,6	0.12.10
8	J	Santa Brígida. . . .	5.29	6. 7	5.56,5	0.12.26
9	V	San Dionisio	5.27	6. 8	6.19,4	0.12.43
10	S	San Luis Beltrán . .	5.26	6. 9	6.42,2	0.12.59
11	D	San Nicasio	5.24	6.10	7. 4,9	0.13.14
12	L	Ntra. Señora del Pilar	5.23	6.10	7.27,5	0.13.29
13	M	San Eduardo	5.22	6.11	7.50,0	0.13.44
14	M	Santa Fortunata. . .	5.21	6.12	8.12,4	0.13.58
15	J	San Bruno.	5.19	6.13	8.34.7	0.14.11
16	V	San Nereo, mártir . .	5.18	6.14	8.56,8	0.14.24
17	S	San Florentino. . . .	5.17	6.15	9.18,8	0.14.36
18	D	San Lucas Evangelista	5.15	6.16	9.40,7	0.14.48
19	L	S. Pedro de Alcántara.	5.14	6 16	10. 2,5	0.14.59
20	M	San Feliciano	5.13	6.17	10.24,1	0.15.10
21	M	Santa Úrsula	5.12	6.18	10.45,5	0.15.20
22	J	San Severo	5.11	6.19	11. 6,8	0.15.29
23	V	San Pascual.	5. 9	6.20	11.27,9	0.15.37
24	S	San Rafael arcángel.	5. 8	6 21	11.48,9	0.15.45
25	D	San Crisanto.	5. 7	6.22	12. 9,6	0.15.52
26	L	San Evaristo	5. 6	6.23	12.30,2	0.15.58
27	M	Santa Sabina	5. 5	6.24	12.50,6	0.16. 4
28	M	San Simón	5. 4	6.25	13.10,8	0.16. 8
29	J	San Narciso.	5. 3	6.26	13.30,8	0.16.12
30	V	San Marcelo.	5. 2	6.26	13.50,6	0.16.16
31	S	San Nemesio	5. 1	6.27	—14.10,2	0.16.18

El día es de 12^h24^m el 1° y de 13^h26^m el 31.
Aumenta en el mes 1^h2^m.

EN TIEMPO ASTRONÓMICO

Días del mes	LUNA: Paso al meridiano	LUNA: Orto	LUNA: Ocaso	Tiempo sideral á mediodía medio
	h m s	h m	h m	h m s
1	23.40.10	17.41	4.52	12.40.22
2	——	18. 5	5.47	12.44.18
3	0.19.42	18.30	6.42	12.48.15
4	1. 0. 2	18.56	7 39	12.52.11
5	1.42. 6	19.25	8.37	12.56. 8
6	2.26.43	19.59	9.36	13. 0. 4
7	3.14.34	20.39	10.37	13. 4. 1
8	4. 6. 3	21.26	11.39	13. 7.58
9	5. 0.50	22.21	12.38	13.11.54
10	5.57.56	23.24	13.33	13.15.51
11	6.55.52	——	14.22	13.19.47
12	7.53. 9	0.32	15. 5	13.23.44
13	8.48.47	1.44	15.43	13.27.40
14	9.42.40	2.57	16.18	13.31.37
15	10.35.16	4.10	16.50	13.35.33
16	11.27.32	5.23	17.23	13.39.30
17	12.20.29	6.36	17.56	13.43.27
18	13.14.57	7.49	18.33	13.47.23
19	14.11.19	9. 3	19.14	13.51.20
20	15. 9. 6	10.13	20. 1	13.55.16
21	16. 7. 8	11.19	20.54	13.59.13
22	17. 3.47	12.17	21.52	14. 3. 9
23	17.57.37	13. 7	22.52	14. 7. 6
24	18.47.52	13.48	23.52	14.11. 2
25	19.34.31	14.24	——	14.14.59
26	20.18. 4	14.54	0.51	14.18.56
27	20.59.19	15.21	1.49	14.22.52
28	21.30.12	15.45	2.45	14.26.49
29	22.18.43	16. 9	3.41	14.30.45
30	22.58.50	16.34	4.36	14.34.42
31	23.40.40	16.59	5.32	14.38.38

Días	PLANETAS: Orto	PLANETAS: Ocaso	PLANETAS: Paso al meridiano
	☿ MERCURIO		
	h m	h m	h m
1	17. 0	4.37	22.49
11	17. 2	5.10	23. 9
21	16.56	5.36	23.32
	♀ VENUS		
	h m	h m	h m
1	18.12	5.57	0. 4
11	18.33	5.50	0.11
21	18.56	5,44	0.19
	♂ MARTE		
	h m	h m	h m
1	16.47	4.19	22.33
11	16.24	4.10	22.17
21	16. 1	4. 1	21.59
	♃ JÚPITER		
	h m	h m	h m
1	3.38	16.34	10. 6
11	2.55	15.52	9.23
21	2.12	15.11	8.42
	♄ SATURNO		
	h m	h m	h m
1	17. 4	4.44	22.53
11	16.27	4.11	22.18
21	15.51	3.37	21.43
	♅ URANO		
	h m	h m	h m
1	18.36	7.46	1.13
11	17.58	7.10	0.36
21	17.21	6 34	23.55

L. N. ol 2 á 9^h 6^m p. m.
P. C. el 10 á 7^h 5^m p. m.

L. LL. el 17 á 9^h53^m a. m.
S. C. el 23 á 10^h 5^m a. m.

1891 **EN TIEMPO CIVIL**

Día del mes	Día de la semana	NOVIEMBRE	SOL Orto	SOL Ocaso	SOL Declinación	Tiempo verdadero á medio día medio
			h m	h m	° ′	h m s
1	D	†*Fies. de tod. los Santos*	5.00	6.28	—14.29,5	0.16.20
2	L	Difuntos. S. Ciriaco .	4.59	6.29	14.48,6	0.16.21
3	M	Santa Eustaquia. . .	4.58	6.30	15. 7,5	0.16.21
4	M	San Carlos Borromeo	4.57	6.31	15.26,1	0.16.20
5	J	San Eusebio.	4.56	6.32	15.44,4	0.16.18
6	V	San Leonardo. . . .	4.55	6.33	16. 2,5	0.16.16
7	S	San Florencio. . . .	4.54	6.34	16.20,4	0.16.13
8	D	San Severiano. . . .	4.53	6.35	16.37,9	0.16. 9
9	L	San Teodoro.	4.52	6.36	16.55,2	0.16. 4
10	M	San León el Grande.	4.51	6.37	17.12,1	0.15.58
11	M	† *San Martín*. . . .	4.51	6.38	17.28,8	0.15.51
12	J	San Diego.	4.50	6.39	17.45,2	0.15.44
13	V	San Antonio.	4.49	6.40	18. 1,3	0.15.36
14	S	San Clementino . . .	4.48	6.41	18.17,0	0.15.27
15	D	San Leopoldo	4.48	6.42	18.32,4	0.15.17
16	L	San Valerio.	4.47	6.43	18.47,5	0.15. 6
17	M	San Greg. Taumaturgo	4.47	6.44	19. 2,3	0.14.55
18	M	San Máximo.	4.46	6.45	19.16,7	0.14.42
19	J	San Ponciano	4.45	6.46	19.30,8	0.14.29
20	V	San Octavio.	4.45	6.47	19.44,6	0.14.15
21	S	San Alberto.	4.44	6.48	19.57,9	0.14. 0
22	D	Santa Cecilia	4.44	6.49	20.10,9	0.13.44
23	L	San Clemente	4.43	6.50	20.23,6	0.13.28
24	M	San Juan de la Cruz.	4.43	6.51	20.35,9	0.13.11
25	M	Santa Catalina. . . .	4.43	6.52	20.47,7	0.12.52
26	J	San Conrado	4.42	6.53	20.59,2	0.12.34
27	V	San Acacio	4.42	6.54	21.10,3	0.12.14
28	S	San Santiago	4.42	6.55	21.21,0	0.11.54
29	D	1°. de Adv., s. Saturnino.	4.42	6.56	21.31,3	0.11.32
30	L	San Andrés	4.41	6.57	—21.41,2	0.11.11

El día es de 13^h28^m el 1° y de 14^h16^m el 30.
Aumenta en el mes 48^m.

EN TIEMPO ASTRONÓMICO

Días del mes	LUNA Paso al meridiano	Orto	Ocaso	Tiempo sideral á medio dia medio
	h m s	h m	h m	h m s
1	———	17.28	6.30	14.42.35
2	0.24.34	18. 0	7.30	14.46.31
3	1.11.51	18.38	8.31	14.50.28
4	2. 2.34	19.23	9.33	14.54.25
5	2.56.31	20.15	10.33	14.58.21
6	3.52.43	21.15	11.29	15. 2.18
7	4.49.38	22.21	12.20	15. 6.14
8	5.45.46	23.29	13. 3	15.10.11
9	6.40. 8	———	13.42	15.14. 7
10	7.32.32	0.39	14.16	15.18. 4
11	8.23.28	1.49	14.48	15.22. 0
12	9.13.52	2.59	15.19	15.25.57
13	10. 4.54	4.10	15.50	15.29.54
14	10.57.40	5.22	16.25	15.33.50
15	11.52.57	6.36	17. 3	15.37.47
16	12.50.44	7.49	17.48	15.41.43
17	13.50. 7	8.59	18.39	15.45.40
18	14.49.17	10. 3	19.36	15.49.36
19	15.46.13	10.58	20.37	15.53.33
20	16.39.31	11.44	21.39	15.57.29
21	17.28.40	12.23	22.40	16. 1.26
22	18.14. 0	12.55	23.39	16. 5.23
23	18.56.21	13.23	———	16. 9.19
24	19.36.43	13.49	0.36	16.13.16
25	20.16.12	14.13	1.32	16.17.12
26	20.55.54	14.37	2.27	16.21. 9
27	21.36.53	15. 2	3.23	16.25. 5
28	22.20.10	15.29	4.20	16.29. 2
29	23. 6.50	16. 0	5.20	16.32.58
30	23.56.36	16.36	6.21	16.36.55

Días	PLANETAS Orto	Ocaso	Paso al meridiano
	☿ MERCURIO		
	h m	h m	h m
1	17. 8	6.43	23.57
11	17.14	7.24	0.18
21	17.25	8. 0	0.43
	♀ VENUS		
	h m	h m	h m
1	19. 9	5.41	0.29
11	19.42	5.42	0.41
21	20. 3	5.48	0.55
	♂ MARTE		
	h m	h m	h m
1	15.35	3.51	21.43
11	15.12	3.42	21.27
21	14.49	3.34	21.11
	♃ JÚPITER		
	h m	h m	h m
1	1.28	14.27	7.57
11	0.49	13.48	7.18
21	0.12	13. 9	6.41
	♄ SATURNO		
	h m	h m	h m
1	15.11	2.59	21. 4
11	14.35	2.25	20.28
21	13.57	1.49	19.52
	♅ URANO		
	h m	h m	h m
1	16.39	5.54	23.15
11	16. 2	5.17	22.38
21	15.24	4.41	22. 1

L. N. el 1.° á 2^h41^m p. m. | L. LL. el 13 á 8^h24^m p. m.
P. C. el 9 á 4^h55^m a. m. | S. C. el 23 á 4^h34^m a. m.

1891 **EN TIEMPO CIVIL**

Día del mes	Día de la semana	DICIEMBRE	SOL Orto	SOL Ocaso	SOL Declinación	Tiempo verdadero á medio dia medio
			h m	h m	o ,	h m s
1	M	San Mariano.	4.41	6.58	—21.50,7	0.10.48
2	M	San Silvano.	4.41	6.58	21.59,8	0.10.25
3	J	San Francisco Javier	4.41	6.59	22. 8,4	0.10. 2
4	V	Santa Bárbara. . . .	4.41	7. 0	22.16,6	0. 9.37
5	S	San Sabas.	4.41	7. 1	22.24,4	0. 9.13
6	D	San Nicolás de Bari .	4.41	7. 2	22.31,7	0. 8.47
7	L	San Ambrosio. . . .	4.41	7. 3	22.38,6	0. 8.21
8	M	†*La Inmacul.Concep.*	4.41	7. 3	22.45,1	0. 7.55
9	M	Santa Leocadia . . .	4.41	7. 4	22.51,1	0. 7.28
10	J	N. S. de Loreto . . .	4.41	7. 5	22.56,6	0. 7. 1
11	V	San Dámaso.	4.41	7. 6	23. 1,7	0. 6.34
12	S	San Donato.	4.41	7. 7	23. 6,4	0. 6 .6
13	D	Santa Lucía.	4.42	7. 7	23.10,5	0. 5.37
14	L	San Nicasio	4.42	7. 8	23.14,2	0. 5. 9
15	M	San Ireneo	4.42	7. 9	23.17,5	0. 4.40
16	M	San Valentín	4.43	7. 9	23.20,3	0. 4.11
17	J	San Lázaro	4.43	7.10	23.22,6	0. 3.42
18	V	San Teolino.	4.43	7.10	23.24,5	0. 3.12
19	S	San Nemesio	4.44	7.11	23.25,9	0. 2.42
20	D	Sto Domingo de Silos.	4.44	7.12	23.26,8	0. 2.13
21	L	Santo Tomás	4.45	7.12	23.27,2	0. 1.43
22	M	San Demetrio . . .	4.45	7.13	23.27,2	0. 1.13
23	M	Santa Victoria. . . .	4.46	7.13	23.26,7	0. 0.43
24	J	San Luciano.	4.46	7.14	23.25,8	0. 0.13
25	V	†*Nativ. de N. S. J. C.*	4.47	7.14	23.24,3	11.59.43
26	S	San Esteban.	4.47	7.14	23.22,4	11.59.13
27	D	San Juan Evangelista	4.48	7.15	23.20,0	11.58.43
28	L	Santos Inocentes. . .	4.49	7.15	23.17,2	11.58.14
29	M	S.TomásCantuariense	4.49	7.15	23.13,9	11.57.44
30	M	San Sabino	4.50	7.15	23.10,1	11.57.15
31	J	San Silvestre	4.51	7.16	—23. 5,8	11.56.46

El día es de 14^h17^m el 1°, de 14^h28^m el 22 y de 14^h25^m el 31.
Aumenta 11^m del 1° al 22 y disminuye 3^m del 22 al 31.

EN TIEMPO ASTRONÓMICO

Días del mes	LUNA — Paso al meridiano	LUNA — Orto	LUNA — Ocaso	Tiempo sideral á medio día medio
	h m s	h m	h m	h m s
1	——	17.19	7 24	16.40.52
2	0.50.42	18.10	8.26	16.44.48
3	1.44.52	19. 9	9.25	16.48.45
4	2.44.55	20.13	10.17	16.52.41
5	3.41.49	21.21	11. 3	16.56.38
6	4.36.34	22.30	11.43	17. 0.34
7	5.28.46	23.38	12.18	17. 4.31
8	6.18.48	——	12.49	17. 8.28
9	7. 7.36	0.46	13.19	17.12.24
10	7.56.23	1.54	13.49	17.16.21
11	8.46.25	3. 3	14.21	17.20.17
12	9.38.48	4.14	14.56	17.24.14
13	10.34.10	5.25	15.37	17.28.10
14	11.32.16	6.36	16.24	17.32. 7
15	12.31.46	7.43	17.19	17.36. 3
16	13.30.35	8.44	18.19	17.40. 0
17	14.26.39	9.35	19.22	17.43.57
18	15.18.45	10.18	20.25	17.47.53
19	16. 6.37	10.53	21.26	17.51.50
20	16.50.48	11.23	22.25	17.55.46
21	17.32.17	11.50	23.22	17.59.43
22	18.12. 8	12.15	——	18. 3.39
23	18.51.32	12.39	0.17	18. 7.36
24	19.31.39	13. 3	1.12	18.11.32
25	20.13.36	13.29	2. 9	18.15.29
26	20.58.27	13.58	3. 3	18.19.26
27	21.47. 6	14.32	4. 7	18.23.22
28	22.39.53	15.12	5.10	18.27.19
29	23.36.21	16. 1	6.13	18.31.15
30	——	16.57	7.14	18.35.12
31	0.35. 4	18. 1	8.10	18.39. 8

Días	PLANETAS — Orto	PLANETAS — Ocaso	PLANETAS — Paso al meridiano
☿ MERCURIO			
	h m	h m	h m
1	17.47	8.31	1. 8
11	18. 5	8.42	1.24
21	17.51	8.10	1. 1
♀ VENUS			
	h m	h m	h m
1	20.22	6. 0	1.10
11	20.37	6.15	1.25
21	20.47	6.35	1.40
♂ MARTE			
	h m	h m	h m
1	14.27	3.25	20.55
11	14. 5	3.16	20.40
21	13.43	3. 6	20.25
♃ JÚPITER			
	h m	h m	h m
1	23.33	12.32	6. 4
11	22.59	11.55	5.29
21	22.26	11.19	4.54
♄ SATURNO			
	h m	h m	h m
1	13.20	1.14	19.15
11	12.42	0.37	18.38
21	12. 4	23.56	18. 0
♅ URANO			
	h m	h m	h m
1	14.46	4. 4	21.23
11	14. 8	3.27	20.46
21	13.30	2.50	20. 9

L. N. el 1 á 7^h53^m a. m. | L. LL. el 15 á $9^h\ 1^m$ a. m.
P. C. el 8 á 1^h22^m p. m. | S. C. el 23 á 1^h47^m p. m.
L. N. el 30 á 11^h28^m p. m.

Concordancia entre los calendarios en el año gregoriano 1891

Días de la semana	Calendario gregoriano	Calendario juliano	Calendario israelita
Miércoles.	0 Enero 1891	19 Dicbre. 1890	20 Tébeth 5651
Viernes. .	9 Enero	28 Diciembre	0 Schebat 5651
Domingo.	11 Enero	30 Diciembre	2 Schebat
Lunes . .	12 Enero	0 Enero 1891	3 Schebat
Martes . .	20 Enero	8 Enero	11 Schebat
Sábado. .	0 Febrero 1891	19 Enero	22 Schebat
Domingo.	8 Febrero	27 Enero	0 Adar 5651
Lunes . .	9 Febrero	28 Enero	1 Adar
Jueves . .	12 Febrero	0 Febrero 1891	4 Adar
Jueves . .	19 Febrero	7 Febrero	11 Adar
Sábado . .	0 Marzo 1891	16 Febrero	20 Adar
Martes . .	10 Marzo	26 Febrero	0 Véadar 5651
Miércoles.	11 Marzo	27 Febrero	1 Véadar
Jueves . .	12 Marzo	0 Marzo 1891	2 Véadar
Sábado. .	21 Marzo	9 Marzo	11 Véadar
Martes . .	0 Abril 1891	19 Marzo	21 Véadar
Miércoles.	8 Abril	27 Marzo	0 Nissan 5651
Jueves . .	9 Abril	28 Marzo	1 Nissan
Domingo.	12 Abril	0 Abril 1891	4 Nissan
Lunes . .	20 Abril	8 Abril	12 Nissan
Jueves . .	0 Mayo 1891	18 Abril	22 Nissan
Viernes. .	8 Mayo	26 Abril	0 Iyar 5651
Sábado. .	9 Mayo	27 Abril	1 Iyar
Martes . .	12 Mayo	0 Mayo 1891	4 Iyar
Miércoles.	20 Mayo	8 Mayo	12 Iyar
Domingo.	0 Junio 1891	19 Mayo	23 Iyar
Sábado. .	6 Junio	25 Mayo	0 Sivan 5651
Domingo.	7 Junio	26 Mayo	1 Sivan
Viernes. .	12 Junio	0 Junio 1891	6 Sivan
Viernes. .	19 Junio	7 Junio	13 Sivan

Concordancia entre los calendarios en el año gregoriano 1891

Días de la semana	Calendario gregoriano	Calendario juliano	Calendario israelita
Martes . .	0 Julio 1891	18 Junio 1891	24 Sivan
Lunes . .	6 Julio	24 Junio	0 Tamouz 5651
Martes . .	7 Julio	25 Junio	1 Tamouz
Domingo .	12 Julio	0 Julio 1891	6 Tamouz
Domingo .	19 Julio	7 Julio	13 Tamouz
Viernes. .	0 Agosto 1891	19 Julio	25 Tamouz
Martes . .	4 Agosto	23 Julio	0 Ab 5651
Jueves . .	6 Agosto	25 Julio	2 Ab
Miércoles .	12 Agosto	0 Agosto 1891	8 Ab
Martes . .	18 Agosto	4 Agosto	14 Ab
Lunes . .	0 Stbre. 1891	19 Agosto	27 Ab
Jueves . .	3 Septiembre	22 Agosto	0 Elloul 5651
Sábado . .	5 Septiembre	24 Agosto	2 Elloul
Sábado . .	12 Septiembre	0 Stbre. 1891	9 Elloul
Jueves . .	17 Septiembre	5 Septiembre	14 Elloul
Martes . .	22 Septiembre	10 Septiembre	19 Elloul
Miércoles .	0 Octubre 1891	18 Septiembre	27 Elloul
Viernes. .	2 Octubre	20 Septiembre	0 Tisri 5652
Domingo .	4 Octubre	22 Septiembre	2 Tisri
Lunes . .	12 Octubre	0 Octubre 1891	10 Tisri
Jueves . .	22 Octubre	10 Octubre	20 Tisri
Sábado . .	0 Novbre. 1891	19 Octubre	29 Tisri
Domingo .	1 Noviembre	20 Octubre	0 Marchesvan 5652
Martes . .	3 Noviembre	22 Octubre	2 Marchesvan
Jueves . .	12 Noviembre	0 Novbre. 1891	11 Marchesvan
Sábado . .	21 Noviembre	9 Noviembre	20 Marchesvan
Lunes . .	0 Dicbre. 1891	18 Noviembre	29 Marchesvan
Martes . .	1 Diciembre	19 Noviembre	0 Kislev 5652
Miércoles .	2 Diciembre	20 Noviembre	1 Kislev
Sábado . .	12 Diciembre	0 Dicbre. 1891	11 Kislev
Lunes . .	21 Diciembre	9 Diciembre	20 Kislev
Jueves . .	0 Enero 1892	19 Diciembre	0 Tébeth 5652

TABLA
de los semi-diámetros del Sol á medio día medio en 1891

Enero . . .	1	16′ 18″24	Julio . . .	10	15′ 46″06
	11	16 17,96		20	15 46,63
	21	16 17,26		30	15 47,57
	31	16 16,02			
			Agosto. . .	9	15 48,95
Febrero . .	10	16 14,34		19	15 50,74
	20	16 12,37		29	15 52,78
Marzo . . .	2	16 10,01	Septiembre.	8	15 55,13
	12	16 7,42		18	15 57,74
	22	16 4,76		28	16 0,40
Abril . . .	1	16 1,97	Octubre . .	8	16 3,17
	11	15 59,19		18	16 5,96
	21	15 56,58		28	16 8,56
Mayo . . .	1	15 54,07	Noviembre .	7	16 11,04
	11	15 51,81		17	16 13,29
	21	15 49,92		27	16 15,11
	31	15 48,29			
			Diciembre .	7	16 16,58
Junio . . .	10	15 47,07		17	16 17,63
	20	15 46,33		27	16 18,11
	30	15 45,96		31	16 18,18

Oblicuidad media de la eclíptica el 1° de Enero de 1891: 23° 27′ 12″,31.

Precesión de los equinoccios para la época 1891 : 50″,2451.

Precesión de los equinoccios para un día solar : 0″,1376.

ENTRADA DEL SOL

en los signos del Zodíaco, en el año 1891

(En tiempo civil de La Plata)

Enero . . .	20 en AQUARIUS . . .	á las	$3^h 29^m$	a. m.
Febrero . .	18 en PISCES	á las	5 57	p. m.
Marzo . . .	20 en ARIES	á las	5 33	p. m.
Abril . . .	20 en TAURUS	á las	5 22	a. m.
Mayo . . .	21 en GEMINI	á las	5 15	a. m.
Junio . . .	21 en CANCER	á las	1 41	p. m.
Julio. . . .	23 en LEO	á las	0 39	a. m.
Agosto. . .	23 en VIRGO	á las	7 23	a. m.
Septiembre.	23 en LIBRA	á las	4 22	a. m.
Octubre . .	23 en SCORPIUS . . .	á las	0 57	p. m.
Noviembre.	22 en SAGITTARIUS. .	á las	9 52	a. m.
Diciembre .	21 en CAPRICORNUS .	á las	10 49	p. m.

Tabla de los Apogeos y Perigeos, de las distancias á la Tierra, de los semi-diámetros y paralajes de la Luna durante el año 1891

(*En tiempo astronómico de La Plata*)

FECHA		APOGEOS Y PERIGEOS	DISTANCIA En radios del ecuador terrestre	DISTANCIA En kilómetros	SEMI-DIÁMETROS	PARALAGES
					′ ″	′ ″
Enero	11	Perigeo	56,4787	360236	16.36,8	60.52,27
	27	Apogeo	63,6912	406238	14.43,9	53.58,65
Febrero. . . .	8	Perigeo	55,9866	357096	16.45,6	61.24,38
	23	Apogeo	63,7394	406546	14.43,3	53.56,20
Marzo.	9	Perigeo	56,0067	357225	16.45,2	61.23,07
	22	Apogeo	63,6966	406273	14.43,9	53.58,37
Abril	6	Perigeo	56,5038	360396	16.36,4	60 50,65
	18	Apogeo	63,5596	405400	14.45,8	54. 5,35
Mayo	4	Perigeo	57,2842	365373	16.22,8	60. 0,92
	16	Apogeo	63,4162	404484	14.47,8	54.12,69
	31	Perigeo	57,9338	369517	16.11,8	59.20,53
Junio.	13	Apogeo	63,3882	404306	14.48,2	54.14,13
	25	Perigeo	57,6364	367620	16.16,8	59.38,91
Julio	11	Apogeo	63,4794	404888	14.46,9	54. 9,45
	23	Perigeo	56,8595	362664	16.30,2	60.27.81
Agosto	7	Apogeo	63,6401	405912	14.44,6	54. 1,25
	20	Perigeo	56,2188	358578	16.41,4	61. 9,16
Septiembre . .	4	Apogeo	63,7476	406598	14.43.2	53.55,78
	17	Perigeo	55,9498	356863	16.46,3	61.26,79
Octubre . . .	1	Apogeo	63,7488	406606	14.43,1	53.55,72
	16	Perigeo	56,1496	358136	16.42,7	61.13,68
	28	Apogeo	63,6494	405972	14.44,5	54. 0,77
Noviembre . .	13	Perigeo	56,7901	362231	16.31,4	60.32,24
	25	Apogeo	63,4802	404893	14.46,9	54. 9,41
Diciembre . .	11	Perigeo	57.6709	367840	16.16,3	59.36,76
	23	Apogeo	63,4006	404385	14.48,0	54.13,49

Valores extremos del diámetro de la Luna: 33′ 32″ y 29′ 26″.
Valor del radio ecuatorial de la Tierra según Clarke: 6378253 m.

FENÓMENOS 1891

(En tiempo astronómico de La Plata)

		h		
Enero...	2	9	♀ ☊	
	4	1	☿ estacionario	
	7	0	☿ en perihelio	
	7	2	♀ ☌ ☾	♀ 4°19' N.
	8	—	♀ mayor brillo.	
	8	8	♀ en perihelio	
	10	8	☿ ☌ ☾	☿ 5.58 N.
	11	17	♃ ☌ ☾	♃ 3.59 N.
	13	2	☿ ☌ inferior ☉	
	13	23	♂ ☌ ☾	♂ 4.57 N.
	17	7	☿ mayor lat. hel. N.	
	19	15	☉ entra ♒	
	20	23	♆ □ ☉	
	24	11	☿ estacionario	
	27	18	♄ ☌ ☾	♄ 3.15 S.
	30	7	♀ mayor lat. hel. N.	
Febrero.	3	21	♆ estacionario	
	5	1	♀ ☌ ☾	♀ 5.26 N.
	5	19	☿ mayor elong.	25.40 O.
	6	14	☿ ☌ ☾	☿ 3.46 N.
	8	14	♃ ☌ ☾	♃ 4.12 N.
	9	18	☿ ☋	♂ 4.39 N.
	11	19	♂ ☌ ☾	
	12	10	♅ estacionario	
	12	23	♃ ☌ ☉	
	13	3	♀ mayor elong.	46.46 O.
	18	6	☉ entra ♓	
	19	23	☿ en afelio	
	21	6	♂ ☊	
	22	6	♅ □ ☉	

☊ Nodo ascendente. ☋ Nodo descendente.
□ Cuadratura; ☌ Conjunción; ☍ Oposición.

FENÓMENOS 1891

(En tiempo astronómico de La Plata)

		h		
Febrero.	23	20	♄ ☌ ☾	♄ 3° 3′ S.
Marzo...	3	23	♄ ☍ ☉	
	4	18	☿ ☌ ♃	☿ 1.26 S.
	6	13	♀ ☌ ☾	♀ 5.35 N.
	8	11	♃ ☌ ☾	♃ 4.23 N.
	8	21	☿ ☌ ☾	☿ 3. 1 N.
	12	9	☿ mayor lat. hel. S.	
	12	17	♂ ☌ ☾	♂ 3.25 N.
	20	6	☉ entra ♈	
	22	—	♄ ☌ ☾	♄ 3. 5 S.
	23	9	☿ ☌ superior ☉	
	27	9	♀ ☋	
	31	9	☿ ☊	
Abril...	4	23	☿ en perihelio	
	5	4	♀ ☌ ☾	♀ 4.53 N.
	5	7	♃ ☌ ☾	♃ 4.33 N.
	7	6	♀ ☌ ♃	♀ 0.13 N.
	9	7	☿ ☌ ☾	☿ 4.36 N.
	10	15	♂ ☌ ☾	♂ 1.44 N.
	15	6	☿ mayor lat. hel. N.	
	18	3	☿ mayor elong.	10.50 E.
	19	2	♆ ☍ ☉	
	19	2	♄ ☌ ☾	♄ 3.10 S.
	19	17	☉ entra ♉	
	28	1	♂ ☌ ♅	♂ 2.17 N.
	28	12	☿ estacionario	
	30	14	♀ en afelio	
Mayo...	2	23	♃ ☌ ☾	♃ 4.37 N.
	4	22	♀ ☌ ☾	♀ 2.50 N.
	7	18	☿ ☌ ☾	☿ 1.46 N.

☊ Nodo ascendente. ☋ Nodo descendente.
□ Cuadratura; ☌ Conjunción; ☍ Oposición.

FENÓMENOS 1891

(En tiempo astronómico de La Plata)

		h.		
Mayo...	8	17	☿ ☋	
	9	—	Pasaje de ☿ sobre el disco del ☉	
	9	11	☿ ☌ inf ☉	
	9	12	♂ ☌ ☾	♂ 0° 1' N.
	12	0	♄ estacionario	
	16	8	♄ ☌ ☾	♄ 3.26 S.
	18	22	☿ en afelio	
	20	17	☉ entra ♊	
	22	8	☿ estacionario	
	23	—	Eclipse ☾ invis en La Plata	
	23	6	♀ mayor lat. hel. S.	
	27	12	♆ ☌ ☉	
	30	12	♃ ☌ ☾	♃ 4.29 N.
	31	20	♄ □ ☉	
Junio...	3	19	♀ ☌ ☾	♀ 0.12 N.
	4	5	☿ ☌ ☾	☿ 2.23 S.
	5	6	☿ mayor elongación.	23.47 O.
	6	—	Eclipse ☉ invis. en La Plata	
	7	0	♃ □ ☉	
	7	8	♂ ☌ ☾	♂ 1.29 S.
	8	8	☿ mayor lat. hel. S.	
	12	18	♄ ☌ ☾	♄ 3.30 S.
	17	17	☿ ☌ ♆	☿ 0.19 S.
	21	2	☉ entra ♋	
	22	4	♀ ☌ ♆	♀ 0.29 N.
	26	21	♃ ☌ ☾	♃ 4.14 N.
	27	8	☿ ☊	
Julio...	1	22	☿ en perihelio	
	3	8	☉ al apogeo	
	3	19	♀ ☌ ☾	♀ 2. 7 S.

☊ Nodo ascendente. ☋ Nodo descendente.
□ Cuadratura; ☌ Conjunción; ☍ Oposición.

FENÓMENOS 1891

(En tiempo astronómico de La Plata)

		h.		
Julio ...	5	0	♆ estacionario	
	5	9	☿ ☌ ☾	☿ 1° 51' S.
	6	2	♂ ☌ ☾	♂ 2.43 S.
	6	15	☿ ☌ sup ☉	
	7	2	♃ estacionario	
	10	6	♄ ☌ ☾	♄ 3.25 S.
	11	8	☿ ☌ ♂	☿ 0.41 N.
	12	5	☿ mayor lat. hel. N.	
	18	12	☿ ☊	
	19	19	♆ □ ☉	
	22	13	☉ entra ♌	
	24	3	♃ ☌ ☾	♃ 3.56 N.
	29	12	♀ ☌ α Leon	★ 0.25 S.
	29	15	♂ ☌ ☉	
Agosto..	2	21	♀ ☌ ☾	♀ 3.34 S.
	3	20	♂ ☌ ☾	♂ 3° 36' S.
	4	17	☿ ☋	
	6	3	☿ ☌ ☾	☿ 5.38 S.
	6	19	♄ ☌ ☾	♄ 3.16 S.
	13	12	☿ ☌ ♄	☿ 3.39 S.
	14	22	☿ en afelio	
	16	6	☿ mayor elong.	27.22 E.
	20	9	♃ ☌ ☾	♃ 3.44 N.
	21	1	♀ en perihelio	
	21	17	♀ ☌ ♂	♀ 0. 1 N.
	22	19	☉ entra ♍	
	25	12	♂ mayor lat. hel N.	
	30	4	☿ estacionario	
Septiemb.	1	4	♆ □ ☉	
	1	13	♂ ☌ ☾	♂ 4. 5 S.

☊ Nodo ascendente. ☋ Nodo descendente.
□ Cuadratura; ☌ Conjuncion; ☍ Oposición.

FENÓMENOS 1891

(En tiempo astronómico de La Plata)

	h.		
Septiembre 2	4	♀ ☌ ☾	♀ 3° 53' S.
3	8	♄ ☌ ☾	♄ 3. 6 S.
3	19	☿ ☌ ☾	☿ 9.41 S.
4	7	☿ mayor lat. hel S.	
5	6	♃ ☍ ☉	
11	7	♅ estacionario	
12	0	♀ mayor lat. hel N.	
12	14	☿ ☌ inf ☉	
12	21	♄ ☌ ☉	
14	8	♀ ☌ ♄	♀ 0.32 S.
16	14	♃ ☌ ☾	♃ 3.46 N.
18	1	♀ ☌ sup. ☉	
21	18	☿ estacionario	
22	—	Desaparición del anillo ♄	
22	16	☉ entra ♎	
23	7	☿ ☊	
27	21	☿ en perihelio	
28	6	☿ mayor elong.	17.51 O.
29	14	♂ en afelio	
30	8	♂ ☌ ☾	♂ 4. 1 S.
30	15	☿ ☌ ☾	☿ 3.30 S.
30	21	♄ ☌ ☾	♄ 2.58 S.
Octubre. 2	15	♀ ☌ ☾	♀ 2.36 S.
2	16	☿ ☌ ♄	☿ 0.13 S.
8	4	☿ mayor lat. hel. N.	
12	8	♂ ☌ ♄	♂ 0.52 S.
13	20	♃ ☌ ☾	♃ 3.57 N.
16	15	♀ ☌ ♅	♀ 0.20 N.
23	1	☉ entra ♏	
24	19	♅ ☌ ☉	

☊ Nodo ascendente. ☋ Nodo descendente.
□ Cuadratura; ☌ Conjunción; ☍ Oposición.

FENÓMENOS 1891

(En tiempo astronómico de La Plata)

	h.		
Octubre. 25	21	☿ ☌ ♆	☿ 0° 10' S.
27	11	☿ ☌ sup. ☉	
28	9	♄ ☌ ☾	♄ 2.54 S.
29	4	♂ ☌ ☾	♂ 3.20 S.
30	—	Reaparición del anillo ♄	
31	16	☿ ☋	
Noviembre 1	8	☿ ☌ ☾	☿ 1.30 N.
2	4	♀ ☌ ☾	♀ 0.13 S.
3	8	♃ estacionario	
7	2	♀ ☋	
10	3	♃ ☌ ☾	♃ 4. 9 N.
10	21	☿ en afelio	
15	—	Eclipse ☾ invis. en La Plata.	
21	22	☉ entra ♐	
24	22	♄ ☌ ☾	♄ 2.40 S.
27	1	♂ ☌ ☾	♂ 2. 4 S.
29	11	♅ ☍ ☉	
30	—	Eclipse ☉ en parte vis. en La Plata.	
Diciembre 1	6	♃ □ ☉	
1	7	☿ mayor lat. hel. S.	
2	10	☿ ☌ ☾	☿ 0.31 N.
2	10	♀ ☌ ☾	♀ 1.54 N.
4	22	☿ ☌ ♀	☿ 1.16 S.
6	12	☿ ☌ λ Sagitario	★ 0.10 N.
7	12	♃ ☌ ☾	♃ 4.12 N.
10	22	☿ mayor elong.	20.35 E.
11	8	♀ en afelio	
14	18	♂ ☌ ♆	♂ 0.29 N.
18	23	☿ estacionario	
20	6	☿ ☊	

☊ Nodo ascendente. ☋ Nodo descendente.
□ Cuadratura; ☌ Conjunción; ☍ Oposición.

FENÓMENOS 1891

(En tiempo astronómico de La Plata)

	h.		
Diciemb. 21	7	♄ □ ☉	
21	11	☉ entra ♑	
22	9	♄ ☌ ☾	♄ 2°21′ S.
24	21	☿ en perihelio	
25	23	♂ ☌ ☾	♂ 0.25 S.
28	6	☿ ☌ inf. ☉	
30	3	☿ ☌ ☾	☿ 6. 6 N.
31	7	☿ mayor lat. hel. S.	

☊ Nodo ascendente. ☋ Nodo descendente.
□ Cuadratura; ☌ Conjunción; ☍ Oposición.

Posición de los planetas en el cielo

1891		Mercurio		Venus		Marte	
		Ascen. Recta	Declinación	Ascen. Recta	Declinación	Ascen. Recta	Declinación
		h m		h m		h m	
Enero....	1	20 8	—20° 34′	16 10	—16° 49′	22 54	— 7° 53′
	16	19 18	18 45	16 53	17 44	23 35	— 3 17
Febrero..	1	19 18	20 54	17 48	19 18	0 18	+ 1 39
	16	20 31	19 56	18 51	19 53	0 58	6 10
Marzo. ..	1	21 50	15 18	19 49	19 4	1 33	9 52
	16	23 29	— 5 27	20 59	16 21	2 14	13 47
Abril. ...	1	1 16	+ 8 13	22 12	11 32	2 59	17 25
	16	2 51	19 9	23 19	— 5 41	3 41	20 13
Mayo....	1	3 21	20 26	0 25	+ 0 54	4 24	22 21
	16	2 54	14 15	1 31	7 36	5 8	23 44
Junio....	1	3 8	13 40	2 45	14 12	5 54	24 21
	16	4 18	19 22	3 57	19 10	6 38	24 9
Julio. ...	1	6 21	24 10	5 14	22 20	7 20	23 14
	16	8 29	20 56	6 33	23 10	8 1	21 38
Agosto...	1	10 17	11 13	7 58	21 18	8 44	19 17
	16	11 24	+ 1 53	9 14	17 9	9 26	16 23
Septiemb.	1	11 48	— 3 14	10 31	10 46	10 5	13 1
	16	11 6	3 38	11 41	+ 3 36	10 41	9 34
Octubre..	1	11 33	4 43	12 45	— 3 28	11 17	5 55
	16	13 4	5 10	13 54	10 52	11 52	+ 2 9
Noviemb.	1	14 44	16 0	15 12	17 38	12 29	— 1 55
	16	16 12	22 45	16 30	22 12	13 4	5 39
Diciemb.	1	17 49	25 49	17 51	24 24	13 39	9 15
	16	19 1	—23 49	19 13	—23 49	14 15	—12 36

Posición de los planetas en el cielo

1891		Júpiter		Saturno		Urano	
		Ascen. Recta	Declinación	Ascen. Recta	Declinación	Ascen. Recta	Declinación
		h m		h .m		h m	
Enero....	1	21 9	—17° 10′	11 16	+ 6° 54′	13 56	—11° 17′
	16	21 23	16 9	11 15	7 5	13 57	11 24
Febrero..	1	21 38	14 59	11 12	7 27	13 58	11 27
	16	21 52	13 48	11 8	7 53	13 58	11 25
Marzo....	1	22 5	12 41	11 4	8 18	13 57	11 20
	16	22 18	11 27	11 0	8 46	13 55	11 12
Abril....	1	22 32	10 12	10 56	9 11	13 53	10 59
	16	22 43	9 5	10 53	9 28	13 51	10 46
Mayo....	1	22 54	8 4	10 51	9 37	13 48	10 33
	16	23 3	7 12	10 51	9 37	13 46	10 21
Junio....	1	23 10	6 30	10 52	9 27	13 44	10 10
	16	23 15	6 3	10 54	9 9	13 43	10 4
Julio....	1	23 18	5 53	10 58	8 44	13 42	10 1
	16	23 17	6 0	11 3	8 12	13 42	10 3
Agosto...	1	23 14	6 25	11 9	7 33	13 43	10 9
	16	23 9	7 2	11 15	6 52	13 45	10 19
Septiemb.	1	23 2	7 50	11 22	6 7	13 47	10 33
	16	22 54	8 36	11 30	5 20	13 50	10 49
Octubre..	1	22 48	9 14	11 37	4 37	13 53	11 7
	16	22 43	9 39	11 43	3 57	13 57	11 27
Noviemb.	1	22 41	9 48	11 50	3 18	14 1	11 49
	16	22 42	9 38	11 55	2 49	14 5	12 8
Diciemb.	1	22 46	9 12	11 59	2 23	14 8	12 25
	16	22 52	— 8 30	12 2	+ 2 8	14 11	—12 40

Posiciones aparentes de varias estrellas

FECHA	α Andrómeda — Mag.: 2,1		ε Fenix — Mag.: 3,8		γ Pegaso — Mag.: 2,8		* β Hidra (m) — Mag.: 2,8	
	Ascens. Recta	Declin. Boreal	Ascens. Recta	Declin. Austral	Ascens. Recta	Declin. Boreal	Ascens. Recta	Declin. Austral
	h m	° ′	h m	° ′	h m	° ′	h m	°
	0 2	28 29	0 3	46 20	0 7	14 34	0 19	77 51
Enero..... 0	43s8	21″	51s6	77″	36s1	37″	60s3	91″
— 31	43.4	18	51.1	75	35.8	34	57.8	86
Febrero... 28	43.2	13	50.8	69	35.6	31	56.4	77
Marzo. ... 31	43.3	9	50.9	58	35.7	29	56.2	65
Abril. ... 30	43.9	7	51.5	50	36.2	30	57.4	54
Mayo. 31	44.8	9	52.6	42	37.0	34	60.0	45
Junio... . 30	45.8	15	53.8	36	38.0	39	63.2	40
Julio. 31	46.8	22	55.0	34	38.9	46	66.6	41
Agosto.... 31	47.4	30	55.9	37	39.6	52	69.1	46
Septiemb.. 30	47.7	36	56.2	43	39.9	57	70.1	55
Octubre... 31	47.7	41	56.1	50	39.9	59	69.4	64
Noviemb.. 30	47.4	43	55.6	55	39.6	59	67.3	69
Diciemb... 31	47.0	42	55.0	56	39.3	58	64.5	70

FECHA	α Fenix — Mag.: 2,5		β Ballena — Mag.: 2,2		* β Fenix — Mag.: 3		η Ballena — Mag.: 3,6	
	Ascens. Recta	Declin. Austral	Ascens. Recta	Declin. Austral	Ascens. Recta	Declin. Austral	Ascens. Recta	Declin. Austral
	h m	° ′	h m	° ′	h m	° ′	h m	° ′
	0 20	42 53	0 38	18 34	1 1	47 17	1 3	10 45
Enero..... 0	52s6	79″	6s1	80″	12s4	90″	5s6	48″
— 31	52.1	77	5.7	80	11.7	89	5.2	49
Febrero . . 28	51.8	72	5.5	79	11.3	87	5.0	48
Marzo. ... 31	51.9	64	5.5	74	11.1	76	4.9	45
Abril. 30	52.4	55	5.9	68	11.4	65	5.2	40
Mayo. 31	53.3	46	6.7	61	12.1	56	5.9	34
Junio..... 30	54.5	40	7.6	54	13.4	48	6.8	27
Julio. 31	55.6	37	8.6	49	14.7	45	7.8	22
Agosto.... 31	56.5	39	9.4	47	15.7	46	8.6	19
Septiemb.. 30	56.9	44	9.8	49	16.3	52	9.0	18
Octubre... 31	56.8	51	9.8	52	16.4	59	9.2	21
Noviemb.. 30	56.4	56	9.7	56	16.0	66	9.1	24
Diciemb. . 31	55.9	59	9.3	59	15.4	72	8.8	27

Posiciones aparentes de varias estrellas

FECHA	β Andrómeda — *Mag.: 2,2* Ascens. Recta	Declin. Boreal	θ' Ballena — *Mag.: 3,6* Ascens. Recta	Declin. Austral	γ Fenix — *Mag.: 3,4* Ascens. Recta	Declin. Austral	✲ α Eridano (Achernar) — *Mag.: >1* Ascens. Recta	Declin. Austral
	h m	° ′	h m	° ′	h m	° ′	h m	° ′
	1 3	35 2	1 18	8 44	1 23	43 52	1 33	57 46
Enero..... 0	36^{s}7	39″	33^{s}8	55″	37^{s}6	56″	39^{s}1	107″
— 31	36.2	37	33.4	56	37.0	56	38.1	107
Febrero... 28	35.8	33	33.1	56	36.5	52	37.3	102
Marzo.... 31	35.7	28	33.0	54	36.3	44	36.9	92
Abril..... 30	36.1	25	33.3	49	36.5	34	37.0	81
Mayo..... 31	36.9	25	33.9	43	37.2	24	37.8	71
Junio..... 30	38.0	29	34.8	36	38.3	16	39.1	63
Julio..... 31	39.0	35	35.8	30	39.5	12	40.6	59
Agosto.... 31	39.9	42	36.6	27	40.5	12	41.9	60
Septiemb.. 30	40.4	50	37.1	27	41.1	17	42.7	66
Octubre... 31	40.6	55	37.3	29	41.3	24	42.9	75
Noviemb.. 30	40.5	58	37.2	31	41.1	31	42.5	83
Diciemb.. 31	40.1	60	36.9	34	40.6	35	41.7	87

FECHA	β Aries — *Mag.: 2,8* Ascens. Recta	Declin. Boreal	✲ α Hidra (m) — *Mag.: 2,9* Ascens. Recta	Declin. Austral	α Aries — *Mag.: 2,1* Ascens. Recta	Declin. Boreal	γ Ballena — *Mag.: 3,6* Ascens. Recta	Declin. Boreal
	h m	° ′	h m	° ′	h m	° ′	h m	° ′
	1 48	20 16	1 55	62 5	2 1	22 56	2 37	2 46
Enero..... 0	36^{s}3	31″	20^{s}7	83″	1^{s}1	50″	38^{s}8	30″
— 31	36.0	30	19.5	83	0.7	49	38.4	28
Febrero... 28	35.6	27	18.5	78	0.3	47	38.1	27
Marzo..... 31	35.4	25	17.8	69	0.0	44	37.7	28
Abril..... 30	35.6	24	17.8	58	0.2	43	37.8	30
Mayo..... 31	36.2	26	18.5	47	0.8	44	38.2	34
Junio..... 30	37.1	30	19.8	38	1.7	48	39.0	40
Julio...... 31	38.1	36	21.5	34	2.7	53	40.0	45
Agosto.... 31	39.0	42	23.0	35	3.7	59	40.9	50
Septiemb.. 30	39.6	46	24.0	41	4.3	64	41.6	52
Octubre... 31	39.9	50	24.3	50	4.7	67	42.0	51
Noviemb.. 30	40.0	51	23.9	58	4.7	69	42.2	50
Diciemb.. 31	39.8	51	23.0	63	4.5	70	42.1	48

Posiciones aparentes de varias estrellas

FECHA		α Ballena — *Mag.: 2,6*		β Perseo (Algol) *Mag.: 2,3*		12 Eridano — *Mag.: 2,3*		ε Eridano — *Mag.: 3,7*	
		Ascens. Recta	Declin. Boreal	Ascens. Recta	Declin. Boreal	Ascens. Recta	Declin. Austral	Ascens. Recta	Declin. Austral
		h m	° ′	h m	° ′	h m	° ′	h m	° ′
		2 56	3 39	3 1	40 32	3 7	29 24	3 27	9 49
Enero.....	0	34ˢ6	39″	4ˢ2	14″	26ˢ6	75″	47ˢ8	47″
—	31	34.3	37	3.8	15	26.2	78	47.4	50
Febrero...	28	33.9	36	3.2	14	25.6	78	47.0	51
Marzo. ...	31	33.5	36	2.7	10	25.2	74	46.6	49
Abril.	30	33.5	38	2.6	6	25.0	67	46.4	45
Mayo.	31	33.9	42	3.3	3	49.0	57	46.7	39
Junio. ...	30	34.7	48	4.1	3	26.1	49	47.4	32
Julio.	31	35.6	53	5.3	6	27.0	42	48.3	26
Agosto. .	31	36.5	57	6.4	11	28.0	39	49.2	22
Septiemb..	30	37.2	59	7.4	14	28.8	40	50.0	21
Octubre...	31	37.7	59	8.0	22	29.4	45	50.5	24
Noviemb..	30	38.0	58	8.3	27	29.6	52	50.8	28
Diciemb. .	31	37.9	56	8.2	31	29.4	58	50.8	32

FECHA		δ Eridano — *Mag.: 3,6*		η Toro — *Mag.: 3,1*		✻ β Reticulo (1599 Stone) *Mag.: 3,*		✻ γ Hidra (m) — *Mag.: 3,3*	
		Ascens. Recta	Declin. Austral	Ascens. Recta	Declin. Boreal	Ascens. Recta	Declin. Austral	Ascens. Recta	Declin. Austral
		h m	° ′	h m	° ′	h m	° ′	h m	° ′
		3 38	10 7	3 40	23 46	3 42	65 8	3 48	74 33
Enero.....	0	1ˢ7	64″	60ˢ1	6″	52ˢ4	75″	60ˢ3	98″
—	31	1.4	67	59.8	6	51.1	80	58.0	102
Febrero...	28	1 0	67	59.4	5	49.7	79	55.5	101
Marzo. ...	31	0.5	65	58.9	3	48.3	73	53.2	95
Abril.	30	0.4	61	58.8	2	47.4	64	51.7	86
Mayo.. ..	31	0.6	55	59.1	2	47.5	52	51.4	74
Junio.....	30	1.3	48	59.8	4	48.2	42	52.4	64
Julio.	31	2.1	42	60.8	7	48.7	34	54.4	56
Agosto....	31	3.1	38	61.8	11	51.4	32	57.0	54
Septiemb .	30	3.9	37	62.7	14	52.9	35	59.3	57
Octubre...	31	4.4	40	63.4	17	53.9	43	60.7	65
Noviemb..	30	4.8	44	63.8	19	54.1	53	60.9	75
Diciemb. .	31	4.8	48	63.8	20	53.4	61	59.6	84

Posiciones aparentes de varias estrellas

FECHA		γ' Eridano — *Mag.: 3,0*		ε Toro — *Mag.: 3,6*		α Toro (Aldébaran) — *Mag.: 1,0*		* α Dorado — *Mag.: 3,4*	
		Ascens. Recta	Declin. Austral	Ascens. Recta	Declin. Boreal	Ascens. Recta	Declin. Boreal	Ascens. Recta	Declin. Austral
		h m	° ′	h m	° ′	h m	° ′	h m	° ′
		3 52	13 48	4 22	18 56	4 29	16 17	4 31	55 15
Enero.....	0	56^{s}8	75″	15^{s}2	19″	40^{s}0	24″	40^{s}0	84″
—	31	56.5	78	14.9	19	39.8	24	39.3	90
Febrero...	28	56.0	79	14.5	19	39.4	23	38.4	91
Marzo....	31	55.5	77	14.0	18	38.9	23	37.2	88
Abril.....	30	55.3	73	13.8	18	38.7	23	36.4	81
Mayo.....	31	55.6	66	14.0	18	38.8	24	36.2	70
Junio.....	30	56.1	59	14.6	20	39.4	26	36.7	59
Julio.....	31	57.0	52	15.5	23	40.2	29	37.7	51
Agosto...	31	57.9	49	16.4	27	41.2	32	38.8	46
Septiemb..	30	58.7	48	17.3	29	42.1	35	40.2	47
Octubre..	31	59.4	51	18.1	30	42.9	35	41.2	54
Noviemb..	30	59.7	56	18.6	31	43.4	35	41.7	63
Diciemb..	31	59.7	61	18.8	31	43.6	35	41.5	73

FECHA		π' Orión — *Mag.: 3,3*		ι Cochero — *Mag.: 2,8*		ε Liebre — *Mag.: 3,3*		β Orión (Rigel) — *Mag.: >1*	
		Ascens. Recta	Declin. Boreal	Ascens. Recta	Declin. Boreal	Ascens. Recta	Declin. Austral	Ascens. Recta	Declin. Austral
		h m	° ′	h m	° ′	h m	° ′	h m	° ′
		4 43	6 46	4 49	32 59	5 0	22 30	5 9	8 19
Enero.....	0	55^{s}7	13″	53^{s}8	38″	51^{s}5	68″	18^{s}3	43″
—	31	55.5	12	53.6	40	51.2	73	18.2	47
Febrero...	28	55.1	11	53.2	40	50.8	75	17.8	49
Marzo.....	31	54.6	11	52.6	39	50.1	74	17.2	48
Abril.....	30	54.3	12	52.2	38	49.7	70	16.9	45
Mayo.....	31	54.4	15	52.3	36	49.7	63	16.9	41
Junio.....	30	54.9	19	52.9	35	50.1	55	17.3	35
Julio.....	31	55.7	23	53.9	35	50.8	47	18.0	29
Agosto...	31	56.7	26	54.9	37	51.7	43	18.8	25
Septiemb..	30	57.5	28	56.0	39	52.6	42	19.7	24
Octubre...	31	58.3	27	56.9	42	53.4	46	20.5	26
Noviemb..	30	58.9	25	57.6	44	54.0	52	21.1	31
Diciemb...	31	59.1	23	57.9	47	54.2	60	21.4	36

Posiciones aparentes de varias estrellas

FECHA		γ Orión — *Mag.: 1,7* Ascens. Recta	γ Orión Declin. Boreal	β Toro — *Mag.: 1,8* Ascens. Recta	β Toro Declin. Boreal	δ Orión — *Mag.: 2,3* Ascens. Recta	δ Orión Declin. Austral	α Liebre — *Mag.: 2,7* Ascens. Recta	α Liebre Declin. Austral
		h m	° ′	h m	° ′	h m	° ′	h m	° ′
		5 19	6 14	5 19	28 30	5 26	0 22	5 27	17 53
Enero.. ..	0	17^s4	62″	24^s3	55″	26^s6	51″	56^s0	65″
—	31	17.3	60	24.2	57	26.6	54	55.8	70
Febrero ..	28	16.9	59	23.8	57	26.2	55	55.4	73
Marzo. ...	31	16.4	59	23.2	57	25.7	55	54.8	72
Abril.	30	16.1	60	22.9	56	25.3	53	54.4	69
Mayo.	31	16.1	63	22.9	55	25.3	49	54.3	63
Junio.....	30	16.5	66	23.4	54	25.6	45	54.6	56
Julio.	31	17.2	70	24.2	55	26.3	40	55.3	49
Agosto. . .	31	17.8	73	25.2	56	27.2	37	56.1	44
Septiemb..	30	19.0	74	26.2	58	28.1	36	57.0	43
Octubre...	31	19.8	73	27.2	59	28.9	37	57.9	46
Noviemb..	30	20.4	71	27.9	60	29.5	41	58.5	52
Diciemb...	31	20.8	68	28.3	61	29.9	45	58.8	59

FECHA		ε Orión — *Mag.: 1,8* Ascens. Recta	ε Orión Declin. Austral	* β Dorado — *Mag.: 3,4* Ascens. Recta	β Dorado Declin. Austral	ζ Orión — *Mag.: 1,9* Ascens. Recta	ζ Orión Declin. Austral	α Paloma — *Mag.: 2,7* Ascens. Recta	α Paloma Declin. Austral
		h m	° ′	h m	° ′	h m	° ′	h m	° ′
		5 30	1 16	5 32	62 33	5 33	1 59	5 35	34 7
Enero.....	0	41^s3	20″	43^s5	45″	16^s0	64″	43^s1	60″
—	31	41.2	23	42 7	53	15.9	67	42.9	67
Febrero...	28	40.8	25	41.5	57	15.5	68	42.4	70
Marzo. ...	31	40.3	25	40.0	56	15.0	68	41.6	70
Abril.	30	39.9	23	39.0	51	14.6	66	41.1	66
Mayo.	31	39.9	19	38.1	41	14.6	63	40.9	58
Junio.....	30	40.3	14	38.2	31	14.9	58	41.1	49
Julio	31	40.9	10	39.1	21	15.6	53	41.8	41
Agosto....	31	41.8	6	40.3	15	16.4	49	42.7	35
Septiemb..	30	42.7	5	41.9	14	17.3	49	43.6	34
Octubre...	31	43.5	7	43.3	19	18.1	50	44.5	38
Noviemb..	30	44.1	11	44.1	28	18.8	54	45.2	46
Diciemb...	31	44.5	15	44.1	38	19.1	59	45.5	55

Posiciones aparentes de varias estrellas

FECHA	α Orión — *Mag.: >1*		η Gemelos — *Mag.: 3,5*		μ Gemelos — *Mag.: 3,2*		β Can Mayor — *Mag.: 2,0*	
	Ascens. Recta	Declin. Boreal	Ascens. Recta	Declin. Boreal	Ascens. Recta	Declin. Boreal	Ascens. Recta	Declin. Austral
	h m	° ′	h m	° ′	h m	° ′	h m	° ′
	5 49	7 23	6 8	22 32	6 16	22 34	6 17	17 53
Enero..... 0	16s5	11″	18s2	18″	22s4	10″	54s6	68″
— 31	16.5	10	18 2	18	22.4	10	54.6	74
Febrero... 28	16.2	9	17.9	19	22.0	11	54.3	78
Marzo..... 31	15.7	9	17.4	20	21.6	11	53.7	78
Abril..... 30	15.3	10	16.9	20	21.1	11	53.2	76
Mayo..... 31	15.2	12	16.8	19	21.0	11	53.0	71
Junio.... 30	15.5	15	17.1	20	21.3	11	53.2	64
Julio..... 31	16.2	18	17.8	20	21.9	12	53.7	57
Agosto.... 31	17.0	21	18.7	21	22.8	12	54.5	52
Septiemb.. 30	17.9	22	19.6	21	23.8	12	55.3	51
Octubre... 31	18.8	21	20.6	21	24.8	12	56.2	54
Noviemb.. 30	19.5	18	21.4	20	25.6	11	57.0	60
Diciemb... 31	19.9	15	22.0	20	26.2	11	57.4	67

FECHA	✻ α Navío (Canopus) *Mag.: >1*		γ Gemelos — *Mag.: 2,0*		α Can Mayor (Sirius) *Mag.: >1*		α Caballete — *Mag.: 3,5*	
	Ascens. Recta	Declin. Austral	Ascens. Recta	Declin. Boreal	Ascens. Recta	Declin. Austral	Ascens. Recta	Declin. Austral
	h m	° ′	h m	° ′	h m	° ′	h m	° ′
	6 21	52 37	6 31	16 29	6 40	16 33	6 47	61 49
Enero.... 0	33s8	70″	25s2	32″	21s2	60″	7s0	23″
— 31	33.5	80	25.3	31	21.2	66	6.7	34
Febrero... 28	32.7	85	25.1	32	20.9	70	5.7	40
Marzo.... 31	31.6	87	24.6	32	20.4	71	4.3	43
Abril..... 30	30.7	84	24.1	33	19.9	69	2.9	41
Mayo..... 31	30.1	76	24 0	33	16.6	65	1.9	34
Junio..... 30	30.0	66	24.2	34	19.7	58	1.6	25
Julio..... 31	30.5	56	24.8	36	20.2	52	2.0	14
Agosto.... 31	31.5	49	25.6	37	20.9	47	3.0	11
Septiemb.. 30	32.7	47	26.5	37	21.8	46	4.4	3
Octubre.. 31	33.9	51	27.5	35	22.7	49	5.9	6
Noviemb.. 30	34.8	59	28.3	33	23.5	55	7.1	14
Diciemb.. 31	35.2	70	28.9	32	24.0	62	7.6	25

Posiciones aparentes de varias estrellas

FECHA	ε Can Mayor — *Mag.: 1,5* Ascens. Recta	Declin. Austral	δ Can Mayor — *Mag.: 1,9* Ascens. Recta	Declin. Austral	π Popa — *Mag.: 2,7* Ascens. Recta	Declin. Austral	δ Gemelos — *Mag.: 3,5* Ascens. Recta	Declin. Boreal
	h m	° ′	h m	° ′	h m	° ′	h m	° ′
	6 54	28 49	7 3	26 12	7 13	36 53	7 13	22 10
Enero..... 0	$21^{s}3$	25″	$58^{s}3$	71″	$18^{s}6$	63″	$37^{s}2$	58″
— 31	21.4	33	58.4	79	18.7	72	37.4	59
Febrero... 28	21.0	38	58.1	84	18.3	78	37.2	60
Marzo.... 31	20.4	40	57.5	86	17.6	81	36.7	61
Abril..... 30	19.8	38	56.9	84	16.9	79	36.3	61
Mayo..... 31	19.4	33	56.5	79	16.4	74	36.0	62
Junio..... 30	19.5	26	56.6	72	16.3	66	36.1	62
Julio..... 31	19.9	17	56.9	64	16.6	57	36.6	61
Agosto.... 31	20.6	11	57.6	59	17.3	50	37.3	61
Septiemb.. 30	21.5	9	58.5	56	18.2	48	38.3	60
Octubre... 31	22.4	12	59.4	59	19.3	50	39.3	58
Noviemb.. 30	23.3	19	60.3	65	20.2	56	40.2	56
Diciemb. . 31	23.8	27	60.8	74	20.8	66	40.9	54

FECHA	β Can Menor — *Mag.: 3,1* Ascens. Recta	Declin. Boreal	α² Gemelos — *Mag.: 1,9* Ascens. Recta	Declin. Boreal	α Can Menor (Procyon) *Mag.: >1* Ascens. Recta	Declin. Boreal	β Gemelos (Pollux) *Mag.: 1,2* Ascens. Recta	Declin. Boreal
	h m	° ′	h m	° ′	h m	° ′	h m	° ′
	7 21	8 30	7 27	32 7	7 33	5 30	7 38	28 17
Enero..... 0	$14^{s}7$	33″	$39^{s}1$	38″	$36^{s}1$	16″	$39^{s}1$	20″
— 31	15.0	31	39.4	40	36.4	13	39.4	22
Febrero... 28	14.8	30	39.3	43	36.2	11	39.3	24
Marzo.... 31	14.3	30	38.7	45	35.8	11	38.8	26
Abril..... 30	13.9	31	38.2	45	35.3	12	38.3	26
Mayo..... 31	13.6	33	37.9	45	35.1	14	38.0	26
Junio..... 30	13.7	35	38.0	43	35.1	16	38.0	25
Julio..... 31	14.1	37	38.5	41	35.5	19	38.5	24
Agosto... 31	14.8	38	39.2	38	36.1	21	39.2	22
Septiemb.. 30	15.6	38	40.2	36	36.9	20	40.1	19
Octubre... 31	16.6	36	41.3	34	37.8	18	41.1	17
Noviemb.. 30	17.4	32	42.4	33	38.7	14	42.2	15
Diciemb. . 31	18.1	28	43.2	33	39.4	9	43.0	14

Posiciones aparentes de varias estrellas

FECHA	ξ Navío — *Mag.: 3,5* Ascens. Recta	Declin. Austral	χ Carena — *Mag.: 3,7* Ascens. Recta	Declin. Austral	ρ Navío — *Mag.: 3,1* Ascens. Recta	Declin. Austral	γ Navío — *Mag.: 3,1* Ascens. Recta	Declin. Austral
	h m	° ′	h m	° ′	h m	° ′	h m	° ′
	7 44	24 34	7 53	52 41	8 2	23 59	8 6	47 0
Enero..... 0	43^{s}3	66″	62^{s}1	16″	54^{s}7	18″	11^{s}1	49″
— 31	43.6	74	62.2	27	55.0	27	11.3	60
Febrero... 28	43.4	80	61.8	35	54.8	32	11.0	68
Marzo. ... 31	42.8	83	60.9	40	54.4	35	10.3	73
Abril. 30	42.3	82	59.9	41	53.8	35	9.4	74
Mayo. 31	41.9	78	59.0	36	53.4	32	8.7	70
Junio.. .. 30	41.8	72	58.6	29	53.2	26	8.3	63
Julio. 31	42.0	65	58.7	19	53.4	19	8.4	54
Agosto.... 31	42.6	59	59.3	11	54.0	13	9.0	46
Septiemb.. 30	43.4	56	60.3	6	54.7	11	9.9	41
Octubre... 31	44.4	58	61.6	7	55.7	12	11.0	42
Noviemb.. 30	45.3	64	62.8	13	56.6	18	12.1	48
Diciemb. . 31	46.0	73	63.6	23	57.3	27	12.9	58

FECHA	ε Carena — *Mag.: 2,1* Ascens. Recta	Declin. Austral	ε Hidra — *Mag.: 3,5* Ascens. Recta	Declin. Boreal	δ Velas — *Mag.: 2,2* Ascens. Recta	Declin. Austral	λ Velas — *Mag.: 2,5* Ascens. Recta	Declin. Austral
	h m	° ′	h m	° ′	h m	° ′	h m	° ′
	8 20	59 9	8 40	6 48	8 41	54 18	9 3	42 59
Enero..... 0	18^{s}6	18″	60^{s}4	69″	42^{s}9	21″	60^{s}0	20″
— 31	18.8	30	60.9	66	43.3	32	60.5	30
Febrero... 28	18.3	39	61.0	64	43.0	41	60.4	39
Marzo..... 31	17.3	45	60.6	64	42.2	48	59.9	45
Abril. 30	16.1	47	60.2	65	41.2	51	59.2	48
Mayo. 31	15.0	44	59.9	67	40.3	48	58.5	46
Junio..... 30	14.4	37	59.8	69	39.7	42	58.1	41
Julio. 31	14.2	28	59.9	71	39.5	33	58.0	33
Agosto. . . 31	14.8	19	60.4	72	39.9	24	58.3	25
Septiemb . 30	15.8	13	61.1	71	40.8	18	59.0	20
Octubre... 31	17.3	13	62.0	67	42.1	18	60.0	19
Noviemb.. 30	18.7	18	62.9	63	43.4	23	61.2	24
Diciemb.. 31	19.7	28	63.8	58	44.4	32	62.2	33

Posiciones aparentes de varias estrellas

FECHA	* β Navío — Mag.: 2,0 Ascens. Recta	Declin. Austral	* ι Navío — Mag.: 2,6 Ascens. Recta	Declin. Austral	α Hidra — Mag.: 2,1 Ascens. Recta	Declin. Austral	ψ Velas — Mag.: 3,7 Ascens. Recta	Declin. Austral
	h m	° ′	h m	° ′	h m	° ′	h m	° ′
	9 11	69 15	9 14	58 48	9 22	8 11	9 26	39 59
Enero..... 0	62^{s}7	49″	11^{s}5	45″	13^{s}9	4″	25^{s}0	10″
— 31	63.3	60	12.1	56	14.5	11	25.6	20
Febrero... 28	63.0	70	11.9	66	14.6	15	25.6	29
Marzo.... 31	61.7	79	11.2	74	14.4	17	25.2	35
Abril..... 30	60.0	84	10.1	78	14.0	18	24.6	38
Mayo..... 31	58.3	83	9.0	77	13.6	16	24.0	37
Junio..... 30	56.9	79	8.2	72	13.4	13	23.5	33
Julio..... 31	56.2	70	7.8	64	13.4	9	23.4	25
Agosto... 31	56.4	60	8.1	54	13.7	6	23.6	18
Septiemb. 30	57.5	53	8.9	48	14.3	5	24.2	12
Octubre... 31	59.4	50	10.3	46	15.1	7	25.2	12
Noviemb.. 30	61.4	54	11.7	50	16.1	12	26.3	16
Diciemb.. 31	63.0	62	13.0	59	17.0	19	23.3	24

FECHA	ε León — Mag.: 3,2 Ascens. Recta	Declin. Boreal	α León (Régulus) Mag.: 1,3 Ascens. Recta	Declin. Boreal	* ω Navío — Mag.: 3,4 Ascens. Recta	Declin. Austral	γ' León — Mag.: 2,5 Ascens. Recta	Declin. Boreal
	h m	° ′	h m	° ′	h m	° ′	h m	° ′
	9 30	24 16	10 2	12 29	10 11	69 29	10 13	20 23
Enero..... 0	39^{s}9	32″	33^{s}9	61″	10^{s}4	27″	57^{s}6	33″
— 31	40.6	31	34.6	57	11.5	38	58.4	31
Febrero.. 28	40.8	32	34.9	56	11.7	48	58.7	31
Marzo.... 31	40.6	35	34.8	57	10.9	59	58.6	33
Abril.... 30	40.2	37	34.4	59	9.5	65	58.3	36
Mayo..... 31	39.8	39	34.1	61	7.8	68	57.9	38
Junio..... 30	39.6	39	33.8	62	6.3	65	57.6	39
Julio..... 31	39.6	38	33.8	62	5.3	58	57.6	38
Agosto... 31	39.9	35	34.0	61	5.0	49	57.8	35
Septiemb.. 30	40.5	31	34.5	59	6.8	40	58.3	32
Octubre.. 31	41.4	25	35.3	55	7.4	36	59.1	26
Noviemb.. 30	42.5	20	36.3	49	9.5	37	60.1	20
Diciemb.. 31	43.5	16	37.3	44	11.5	44	61.1	15

Posiciones aparentes de varias estrellas

FECHA	* θ Navío — *Mag.: 2,3* Ascens. Recta	Declin. Austral	ν Hidra — *Mag.: 3,3* Ascens. Recta	Declin. Austral	δ León — *Mag.: 2,7* Ascens. Recta	Declin. Boreal	δ Copa — *Mag.: 3.9* Ascens. Recta	Declin. Austral
	h m	° ′	h m	° ′	h m	° ′	h m	° ′
	10 39	63 49	10 44	15 37	11 8	21 6	11 13	14 11
Enero..... 0	4ˢ6	4″	14ˢ4	15″	18ˢ3	73″	53ˢ0	10″
— 31	5.8	14	15.2	22	19.2	70	53.8	18
Febrero . . 28	6.1	25	15.6	28	19.7	70	54.3	23
Marzo..... 31	5.8	36	15.5	32	19.8	72	54.4	28
Abril. 30	4.9	43	15.3	34	19.6	75	54.2	29
Mayo. 31	3.6	46	14.9	33	19.2	78	53.9	29
Junio..... 30	2.5	44	14.6	31	18.9	79	53.5	27
Julio. 31	1.6	38	14.4	27	18.7	79	53.3	24
Agosto.... 31	1.3	29	14.5	23	18.7	76	53.3	20
Septiemb.. 30	1.8	21	14.8	21	19.0	72	53.5	19
Octubre... 31	3.1	16	15.5	22	19.7	65	54.1	20
Noviemb.. 30	4.8	16	16.5	27	20.5	59	55.1	24
Diciemb. . 31	6.5	23	17.4	33	21.7	53	56.1	30

FECHA	* λ Centauro — *Mag.: 3,4* Ascens. Recta	Declin. Austral	β León — *Mag.: 2,2* Ascens. Recta	Declin. Boreal	β Virgen — *Mag : 3,7* Ascens. Recta	Declin. Boreal	ε Cuervo — *Mag.: 3,2* Ascens. Recta	Declin. Austral
	h m	° ′	h m	° ′	h m	° ′	h m	° ′
	11 30	62 24	11 43	15 10	11 45	2 22	12 4	22 0
Enero..... 0	45ˢ1	37″	29ˢ4	53″	0ˢ4	48″	30ˢ3	36″
— 31	46.5	46	30.3	49	1.3	42	31.3	44
Febrero... 28	47.2	57	30.8	47	1.8	39	31.9	54
Marzo. ... 31	47.3	67	31.0	49	2.0	37	32.1	56
Abril. 30	46.7	76	30.9	51	1.9	38	32.1	59
Mayo. 31	45.8	80	30.6	54	1.7	40	31.8	60
Junio..... 30	44.7	81	30.3	56	1.4	42	31.5	59
Julio. 31	43.8	76	30.1	56	1.2	43	31.2	56
Agosto. . . 31	43.2	69	30.0	55	1.1	44	31.0	53
Septiemb.. 30	43.4	60	30.2	51	1.3	42	31.0	50
Octubre... 31	44.3	54	30.7	45	1.8	39	31.5	49
Noviemb.. 30	45.9	53	31.6	39	2.6	33	32.4	52
Diciemb. . 31	47.7	58	32.6	32	3.7	26	33.5	58

Posiciones aparentes de varias estrellas

FECHA	η Virgen — Mag.: 4		* α' Cruz — Mag.: >1		δ Cuervo — Mag.: 3,1		β Cuervo — Mag.: 2,8	
	Ascens. Recta	Declin. Austral	Ascens. Recta	Declin. Austral	Ascens. Recta	Declin. Austral	Ascens. Recta	Declin. Austral
	h m	° ′	h m	° ′	h m	° ′	h m	° ′
	12 14	0 3	12 20	62 29	12 24	15 54	12 28	22 47
Enero..... 0	18^{s}9	35″	30^{s}3	14″	12^{s}8	21″	38^{s}6	26″
— 31	19.8	41	32.0	21	13.7	28	39 6	33
Febrero . . 28	20.4	45	32.9	31	14.4	34	40.2	40
Marzo..... 31	20.7	47	33.3	42	14.7	38	40.5	46
Abril. 30	20.7	46	33.1	51	14.7	41	40.6	49
Mayo. 31	20.5	45	32.4	57	14.5	41	40.4	51
Junio..... 30	20.2	43	31.4	59	14.2	40	40.0	50
Julio...... 31	19.9	41	30.4	56	13.9	38	39.7	47
Agosto. . . 31	19.8	40	29.6	50	13.7	35	39.4	44
Septiemb.. 30	19.9	41	29.5	42	13.7	33	39.4	41
Octubre... 31	20.3	44	30.2	35	14.1	33	39.9	40
Noviemb. . 30	21.1	50	31.6	32	14.9	36	40.7	42
Diciemb. . 31	22.1	56	33.4	35	16.0	42	41 8	47

FECHA	γ' Virgen — Mag.: 2,9		* β Cruz — Mag.: 1,6		δ Virgen — Mag.: 3,5		α Lebrel — Mag.: 3,2	
	Ascens. Recta	Declin. Austral	Ascens. Recta	Declin. Austral	Ascens. Recta	Declin. Boreal	Ascens. Recta	Declin. Boreal
	h m	° ′	h m	° ′	h m	° ′	h m	° ′
	12 36	0 51	12 41	59 5	12 50	3 59	12 50	38 53
Enero..... 0	7^{s}3	3″	20^{s}3	8″	5^{s}8	26″	54^{s}8	78″
— 31	8.3	10	21.9	15	6.7	20	56.0	74
Febrero... 28	8.9	14	22.9	24	7.4	17	56.8	75
Marzo. ... 31	9.3	15	23.4	34	7.8	16	57.3	80
Abril. 30	9.3	15	23.4	43	7.9	17	57.3	86
Mayo. 31	9.1	14	22.8	49	7.7	19	57.0	92
Junio..... 30	8.9	12	22.1	52	7.5	21	56.5	95
Julio. 31	8.6	10	21.1	50	7.2	22	56.1	94
Agosto.... 31	8.3	9	20.4	44	6.9	23	55.7	90
Septiemb.. 30	8.4	10	20.2	37	6.9	21	55.6	83
Octubre... 31	8.7	13	20.7	30	7.2	17	55.9	74
Noviemb. . 30	9.5	18	22.0	27	7.9	11	56.7	64
Diciemb. . 31	10.5	25	23.6	29	8.9	5	57.9	56

Posiciones aparentes de varias estrellas

FECHA		α Virgen (La Espiga) Mag.: 1,1		μ Centauro — Mag.: 3,4		η Boyero — Mag.: 2,8		* β Centauro — Mag.: >1	
		Ascens. Recta	Declin. Austral	Ascens. Recta	Declin. Austral	Ascens. Recta	Declin. Boreal	Ascens. Recta	Declin. Austral
		h m	° ′	h m	° ′	h m	° ′	h m	° ′
		13 19	10 35	13 43	41 45	13 49	18 56	13 56	59 50
Enero.....	0	25^{s}7	25″	1^{s}4	31″	28^{s}4	37″	5^{s}4	27″
—	31	26.7	31	2.7	37	29.4	31	7.1	31
Febrero ..	28	27.5	36	3.6	43	30.2	29	8.5	38
Marzo. ...	31	28.0	40	4.3	51	30.8	30	9.5	47
Abril.	30	28.1	41	4.6	58	31.1	34	9.9	56
Mayo.. ...	31	28.1	41	4.6	63	31.0	38	9.8	64
Junio.....	30	27.9	40	4.3	65	30.8	42	9.3	69
Julio.	31	27.5	38	3.7	65	30.4	43	8.4	69
Agosto....	31	27.2	36	3.2	61	30.1	42	7.4	66
Septiemb..	30	27.1	35	2.9	56	29.8	39	6.8	60
Octubre...	31	27.4	36	3.1	52	30.0	32	7.0	53
Noviemb..	30	28.0	40	3.9	50	30.5	24	7.9	48
Diciemb. .	31	29.0	46	5.1	52	31.5	16	9.5	47

FECHA		θ Centauro — Mag.: 1,9		α Boyero (Arcturus) Mag.: >1		* α² Centauro — Mag.: >1		ε² Boyero — Mag.: 2,6	
		Ascens. Recta	Declin. Austral	Ascens. Recta	Declin. Boreal	Ascens. Recta	Declin. Austral	Ascens. Recta	Declin. Boreal
		h m	° ′	h m	° ′	h m	° ′	h m	° ′
		14 0	35 40	14 10	19 44	14 32	60 22	14 40	27 31
Enero.....	0	14^{s}4	50″	39^{s}9	57′	10^{s}3	54″	12^{s}0	57″
—	31	15.6	55	40.9	51	12.0	57	13.1	50
Febrero...	28	16.5	61	41.8	49	13.5	62	14.0	48
Marzo. ...	31	17.3	68	42.4	50	14.7	71	14.7	50
Abril.	30	17.6	74	42.7	54	15.3	79	15.1	55
Mayo.....	31	17.6	78	42.7	58	15.4	87	15.2	61
Junio.....	30	17.4	80	42.5	62	14.9	93	15.0	66
Julio.	31	16.9	79	42.1	64	14.0	94	14.6	69
Agosto....	31	16.4	76	41.7	63	13.0	92	14.1	68
Septiemb..	30	16.1	73	41.4	59	12.2	87	13.7	64
Octubre...	31	16.3	69	41.5	53	12.1	80	13.6	57
Noviemb..	30	16.9	68	42.0	45	12.9	74	14.0	48
Diciemb. .	31	18.0	70	42.8	36	14.3	72	14.9	39

Posiciones aparentes de varias estrellas

FECHA		α² Balanza		20 Balanza		* γ Triángulo A		β Balanza	
		Mag.: 2,9		*Mag.: 3,5*		*Mag.: 3,1*		*Mag.: 2,9*	
		Ascens. Recta	Declin. Austral	Ascens. Recta	Declin. Austral	Ascens. Recta	Declin. Austral	Ascens. Recta	Declin. Austral
		h m	° ′	h m	° ′	h m	° ′	h m	° ′
		14 44	15 35	14 57	24 51	15 8	68 16	15 11	8 58
Enero.....	0	49^{s}0	11″	39^{s}4	2″	40^{s}3	16″	6^{s}6	45″
—	31	50.1	17	40.5	7	42.5	16	7.6	52
Febrero...	28	50.9	21	41.4	11	44.5	20	8.4	54
Marzo....	31	51.7	25	42.2	16	46.4	28	9.2	57
Abril.....	30	52.1	26	42.7	19	47.5	37	9.7	57
Mayo.....	31	52.3	27	42.9	21	47.9	46	10.0	57
Junio.....	30	52.2	27	42.9	22	47.5	53	10.0	55
Julio.....	31	51.9	26	42.6	22	46.4	56	9.7	54
Agosto....	31	51.5	24	42.1	21	44.9	56	9.3	53
Septiemb..	30	51.2	23	41.7	19	43.7	51	8.9	53
Octubre..	31	51.2	23	41.7	17	43.3	44	8.8	54
Noviemb..	30	51.6	25	42.1	17	44.0	37	9.2	57
Diciemb..	31	52.5	29	43.0	19	45.7	32	10.0	61

FECHA		γ Lobo		α Corona		α Serpiente		* β Triángulo A	
		Mag.: 3,2		*Mag.: 2,3*		*Mag.: 2,7*		*Mag.: 3*	
		Ascens. Recta	Declin. Austral	Ascens. Recta	Declin. Boreal	Ascens. Recta	Declin. Boreal	Ascens. Recta	Declin. Austral
		h m	° ′	h m	° ′	h m	° ′	h m	° ′
		15 27	40 47	15 30	27 4	15 38	6 45	15 45	63 5
Enero.....	0	50^{s}2	47″	2^{s}6	49″	52^{s}0	67″	28^{s}6	23″
—	31	51.4	50	3.5	42	52.9	61	30.6	22
Febrero...	28	52.5	53	4.5	39	53.8	57	32.4	25
Marzo....	31	53.5	59	5.3	40	54.6	57	34.1	31
Abril.....	30	54.2	64	5.9	45	55.2	59	35.2	39
Mayo.....	31	54.6	69	6.1	52	55.5	63	35.8	47
Junio.....	30	54.6	72	6.0	57	55.5	66	35.8	54
Julio......	31	54.3	74	5.6	61	55.2	69	35.0	58
Agosto...	31	53.7	73	5.1	61	54.8	70	33.9	59
Septiemb..	30	53.1	70	4.6	58	54.4	69	32.9	55
Octubre...	31	52.9	67	4.4	53	54.2	65	32.3	49
Noviemb..	30	53.3	63	4.6	43	54.4	60	32.7	42
Diciemb...	31	54.3	63	5.3	34	55.1	53	34.1	38

Posiciones aparentes de varias estrellas

FECHA		δ Escorpión — *Mag.: 2,6*		β' Escorpión — *Mag.: 2,9*		δ Ofiuco — *Mag.: 2,8*		σ Escorpión — *Mag.: 3,3*	
		Ascens. Recta	Declin. Austral	Ascens. Recta	Declin. Austral	Ascens. Recta	Declin. Austral	Ascens. Recta	Declin. Austral
		h m	° ′	h m	° ′	h m	° ′	h m	° ′
		15 53	22 18	15 59	19 30	16 8	3 24	16 14	25 19
Enero.....	0	51ˢ0	34″	3ˢ7	19″	35ˢ9	46″	31ˢ4	45″
—	31	52.0	37	4.7	23	36.8	52	32.4	47
Febrero...	28	53.0	41	5.6	26	37.6	55	33.3	50
Marzo. ...	31	53.9	44	6.5	29	38.5	56	34.3	53
Abril.	30	54.5	46	7.2	31	39.1	56	35.0	55
Mayo.	31	55.0	47	7.6	32	39.6	53	35.5	57
Junio.....	30	55.0	48	7.7	32	39.7	51	35.7	58
Julio.	31	54.8	48	7.5	32	39.5	49	35.5	59
Agosto. ..	31	54.4	47	7.1	31	39.0	48	35.0	58
Septiemb..	30	53.9	46	6.6	30	38.6	48	34.6	57
Octubre. .	31	53.7	45	6.4	29	38.4	50	34.3	56
Noviemb..	30	54.0	45	6.6	30	38.5	54	34.5	55
Diciemb. .	31	54.7	47	7.3	32	39.2	59	35.2	56

FECHA		α Escorpión (Antares) *Mag.: 1,2*		β Hércules — *Mag.: 2,8*		* α Triángulo A — *Mag.: 2,2*		ζ Hércules — *Mag.: 2,9*	
		Ascens. Recta	Declin. Austral	Ascens. Recta	Declin. Boreal	Ascens. Recta	Declin. Austral	Ascens. Recta	Declin. Boreal
		h m	° ′	h m	° ′	h m	° ′	h m	° ′
		16 22	26 11	16 25	21 43	16 37	68 49	16 37	31 47
Enero.....	0	41ˢ0	18″	30ˢ0	34″	2ˢ3	25″	8ˢ6	57″
—	31	42.0	21	30.8	27	4.4	21	9.4	48
Febrero...	28	42.9	23	31.7	23	6.5	21	10.4	44
Marzo. ...	31	43.9	26	32.6	23	8.8	25	11.3	45
Abril.	30	44.7	28	33.3	27	10.6	32	12.0	50
Mayo.	31	45.2	30	33.7	34	11.8	40	12.5	58
Junio.....	30	45.4	31	33.7	40	12.0	47	12.5	65
Julio.	31	45.2	32	33.5	44	11.3	54	12.2	70
Agosto....	31	44.7	32	33.0	46	10.0	56	11.7	72
Septiemb..	30	44.2	31	32.5	44	8.5	54	11.0	71
Octubre...	31	43.9	30	32.1	40	7.5	49	10.6	65
Noviemb..	30	44.1	29	32.2	32	7.6	41	10.5	57
Diciemb. .	31	44.8	30	32.7	24	8.7	35	11.0	47

Posiciones aparentes de varias estrellas

FECHA		ε Escorpión — *Mag.: 2,4*		ζ Altar — *Mag.: 3,2*		κ Ofiuco — *Mag.: 3,4*		ε Hércules — *Mag.: 3,9*	
		Ascens. Recta	Declin. Austral	Ascens. Recta	Declin. Austral	Ascens. Recta	Declin. Boreal	Ascens. Recta	Declin. Boreal
		h m	° ′	h m	° ′	h m	° ′	h m	°
		16 43	34 5	16 49	55 48	16 52	9 32	16 56	31 4
Enero.....	0	3ˢ5	40″	32ˢ2	55″	28ˢ3	39″	4ˢ9	69″
—	31	4.5	41	33.6	52	29.1	33	5.7	60
Febrero...	28	5.5	43	35.0	53	30.0	29	6.7	56
Marzo. ...	31	6.6	45	36.6	55	30.9	29	7.6	56
Abril.	30	7.5	48	37.9	60	31.6	31	8.4	61
Mayo.	31	8.1	51	38.7	66	32.1	36	8.9	68
Junio. ...	30	8.4	53	39.1	72	32.3	41	9.0	76
Julio.	31	8.2	55	38.8	77	32.1	45	8.8	82
Agosto....	31	7.7	56	38.0	80	31.7	46	8.2	84
Septiemb..	30	7.2	55	37.1	78	31.2	46	7.6	83
Octubre...	31	6.8	53	36.5	74	30.8	43	7.1	78
Noviemb..	30	6.9	51	36.5	69	30.8	38	7.0	70
Diciemb. .	31	7.5	50	37.3	64	31.3	31	7.4	60

FECHA		η Ofiuco — *Mag.: 2,5*		α Hércules — *Mag.: 3.1*		δ Hércules — *Mag.: 3,3*		θ Ofiuco — *Mag.: 3,3*	
		Ascens. Recta	Declin. Austral	Ascens. Recta	Declin. Boreal	Ascens. Recta	Declin. Boreal	Ascens. Recta	Declin. Austral
		h m	° ′	h m	° ′	h m	° ′	h m	° ′
		17 4	15 35	17 9	14 30	17 10	24 57	17 15	24 53
Enero.....	0	5ˢ2	21″	38ˢ4	50″	30ˢ9	60″	16ˢ3	24″
—	31	6.0	23	39.2	43	31.7	52	17.2	25
Febrero...	28	6.9	26	40.0	39	32.5	47	18.1	27
Marzo. ...	31	7.9	27	40.9	39	33.5	47	19.1	28
Abril.	30	8.7	27	41.7	42	34.3	51	20.0	29
Mayo.	31	9.2	27	42.2	48	34.8	58	20.7	30
Junio.....	30	9.5	26	42.5	53	35.0	65	21.0	30
Julio.	31	9.5	25	42.3	58	34.8	71	21.0	31
Agosto....	31	9.1	25	41.9	60	34.3	73	20.6	32
Septiemb..	30	8.6	25	41.4	59	33.7	73	20.0	32
Octubre...	31	8.2	25	41.0	56	33.2	69	19.6	31
Noviemb..	30	8.3	26	40.9	51	33.1	62	19.7	30
Diciemb...	31	8.8	28	41.3	43	33.5	52	20.2	30

Posiciones aparentes de varias estrellas

FECHA	* δ Altar — Mag.: 3 Ascens. Recta	Declin. Austral	α Ofiuco — Mag.: 2,2 Ascens. Recta	Declin. Boreal	κ Escorpión — Mag.: 2,6 Ascens. Recta	Declin. Austral	β Ofiuco — Mag.: 2,9 Ascens. Recta	Declin. Boreal
	h m	° ′	h m	° ′	h m	° ′	h m	° ′
	17 21	60 35	17 29	12 38	17 34	38 58	17 38	4 30
Enero..... 0	$11^{s}1$	26″	$50^{s}2$	20″	$53^{s}8$	20″	$2^{s}9$	45″
— 31	12.6	22	50.9	13	54.8	19	3.6	40
Febrero... 28	14.2	21	51.7	9	55.8	19	4.4	36
Marzo. ... 31	16.0	23	52.6	9	57.0	20	5.3	36
Abril..... 30	17.5	27	53.4	11	58.0	21	6.1	38
Mayo..... 31	18.7	33	54.0	17	58.9	24	6.8	42
Junio..... 30	19.2	39	54.3	22	59.3	27	7.1	46
Julio..... 31	19.0	45	54.2	27	59.3	30	7.1	50
Agosto. . . 31	18.1	49	53.9	29	58.9	32	6.7	52
Septiemb . 30	17.1	49	53.3	29	58.3	32	6.2	52
Octubre... 31	16.2	45	52.9	26	57.7	30	5.8	50
Noviemb.. 30	16.1	39	52.8	21	57.7	28	5.7	46
Diciemb. . 31	12.9	32	53.1	14	58.2	25	6.0	41

FECHA	ι' Escorpión — Mag.: 3,3 Ascens. Recta	Declin. Austral	γ² Sagitario — Mag.: 2,8 Ascens. Recta	Declin. Austral	δ Sagitario — Mag.: 2,8 Ascens. Recta	Declin. Austral	η Serpiente — Mag.: 3,5 Ascens. Recta	Declin. Austral
	h m	° ′	h m	° ′	h m	° ′	h m	° ′
	17 39	40 4	17 59	30 25	18 13	29 52	18 15	2 55
Enero..... 0	$54^{s}6$	61″	$45^{s}6$	31″	$58^{s}1$	29″	$37^{s}8$	39″
— 31	55.6	59	46.4	30	58.8	28	38.5	43
Febrero... 28	56.6	59	47.3	30	59.7	28	39.2	45
Marzo. ... 31	57.8	60	48.4	31	60.8	28	40.1	46
Abril..... 30	58.9	61	49.4	31	61.8	28	41.0	44
Mayo..... 31	59.7	64	50.2	32	62.7	28	41.7	41
Junio..... 30	60.2	67	50.7	33	63.2	30	42.1	37
Julio..... 31	60.2	70	50.8	35	63.3	31	42.2	34
Agosto.... 31	59.8	73	50.4	37	63.0	33	41.9	33
Septiemb.. 30	59.2	73	49.9	37	62.5	34	41.5	33
Octubre... 31	58.6	71	49.4	36	62.0	33	41.0	34
Noviemb.. 30	58.5	68	49.3	35	61.8	32	40.9	37
Diciemb... 31	59.0	65	49.7	34	62.1	31	41.1	41

Posiciones aparentes de varias estrellas

FECHA	ε Sagitario — Mag.: 2,1		α Lira (Vega) Mag.: >1		φ Sagitario — Mag.: 3,7		β' Lira — Mag.: 3.6	
	Ascens. Recta	Declin. Austral	Ascens. Recta	Declin. Boreal	Ascens. Recta	Declin. Austral	Ascens. Recta	Declin. Boreal
	h m	° '	h m	° '	h m	° '	h m	° '
	18 16	34 26	18 33	38 40	18 38	27 6	18 46	33 13
Enero..... 0	$53^{s}3$	14"	$12^{s}4$	52"	$48^{s}0$	12"	$0^{s}9$	67"
— 31	54.1	13	12.9	43	48.7	12	1.4	57
Febrero... 28	55.0	12	13.7	37	49.5	11	2.1	52
Marzo..... 31	56.1	12	14.7	35	50.5	10	3.1	50
Abril..... 30	57.2	12	15.7	39	51.5	10	4.0	53
Mayo..... 31	58.1	13	16.5	46	52.4	9	4.8	60
Junio..... 30	58.6	15	16.9	55	53.0	9	5.3	69
Julio..... 31	58.8	17	16.9	63	53.2	10	5.3	76
Agosto... 31	58.5	19	16.4	69	53.0	12	4.9	82
Septiemb.. 30	57.9	20	15.7	71	52.5	13	4.3	84
Octubre... 31	57.4	19	15.0	69	52.0	13	3.6	83
Noviemb.. 30	57.2	18	14.5	63	51.8	12	3.2	77
Diciemb.. 31	57.5	15	14.5	53	52.0	11	3.2	68

FECHA	σ Sagitario — Mag.: 2,3		γ Lira — Mag.: 3,3		ζ Sagitario — Mag.: 2,9		ζ Águila — Mag.: 3,1	
	Ascens. Recta	Declin. Austral	Ascens. Recta	Declin. Boreal	Ascens. Recta	Declin. Austral	Ascens. Recta	Declin. Boreal
	h m	° '	h m	° '	h m	° '	h m	° '
	18 48	26 25	18 54	32 32	18 55	30 2	19 0	13 41
Enero..... 0	$27^{s}7$	59"	$49^{s}6$	22"	$37^{s}7$	14"	$21^{s}5$	63"
— 31	28.3	59	50.0	13	38.4	12	22.0	57
Febrero... 28	29.1	58	50.7	7	39.2	11	22.7	52
Marzo..... 31	30.1	57	51.7	5	40.2	10	23.5	51
Abril..... 30	31.1	56	52.6	8	41.2	9	24.4	54
Mayo..... 31	32.1	55	53.5	15	42.2	8	25.2	60
Junio..... 30	32.7	55	54.0	23	42.9	9	25.7	66
Julio..... 31	32.9	56	54.0	32	43.1	10	25.9	72
Agosto.... 31	32.7	58	53.7	37	42.9	12	25.7	76
Septiemb.. 30	32.2	59	53.0	40	42.4	13	25.2	77
Octubre... 31	31.7	59	52.4	38	41.9	14	24.7	76
Noviemb.. 30	31.5	58	51.9	33	41.6	13	24.4	72
Diciemb... 31	31.6	58	51.9	24	41.8	11	24.4	66

Posiciones aparentes de varias estrellas

FECHA	λ Águila Mag.: 3,4		π Sagitario Mag.: 3,1		δ Águila Mag.: 3,5		β^1 Cisne Mag.: 3,1	
	Ascens. Recta	Declin. Austral	Ascens. Recta	Declin. Austral	Ascens. Recta	Declin. Boreal	Ascens. Recta	Declin. Boreal
	h m	° ′	h m	° ′	h m	° ′	h m	° ′
	19 0	5 2	19 3	21 11	19 19	2 53	19 26	27 43
Enero..... 0	25^{s}5	48″	14^{s}2	52″	57^{s}8	48″	17^{s}2	49″
— 31	26.0	52	14.8	52	58.2	43	17.5	40
Febrero... 28	26.6	54	15.5	52	58.8	40	18.1	35
Marzo. ... 31	27.5	54	16.5	51	59.7	40	19.0	32
Abril. 30	28.4	51	17.5	49	60.6	42	19.9	35
Mayo. 31	29.2	48	18.4	47	61.4	47	20.8	41
Junio..... 30	29.8	44	19.0	46	62.0	52	21.4	49
Julio...... 31	30.0	41	19.3	46	62.3	56	21.6	57
Agosto.... 31	29.8	40	19.1	47	62.1	59	21.4	63
Septiemb . 30	29.4	40	18.6	48	61.7	60	20.8	66
Octubre... 31	28.9	41	18.1	48	61.2	59	20.2	65
Noviemb.. 30	28.7	43	17.9	49	60.9	56	19.8	61
Diciemb. . 31	28.8	46	18.0	49	61.0	52	19.7	54

FECHA	γ Águila Mag.: 2,8		α Águila Mag.: >1		δ Pavo Real * Mag. 3,5		θ′ Águila Mag.: 3,3	
	Ascens. Recta	Declin. Boreal	Ascens. Recta	Declin. Boreal	Ascens. Recta	Declin. Austral	Ascens. Recta	Declin. Austral
	h m	° ′	h m	° ′	h m	° ′	h m	° ′
	19 41	10 20	19 45	8 34	19 57	66 27	20 5	1 8
Enero..... 0	2^{s}3	48″	25^{s}6	46″	56^{s}8	43″	38^{s}5	46″
— 31	2.7	43	26.0	41	57.5	35	38.8	50
Febrero... 28	3.3	39	26.5	37	58.7	28	39.4	51
Marzo..... 31	4.1	38	27.3	37	60.6	22	40.1	51
Abril. 30	4.0	41	28.2	39	62.7	20	41.0	49
Mayo. 31	5.8	46	29.1	44	64.8	21	41.9	44
Junio..... 30	6.5	52	29.8	50	66.4	26	42.7	39
Julio...... 31	6.8	58	30.1	56	67.1	33	43.0	35
Agosto.... 31	6.6	62	30.0	60	66.9	40	43.0	32
Septiemb . 30	6.2	64	29.6	61	65.9	45	42.7	32
Octubre . . 31	5.7	63	29.1	61	64.6	46	42.2	32
Noviemb.. 30	5.4	60	28.7	58	63.6	43	41.9	35
Diciemb. . 31	5.3	55	28.7	53	63.3	37	41.8	38

Posiciones aparentes de varias estrellas

FECHA	β² Capricornio — Mag.: 3,3		* α Pavo Real — Mag.: 2,1		γ Cisne — Mag.: 2,8		* β Pavo Real — Mag.: 3,9	
	Ascens. Recta	Declin. Austral	Ascens. Recta	Declin. Austral	Ascens. Recta	Declin. Boreal	Ascens. Recta	Declin. Austral
	h m	° ′	h m	° ′	h m	° ′	h m	° ′
	20 14	15 7	20 [illegible]	57 4	20 18	39 54	20 35	66 35
Enero..... 0	50ˢ8	38″	58ˢ1	72″	16ˢ6	29″	3ˢ4	54″
— 31	51.1	39	58.5	64	16.7	19	3.7	45
Febrero. . 28	51.5	39	59.4	58	17.1	12	4.7	37
Marzo. ... 31	52.5	37	60.8	52	18.0	8	6.4	30
Abril. 30	53.4	34	62.3	49	19.0	9	8.4	26
Mayo. . .. 31	54.4	30	63.9	48	20.1	15	10.5	25
Junio..... 30	55.1	27	65.2	51	20.8	24	12.2	28
Julio...... 31	55.6	25	65.9	56	21.1	34	13.3	35
Agosto.... 31	55.6	25	65.9	63	21.0	42	13.3	42
Septiemb . 30	55.3	26	65.2	68	20.4	47	12.4	48
Octubre... 31	54.8	27	64.3	69	19.7	48	11.1	51
Noviemb.. 30	54.5	28	63.6	68	19.1	45	10.0	49
Diciemb. . 31	54.4	29	63.3	62	18.7	38	9.4	43

FECHA	ε Cisne — Mag.: 2,6		ζ Cisne — Mag.: 3,3		β Acuario — Mag.: 2,9		ε Pegaso — Mag.: 2,4	
	Ascens. Recta	Declin. Boreal	Ascens. Recta	Declin. Boreal	Ascens. Recta	Declin. Austral	Ascens. Recta	Declin. Boreal
	h m	° ′	h m	° ′	h m	° ′	h m	° ′
	20 41	33 33	21 8	29 46	21 25	6 2	21 38	9 22
Enero..... 0	45ˢ8	43″	15ˢ6	47″	47ˢ2	70″	48ˢ0	27″
— 31	45.8	35	15.6	40	47.3	72	48.0	23
Febrero... 28	46.2	28	15.9	33	47.6	72	48.3	20
Marzo..... 31	47.0	24	16.6	30	48.2	71	48.8	19
Abril. 30	48.0	25	17.5	30	49.0	67	49.6	21
Mayo. 31	49.0	31	18.5	35	50.0	62	50.6	26
Junio..... 30	49.8	39	19.4	43	50.8	57	51 4	32
Julio. 31	50.2	48	19.9	52	51.5	53	52.1	39
Agosto.... 31	50.1	56	19.9	60	51.7	51	52.3	44
Septiemb . 30	49.7	61	19 6	65	51.5	51	52.1	47
Octubre... 31	49.1	63	19.1	67	51.1	52	51.7	47
Noviemb.. 30	48.6	61	18.6	66	50.7	53	51.4	46
Diciemb. . 31	48.2	55	18.2	60	50.5	55	51.1	43

Posiciones aparentes de varias estrellas

FECHA	δ Capricornio — Mag. · 2,9		γ Grulla — Mag. 3,0		α Acuario — Mag.: 3,0		α Grulla — Mag.: 1,9	
	Ascens. Recta	Declin. Austral	Ascens. Recta	Declin. Austral	Ascens. Recta	Declin. Austral	Ascens. Recta	Declin. Austral
	h m	° '	h m	° '	h m	° '	h m	° '
	21 40	16 37	21 47	37 52	22 0	0 50	22 1	47 29
Enero..... 0	59ˢ4	29″	17ˢ4	55″	9ˢ2	65″	19ˢ4	39″
— 31	59.4	29	17.4	51	9.2	67	19.3	34
Febrero . . 28	59.7	28	17.7	46	9.4	69	19.6	27
Marzo..... 31	60.3	24	18.4	39	9.9	68	20.3	19
Abril. . . . 30	61.1	20	19.4	33	10.7	65	21.4	12
Mayo. 31	62.1	15	20.6	28	11.6	59	22.7	7
Junio..... 30	63.1	11	21.7	26	12.5	54	24.0	6
Julio...... 31	63.8	8	22 5	27	13.2	48	25.0	8
Agosto.... 31	64.0	8	22.8	30	13.5	45	25.4	12
Septiemb . 30	63.9	9	22.7	34	13.4	44	25.3	18
Octubre... 31	63.5	11	22.2	38	13.1	44	24.7	23
Noviemb.. 30	63.1	13	21.7	40	12.7	46	24.1	25
Diciemb. . 31	62.9	14	21.4	38	12.5	48	23.6	22

FECHA	* α Tucán — Mag.: 3		γ Acuario — Mag.: 4.0		ξ Pegaso — Mag.: 3,5		* β Grulla — Mag.: 2,2	
	Ascens. Recta	Declin. Austral	Ascens. Recta	Declin. Austral	Ascens. Recta	Declin. Boreal	Ascens. Recta	Declin. Austral
	h m	° '	h m	° '	h m	° '	h m	° '
	22 10	60 47	22 15	1 55	22 35	10 15	22 36	47 26
Enero..... 0	59ˢ1	91″	59ˢ8	80″	59ˢ7	41″	7ˢ4	95″
— 31	58.8	83	59.7	82	59.6	37	7.2	91
Febrero . . 28	59.1	75	59.9	83	59.7	34	7.3	84
Marzo..... 31	60.0	65	60.4	82	60.1	33	7.9	75
Abril. 30	61.4	57	61.1	78	60.8	35	8.8	67
Mayo. 31	63.1	52	62.1	73	61.7	40	10.1	61
Junio... . 30	65.7	52	63.0	67	62.6	46	11.4	58
Julio. 31	66.0	55	63.7	62	63.4	53	12.4	59
Agosto.... 31	66.6	61	64.1	59	63.8	58	13.0	63
Septiemb . 30	66.2	69	64.0	57	63.8	62	13.0	69
Octubre... 31	65.6	74	63.7	58	63.5	63	12 6	75
Noviemb.. 30	64.6	76	63.4	60	63.2	62	12.0	78
Diciemb .. 31	63.8	73	63.1	62	62.9	60	11.4	77

Posiciones aparentes de varias estrellas

FECHA	η Pegaso — Mag.: 3,0		λ Acuario — Mag.: 3.8		δ Acuario — Mag.: 3,4		α Pez Austral (Fomalhaut) Mag.: 1,3	
	Ascens. Recta	Declin. Boreal	Ascens. Recta	Declin. Austral	Ascens. Recta	Declin. Austral	Ascens. Recta	Declin. Austral
	h m	° ′	h m	° ′	h m	° ′	h m	° ′
	22 37	29 38	22 46	8 9	22 48	16 23	22 51	30 11
Enero..... 0	51ˢ7	65″	53ˢ9	44″	50ˢ2	73″	35ˢ9	77″
— 31	51.5	60	53.8	46	50.1	73	35.7	75
Febrero . . 28	51.5	54	53.8	45	50.1	71	35.8	71
Marzo..... 31	51.9	50	54.2	43	50.5	67	36.2	65
Abril..... 30	52.7	49	54.9	39	51.2	62	37.0	58
Mayo..... 31	53.7	53	55.9	33	52.2	56	38.0	52
Junio 30	54.7	59	56.8	27	53.2	51	39.1	47
Julio..... 31	55.5	68	57.6	23	54.0	47	40.0	45
Agosto.... 31	55.8	76	58.1	20	54.5	46	40.5	47
Septiemb . 30	55.8	83	58.1	20	54.5	48	40.6	50
Octubre. . 31	55.5	86	57.9	21	54.3	50	40.3	55
Noviemb.. 30	55.0	87	57.6	23	53.9	52	39.9	57
Diciemb... 31	54.6	84	57.2	25	53.6	54	39.5	58

FECHA	β Pegaso — Mag.: 2,5		α Pegaso (Markab) Mag.: 2,5		c² Acuario — Mag.: 3,8		γ Pez — Mag.: 3,8	
	Ascens. Recta	Declin. Boreal	Ascens. Recta	Declin. Boreal	Ascens. Recta	Declin. Austral	Ascens. Recta	Declin. Boreal
	h m	° ′	h m	° ′	h m	° ′	h m	° ′
	22 58	27 29	22 59	14 36	23 3	21 45	23 11	2 41
Enero..... 0	27ˢ7	31″	18ˢ2	65″	36ˢ5	64″	29ˢ3	5″
— 31	27.4	26	18.0	61	36.3	63	29.1	2
Febrero... 28	27.4	21	18.0	58	36.3	61	29.1	1
Marzo. ... 31	27.8	17	18.4	56	36.7	56	29.4	1
Abril. ... 30	28.5	16	19.0	57	37.4	50	30.1	4
Mayo. 31	29.4	20	20.0	62	38.7	43	31.0	9
Junio..... 30	30.4	26	20.9	68	39.3	38	31.9	16
Julio. 31	31.3	34	21.7	75	40.2	35	32.7	21
Agosto.... 31	31.7	42	22.2	81	40.7	35	33.3	26
Septiemb . 30	31.8	48	22.2	85	40.8	37	33.4	28
Octubre... 31	31.5	52	22.0	87	40.6	40	33.2	28
Noviemb.. 30	31.1	53	21.7	87	40.3	43	32.9	27
Diciemb. . 31	30.7	51	21.3	85	39.9	44	32.6	25

ECLIPSES 1891

En el año 1891 habrá dos eclipses del Sol, dos eclipses de Luna y un tránsito de Mercurio por el disco del Sol.

I. — Eclipse total de Luna el 22 y 23 de Mayo de 1891 en parte visible en La Plata.

	Tiempo medio de La Plata
Entrada de la Luna en la penumbre. Mayo 22 á las.	$23^h 45^m 5$
Entrada en la sombra. Mayo 23	0.49.8
Principio del eclipse total	1.58.1
Medio del eclipse	2.37.6
Fin del eclipse total.	3.17.1
Salida de la sombra.	4.25.6
Salida de la penumbra	5.29.9

Magnitud del eclipse = 1,299 siendo el diámetro de la Luna *uno*.

El día 23 de Mayo sale la Luna en La Plata á $5^h 3^m$.

II. — Eclipse anular de Sol el 5 y el 6 de Junio de 1891, invisible en La Plata.

	Tiempo medio de La Plata
El eclipse general principia el 5 de Junio en el lugar de longitud, 133°16′ W. de Greenwich y de latitud 24°43′ N. á.	$22^h 11^m 5$
El eclipse anular empieza el 6 de Junio en el lugar de longitud 169°58′ E. de Greenwich y de latitud 56°45′ N. á.	0. 0.1
El eclipse central comienza en el lugar de longitud 169°37′ E. de Greenwich y de latitud 57°12′ N. á	0. 0.9
El eclipse central á media noche verdadera se efectúa en el lugar de longitud 110°6′ E. de Greenwich y de latitud 69°29′ N. á.	0.46.4
Fin del eclipse central en el lugar de longitud 110°23′ E. de Greenwich y de latitud 66°46′ N. á.	0.46.8
Fin del eclipse anular en el lugar de longitud 108°12′ E. de Greenwich y de latitud 66°30′ N. á.	0.47.6
Fin del eclipse general en el lugar de longitud 18°58′ E. de Greenwich y de latitud 45°17′ N. á.	2.36.3

III. — Eclipse total de luna el 15 de Noviembre de 1891, en parte visible en La Plata.

	Tiempo medio de La Plata
Entrada de la luna en la penumbra á	5^h44^m7
Entrada en la sombra á.	6.43,2
Principio de eclipse total á	7.45,7
Medio del eclipse á.	8.27,1
Fin del eclipse total á.	9. 8,6
Salida de la sombra á.	10.11,0
Salida de la penumbra á	11. 9,3

Magnitud del eclipse = 1,386 siendo el diámetro de la luna *uno*.

El dia 15 de Noviembre sale la luna en La Plata á las 6^h36^m.

IV. — Eclipse parcial de sol el 30 de Noviembre de 1891, invisible en La Plata.

	Tiempo medio de La Plata
El eclipse general principia en el lugar de longitud 76°18′ W. de Greenwich y de latitud 35°17′ S. á.	17^h52^m3
La fase más grande del eclipse se produce en el lugar de longitud 141°32′ W. de Greenwich y de latitud 63°37′ S. á.	19.39,4
Fin del eclipse general en el lugar de longitud 111°0′ E. de Greenwich y de latitud 58°34′ S. á	21.26,4

Magnitud del eclipse = 0,532 del diámetro solar.

CONDICIONES DEL ECLIPSE PARA LA AMÉRICA DEL SUR

La línea de simple contacto sube la costa del Pacífico más ó menos á 19 kilómetros al sur de Huasco (Chile); pasa entre La Cruz y Córdoba á 56 kilómetros de esta última ciudad; entre el Bragado y Chivilcoy toca casi esta última (el cálculo da 628 metros como distancia). Sigue hacia el Atlántico pasando á 72 kilómetros de La Plata y á 3 kilómetros de Dolores.

La hora local del principio y del fin del eclipse para los puntos notables es la siguiente :

	Entrada	Salida		
La Cruz	$17^h 40^m$	$17^h 49^m$	el 30 de Nov.	Tiempo Astronómico
Bragado	17.56	18.12	—	—
San Luis. . .	17.26	17.56	—	—
San Juan. . . .	17.18	17.43	—	—
Mendoza. . . .	17.14	17.49	—	—
Tandil	18.00	18.29	—	—
Guamini	17.42	18.21	—	—
Babía-Blanca . .	17.39	18.28	—	—
Patagones . . .	17.36	18.33	—	—
Chubut.	17.28	18.36	—	—
Puerto-Deseado.	17.29	18.46	—	—
Cabo-Vírgenes .	17 24	18.50	—	—
Santa-Cruz. . .	17.21	18.44	—	—
Punta-Arenas. .	17.15	18.44	—	—
Cabo de Hornos.	17.33	19.04	—	—
Valpariso. . . .	17.00	17.43	—	—

Siendo el eclipse en general de muy corta duración en los lugares precedentes resulta que, la más pequeña diferencia en los elementos de la luna y del sol que han servido para los cálculos puede hacer variar las épocas dadas de uno ó varios minutos.

V. — Tránsito de Mercurio por el disco del Sol el 9 de Mayo de 1891, invisible en La Plata.

Para el centro de la Tierra se tiene :

	Tiempo medio de La Plata	Ángulo Polo imagen directa	
Entrada, contacto externo á. .	8. 2. 7,6	115°	N E.
Entrada, contacto interno á. .	8. 7. 3,2	116°	
Menor distancia de los centros = 12′33″6.	10.30.28,7		
Salida, contacto interno á. . .	12.53.51,9	169°	N W.
Salida, contacto externo á. . .	12.58.46,7	168°	

ECLIPSES DE LOS SATÉLITES DE JÚPITER

Visibles en La Plata en el año 1891.

El cuadro siguiente da las épocas, en tiempo medio de La Plata, de los eclipses de los satélites de Júpiter.

Cuando Júpiter pasa por el meridiano después de media noche, las emersiones tienen lugar al occidente del planeta.

Cuando Júpiter pasa por el meridiano antes de media noche, siempre se encuentran al oriente del planeta los satélites que deben entrar ó salir de la sombra. Si se hace uso de un anteojo que invierta las imágenes, las apariencias son contrarias.

ECLIPSES DE LOS SATÉLITES DE JÚPITER
visibles en La Plata en el año 1891.

(Tiempo medio astronómico.)

			h m s				h m s
Enero..... 7	I	e	19.37.26	Junio..... 9	II	i	13.11.49
7	II	e	18.57.36	10	I	i	16.46. 7
Abril..... 2	I	i	16.14 48	12	III	i	13.57.46
13	II	i	16.28.43	12	III	e	17.22.40
18	I	i	14.31.17	17	I	i	18.41.11
25	I	i	16.25.16	19	I	i	13. 8.44
Mayo..... 7	III	i	17.54.16	19	IV	i	14.46.54
8	II	i	13.33.42	19	III	i	17.57.54
11	I	i	14.41.43	23	II	i	18.21. 2
15	II	i	16. 9. 4	26	I	i	15. 2.51
18	III	i	16.35.41	Julio..... 3	I	i	16.57. 2
22	II	i	18.44.17	5	I	i	11.25.31
25	I	i	18.29.39	6	IV	e	13.12.15
Junio..... 3	I	i	14.52. 6	7	I	i	5.54. 8
5	III	e	13.22.45	10	I	i	18.50.47
				11	II	i	12.47.24

NOTA. — Las cifras romanas indican el número del satélite, y las letras *e*, *i* que es una emersión ó inmersión.

ECLIPSES DE LOS SATÉLITES DE JÚPITER visibles en La Plata en el año 1891.

(Tiempo medio astronómico.)

			h m s
Julio..... 12	I	i	13 19.47
18	III	i	10. 0.47
18	III	e	13.22.25
18	II	e	15.21.55
19	I	i	15.14. 7
21	I	i	9.42.46
25	III	i	14. 1.41
25	III	e	17.22.36
25	II	i	17.56.27
26	I	i	17. 8.32
28	I	i	11.37.13
Agosto.... 1	III	i	18. 2.42
4	I	i	13.31.46
6	I	i	8. 0.23
11	I	i	15.26.25
12	II	i	12.23. 5
13	I	i	9.55. 4
18	I	i	17.21.12
19	II	i	14.57.55
20	I	i	11.49.52
23	III	i	6. 5.46
25	IV	i	15.41.55
26	II	i	17.32.53
27	I	i	13.44.46
29	I	i	8.13.35
30	II	i	6.50.25
30	III	i	10. 7.20
Septiembre 3	I	i	15.39.54
5	I	e	12.23.10
6	II	e	12.11.48
7	III	i	14 9.35
7	I	e	6.51.52
11	IV	e	13.46.36
12	I	e	14.18.16
13	II	e	14.46.56
14	I	e	8.46.59
Septiembre... 19	I	e	16 13.27
21	I	e	10.42.11
28	IV	e	7.56.42
28	I	e	12.37.30
30	I	e	7. 6.24
Octubre .. 1	II	e	9.15.51
5	III	e	9.29.33
5	I	e	14.32.55
7	I	e	9. 1.40
8	II	e	11.51.47
12	III	e	13.30.58
14	I	e	10.57.19
15	II	e	14.27.55
19	III	i	14.21.32
21	I	e	12.52.53
23	I	e	7.21.44
28	I	e	14.48.20
30	I	e	9.17.22
Noviembre 2	II	e	8.50.17
6	I	e	11.13. 0
9	II	e	11.36.11
15	I	e	7.37.38
17	III	e	9.38.39
17	IV	i	11.12.59
22	I	e	9.33.17
29	I	e	11.28.56
Diciembre 2	II	e	8.59.17
6	I	e	11.13. 0
9	II	e	11.36.11
15	I	e	7.37.38
17	III	e	9.38.39
17	IV	i	11.12.59
22	I	e	9.33.17
24	III	i	10.34.19
29	I	e	11.28.56

NOTA. — Las cifras romanas indican el número del satélite, y las letras *e*, *i* que es una emersión ó inmersión.

Ocultaciones de Estrellas y Planetas por la Luna

Visibles en La Plata.

Las columnas encabezadas *Ángulo Cenit*, del cuadro que va á continuación, dan el ángulo formado en el centro de la luna, por el vertical que pasa por el centro y el punto del disco donde tiene lugar la *inmersión* ó *emersión*. Este ángulo se cuenta sobre la circunferencia del disco á partir de su punto culminante, hacia el Este ó el Oeste, según que tenga la indicación E. ó W.

Si se hace uso de un anteojo que invierta las imágenes, las apariencias son contrarias.

Ocultaciones de Estrellas y Planetas por la Luna visibles en La Plata durante el año 1891.

FECHA	NOMBRE	Magnitud	INMERSIÓN		EMERSIÓN	
			Tiempo medio	*Áng. Cenit*	*Tiempo medio*	*Áng. Cenit*
			h m	o	h m	o
Enero ... 5	σ^1 Balanza	6.4	16.20,7	140 E	17.30,0	96° W
6	ν^2 Escorpión...	4.2	15.00,9	108 E	15.50,9	38 W
19	51 Toro.......	6.0	12.43,4	107 E	—	—
22	39 Gemelos ...	6.3	10.13,9	119 E	11.47,3	132 W
»	40 Gemelos ...	6.3	10.40,7	75 E	12.12,1	102 W
29	B. A. C. 4254 .	6.1	11.52,4	139 E	12.57,5	108 W
Febrero. 15	B. A. C. 1242 .	6.3	10.55.6	*Apulso á 1′ del borde*		
20	ν^2 Cangrejo ...	5.8	8.53,8	177 E	9.11,9	164 W
Marzo ... 1	ζ^1 Balanza	6.0	11.39,9	111 E	12.42,2	52 W
3	*b* Ofiuco.. *var.*	4.4	17.16,0	85 E	—	—
5	χ^1 Sagitario ...	5.4	15.26,1	*Apulso á 0′4 del borde*		
16	118 Toro......	5.7	8.08,0	49 E	9.25,0	117 W
26	80 Virgen.....	6.1	7.32,2	100 E	8.31,7	48 W
29	β^1 Escorpión ..	2.9	10.54,8	124 E	12.01.5	58 W
»	β^2 Escorpión ..	5.5	10.54,2	125 E	12.01,1	59 W

Ocultaciones de Estrellas y Planetas por la Luna visibles en La Plata durante el año 1891.

FECHA	NOMBRE	Magnitud	INMERSIÓN		EMERSIÓN	
			Tiempo medio	*Ang. Cenit*	*Tiempo medio*	*Ang. Cenit*
			h m	°	h m	°
Marzo ...31	63 Ofiuco	6.6	10.43,6	*Apulso á* 0′6 *del borde*		
Abril 3	χ Capricornio .	5.4	15.15,8	130° E	16.12,9	8 E
23	κ Virgen	4.2	11.59,5	14 W	12.32,2	75 W
25	47 Balanza....	6.4	13.09,3	112 E	14.24,0	178 E
26	24 Ofiuco	6.0	17.50,5	39 E	—	—
27	63 Ofiuco	6.6	18.31,3	*Apulso á* 1′6 *del borde*		
Mayo 1	κ Capricornio..	5.0	—	—	12.31,0	°
13	υ^1 Cangrej.*mult*	6.0	5.27,5	85 E	6.48,5	159 W
»	υ^2 Cangrejo ...	5.8	7.04,2	48 E	8.17,0	143 W
»	υ^3 Cangrejo ...	6.0	8.42,8	49 E	9.43,4	171 E
21	μ Balanza	5.7	15.01,4	25 W	15.55,3	133 W
24	*b* Ofiuco .. *var*	4.4	11.05,5	176 W	11.56,7	107 W
25	λ Sagitario	2.9	12.11,3	*Apulso á* 0′2 *del borde*		
26	h^2 Sagitario ...	4.6	16.31,1	*Apulso á* 1′ *del borde*		
28	ε Capricornio..	4.7	15.32,8	138 E	16.48,4	30 E
29	56 Acuario	6.3	14.31,7	*Apulso á* 1′4 *del borde*		
Junio.... 3	Venus	—	17.18,3	143 E	18.17,1	46 E
19	ω^1 Escorpión ..	4.6	11.16,3	34 W	11.57,1	104 W
22	ψ Sagitario ...	5.4	15.40,9	75 E	16.36,7	179 E
24	χ Capricornio .	5.4	9.17,8	155 E	10.18,7	20 W
»	φ Capricornio .	5.5	13.02,8	162 W	14.10,5	70 W
Julio 13	65 Virgen	6.1	11.20,3	42 E	11.58,0	117 W
15	μ Balanza.....	5.7	7.12,1	27 E	8.29,5	132 W
18	*b* Ofiuco .. *var*	4.4	—	—	5.15,0	45 W
19	λ Sagitario	2.9	—	—	5.27,3	38 W
20	h^1 Sagitario ...	6.0	6.57,3	*Apulso á* 1′2 *del borde*		
»	h^2 Sagitario ...	4.6	6.46,3	178 E	7.40,7	58 W

Ocultaciones de Estrellas y Planetas por la Luna visibles en La Plata durante el año 1891.

FECHA	NOMBRE	Magnitud	INMERSIÓN		EMERSIÓN	
			Tiempo medio	*Ang. Cenit*	*Tiempo medio*	*Ang. Cenit*
			h m		h m	
Julio....22	κ Capricornio..	5.0	7.24,5	124° E	8.11,4	12° E
24	B. A. C. 8274.	7.0	13.59,0	93 E	14.29,3	38 E
25	14 Ballena	6.0	10.30,5	161 W	11.31,7	35 W
»	15 Ballena....	6.8	11.44,3	130 E	12.30,3	35 E
26	μ Peces	5.0	12.07,8	159 W	13.00,2	37 W
Agosto...14	39 Ofiuco. *mult*	5.5	13.07,4	15 E	14.03,2	133 W
»	B. A. C. 5831.	6.5	13.16.3	66 E	14.02,2	175 E
18	ς Capricornio..	5.5	7.01,8	176 E	8.07,7	30 W
20	ψ³ Acuario	4.8	9.25,9	151 E	10.28,5	10 E
Septiemb. 6	*l*² Virgen......	5.1	—	—	6.39,8	158 W
8	ν¹ Balanza....	5.5	8.08,1	19 E	9.16,5	170 W
»	ν² Balanza....	6.9	8.34,8	33 E	9.50,4	116 W
9	λ Balanza....	5.1	6.27,4	8 E	7.50,4	159 W
10	22 Ofiuco	6.7	11.16,4	38 E	12.12,6	157 W
20	ο Aries........	6.0	15.35,6	107 E	16.52,9	93 W
26	ν¹ Cangrej *mult*	6.0	—	—	16.00,6	23 W
Octubre . 6	41 Balanza....	5.9	—	—	7.05,8	150 W
»	κ Balanza	5.1	8.17,2	*Apulso a 2'1 del borde*		
10	*h*² Sagitario...	4.6	13.24,1	115 E	—	—
14	ψ³ Acuario....	4.8	7.16,9	147 E	8.25,3	6 W
19	A² Toro.......	6.3	10.16,9	169 W	11.14,7	53 W
* 22	47 Gemelos ...	6.0	13.49,6	47 E	13.52,2	42 E
23	ψ¹ Cangrejo...	6.8	14.57,6	167 W	15.27,4	131 W
»	ψ² Cangrejo ...	5.7	14.47,4	104 E	16.07,0	52 W
Noviembre 8	χ Capricornio..	5.4	8.43,7	73 E	9.48,6	143 W
»	ς Capricornio..	5.5	12.01,5	28 E	12.48,4	94 W
9	29 Acuario*mult*	6.5	7.54,2	*Apulso a 0'5 del borde*		

Ocultaciones de Estrellas y Planetas por la Luna visibles en La Plata durante el ano 1891.

FECHA	NOMBRE	Magnitud	INMERSIÓN		EMERSIÓN	
			Tiempo medio	*Ang. Cenit*	*Tiempo medio*	*Áng. Cenit*
			h m		h m	
Noviemb. 13	o Peces	4.4	12.16,0	142° E	12.57,4	151 W
14	o Aries	6.0	13.39,9	48 E	14.37,3	78 W
Diciembre 3	σ Sagitario	2.3	7.52,1	24 W	8.14,0	71 W
13	A¹ Toro	4.7	—	—	7.43,6	68 W
»	A² Toro	6.3	—	—	8.04,6	41 W
16	47 Gemelos ...	6.0	—	—	9.20,0	1 W
21	ω Virgen	5.9	15.13,4	64 E	16.35,7	87 W
22	c Virgen	5.5	13.55,0	133 E	15.03,7	103 W

NOTA.— Cuando falta la época en una de las columnas *Inmersión* ó *Emersión*, es que la estrella está debajo del horizonte al instante de la fase que no es dada; ó bien, que ésta tiene lugar de día.

* Un pequeño error en los elementos de la Luna, podrá hacer que esta ocultación se convierta en tangencia ó apulso.

PORCIÓN ILUMINADA DEL DISCO DE MERCURIO

Enero.. 1	0,518	Mayo.. 1	0,068	Set'bre. 3	0,149
6	0,181	6	0,011	8	0,050
11	0,020	11	0,002	13	0,007
16	0,041	16	0,038	18	0,076
21	0,190	21	0,105	23	0,261
26	0,358	26	0,188	28	0,494
31	0,497	31	0,279		
Febrero 5	0,603	Junio.. 5	0,376	Oct'bre. 3	0,705
10	0,685	10	0,477	8	0,852
15	0,745	15	0,593	13	0,936
20	0,796	20	0,715	18	0,978
25	0,840	25	0,842	23	0,996
		30	0,946	28	1,000
Marzo.. 2	0,879	Julio... 5	0,996	Nov'bre. 2	0,996
7	0,915	10	0,985	7	0,986
12	0,950	15	0,936	12	0,970
17	0,979	20	0,872	17	0,949
22	0,998	25	0,807	22	0,919
27	0,989	30	0,743	27	0,877
Abril.. 1	0,931	Agosto. 4	0,681	Dic'bre.. 2	0,814
6	0,808	9	0,618	7	0,720
11	0,637	14	0,549	12	0,578
16	0,458	19	0,471	17	0,379
21	0,297	24	0,380	22	0,152
26	0,168	29	0,274	27	0,011

Los números de este cuadro son la relación entre la porción iluminada del disco aparente y el disco aparente entero, considerado como un círculo.

PORCIÓN ILUMINADA DEL DISCO DE VENUS

Mes	Día		Mes	Día		Mes	Día	
Enero..	1	0,198	Mayo ..	1	0,791	Septiem.	3	0,997
	6	0,243		6	0,805		8	0,999
	11	0,286		11	0,818		13	0,999
	16	0,325		16	0,831		18	1,000
	21	0,362		21	0,843		23	1,000
	26	0,396		26	0,856		28	0,999
	31	0,428		31	0,867			
						Oct'bre.	3	0,998
Febrero	5	0,458	Junio..	5	0,879		8	0,996
	10	0,485		10	0,890		13	0,994
	15	0,512		15	0,900		18	0,991
	20	0,535		20	0,910		23	0,988
	25	0,560		25	0,919		28	0,984
				30	0,928			
Marzo..	2	0,582				Nov'bre	2	0,980
	7	0,604	Julio ..	5	0,937		7	0,976
	12	0,624		10	0,945		12	0,971
	17	0,644		15	0,952		17	0,966
	22	0,662		20	0,960		22	0,961
	27	0,680		25	0,966		27	0,955
				30	0,972			
Abril ..	1	0,698				Dic'bre.	2	0,949
	6	0,715	Agosto.	4	0,977		7	0,943
	11	0,730		9	0,982		12	0,936
	16	0,747		14	0,986		17	0,928
	21	0,762		19	0,990		22	0,921
	26	0,776		24	0,993		27	0,912
				29	0,995		31	0,904

Los números de este cuadro son la relación entre la porción iluminada del disco aparente y el disco aparente entero, considerado como un círculo.

———————

Elementos aparentes de los anillos de Saturno.

FECHA		EJE MAYOR *exterior*	EJE MENOR *exterior*	*Elevación de la Tierra arriba del plano del anillo*
		"	"	° '
Enero........	0	42,07	1,58	— 2. 9,0
	20	43,40	1,86	2.27,7
Febrero......	9	44,39	2,36	3. 3,2
Marzo	1	44,82	2,97	3.48,2
	21	44,58	3,54	4.33,1
Abril	10	43,76	3,93	5. 9,0
	30	42,51	4,05	5.28,2
Mayo	20	41,07	3,90	5.26,4
Junio	9	39,63	3,53	5. 6.8
	29	38,34	3,00	4.29.7
Julio	19	37,29	2,37	3.38,5
Agosto.......	8	36,54	1,67	2.37,2
	28	36,10	0,94	1.29,5
Septiembre...	17	36,00	0,20	— 0.19,6
Octubre......	7	36,23	0,51	+ 0.48,4
	27	36,80	1,18	1.50,2
Noviembre...	16	37,70	1,77	2.41,6
Diciembre....	6	38,87	2,24	3.18,4
	26	40,25	2,54	3.37,4
	31	40,61	2,58	3.39,1

NOTA. — El signo negativo quiere decir que la porción visible de los anillos es la del Sur.

EXPLICACIÓN Y USO DE LAS EFEMÉRIDES

Todos los datos contenidos en el Calendario, son dados para medio día medio de La Plata. Para obtenerlos para otro lugar basta tener en cuenta su longitud con respecto al meridiano de La Plata, lo que se consigue fácilmente sabiendo que ésta está situada á $3^h51^m38^s$ al Oeste de Greenwich, luego la diferencia entre la longitud con respecto á Greenwich y $3^h51^m38^s$ dará la longitud del lugar, Oeste si es mayor que este número y Este si la longitud con respecto á Greenwich es menor que $3^h51^m38^s$.

Si se quiere obtener, por ejemplo, la declinación del Sol para un momento determinado en un cierto lugar, se debe primero hallar el tiempo correspondiente de La Plata, y para esto se suma al tiempo local ó se resta de él, el valor de la longitud, según que ésta sea Oeste ó Este. Se deduce en seguida del calendario, la diferencia entre los dos valores de la declinación que comprenden á la época elegida, y una regla de tres dará el valor de la variación de la declinación para el número de horas y minutos del tiempo correspondiente de La Plata, y bastará sumar dicho valor á la declinación del calendario, para la fecha, ó restarlo de ella, según que este elemento vaya aumentando ó disminuyendo, para obtener la declinación buscada.

Se obra de una manera análoga para con el elemento llamado *Tiempo verdadero á medio día medio*, y que sirve para convertir el tiempo medio en verdadero y reciprocamente. Se sabe que en el primer caso se debe sumar el número de la tabla al tiempo medio para hallar el verdadero, y se debe restar del tiempo verdadero en el segundo caso.

Los elementos de las páginas pares están dados en tiempo civil, los de las impares en tiempo astronómico. Para pasar de uno á otro basta recordar que *el tiempo astronómico, es igual al civil con la misma fecha si es p. m., y que se sumarán 12 horas al tiempo civil, disminuyendo la fecha de un dia, si es a. m.*

El elemento encabezado *Tiempo sideral á medio día medio*,

sirve para convertir el tiempo sideral en medio y recíprocamente.

Para efectuar esta conversión, se debe primero calcular el tiempo sideral á medio día del lugar para la fecha, lo que se obtiene sumando ó restando del elemento del calendario para la fecha, el valor sacado de la tabla *B* cuyo argumento es la longitud respecto á la Plata. Se sumará si la longitud es Oeste y se restará si es Este. Luego : para convertir el tiempo medio en sideral se suman : *el tiempo medio, el tiempo sideral á medio día medio y la corrección sacada de la tabla B, empleando como argumento para esto último el tiempo medio local.*

Para pasar del tiempo sideral al medio correspondiente se resta : *el tiempo sideral á medio día del lugar de tiempo sideral dado* (sumando al primero 24^h si es necesario para que la sustracción sea posible) *y al resultado se resta el valor sacado de la tabla A cuyo argumento es el primer resto.*

Ejemplo : En Mendoza, cuya longitud con respecto á Greenwich es $4^h35^m20^s$, siendo las $2^h19^m30^s$ tiempo medio el 11 de Mayo de 1891, se pide el tiempo sideral correspondiente.

Primero se deduce que Mendoza está 43^m42^s al Oeste, con respecto á La Plata, y en seguida sacamos del Calendario, para Mayo 11.

		h	m	s
Tempo sideral á medio día medio.	=	3	16	34
Corrección, tabla B. para 43^m42^s.	=			7.2
		3	16	41.2
Tiempo medio local.		2	19	30
Corrección tabla B. para $2^h19^m30^s$.				22.9
Tiempo sideral buscado		5	36	34.1

Recíprocamente, para hallar el tiempo medio de Mendoza correspondiente á $5^h37^m31^s$ 1 de tiempo sideral Mayo 11 tendremos :

		h	m	s
Tiemo sideral.		5	36	34.1
Tiempo sideral á medio día de Mendoza		3	16	41.2
		2	19	52.9
Corrección Tabla A. para $2^h19^m51^s9$	=		--	22.9
Tiempo medio buscado		2	19	30.0

A. — Tabla para convertir el tiempo sideral en tiempo medio.

TIEMPO *sideral*	*Corrección*	TIEMPO *sideral*	*Corrección*	TIEMPO *sideral*	*Corrección*	TIEMPO *sideral*	*Corrección*	TIEMPO *sideral*	*Corrección*
h	m s	m	s	m	s	s	s	s	s
1	0. 9,8	1	0,2	31	5,1	1	0,0	31	0,1
2	0.19,7	2	0,3	32	5,2	2	0,0	32	0,1
3	0.29,5	3	0,5	33	5,4	3	0,0	33	0,1
4	0.39,3	4	0,7	34	5,6	4	0,0	34	0,1
5	0.49,1	5	0,8	35	5,7	5	0,0	35	0,1
6	0.59,0	6	1,0	36	5,9	6	0,0	36	0,1
7	1. 8,8	7	1,1	37	6,1	7	0,0	37	0,1
8	1.18,6	8	1,3	38	6,2	8	0,0	38	0,1
9	1,28,5	9	1,5	39	6,4	9	0,0	39	0,1
10	1.38,3	10	1,6	40	6,6	10	0,0	40	0,1
11	1.48,1	11	1,8	41	6,7	11	0,0	41	0,1
12	1.58,0	12	2,0	42	6,9	12	0,0	42	0,1
13	2. 7,8	13	2,1	43	7,0	13	0,0	43	0,1
14	2.17,6	14	2,3	44	7,2	14	0,0	44	0,1
15	2.27,4	15	2,5	45	7,4	15	0,0	45	0,1
16	2.37,3	16	2,6	46	7,5	16	0,0	46	0,1
17	2.47,1	17	2,8	47	7,7	17	0,0	47	0,1
18	2.56,9	18	2,9	48	7,9	18	0,0	48	0,1
19	3. 6,8	19	3,1	49	8,0	19	0,1	49	0,1
20	3.16,6	20	3,3	50	8,2	20	0,1	50	0,1
21	3.26,4	21	3,4	51	8,4	21	0,1	51	0,1
22	3.36,3	22	3,6	52	8,5	22	0,1	52	0,1
23	3.46,1	23	3,8	53	8,7	23	0,1	53	0,1
24	3.55,9	24	3,9	54	8,8	24	0,1	54	0,1
		25	4,1	55	9,0	25	0,1	55	0,2
		26	4,3	56	9,2	26	0,1	56	0,2
		27	4,4	57	9,3	27	0,1	57	0,2
		28	4,6	58	9,5	28	0,1	58	0,2
		29	4,8	59	9,7	29	0,1	59	0,2
		30	4,9	60	9,8	30	0,1	60	0,2

La corrección debe ser siempre *restada* del tiempo sideral.

B) — Tabla para convertir el tiempo medio en tiempo sideral.

TIEMPO *medio*	*Corrección*	TIEMPO *medio*	*Corrección*	TIEMPO *medio*	*Corrección*	TIEMPO *medio*	*Corrección*	TIEMPO *medio*	*Corrección*
h	m s	m	s	m	s	s	s	s	s
1	0. 9,9	1	0,2	31	5,1	1	0,0	31	0,1
2	0.19,7	2	0,3	32	5,3	2	0,0	32	0,1
3	0,29,6	3	0,5	33	5,4	3	0,0	33	0,1
4	0.39,4	4	0,7	34	5,6	4	0,0	34	0,1
5	0.49,3	5	0,8	35	5,8	5	0,0	35	0,1
6	0.59,1	6	1,0	36	5,9	6	0,0	36	0,1
7	1. 9,0	7	1,2	37	6,1	7	0,0	37	0,1
8	1.18,9	8	1,3	38	6,2	8	0,0	38	0,1
9	1.28,7	9	1,5	39	6,4	9	0,0	39	0,1
10	1.38,6	10	1,6	40	6,6	10	0,0	40	0,1
11	1.48,4	11	1,8	41	6,7	11	0,0	41	0,1
12	1.58,3	12	2,0	42	6,9	12	0,0	42	0,1
13	2. 8,1	13	2,1	43	7,1	13	0,0	43	0,1
14	2.18,0	14	2,3	44	7,2	14	0,0	44	0,1
15	2.27,8	15	2,5	45	7,4	15	0,0	45	0,1
16	2.37,7	16	2,6	46	7,6	16	0,0	46	0,1
17	2.47,6	17	2,8	47	7,7	17	0,0	47	0,1
18	2.57,4	18	3,0	48	7,9	18	0,0	48	0,1
19	3. 7,3	19	3,1	49	8,0	19	0,1	49	0,1
20	3.17,1	20	3,3	50	8,2	20	0,1	50	0,1
21	3.27,0	21	3,5	51	8,4	21	0,1	51	0,1
22	3.36,8	22	3,6	52	8,5	22	0,1	52	0,1
23	3.46,7	23	3,8	53	8,7	23	0,1	53	0,1
24	3.56,6	24	3,9	54	8,9	24	0,1	54	0,1
		25	4,1	55	9,0	25	0,1	55	0,2
		26	4,3	56	9,2	26	0,1	56	0,2
		27	4,4	57	9,4	27	0,1	57	0,2
		28	4,6	58	9,5	28	0,1	58	0,2
		29	4,8	59	9,7	29	0,1	59	0,2
		30	4,9	60	9,9	30	0,1	60	0,2

La corrección debe ser siempre *sumada* al tiempo medio.

EFEMÉRIDES DE ESTRELLAS

Cuadro de las que se puede observar la mayor elongación.

Damos de mes en mes las coordenadas aparentes de las estrellas principales visibles en el hemisferio Sud, comprendidas entre la 1ª y 3. 4ª magnitud. Será muy facil, por medio de estos datos, deducir la posición de un astro, para una época cualquiera, con una precisión más que suficiente para todas las operaciones que se pueden hacer con el teodolito ó el sextante. Las estrellas señaladas con un asterisco, son las que pueden ser utilizadas para la observación de la mayor elongación con el objeto de determinar el azimut de un punto ó la dirección del meridiano, y para las cuales damos en la tabla *C*, los elementos que permiten su fácil observación.

Las estrellas del cuadro están arregladas por órden de ascensión recta y se da para cada una de ellas y para cada latitud, el tiempo sideral y la altura del astro al momento de su digresión. Es entonces muy fácil prepararse á la observación, y para esto basta convertir en tiempo sideral la hora de la noche á la cual se quiera observar, y buscar en el cuadro cuales son las estrellas que corresponden á este tiempo sideral. Se escogerá naturalmente entre éstas las que ofrecen la mayor facilidad para la observación : es decir las más brillantes y que tengan á la vez una altura menor.

Por ejemplo, para prepararse á una observación de mayor elongación que se quiera practicar hacia las 8^h del día 6 de Noviembre de 1891 en un lugar cuya latitud es 39°30', tendremos, sumando 8^h al tiempo sideral á medio día medio para la fecha que es de 15^h2^m, que el tiempo sideral correspondiente es de 23^h2^m, y para este tiempo y la latitud dada, encontraremos la estrella β *Reticulo*, al Este. Si se quiere observar hacia las 10^h, el tiempo sideral correspondiente será 1^h2^m y entonces se podrá observar una de las estrellas siguientes: β *Dorado*, al Este ; β *Pavo Real*, al Oeste ; ó β *Grulla*, al Oeste.

Es evidente, que lo mejor sería observar varias estrellas, y el número de las que figuran en el cuadro *C* es suficiente para que se pueda siempre encontrar 2 ó 3 favorablemente situadas, durante el trascurso de 1^h de observación.

Para efectuar la observación, después de haber reconocido en el cielo la estrella elegida según lo que precede (y para reconocerla con seguridad bastará consultar la carta celeste adjunta), será suficiente seguir el astro con el anteojo del círculo vertical del teodolito, de tal manera que permanezca siempre confundido con el hilo vertical del retículo, hasta que el movimiento en azimut, que va disminuyendo insensiblemente, llegue á anularse, y la estrella parezca no tener movimiento, en este sentido y sí solo en el de su altura. Entonces, no tocando el tornillo de coincidencia, se ve si la estrella no abandona el hilo del retículo, y si esto sucede, y si al cabo de un momento se la ve dejar el hilo para tomar un movimiento en sentido contrario al anterior, es que el astro está en su mayor elongación, y la graduación actual del circulo horizontal es la que corresponde al azimut de este instante. Entonces sumando ó restando á dicha lectura el valor del azimut deducido por medio de la segunda de las fórmulas que van más abajo, se tendrá el punto de la graduación correspondiente al meridiano.

Se sabe, por otra parte, que si se llama t el ángulo horario de la estrella al momento de su digresión, h su altura A su azimut, δ su declinación y φ la latitud del lugar, se tiene las dos fórmulas:

$$\cos t = \frac{\operatorname{tg} \varphi}{\operatorname{tg} \delta} \qquad \operatorname{sen} A = \frac{\cos \delta}{\cos \varphi}.$$

En la segunda de estas relaciones el azimut A se cuenta de 0° á 360° desde el Sud hacia el Oeste, el Norte y e Este.

C. — Tabla para la observación de la mayor elongación.

Latitud	β HIDRA (m) Mag. 2,8. δ = — 77°54′ α = 0h20m			β FENIX Mag. 3. δ = — 47°20′ α = 1h1m		
	TIEMPO SIDERAL		*Altura*	TIEMPO SIDERAL		*Altura*
	Este	*Oeste*		*Este*	*Oeste*	
20°	18h38m	6h 2m	20°29′	20h19m	5h43m	27°43′
21	18.39	6. 1	21.30	20.24	5.38	29.10
22	18.40	6. 0	22.32	20.28	5.34	30.38
23	18.41	5.59	23.33	20.33	5.29	32. 6
24	18.42	5.58	24.35	20.38	5.24	33.35
25	18.43	5.57	25.37	20.43	5.19	35. 5
26	18.44	5.56	26.38	20.48	5.14	36.36
27	18 45	5.55	27.40	20.53	5. 9	38. 8
28	18.46	5 54	28.42	20.58	5. 4	39.41
29	18.47	5.53	29.44	21. 4	4.58	41.15
30	18.48	5.52	30.45	21.10	4.52	42.51
31	18.50	5.50	31.47	21.16	4.46	44.28
32	18.51	5.49	32.49	21 22	4.40	46. 7
33	18.52	5.48	33.51	21.28	4.34	47.48
34	18.53	5.47	34.53	21.35	4.27	49.31
35	18.55	5.45	35.55	21.42	4.20	51.17
36	18.56	5.44	36.57	21.49	4.13	53. 5
37	18.57	5.43	37.59	21.57	4. 5	54.57
38	18.59	5.41	39. 2	22. 5	3.57	56.52
39	19. 0	5.40	40. 4	22.14	3.48	58.52
40	19. 1	5.39	41. 6	22.24	3.38	60.58
41	19. 3	5.37	42. 9	22.34	3.28	63.10
42	19. 5	5.35	43.12	22.45	3.17	65.32
43	19. 6	5.34	44.14	22.58	3. 4	68. 4
44	19. 8	5.32	45.16	23.13	2.49	70.53
45	19.10	5.30	46.19	23.30	2.32	74. 7
46	19.11	5.29	47.22	23.52	2.10	78. 5
47	19.13	5.27	48.25	0h27m	1h35m	84° 9′
48	19.15	5.25	49.28	—	—	—
49	19.17	5.23	50.31	—	—	—
50	19 19	5.21	51.35	—	—	—
51	19.21	5.19	52.38	—	—	—
52	19.24	5.16	53.42	—	—	—
53	19.26	5.14	54.46	—	—	—
54	19.29	5.11	55.50	—	—	—
55	19.31	5. 9	56.54	—	—	—
56°	19h34m	5h 6m	57°59′	—	—	—

C. — Tabla para la observación de la mayor elongación.

Latitud	ACHERNAR Mag > 1. $\delta = -57°48'$ $\alpha = 1^h33^m$			α HIDRA (m) Mag. 2.9. $\delta = -62°7'$ $\alpha = 1^h55^m$		
	TIEMPO SIDERAL		*Altura*	TIEMPO SIDERAL		*Altura*
	Este	*Oeste*		*Este*	*Oeste*	
20°	20^h26^m	6^h40^m	23°50′	20^h39^m	7^h11^m	22°46′
21	20.29	6.37	25. 3	20.42	7. 8	23.55
22	20.32	6.34	26.16	20.44	7. 6	25. 5
23	20.35	6.31	27.30	20.47	7. 3	26.14
24	20.38	6.28	28.44	20.49	7. 1	27.24
25	20.41	6.25	29.58	20.52	6.58	28.34
26	20.45	6.21	31.12	20.55	6.55	29.44
27	20.48	6.18	32.27	20.58	6.52	30.54
28	20.51	6.15	33.42	21. 0	6.50	32. 5
29	20.55	6.11	34.57	21. 3	6.47	33.16
30	20.58	6. 8	36.13	21. 6	6.44	34.27
31	21. 2	6. 4	37.29	21. 9	6.41	35.38
32	21. 6	6. 0	38.46	21.12	6.38	36.50
33	21.10	5.56	40.10	21.15	6.35	38. 2
34	21.14	5.52	41.21	21.19	6.31	39.15
35	21.18	5.48	42.40	21.22	6.28	40.28
36	21.22	5.44	43.59	21.25	6.25	41.41
37	21.26	5.40	45.20	21.29	6.21	42.55
38	21.31	5.35	46.49	21.33	6.17	44. 9
39	21.36	5.30	48. 2	21.36	6.14	45.24
40	21.41	5.25	49.25	21.40	6.10	46.39
41	21.46	5.20	50.49	21.45	6. 5	47.55
42	21.51	5.15	52.15	21.49	6. 1	49.12
43	21.57	5. 9	53.42	21.53	5.57	50.30
44	22. 3	5. 3	55.10	21.58	5.52	51.48
45	22. 9	4.57	56.40	22. 3	5.47	53. 8
46	22.16	4.50	58.13	22. 8	5.42	54.28
47	22.23	4.43	59.48	22.13	5.37	55.50
48	22.30	4.36	61.25	22.19	5.31	57.13
49	22.39	4.27	63. 6	22.25	5.25	58.38
50	22.48	4.18	64.51	22.31	5.19	60. 4
51	22.57	4. 9	66.40	22.38	5.12	61.33
52	23. 8	3.58	68.37	22.45	5. 5	63. 4
53	23.20	3.46	70.41	22.53	4.57	64.38
54	23.33	3.33	72.56	23. 2	4.48	66.15
55	23.49	3.17	75.27	23.11	4.39	67.56
56°	$0^h\ 9^m$	2^h37^m	78°25′	23^h22^m	4^h28^m	69°42′

C. — Tabla para la observación de la mayor elongación.

Latitud	1599 (Stone) β RETÍCULO Mag. 3.4 $\delta = -65°10'$ $\alpha = 3^h43^m$			γ HIDRA Mag. 3.3 $\delta = -74°35'$ $\alpha = 3^h49^m$		
	TIEMPO SIDERAL		*Altura*	TIEMPO SIDERAL		*Altura*
	Este	*Oeste*		*Este*	*Oeste*	
20°	22^h22^m	$9^h\ 4^m$	22° 8′	22^h12^m	9^h26^m	20°47′
21	22.24	9. 2	23.16	22.13	9.25	21.49
22	22.26	9. 0	24.23	22.15	9.23	22.52
23	22.28	8.58	25.30	22.16	9.22	23.55
24	22.31	8.55	26.38	22.17	9.21	24.57
25	22.33	8.53	27.45	22.19	9.19	26. 0
26	22.35	8.51	28.53	22.20	9.18	27. 3
27	22.38	8.48	30. 1	22.21	9.17	28. 6
28	22.40	8.46	31. 9	22.23	9.15	29. 9
29	22.42	8.44	32.17	22.24	9.14	30.11
30	22.45	8.41	33.26	22.26	9.12	31.14
31	22.48	8.38	34.35	22.27	9.11	32.18
32	22.50	8.36	35.44	22.29	9. 9	33.21
33	22.53	8.33	36.53	22.30	9. 8	34.24
34	22.56	8.30	38. 2	22.32	9. 6	35.27
35	22.59	8.27	39.12	22.34	9. 4	36.31
36	23. 2	8.24	40.22	22.35	9. 3	37.34
37	23. 5	8.21	41.32	22.37	9. 1	38.38
38	23. 8	8.18	42.43	22.39	8.59	39.41
39	23.11	8.15	43.54	22.41	8.57	40.45
40	23.14	8.12	45. 6	22.42	8.56	41.49
41	23.18	8. 8	46.18	22.44	8.54	42.53
42	23.21	8. 5	47.30	22.47	8.51	43.57
43	23.25	8. 1	48.43	22.49	8.49	45. 2
44	23.29	7.57	49.57	22.51	8.47	46. 6
45	23.33	7.53	51.11	22.53	8.45	47.11
46	23.38	7.48	52.26	22.55	8.43	48.16
47	23.42	7.44	53.42	22.58	8.40	49.21
48	23.47	7.39	54.58	23. 0	8.38	50.26
49	23.52	7.34	56.16	23. 3	8.35	51.31
50	23.57	7.29	57.35	23. 6	8.32	52.37
51	0. 2	7.24	58.55	23. 8	8.30	53.43
52	0. 8	7.18	60.16	23.12	8.26	54.49
53	0.15	7.11	61.39	23.15	8.23	55.56
54	0.21	7. 5	63. 4	23.18	8.20	57. 0
55	0.28	6.58	64.31	23.22	8.16	58.11
56°	0^h36^m	6^h50^m	66° 0′	23^h25^m	8^h13^m	59°19′

C. — Tabla para la observación de la mayor elongación.

Latitud	α DORADO Mag. 3.4. δ = — 55°17′ α = 4h32m			β DORADO Mag. 3.4. δ = — 62°34′ α = 5h33m		
	TIEMPO SIDERAL		*Altura*	TIEMPO SIDERAL		*Altura*
	Este	*Oeste*		*Este*	*Oeste*	
20°	23h30m	9h34m	24°35′	0h17m	10h49m	22°40′
21	23.34	9.30	25.51	0.19	10.47	23.49
22	23.37	9.27	27. 7	0.21	10 45	24.54
23	23.40	9.24	28.23	0.24	10.42	26. 7
24	23.44	9.20	29.40	0.26	10.40	27.18
25	23.47	9.17	30.57	0 29	10.37	28.26
26	23.51	9.13	32.14	0.32	10.34	29.36
27	23.55	9. 9	33.32	0.34	10.32	30.46
28	23.58	9. 6	34.50	0.37	10.29	31.56
29	0. 2	9. 2	36. 9	0.40	10.26	33. 7
30	0. 6	8.58	37.28	0.43	10.23	34.17
31	0.10	8.54	38.48	0.46	10.20	35.28
32	0.15	8.49	40. 9	0.49	10.17	36.40
33	0.19	8.45	41.30	0.52	10.14	37.51
34	0.23	8.41	42.52	0.55	10.11	39. 3
35	0.28	8.36	44.15	0.58	10. 8	40.16
36	0.33	8.31	45.39	1. 2	10. 4	41.28
37	0.38	8.26	47. 4	1. 5	10. 1	42.42
38	0.43	8.21	48.30	1. 9	9.57	43.55
39	0.49	8.15	49.58	1.12	9.54	45.10
40	0.54	8.10	51.27	1.16	8.50	46.24
41	1. 0	8. 4	52.57	1.20	9.46	47.40
42	1. 6	7.58	54.30	1.24	9.42	48.56
43	1.13	7.51	56. 4	1.20	0.37	50.13
44	1.20	7.44	57.41	1.33	9.33	51.30
45	1.27	7.37	59.21	1.38	0.28	52.49
46	1.35	7.29	61. 4	1.43	9.23	54. 9
47	1.44	7.20	62.51	1.48	0.18	55.30
48	1.53	7.11	64.42	1.54	9 12	56.51
49	2. 3	7. 1	66.40	2. 0	0. 6	58.15
50	2.15	6.49	68.45	2. 6	0. 0	59.40
51	2.27	6.37	71. 0	2.12	8.54	61. 7
52	2.42	6.22	73.29	2.20	8.46	62.36
53	2.59	6. 5	76.19	2.27	8.39	64. 8
54	3.22	5.42	79.50	2.35	8.31	65.43
55	3h59m	5h 5m	85°16′	2.44	8.22	67.22
56°	—	—	—	2h54m	8h12m	69° 5′

C. — Tabla para la observación de la mayor elongación.

Latitud	CANOPUS Mag. > 1. $\delta = -52°38'$ $\alpha = 6^h21^m$			β NAVÍO Mag. 2.0 $\delta = -69°15'$ $\alpha = 9^h12^m$		
	TIEMPO SIDERAL		*Altura*	TIEMPO SIDERAL		*Altura*
	Este	*Oeste*		*Este*	*Oeste*	
20°	1^h26^m	11^h16^m	25°29′	3^h44^m	14^h40^m	21°27′
21	1.29	11.13	26.48	3.45	14.39	22.32
22	1.33	11. 9	28. 7	3.47	14.37	23.37
23	1.37	11. 5	29.27	3.49	14.35	24.42
24	1.40	11. 2	30.47	3.51	14.33	25.47
25	1.44	10.58	32. 7	3.53	14.31	26.52
26	1.48	10.54	33.28	3.55	14.29	27.57
27	1.53	10.49	34 50	3.57	14.27	29. 3
28	1.57	10.45	36.48	3.58	14.26	30. 8
29	2. 1	10.41	37.35	4. 0	14.24	31.14
30	2. 6	10.36	38.59	4. 3	14.21	32.19
31	2.10	10.32	40.24	4. 5	14.19	33.25
32	2.15	10.27	41.49	4. 7	14.17	34.31
33	2.20	10.22	43.15	4. 9	14.15	35.37
34	2.25	10.17	44.43	4.11	14.13	36.43
35	2.30	10.12	46.12	4.14	14.10	37.50
36	2.36	10. 6	47.42	4.16	14. 8	38.57
37	2.42	10. 0	49.13	4.18	14. 6	40. 3
38	2.48	9.54	50.46	4.21	14. 3	41.11
39	2.54	9 48	52.21	4.23	14. 1	42.18
40	3. 0	9.42	53.59	4.26	13.58	43.25
41	3. 7	9.35	55.38	4.29	13.55	44.33
42	3.15	9.27	57.21	4.32	13.52	45.41
43	3.23	9.19	58.53	4.35	13.49	46.50
44	3.31	9.11	60.56	4.38	13.46	47.57
45	3.40	9. 2	62.50	4.41	13.43	49. 8
46	3.50	8.52	64.50	4.44	13.40	50.17
47	4. 1	8.41	66.57	4.48	13.36	51.27
48	4.13	8.29	69.14	4.52	13.32	52.38
49	4.27	8.15	71.44	4.55	13.29	53.49
50	4.43	7.59	74.33	4.59	13.25	55. 0
51	5. 3	7.39	77.55	5. 4	13.20	56.12
52	5^h32^m	7^h10^m	82°31′	5. 8	13.16	57.25
53	—	—	—	5.13	13.11	58.39
54	—	—	—	5.17	13. 7	59.54
55	—	—	—	5.23	13. 1	61.10
56	—	—	—	5^h29^m	12^h55^m	62°27′

C. — Tabla para la observación de la mayor elongación.

Latitud	ι NAVÌO Mag. 2.6 δ = — 58°48′ α = 9h14m			ω NAVÌO Mag. 3.4. δ=—69°28′ α=10h11m		
	TIEMPO SIDERAL		Altura	TIEMPO SIDERAL		Altura
	Este	*Oeste*		*Este*	*Oeste*	
20°	4h 5m	14h23m	23°34′	4h42m	15h40m	21°25′
21	4. 8	14.20	24.46	4.44	15.38	22.30
22	4.11	14.17	25.58	4.46	15.36	23.35
23	4.14	14.14	27.11	4.48	15.34	24.40
24	4.17	14.11	28.24	4.49	15.33	25.44
25	4.20	14. 8	29.37	4.51	15.31	26.49
26	4.23	14. 5	30.50	4.53	15.29	27.55
27	4.26	14. 2	32. 3	4.55	15.27	29. 0
28	4.29	13.59	33.17	4.57	15.25	30. 5
29	4.32	13.56	34.32	4.59	15.23	31.10
30	4.36	13.52	35.46	5. 1	15.21	32.16
31	4.39	13.49	37. 1	5. 3	15.19	33.22
32	4.43	13.45	38.17	5. 5	15.17	34.28
33	4.47	13.41	39.33	5. 7	15.15	35.34
34	4.50	13.38	40.49	5. 9	15.13	36.40
35	4.54	13.34	42. 7	5.12	15.10	37.46
36	4.58	13.30	43.24	5.14	15. 8	38.52
37	5. 3	13.25	44.52	5.17	15. 5	39.59
38	5. 7	13.21	46. 2	5.19	15. 3	41. 6
39	5.11	13.17	47.22	5.22	15. 0	42.13
40	5.16	13.12	48.43	5.24	14.58	43.20
41	5.21	13. 7	50. 5	5.27	14.55	44.28
42	5 26	13. 2	51.28	5.30	14.52	45.36
43	5.32	12.56	52.52	5.33	14.49	46.44
44	5.37	12.51	54.18	5.36	14.46	47.53
45	5.43	12.45	55.46	5.39	14.43	49. 2
46	5.49	12.39	57.15	5.42	14.40	50.11
47	5.56	12.32	58.46	5.46	14.36	51.21
48	6. 3	12.25	60.19	5.49	14.33	52.31
49	6.11	12.17	61.55	5.53	14.29	53.42
50	6.19	12. 9	63.35	5.57	14.25	54.53
51	6.28	12. 0	65.18	6. 1	14.21	56. 5
52	6.37	11.51	67. 6	6. 6	14.16	57.17
53	6.48	11.40	69. 1	6.10	14.12	58.31
54	6.58	11.30	71. 3	6.15	14. 7	59.45
55	7.13	11.15	73.16	6.20	14. 2	61. 0
56°	7h30m	10h58m	75°45′	6h26m	13h56m	62°17′

C. — Tabla para la observación de la mayor elongación.

	θ NAVÌO			λ CENTAURO		
	Mag. 2.3. δ = — 63°47′ α = 10h39m			Mag. 3.4 δ = — 62°23′ α = 11h34m		
Latitud	TIEMPO SIDERAL		*Altura*	TIEMPO SIDERAL		*Altura*
	Este	*Oeste*		*Este*	*Oeste*	
20°	5h20m	15h58m	22°25′	6h15m	16h47m	22°42′
21	5.22	15.55	23.33	6.17	16.45	23.51
22	5.25	15.53	24.41	6.20	16.42	25. 1
23	5.27	15.51	25.49	6.22	16.40	26.10
24	5.30	15.48	26.58	6.25	16.37	27.20
25	5.32	15.46	28. 6	6.27	16.35	28.29
26	5.35	15.43	29.15	6.30	16.32	29.39
27	5.37	15.41	30.24	6.33	16.29	30.49
28	5.40	15.38	31.33	6.36	16.26	32. 0
29	5.42	15.36	32.43	6.38	16.24	33.10
30	5.45	15.33	33.52	6.41	16.21	34.21
31	5.48	15.30	35, 2	6.44	16.18	35.32
32	5.51	15.27	36.12	6.47	16.15	36.44
33	5.54	15.24	37.23	6.50	16.12	37.56
34	5.57	15.21	38.33	6.54	16. 8	39. 8
35	6. 0	15.18	39.44	6.57	16. 5	40.21
36	6. 3	15.15	40.56	7. 0	16. 2	41.34
37	6. 6	15.12	42. 8	7. 4	15.58	42.47
38	6. 9	15. 9	43.20	7. 8	15.54	44. 1
39	6.13	15. 5	44.33	7.11	15.51	45.15
40	6.17	15. 1	45.46	7.15	15.47	46.31
41	6.20	14.58	47. 0	7.19	15.43	47.46
42	6.24	14.54	48.14	7.23	15.39	49. 3
43	6.28	14.50	49.29	7.28	15.34	50.20
44	6.33	14.45	50.44	7.32	15.30	51.38
45	6.37	14.41	52. 1	7.37	15.25	52.57
46	6.42	14.36	53.18	7.42	15.20	54.17
47	6.47	14.31	54.36	7.48	15.14	55.38
48	6.52	14.26	55.56	7.53	15. 9	57. 0
49	6.57	14.21	57.16	7.59	15. 3	58.24
50	7. 3	14.15	58.38	8. 5	14.57	59.50
51	7. 9	14. 9	60. 1	8.12	14.50	61.18
52	7.15	14. 3	61.27	8.19	14.43	62.48
53	7.22	13.56	62.54	8.27	14.35	64.20
54	7.30	13.48	64.23	8.35	14.27	65.56
55	7.38	13.40	65.56	8.44	14.18	67.36
56°	7h47m	13h31m	67°32′	8h55m	14h 7m	69°16′

C. — Tabla para la observación de la mayor elongación.

Latitud	α^1 CRUZ Mag. > 1. $\delta = -62°28'$ $\alpha = 12^h20^m$			β CRUZ Mag. 1.6 $\delta = -59°4'$ $\alpha = 12^h41^m$		
	Tiempo sideral		*Altura*	Tiempo sideral		*Altura*
	Este	*Oeste*		*Este*	*Oeste*	
20°	$7^h\ 3^m$	17^h37^m	22°35′	7^h31^m	17^h51^m	23°30′
21	7. 6	17.34	23.16	7.34	17.48	24.42
22	7. 9	17.31	24.59	7.37	17.45	25.54
23	7.11	15.29	26. 8	7.40	17.42	27. 6
24	7.14	17.26	27.18	7.43	17.39	28.18
25	7.16	17.24	28.28	7.46	17.36	29.36
26	7.19	17.21	29.38	7.49	17.33	30.44
27	7.22	17.18	30.48	7.52	17.30	31.57
28	7.24	17.16	31.58	7.55	17.27	33.44
29	7.27	17.13	32. 8	7.59	17.23	34.25
30	7.30	17.10	34.19	8. 2	17.20	35.39
31	7.33	17. 7	35.30	8. 5	17.17	36.54
32	7.36	17. 4	36.42	8. 9	17.13	38. 9
33	7.39	17. 1	37.54	8.13	17. 9	39.25
34	7.42	16.58	39. 6	8.16	17. 6	40.41
35	7.46	16.54	40.18	8.20	17. 2	41.58
36	7.49	16.51	41.31	8.24	16.58	43.15
37	7.53	16.47	42.44	8.28	16.54	44.33
38	7 56	16.44	43.58	8.33	16.40	45.52
39	8. 0	16.40	45.12	8.37	16.45	47.11
40	8. 4	16.36	46.27	8.42	16.40	48.33
41	8. 8	16.32	47.43	8.47	16.35	49.54
42	8.12	16.28	48.59	8.52	16.30	51.16
43	8.16	16.24	50.16	8.57	16.25	52.40
44	8.21	16.19	51.34	9. 2	16.20	54. 5
45	8.26	16.14	52.53	9. 8	16.14	55.31
46	8.31	16. 9	54.13	9.14	16. 8	57. 0
47	8.36	16. 4	55.34	9.21	16. 1	58.30
48	8.41	15.59	56.56	9.28	15.54	60. 3
49	8.47	15.53	58.20	9.35	15.47	61.38
50	8.54	15.46	50.45	9.43	15.39	63.16
51	9. 0	15.40	61.12	9.52	15.30	64.58
52	9. 7	15.33	62.42	10. 1	15.21	66.44
53	9.15	15.25	64.31	10.12	15.10	68.36
54	9.23	15.17	65.50	10.23	14.59	70.36
55	9.32	15. 8	67.29	10.36	14.46	72.44
56°	9^h42^m	14^h58^m	69° 9′	10^h32^m	14^h30^m	75° 5′

C. — Tabla para la observación de la mayor elongación

Latitud	β CENTAURO Mag. > 1. $\delta = -59°50'$ $\alpha = 13^h56^m$			α² CENTAURO Mag. > 1. $\delta = -60°22'$ $\alpha = 14^h32^m$		
	TIEMPO SIDERAL		Altura	TIEMPO SIDERAL		Altura
	Este	Oeste		Este	Oeste	
20°	8h45m	19h 7m	23°12′	9h20m	19h44m	23°10′
21	8.48	19. 4	24.29	9.22	19.42	24.21
22	8.50	19. 2	25.41	9.25	19.39	25.32
23	8.53	18.59	26.52	9.28	19.36	26.43
24	8.56	18.56	28. 4	9.31	19.33	27.54
25	8.59	18.53	29.11	9.34	19.30	29. 5
26	9. 2	18.50	30.28	9.36	19.28	30.17
27	9. 5	18.47	31.41	9.39	19.25	31.29
28	9. 8	18.44	32.53	9.42	19.22	32.42
29	9.11	18.41	34. 6	9.46	19.18	33.54
30	9.14	18.38	35.20	9.49	19.15	35. 7
31	9.18	18.34	36.34	9.52	19.12	36.20
32	9.21	18.31	37.48	9.55	19. 9	37.34
33	9.25	18.27	39. 3	9.59	19. 5	38.48
34	9.28	18.24	40.18	10. 2	19. 2	40. 2
35	9.32	18.20	41.34	10. 6	18.58	41.17
36	9.36	18.16	42.50	10.10	18.54	42.33
37	9.40	18.12	44. 7	10.14	18.50	43.49
38	9.44	18. 8	45.24	10.18	18.46	45. 6
39	9.48	18. 4	46.43	10.22	18.42	46.23
40	9.53	17.59	48. 2	10.26	18.38	47.41
41	9.57	17.55	49.22	10.31	18.33	49. 0
42	10. 2	17.50	50.43	10.35	18.29	50.20
43	10. 7	17.45	52. 5	10.40	18.24	51.41
44	10.13	17.39	53.28	10.45	18.19	53. 3
45	10.18	17.34	54.52	10.51	18.13	54.26
46	10.24	17.28	56.18	10.56	18. 8	55.51
47	10.30	17.22	57.46	11. 2	18. 2	57.17
48	10.37	17.15	59.16	11. 9	17.55	58.45
49	10.44	17. 8	60.48	11.15	17.49	60.16
50	10.51	17. 1	62.23	11.23	17.41	61.48
51	10.59	16.53	64. 1	11.31	17.33	63.23
52	11. 8	16.44	65.42	11.39	17.25	65. 1
53	11.18	16.34	67.29	11.48	17.16	66.45
54	11.29	16.23	69.21	11.58	17. 6	68.33
55	11.40	16.12	71.21	12. 9	16.55	70.28
56°	11h54m	15h58m	73°31′	12h22m	16h42m	72°31′

C. — Tabla para la observación de la mayor elongación.

Latitud	γ T^lo AUSTRAL Mag. 3.4. δ = — 68°16′ α = 15^h8^m			β T^lo AUSTRAL Mag. 3. δ = — 63°5′ α = 15^h45^m		
	TIEMPO SIDERAL		*Altura*	TIEMPO SIDERAL		*Altura*
	Este	*Oeste*		*Este*	*Oeste*	
20°	9^h41^m	20^h35^m	21°36′	10^h28^m	21^h 2^m	22°33′
21	9.43	20.33	22.42	10.30	21. 0	23.42
22	9.45	20.31	23.47	10.32	20.58	24.51
23	9.47	20.29	24.53	10.35	20.55	25.59
24	9.49	20.27	25.58	10.37	20.53	27. 8
25	9.51	20.25	27. 3	10.40	20.50	28.18
26	9.53	20.23	28.10	10.42	20.48	29.27
27	9.55	20.21	29.16	10.45	20.45	30.37
28	9.57	20.19	30.22	10.48	20.42	31.46
29	9.59	20.17	31.28	10.50	20.40	32.56
30	10. 1	20.15	32.34	10.53	20.37	34. 7
31	10. 3	20.13	33.40	10.56	20.34	35.17
32	10. 6	20.10	34.47	10.59	20.31	36.28
33	10. 8	20. 8	35.54	11. 2	20.28	37.39
34	10.10	20. 6	37. 1	11. 5	20.25	38.50
35	10.13	20. 3	38. 8	11. 8	20.22	40. 2
36	10.15	20. 1	39.15	11.12	20.18	41.14
37	10.18	19.58	40.23	11.15	20.15	42.27
38	10.21	19.55	41.31	11.18	20.12	43.40
39	10.23	19.53	42.39	11.22	20. 8	44.54
40	10.26	19.50	43.47	11.26	20. 4	46. 8
41	10.29	19.47	44.56	11.30	20. 0	47.22
42	10.32	19.44	46. 5	11.34	19.56	48.38
43	10.35	19.41	47.14	11.38	19.52	49.54
44	10.39	19.37	48.24	11.42	19.48	51.11
45	10.42	19.34	49.35	11.47	19.43	52.28
46	10.46	19.30	50.45	11.52	19.38	53.47
47	10.49	19.27	51.56	11.57	19.33	55. 6
48	10.53	19.23	53. 8	12. 2	19.28	56.27
49	10.57	19.19	54.21	12. 8	19.22	57.50
50	11. 1	19.15	55.33	12.14	19.16	59.13
51	11. 6	19.10	56.47	12.20	19.10	60.39
52	11.11	19. 5	58. 2	12.27	19. 3	62. 6
53	11.16	19. 0	59.18	12.34	18.56	63.36
54	11.21	18.55	60.34	12.42	18.48	65. 8
55	11.27	18.49	61.54	12.51	18.39	66 44
56°	11^h33^m	18^h43^m	63°11′	13^h 0^m	18^h30^m	68°24′

C. — Tabla para la observación de la mayor elongación.

	α T^lo AUSTRAL Mag. 2.3. δ = — 68°49′ α = 16h37m			δ ALTAR Mag. 3. δ = —60°35′ α = 17h21m		
Latitud	TIEMPO SIDERAL		*Altura*	TIEMPO SIDERAL		*Altura*
	Este	*Oeste*		*Este*	*Oeste*	
20°	11h 9m	22h 5m	21°31′	12h 8m	22h34m	23° 7′
21	11.11	22. 3	22.36	12.11	22.31	24.18
22	11.13	22. 1	23.41	12.14	22.28	25.28
23	11.15	21.59	24.46	12.16	22.26	26.39
24	11.17	21.57	25.52	12.19	22.23	27.50
25	11.19	21.55	26.57	12.22	22.20	29. 1
26	11.21	21.53	28. 3	12.24	22.18	30.13
27	11.23	21.51	29. 8	12.28	22.14	31.25
28	11.25	21.49	30.14	12.31	22.11	32.37
29	11.27	21.47	31.20	12.34	22. 8	33.49
30	11.29	21.45	32.26	12.37	22. 5	35. 2
31	11.31	21.43	33.32	12.40	22. 2	36.15
32	11.33	21.41	34.38	12.44	21.58	37.28
33	11.35	21.39	35.44	12.47	21.55	38.42
34	11.38	21.36	36.51	12.50	21.52	39.56
35	11.40	21.34	37.58	12.54	21.48	41.11
36	11.42	21.32	39. 5	12.58	21.44	42.26
37	11.45	21.29	40.12	13. 2	21.40	43.42
38	11.47	21.27	41.19	13. 5	21.37	44.58
39	11.50	21.24	42.27	13. 9	21.33	46.15
40	11.53	21.21	43.35	13.14	21.28	47.33
41	11.56	21.18	44.43	13.18	21.24	48.52
42	11.59	21.15	45.51	13.23	21.19	50.11
43	12. 2	21.12	47. 0	13.28	21.14	51.32
44	12. 5	21. 9	48. 9	13.33	21. 9	52.53
45	12. 8	21. 6	49.19	13.38	21. 4	54.16
46	12.12	21. 2	50.29	13.44	20.58	55.40
47	12.15	20.59	51.40	13.50	20.52	57. 6
48	12.19	20.55	52.51	13.56	20.46	58.33
49	12.23	20.51	54. 2	14. 3	20.39	60. 3
50	12.27	20.47	55.14	14.10	20.32	61.34
51	12.31	20.43	56.27	14.17	20.25	63. 9
52	12.36	20.38	57.41	14.26	20.16	64.46
53	12.41	30.33	58.55	14.35	20. 7	66.28
54	12.46	20.28	60.11	14.45	19.57	68.14
55	12.51	20.23	61.28	14.55	19.47	70. 7
56°	12h57m	20h17m	62°45′	15h 8m	19h34m	72° 7′

C. — Tabla para la observación de la mayor elongación.

Latitud	δ PAVO REAL — Mag. 3,5. δ = −66°28′ α = 19^h58^m — Tiempo sideral Este	Tiempo sideral Oeste	Altura	α PAVO REAL — Mag. 2, δ = −57°6′ α = 20^h17^m — Tiempo sideral Este	Tiempo sideral Oeste	Altura
20°	14^h34^m	1^h22^m	21°34′	15^h11^m	1^h23^m	24° 2′
21	14.36	1.20	23. 1	15.15	1.19	25.16
22	14.39	1.17	24. 7	15.18	1.16	26.30
23	14.41	1.15	25.13	15.21	1.13	27.44
24	14.43	1.13	26.20	15.24	1.10	28.59
25	14.45	1.11	27.27	15.27	1. 7	30.14
26	14.47	1. 9	28.34	15.31	1. 3	31.29
27	14.49	1. 7	29.41	15.34	1. 0	32.44
28	14.52	1. 4	30.48	15.37	0.57	34. 0
29	14.54	1. 2	31.55	15.41	0.53	35.16
30	14.56	1. 0	33. 3	15.45	0.49	36.33
31	14.59	0.57	34.11	15.49	0.45	37.51
32	15. 1	0.55	35.19	15.52	0.42	39. 8
33	15. 4	0.52	36.27	15.56	0.38	40.27
34	15. 6	0.50	37.35	16. 1	0.33	41.46
35	15. 9	0.47	38.44	16. 5	0.29	43. 6
36	15.12	0.44	39.52	16. 9	0.25	44.26
37	15.15	0.41	41. 2	16.14	0.20	45.48
38	15.18	0.38	42.11	16.18	0.16	47.10
39	15.21	0.35	43.21	16.23	0.11	48.33
40	15.24	0.32	44.31	16.29	0. 5	49.58
41	15.27	0.20	45.41	16.34	0. 0	51.24
42	15.30	0.26	46.52	16.40	23.54	52.51
43	15.34	0.22	48. 4	16.45	23.49	54.20
44	15.37	0.19	49.15	16.52	23.42	55.50
45	15.41	0.15	50.28	16.58	23.36	57.23
46	15.45	0.11	51.41	17. 5	23.29	58.58
47	15.49	0. 7	52.55	17.13	23.21	60.36
48	15.54	0. 2	54. 9	17.21	23.13	62.16
49	15.58	23.58	55.24	17.29	23. 5	64. 1
50	16. 3	23.53	56.40	17.39	22.55	65.51
51	16. 8	23.48	57.57	17.49	22.45	67.46
52	16.13	23.43	59.15	18. 1	22.33	69.49
53	16.19	23.37	60.35	18.14	22.20	72. 3
54	16.25	23.31	61.56	18.29	22. 5	74.30
55	16.32	23.24	63.18	18.48	21.46	77.21
56°	16^h39^m	23^h17^m	64°43′	19^h11^m	21^h23^m	80°56′

C. — Tabla para la observación de la mayor elongación.

	β PAVO REAL Mag. 3,9. $\delta = -66°36'$ $\alpha = 20^h35^m$			α TUCÁN Mag. 3. $\delta = -60°49'$ $\alpha = 22^h11^m$		
Latitud	TIEMPO SIDERAL		*Altura*	TIEMPO SIDERAL		*Altura*
	Este	*Oeste*		*Este*	*Oeste*	
20°	15^h11^m	1^h59^m	21°53′	16^h58^m	3^h24^m	23° 4′
21	15.13	1.57	22.59	17. 1	3.21	24.14
22	15.15	1.55	24. 5	17. 3	3.19	25.24
23	15.17	1.53	25.12	17. 6	3.16	26.35
24	15.19	1.51	26.18	17. 9	3.13	27.46
25	15.22	1.48	27.25	17.11	3.11	28.57
26	15.24	1.46	28.32	17.14	3. 8	30. 8
27	15.26	1.44	29.39	17.17	3. 5	31.20
28	15.28	1.42	30.46	17.20	3. 2	32.32
29	15.30	1.40	31.53	17.23	2.59	33.44
30	15.33	1.37	33. 1	17.26	2.56	34.56
31	15.35	1.35	34. 8	17.30	2.52	36. 9
32	15.38	1.32	35.16	17.33	2.49	37.22
33	15.40	1.30	36.24	17.36	2.46	38.36
34	15.44	1.26	37.32	17.39	2.43	39.50
35	15.46	1.24	38.41	17.43	2.39	41. 4
36	15.48	1.22	39.49	17.47	2.35	42.19
37	15.51	1.19	40.58	17.51	2.31	43.34
38	15.54	1.16	42. 8	17.55	2.27	44.50
39	15.57	1.13	43.17	17.59	2.23	46. 7
40	16. 0	1.10	44.27	18. 3	2.19	47.25
41	16. 3	1. 7	45.38	18. 7	2.15	48.43
42	16. 7	1. 3	46.48	18.12	2.10	50. 2
43	16.10	1. 0	47. 0	18.16	2. 6	51.22
44	16.14	0.56	49.11	18.21	2. 1	52.43
45	16.18	0.52	50.24	18.27	1.55	54. 5
46	16.21	0.49	51.36	18.32	1.50	55.28
47	16.26	0.44	52.50	18.38	1.44	56.54
48	16.30	0.40	54. 4	18.44	1.38	58.20
49	16.34	0.36	55.19	18.51	1.31	59.49
50	16.39	0.31	56.35	18.58	1.24	61.20
51	16.44	0.26	57.51	19. 5	1.17	62.53
52	16.49	0.21	59. 9	19.13	1. 9	64.30
53	16.55	0.15	60.28	19.22	1. 0	66.10
54	17. 1	0. 9	61.49	19.32	0.50	67.55
55	17. 8	0. 2	63.11	19.43	0.39	69.45
56°	17^h15^m	23^h55^m	64°35′	19^h54^m	0^h28^m	71°43′

C. — Tabla para la observación de la mayor elongación.

β GRULLA

Mag. 2,2. $\delta = -47°29'$ $\alpha = 22^h36^m$

Latitud	TIEMPO SIDERAL		*Altura*	*Latitud*	TIEMPO SIDERAL		*Altura*
	Este	*Oeste*			*Este*	*Oeste*	
20°	17^h54^m	3^h18^m	27°39′	34°	$19^h\ 9^m$	$2^h\ 3^m$	49°21′
21	17.59	3.13	29. 6	35	19.16	1.56	51. 6
22	18. 3	3. 9	30.33	36	19.23	1.49	52.54
23	18. 8	3. 4	32. 1	37	19.31	1.41	54.45
24	18.12	3. 0	33.30	38	19.39	1.33	56.39
25	18.17	2.55	34.59	39	19.48	1.24	58.38
26	18.22	2.50	36.30	40	19.57	1.15	60.53
27	18.28	2.44	38. 2	41	20. 8	1. 4	62.54
28	18.33	2.39	39.34	42	20.19	0.53	65.13
29	18.38	2.34	41. 8	43	20.31	0.41	67.44
30	18.44	2.28	42.43	44	20.46	0.26	70.29
31	18.50	2.22	44.20	45	21. 2	0.10	73.38
32	18.56	2.16	45.59	46	21.23	23.49	77.26
33°	$19^h\ 2^m$	2^h10^m	47°39′	47°	21^h55^m	23^h17^m	82°55′

Tabla *D* de correcciones para deducir de los ortos y ocasos del Sol en La Plata, los ortos y ocasos en un lugar comprendido entre 21° y 56° de latitud austral.

La tabla *D* que va á continuación, contiene las correcciones que es menester aplicar á las horas del orto del Sol en La Plata, para tener las horas del orto del Sol en los lugares comprendidos entre 21° y 56° de latitud austral.

El signo + colocado delante de una corrección, indica que ella debe ser sumada al orto del Sol en La Plata; el signo — indica que la corrección debe ser restada de la hora del orto del Sol en La Plata.

La corrección para la hora del ocaso es igual á la del orto, pero de signo contrario; es decir, que si la primera debe ser restada, la segunda debe ser sumada, y reciprocamente.

La tabla ha sido calculada de diez en diez días; para las épocas intermediarias, se calculará la parte proporcional.

He aquí dos ejemplos para mostrar su uso:

Hallar las horas del orto y del ocaso del Sol en Bahía Blanca cuya latitud es de 38°45′ el 19 de Agosto de 1891.

Para la fecha y la latitud, la tabla *D* da + 6ᵐ; luego tendremos, con los datos del calendario en el mismo día para La Plata:

Orto del Sol...	6ʰ37ᵐ		Ocaso del Sol...	5ʰ30ᵐ
Corrección.....	+ 6		Corrección......	— 6
Orto en Bahía Blanca =	6ʰ43ᵐ		Ocaso en Bahía Blanca =	5ʰ24ᵐ

Para la misma fecha encontrariamos para Salta, cuya latitud es de 24°47′, una corrección de — 12ᵐ es decir, que en Salta el 19 de Agosto el Sol se levanta á las 6ʰ25ᵐ y se pone á las 5ʰ42ᵐ.

D. — Tabla de corrección de los ortos y ocasos del Sol, para diferentes latitudes.

ÉPOCAS		21°	22°	23°	24°	25°	26°
Enero	1	+31^m	+29^m	+27^m	+25^m	+24^m	+21^m
	11	29	27	26	24	22	20
	21	27	25	23	22	20	18
	51	23	22	20	19	17	16
Febrero...	10	19	18	17	16	14	13
	20	14	13	12	11	10	9
Marzo	1	9	9	8	7	7	6
	11	+ 4	+ 4	+ 3	+ 3	+ 3	+ 2
	21	— 1	— 1	— 0	— 0	— 0	— 0
	31	6	6	5	5	5	4
Abril.....	10	11	10	9	9	8	7
	20	15	14	13	12	11	10
	30	19	18	17	16	14	13
Mayo.....	10	22	21	19	18	16	15
	20	27	25	23	22	20	18
	30	29	27	26	24	22	20
Junio	9	31	30	27	25	23	21
	19	33	31	28	26	24	22
	29	32	31	28	26	24	22
Julio.....	9	30	29	27	25	23	21
	19	28	26	24	23	21	19
	29	25	23	21	20	18	16
Agosto....	8	22	20	19	18	16	14
	18	17	16	15	13	12	11
	28	12	11	11	10	9	8
Setiembre.	7	8	7	7	6	6	5
	17	— 3	— 3	— 3	— 2	— 2	— 2
	27	+ 2	+ 2	+ 2	+ 1	+ 1	+ 1
Octubre...	7	6	6	5	5	5	4
	17	11	11	10	9	8	7
	27	17	16	15	13	12	11
Noviembre	6	21	19	18	17	15	14
	16	25	23	21	20	18	16
	26	28	26	24	23	21	19
Diciembre.	6	30	28	26	24	22	20
	16	32	30	28	26	24	22
	26	+32^m	+31^m	+28^m	+26^m	+24^m	+22^m

Corrección +, se suma al orto y se resta del ocaso.
Corrección —, se resta del orto y se suma al ocaso.

D. Tabla de corrección de los ortos y ocasos del Sol, para diferentes latitudes.

ÉPOCAS		27°	28°	29°	30°	31°	32°
Enero . .	1	+19m	+17m	+15m	+12m	+10m	+ 8m
	11	17	15	13	11	9	7
	21	16	14	12	10	8	6
	31	14	13	11	9	8	6
Febrero. .	10	12	11	9	8	7	5
	20	8	7	6	5	4	3
Marzo. . .	1	6	5	4	4	3	2
	11	+ 2	+ 2	+ 2	+ 1	+ 1	+ 1
	21	— 0	— 0	— 0	— 0	— 0	— 0
	31	4	3	3	3	2	2
Abril . . .	10	7	6	5	4	4	3
	20	9	8	7	6	5	3
	30	12	10	9	7	6	4
Mayo . . .	10	13	11	9	8	6	4
	20	16	14	12	10	8	6
	30	17	15	13	11	9	7
Junio. . .	9	19	17	15	12	10	8
	19	20	18	16	13	11	8
	29	20	18	16	13	11	9
Julio . . .	9	18	16	14	12	10	8
	19	17	15	13	11	9	8
	29	15	13	11	9	7	5
Agosto . .	8	13	12	10	9	7	6
	18	10	9	8	6	5	4
	28	7	7	6	5	4	3
Setiembre.	7	5	4	4	3	3	2
	17	— 2	— 2	— 2	— 1	— 1	— 1
	27	+ 1	+ 1	+ 1	+ 0	+ 0	+ 0
Octubre. .	7	4	3	3	2	2	1
	17	6	6	5	4	3	2
	27	10	9	8	6	5	4
Noviembre	6	12	11	9	8	6	5
	16	15	13	11	9	7	5
	26	17	15	13	11	9	7
Diciembre.	6	18	16	14	11	10	7
	16	20	17	15	12	10	8
	26	+20m	+18m	+16m	+13m	+11m	+ 8m

Corrección +, se suma al orto y se resta del ocaso.
Corrección —, se resta del orto y se suma al ocaso.

D. Tabla de correoción de los ortos y ocasos del Sol, para difererentes latitudes.

ÉPOCAS		33°	34°	35°	36°	37°	38°
Enero. . .	1	+ 5^m	+ 2^m	0^m	— 3^m	— 6^m	— 8^m
	11	4	2	0	3	6	9
	21	4	2	0	2	4	7
	31	4	2	0	1	3	5
Febrero. .	10	1	2	0	1	2	4
	20	1	1	0	1	3	4
Marzo. . .	1	1	0	0	0	4	5
	11	+ 1	+ 0	0	— 1	— 0	— 2
	21	— 0	— 0	0	+ 0	+ 0	+ 0
	31	2	1	0	0	0	1
Abril . . .	10	2	1	0	0	1	2
	20	2	1	0	2	3	4
	30	3	1	0	2	4	5
Mayo. . .	10	2	1	0	3	5	7
	20	4	2	0	2	5	7
	30	4	2	0	3	6	9
Junio. . .	9	5	2	0	3	6	8
	19	6	3	0	2	5	8
	29	6	3	0	2	5	7
Julio . . .	9	5	3	0	2	6	8
	19	4	2	0	3	5	8
	29	3	1	0	3	5	7
Agosto . .	8	4	2	0	1	3	5
	18	3	1	0	2	3	5
	28	2	1	0	1	2	3
Setiembre.	7	1	1	0	1	1	2
	17	— 1	— 1	0	+ 0	+ 0	+ 0
	27	+ 0	+ 0	0	— 1	— 1	— 1
Octubre. .	7	1	0	0	2	2	3
	17	1	1	0	1	2	3
	27	3	1	0	2	3	5
Noviembre	6	3	1	0	2	4	6
	16	3	1	0	2	4	6
	26	5	2	0	3	5	8
Diciembre.	6	4	1	0	3	6	9
	16	5	2	0	3	6	8
	26	+ 6^m	+ 3^m	0^m	— 2^m	— 5^m	— 7^m

Corrección +, se suma al orto y se resta del ocaso.
Corrección —, se resta del orto y se suma al ocaso.

D. — Tabla de corrección de los ortos y ocasos del Sol, para diferentes latitudes.

ÉPOCAS		39°	40°	41°	42°	43°	44°
Enero. . .	1	—11m	—14m	—18m	—21m	—24m	—28m
	11	11	14	17	20	24	27
	21	10	12	15	18	20	23
	31	7	9	12	14	16	19
Febrero. .	10	6	7	9	11	13	15
	20	5	7	8	9	11	12
Marzo. . .	1	3	5	6	7	7	8
	11	— 2	— 2	— 3	— 3	— 3	— 4
	21	+ 0	+ 0	+ 0	+ 1	+ 1	+ 1
	31	1	1	2	2	3	3
Abril. . .	10	3	4	5	6	7	8
	20	5	7	8	9	11	12
	30	7	9	11	13	15	17
Mayo. . .	10	10	12	15	17	20	23
	20	10	12	15	18	20	23
	30	11	14	17	20	24	27
Junio. . .	9	11	14	18	21	24	28
	19	11	14	18	21	24	28
	29	10	13	17	20	23	27
Julio. . .	9	11	14	17	20	24	27
	19	10	13	16	19	22	25
	29	10	12	15	17	20	23
Agosto . .	8	7	9	11	13	15	17
	18	6	8	9	11	13	15
	28	5	6	7	8	10	11
Setiembre.	7	3	3	4	5	5	6
	17	+ 0	+ 1	+ 1	+ 1	+ 1	+ 2
	27	— 1	— 2	— 2	— 2	— 2	— 3
Octubre. .	7	3	4	4	5	6	6
	17	4	6	7	8	9	10
	27	6	8	9	11	13	15
Noviembre	6	8	10	12	14	16	18
	16	9	12	15	17	20	23
	26	10	13	16	19	22	25
Diciembre.	6	11	14	18	21	24	28
	16	11	14	18	21	24	28
	26	—11m	—14m	—18m	—21m	—24m	—28m

Corrección +, se suma al orto y se resta del ocaso.
Corrección —, se resta del orto y se suma al ocaso.

D. — Tabla de corrección de los ortos y ocasos del Sol, para diferentes latitudes.

ÉPOCAS		45°	46°	47°	48°	49°	50°
Enero. . .	1	—31m	—35m	—39m	—44m	—48m	—53m
	11	30	34	38	42	46	50
	21	26	30	33	36	40	44
	31	21	24	27	29	32	35
Febrero. .	10	17	19	21	23	26	28
	20	14	15	17	19	21	23
Marzo. . .	1	9	10	12	13	14	16
	11	— 5	— 5	— 6	— 6	— 7	— 8
	21	+ 1	+ 1	+ 1	+ 1	+ 2	+ 2
	31	4	6	5	6	6	7
Abril. . .	10	9	10	12	13	14	16
	20	14	16	18	20	22	24
	30	19	21	24	26	29	31
Mayo. . .	10	26	28	31	34	37	40
	20	26	30	33	36	40	44
	30	30	34	38	42	46	50
Junio. . .	9	31	35	39	44	48	53
	19	32	36	40	45	49	54
	29	30	34	38	43	47	52
Julio . . .	9	30	34	38	43	47	51
	19	28	32	35	39	43	47
	29	26	29	32	35	38	42
Agosto . .	8	20	22	25	27	30	33
	18	16	18	20	22	25	27
	28	12	14	16	17	18	20
Setiembre.	7	7	8	9	10	11	12
	17	+ 2	+ 2	+ 3	+ 3	+ 3	+ 4
	27	— 3	— 3	— 4	— 4	— 4	— 5
Octubre. .	7	7	8	9	10	11	12
	17	12	13	15	17	19	20
	27	16	18	20	22	25	27
Noviembre	6	21	23	26	28	31	34
	16	26	29	32	35	38	42
	26	28	32	35	39	43	47
Diciembre.	6	31	35	39	43	47	52
	16	32	36	40	45	49	54
	26	—32m	—35m	—40m	—45m	—49m	—54m

Corrección +, se suma al orto y se resta del ocaso.
Corrección —, se resta del orto y se suma al ocaso.

D. — Tabla de corrección de los ortos y ocasos del Sol, para diferentes latitudes.

ÉPOCAS		51°	52°	53°	54°	55°	56°
Enero....	1	—57^m	—63^m	—68^m	—74^m	—80^m	—87^m
	11	55	60	65	70	76	82
	21	48	52	57	61	66	72
	31	39	42	46	50	54	58
Febrero...	10	31	33	36	39	42	46
	20	25	27	29	31	33	36
Marzo....	1	17	18	20	21	22	24
	11	— 9	—10	—10	—11	—12	—12
	21	+ 2	+ 2	+ 2	+ 2	+ 2	+ 2
	31	8	9	9	10	11	12
Abril.....	10	17	18	20	22	23	25
	20	26	28	30	32	35	37
	30	34	37	40	44	47	51
Mayo.....	10	44	47	51	55	60	64
	20	48	52	57	61	66	72
	30	55	60	65	70	76	82
Junio.....	9	57	63	68	74	80	87
	19	58	64	70	76	82	89
	29	56	62	67	73	79	86
Julio.....	9	56	61	66	71	78	84
	19	51	56	60	66	71	77
	29	46	50	54	58	63	68
Agosto....	8	36	39	42	46	50	54
	18	29	32	34	36	40	43
	28	21	23	25	26	28	31
Setiembre..	7	13	14	15	16	18	19
	17	+ 4	+ 4	+ 5	+ 5	+ 5	+ 6
	27	— 5	— 5	— 6	— 6	— 6	— 7
Octubre...	7	13	14	15	16	17	18
	17	21	23	25	27	29	31
	27	29	32	34	37	40	43
Noviembre	6	37	40	43	47	51	55
	16	46	50	54	58	63	68
	26	51	56	60	66	71	77
Diciembre.	6	56	62	67	72	78	85
	16	59	65	70	76	83	89
	26	—59^m	—64^m	—70^m	—76^m	—82^m	—89^m

Corrección +, se suma al orto y se resta del ocaso.
Corrección —, se resta del orto y se suma al ocaso.

Tabla *E* de correcciones para deducir del orto y ocaso de la Luna en La Plata, el orto y ocaso en un lugar comprendido entre 20° y 60° de latitud austral.

Paso de la Luna por el meridiano. — El calendario da para cada día del año el tiempo astronómico en que la Luna pasa por el meridiano de La Plata; para obtenerlo para otro lugar basta formar la diferencia entre los tiempos de los dos pasos consecutivos que comprenden entre sí la fecha dada. Siendo ésta la variación por 24^h quedará sólo hallar la parte proporcional á la diferencia de longitud, la que se añadirá ó restará del primero de los tiempos del calendario según que la longitud sea Oeste ó Este; el resultado será el tiempo del paso por el meridiano del lugar.

Ejemplo: para hallar el tiempo del paso de la Luna por el meridiano de Mendoza el día 6 de Marzo de 1891 *fecha civil*, tomando 44^m como longitud al Oeste de La Plata tendremos:

Calendario: paso de la Luna por el meridiano, el 5.	20^h	32^m	44^s	(el 6 civil)
Calendario: paso de la Luna por el meridiano, el 6.	21	34	29	(el 7 civil)
Diferencia en . . . 24^h =	1	1	45	$= 61^m 75$
Diferencia por . . . . . 1^h.				= 2 57
» » . . . . . 1^m.				= 0 043

el tiempo buscado

$$20^h 32^m 44^s + 0^m 043 \times 44^m = 20^h 32^m 44^s + 1^m 89 = 20^h 34^m 37^s.$$

Es decir que en tiempo civil, la Luna pasa por el meridiano de Mendoza el 6 de Marzo á las $8^h 34^m 37^s$ a. m.

NOTA. — Por razones tipográficas y á fin de poder hacer figurar en las efemérides el elemento tan esencial del tiempo sideral á medio día medio, hemos debido dar las efemérides de la Luna en tiempo astronómico en lugar de tiempo civil que ha podido adoptarse para el Sol; pero el lector salvará fácilmente la dificultad recordando las reglas anteriormente citadas para pasar de una clase de tiempo á otra.

Orto y ocaso de la Luna. — Con el tiempo del paso de la Luna por el meridiano de La Plata y el *arco semi diurno* que es *el tiempo trascurrido entre la salida ó la puesta de la Luna y su paso por el meridiano*, se puede hallar el tiempo del orto y del ocaso en otro lugar por medio de la corrección dada por la tabla *E*.

Al efecto, según que se trate del orto ó del ocaso se busca para la fecha en el Calendario el valor del arco semi-diurno para La Plata, que es igual á la diferencia entre el tiempo del paso por el meridiano (teniendo en cuenta la fecha civil) y el del orto en el primer caso, y á la diferencia entre el ocaso y el del paso en el segundo; y con este elemento y la latitud, se entra en la tabla *E* que da la corrección que se debe hacer en el orto ú ocaso de La Plata para obtener el tiempo buscado del lugar. Si se deseara una mayor exactitud, bastaría sumarle ó restarle, según que la longitud es Oeste ó Este, el valor de la corrección hallada, como en el ejemplo anterior para encontrar el tiempo del paso de la Luna por el meridiano del lugar. Pero teniendo en cuenta la mayor extensión en longitud de la República Argentina, esta corrección es á lo más de 1^m, lo que hace que se la pueda siempre despreciar.

Ejemplo : 1° Hallar el orto y ocaso de la Luna en Catamarca cuya latitud es 28° 26′ el 29 de octobre 1891.

		Intervalo
Orto de la Luna (el 28 t. astron.)	3^h 45^m a m	
Paso al meridiano	9 39 a m	5^h 54^m
Ocaso de la Luna (el 29 t. astron.) . . .	3 41 p m	6 02

Con la latitud 28°26′ y el intervalo para el orto encontramos (tabla *E*) una corrección de — 4^m y con 6^h02^m para el ocaso, la corrección de + 2^m tenemos asi :

Orto en La Plata	3^h 45^m
Corrección	— 4

Orto de la Luna en Catamarca 3^h41^m a. m. el 29 de octubre tiempo civil, y

Ocaso en La Plata	3^h 41^m
Corrección	+ 2

Ocaso de la luna en Catamarca 3^h 43^m p. m. el 29 tiempo civil.

2° Hallar el orto y ocaso de la Luna en Santa-Cruz, de latitud 50° 7′ el 15 de octubre 1891.

			Intervalo
Orto de la Luna.	4^h 10^m	p m	6^h 25^m
Paso al meridiano.	10 35	p m	6 15
Ocaso de la Luna	4 50	a m el	16 (t. c)

La tabla da como corrección : — 11^m para el orto y + 4^m para el ocaso; ó sea :

Orto de la Luna en Santa-Cruz	3^h 59^m	p m el 15
Ocaso — — —	4 54	a m el 16

Si se quisiera el ocaso para el mismo día civil 15 de octubre se tendría para el arco semi-diurno.

		Intervalo.
Paso por el meridiano el 14. . .	9^h 43^m p m	
Ocaso el 15 (t. civil).	4 18 a m	6^h 35^m

Encontraríamos + 18^m como corrección, y entonces, el ocaso de la luna tiene lugar á las 4^h 36^m a m del día civil 15 de octubre.

E. — Corrección para el orto y ocaso de la Luna.

LATITUD	Intervalo semi-diurno										
	4h			5h						6h	
	30m	40m	50m	0m	10m	20m	30m	40m	50m	0m	10m
	+	+	+	+	+	+	+	+	+	+	+
20°0′	49m	44m	39m	34m	29m	24m	20m	15m	10m	5m	0m
20	48	43	38	34	28	24	19	14	10	5	0
40	47	42	38	33	28	23	19	14	9	5	0
21.0	46	42	37	32	28	23	18	14	9	5	0
20	45	41	36	31	27	22	18	14	9	5	0
40	45	40	35	31	26	22	18	13	9	5	0
22.0	44	39	35	30	26	21	17	13	9	4	0
20	43	38	34	29	25	21	17	13	8	4	0
40	42	37	33	29	25	20	16	12	8	4	0
23.0	41	36	32	28	24	20	16	12	8	4	0
20	40	35	31	27	23	20	16	12	8	4	0
40	39	35	31	27	23	19	15	11	8	4	0
24.0	38	34	30	26	22	18	15	11	7	4	0
20	37	33	29	25	22	18	14	11	7	4	0
40	36	32	28	25	21	17	14	11	7	4	0
25.0	35	31	27	24	20	17	14	10	7	4	0
20	33	30	27	23	20	16	13	10	7	3	0
40	32	29	26	22	19	16	13	10	6	3	0
26.0	31	28	25	22	19	15	12	9	6	3	0
20	30	27	24	21	18	15	12	9	6	3	0
40	29	26	23	20	17	14	11	9	6	3	0
27.0	28	25	22	19	17	14	11	8	6	3	0
20	27	24	21	19	16	13	11	8	5	3	0
40	26	23	21	18	15	13	10	8	5	3	0
28.0	25	22	20	17	15	12	10	7	5	3	0
20	24	21	19	16	14	12	9	7	5	2	0
40	23	20	18	16	13	11	9	7	4	2	0
29.0	22	19	17	15	13	11	8	6	4	2	0
20	20	18	16	14	12	10	8	6	4	2	0
40	19	17	15	13	11	9	8	6	4	2	0
30.0	18	16	14	12	11	9	7	5	4	2	0

Corrección +, se suma al ocaso y se resta del orto.
Corrección —, se resta del ocaso y se suma al orto.

E.—Corrección para el orto y ocaso de la Luna.

LATITUD	Intervalo semi-diurno									
	6^h				7^h					
	20^m	30^m	40^m	50^m	0^m	10^m	20^m	30^m	40^m	50^m
	—	—	—	—	—	—	—	—	—	—
20° 0′	5^m	9^m	14^m	19^m	24^m	29^m	34^m	39^m	44^m	49^m
20	4	9	14	19	23	28	33	38	43	48
40	4	9	14	18	23	27	32	37	42	47
21.0	4	9	13	18	22	27	32	36	41	46
20	4	9	13	17	22	26	31	36	40	45
40	4	8	13	17	21	26	30	35	39	44
22.0	4	8	12	17	21	25	30	34	38	43
20	4	8	12	16	20	25	29	33	38	42
40	4	8	12	16	20	24	28	32	37	41
23.0	4	8	12	15	19	24	28	32	36	40
20	4	7	11	15	19	23	27	31	35	39
40	4	7	11	15	19	22	26	30	34	38
24.0	3	7	11	14	18	22	25	29	33	37
20	3	7	10	14	18	21	25	28	32	36
40	3	7	10	14	17	21	24	28	31	35
25.0	3	6	10	13	17	20	23	27	30	34
20	3	6	9	13	16	19	23	26	30	33
40	3	6	9	12	16	19	22	25	29	32
26.0	3	6	9	12	15	18	21	24	28	31
20	3	6	9	12	15	17	20	24	27	30
40	3	5	8	11	14	17	20	23	26	29
27.0	3	5	8	11	13	16	19	22	25	28
20	2	5	8	10	13	16	18	21	24	27
40	2	5	7	10	12	15	18	20	23	26
28.0	2	5	7	9	12	14	17	19	22	25
20	2	4	7	9	11	14	16	19	21	24
40	2	4	6	9	11	13	15	18	20	22
29.0	2	4	6	8	10	12	15	17	19	21
20	2	4	6	8	10	12	14	16	18	20
40	2	4	5	7	9	11	13	15	17	19
30.0	2	3	5	7	9	10	12	14	16	18

Corrección +, se suma al ocaso y se resta del orto.
Corrección —, se resta del ocaso y se suma al orto.

E.—Corrección para el orto y ocaso de la Luna.

LATITUD	Intervalo semi-diurno										
	4h			5h						6h	
	30m	40m	50m	0m	10m	20m	30m	40m	50m	0m	10m
	+	+	+	+	+	+	+	+	+	+	+
30°0'	18m	16m	14m	12m	11m	9m	7m	5m	4m	2m	0m
20	17	15	13	12	10	8	7	5	3	2	0
40	16	14	13	11	9	8	6	5	3	2	0
31.0	15	13	12	10	9	7	6	4	3	1	0
20	13	12	11	9	8	7	5	4	3	1	0
40	12	11	10	8	7	6	5	4	2	1	0
32.0	11	10	9	8	6	5	4	3	2	1	0
20	10	9	8	7	6	5	4	3	2	1	0
40	9	8	7	6	5	4	3	3	2	1	0
33.0	7	7	6	5	4	4	3	2	1	1	0
20	6	5	5	4	4	3	2	2	1	1	0
40	5	4	4	3	3	2	2	1	1	1	0
34.0	4	3	3	2	2	2	1	1	1	0	0
20	2	2	2	2	1	1	1	1	0	0	0
40	1	1	1	1	1	0	0	0	0	0	0
	—	—	—	—	—	—	—	—	—	—	—
35.0	0m	0m	0m	0m	0m	0m	0m	0m	0m	0m	0m
20	2	2	1	1	1	1	1	0	0	0	0
40	3	3	2	2	2	1	1	1	1	0	0
36.0	4	4	3	3	3	2	2	1	1	0	0
20	6	5	5	4	3	3	2	2	1	1	0
40	7	6	6	5	4	3	3	2	1	1	0
37.0	9	8	7	6	5	4	3	2	2	1	0
20	10	9	8	7	6	5	4	3	2	1	0
40	12	10	9	8	7	5	4	3	2	1	0
38.0	13	12	10	9	7	6	5	4	3	1	0
20	15	13	11	10	8	7	5	4	3	1	0
40	16	14	12	11	9	8	6	4	3	2	0
39.0	18	16	14	12	10	8	7	5	3	2	0
20	19	17	15	13	11	9	7	5	4	2	0
40	21	18	16	14	12	10	8	6	4	2	0
40.0	22	20	17	15	13	10	8	6	4	2	0

Corrección +, se suma al ocaso y se resta del orto.
Corrección —, se resta del ocaso y se suma al orto.

E.—Corrección para el orto y ocaso de la Luna.

LATITUD	Intervalo semi-diurno									
	6h				7h					
	20m	30m	40m	50m	0m	10m	20m	30m	40m	50m
	—	—	—	—	—	—	—	—	—	—
30° 0′	2m	3m	5m	7m	9m	10m	12m	14m	16m	18m
20	2	3	5	6	8	10	11	13	15	17
40	1	3	4	6	8	9	11	12	14	16
31.0	1	3	4	6	7	8	10	11	13	14
20	1	2	4	5	6	8	9	10	12	13
40	1	2	3	5	6	7	8	10	11	12
32.0	1	2	3	4	5	6	7	9	10	11
20	1	2	3	4	5	6	7	8	9	10
40	1	2	2	3	4	5	6	7	8	9
33.0	1	1	2	3	3	4	5	6	6	7
20	1	1	2	2	3	4	4	5	5	6
40	0	1	1	2	2	3	3	4	4	5
34.0	0	1	1	1	2	2	2	3	3	4
20	0	0	1	1	1	1	1	2	2	2
40	0	0	0	0	0	1	1	1	1	1
	+	+	+	+	+	+	+	+	+	+
35.0	0m	0m	0m	0m	0m	0m	0m	0m	0m	0m
20	0	0	0	1	1	1	1	1	2	2
40	0	1	1	1	1	2	2	2	3	3
36.0	0	1	1	2	2	2	3	3	4	4
20	0	1	2	2	3	3	4	4	5	6
40	1	1	2	3	3	4	5	6	6	7
37.0	1	2	2	3	4	5	6	7	8	9
20	1	2	3	4	5	6	7	8	9	10
40	1	2	3	4	5	6	8	9	10	11
38.0	1	2	4	5	6	7	9	10	11	13
20	1	3	4	5	7	8	10	11	13	14
40	1	3	4	6	7	9	11	12	14	16
39.0	2	3	5	6	8	10	12	13	15	17
20	2	3	5	7	9	11	13	15	17	19
40	2	4	6	7	9	11	14	16	18	20
40.0	2	4	6	8	10	12	15	17	19	22

Corrección +, se suma al ocaso y se resta del orto.
Corrección —, se resta del ocaso y se suma al orto.

E.—Corrección para el orto y ocaso de la Luna.

LATITUD	Intervalo semi-diurno										
	4h			5h						6h	
	30m	40m	50m	0m	10m	20m	30m	40m	50m	0m	10m
	—	—	—	—	—	—	—	—	—	—	—
40°0′	22m	20m	17m	15m	13m	10m	8m	6m	4m	2m	0m
20	24	21	18	16	14	11	9	7	5	2	0
40	25	23	20	17	14	12	10	7	5	2	0
41.0	27	24	21	18	15	13	10	8	5	3	0
20	29	25	22	19	16	13	11	8	5	3	0
40	30	27	24	20	17	14	11	8	6	3	0
42.0	32	28	25	21	18	15	12	9	6	3	0
20	34	30	26	23	19	16	13	9	6	3	0
40	36	32	28	24	20	17	13	10	7	3	0
43.0	38	33	29	25	21	17	14	10	7	4	0
20	39	35	30	26	22	18	15	11	7	4	0
40	41	36	32	27	23	19	15	11	8	4	0
44.0	43	38	33	29	24	20	16	12	8	4	0
20	45	40	35	30	25	21	17	12	8	4	0
40	47	41	36	31	26	22	17	13	9	4	0
45.0	49	43	38	32	27	23	18	13	9	5	0
20	51	45	39	34	28	23	19	14	9	5	0
40	53	47	41	35	30	24	19	14	10	5	0
46.0	55	48	42	36	31	25	20	15	10	5	0
20	57	50	44	38	32	26	21	15	10	5	0
40	60	52	45	39	33	27	22	16	11	5	0
47.0	62	54	47	40	34	28	22	17	11	6	0
20	64	56	49	42	35	29	23	17	12	6	0
40	66	58	50	43	36	30	24	18	12	6	0
48.0	69	60	52	45	38	31	25	18	12	6	0
20	71	62	54	46	39	32	25	19	13	6	0
40	74	64	56	48	40	33	26	19	13	7	0
49.0	76	66	57	49	41	34	27	20	13	7	0
20	79	69	59	51	43	35	28	21	14	7	0
40	82	71	61	52	44	36	29	21	14	7	0
50.0	84	73	63	54	45	37	29	22	15	8	0

Corrección +, se suma al ocaso y se resta del orto.
Corrección —, se resta del ocaso y se suma al orto.

E.—Corrección para el orto y ocaso de la Luna.

LATITUD	Intervalo semi-diurno									
	6h				7h					
	20m	30m	40m	50m	0m	10m	20m	30m	40m	50m
	+	+	+	+	+	+	+	+	+	+
40° 0′	2m	4m	6m	8m	10m	12m	15m	17m	19m	22m
20	2	4	6	9	11	13	16	18	21	23
40	2	5	7	9	12	14	17	19	22	25
41.0	2	5	7	10	12	15	18	21	24	27
20	2	5	8	10	13	16	19	22	25	28
40	3	5	8	11	14	17	20	23	27	30
42.0	3	6	9	12	15	18	21	24	28	32
20	3	6	9	12	15	19	22	26	30	33
40	3	6	10	13	16	20	23	27	31	35
43.0	3	7	10	13	17	21	24	28	33	37
20	3	7	10	14	18	22	26	30	34	39
40	3	7	11	15	19	23	27	31	36	41
44.0	4	7	11	15	19	24	28	33	37	42
20	4	8	12	16	20	25	29	34	39	44
40	4	8	12	17	21	26	30	35	41	46
45.0	4	8	13	17	22	27	32	37	42	48
20	4	9	13	18	23	28	33	38	44	50
40	4	9	14	19	24	29	34	40	46	52
46.0	5	9	14	19	25	30	36	41	48	54
20	5	10	15	20	25	31	37	43	49	56
40	5	10	15	21	26	32	38	45	51	59
47.0	5	10	16	22	27	33	40	46	53	61
20	5	11	16	22	28	34	41	48	55	63
40	5	11	17	23	29	36	42	49	57	65
48.0	6	12	18	24	30	37	44	51	59	68
20	6	12	18	25	31	38	45	53	61	70
40	6	12	19	25	32	39	47	55	63	73
49.0	6	13	19	26	33	40	48	56	65	75
20	6	13	20	27	34	42	50	58	67	78
40	6	13	20	28	35	43	51	60	70	80
50.0	7	14	21	28	36	44	53	62	72	83

Corrección +, se suma al ocaso y se resta del orto.
Corrección —, se resta del ocaso y se suma al orto.

E.— Corrección para el orto y ocaso de la Luna.

LATITUD	Intervalo semi-diurno 4ʰ 20ᵐ	4ʰ 40ᵐ	4ʰ 50ᵐ	5ʰ 0ᵐ	5ʰ 10ᵐ	5ʰ 20ᵐ	5ʰ 30ᵐ	5ʰ 40ᵐ	5ʰ 50ᵐ	6ʰ 0ᵐ	6ʰ 10ᵐ
	—	—	—	—	—	—	—	—	—	—	—
50°0′	84ᵐ	73ᵐ	63ᵐ	54ᵐ	45ᵐ	37ᵐ	29ᵐ	22ᵐ	15ᵐ	8ᵐ	0ᵐ
20	87	76	65	56	47	38	30	23	15	8	0
40	90	78	67	57	48	39	31	23	16	8	0
51.0	93	80	69	59	49	41	32	24	16	8	0
20	96	83	71	61	51	42	33	25	16	8	0
40	99	85	73	62	52	43	34	25	17	9	0
52.0	102	88	75	64	54	44	35	26	17	9	1
20	106	91	78	66	55	45	36	27	18	9	1
40	109	94	80	68	57	46	37	27	18	9	1
53.0	113	96	82	70	58	48	38	28	19	10	1
20	116	99	85	72	60	49	39	29	19	10	1
40	120	102	87	74	62	50	40	29	20	10	1
54.0	124	105	90	76	63	52	41	30	20	10	1
20	128	110	92	78	65	53	42	31	21	11	1
40	133	113	95	80	67	54	43	32	21	11	1
55.0	137	115	97	82	68	56	44	33	22	11	1
20	142	119	100	84	70	57	45	33	22	11	1
40	147	123	103	87	72	59	46	34	23	12	1
56.0	152	126	106	89	74	60	47	35	23	12	1
20	158	130	109	91	76	62	48	36	24	12	1
40	164	134	112	94	78	63	50	37	25	13	1
57.0	170	139	115	96	80	65	51	38	25	13	1
20	177	143	119	99	82	66	52	39	26	13	1
40	185	148	122	102	84	68	53	40	26	13	1
58.0	192	153	126	104	86	70	55	40	27	14	1
20	204	157	130	107	88	71	56	41	28	14	1
40	215	163	134	110	91	73	57	42	28	14	1
59.0	226	169	137	113	93	75	59	43	29	15	1
20	242	176	142	116	95	77	60	44	30	15	1
40	257	183	146	120	98	79	62	45	30	15	1
60.0	272	190	151	123	100	81	63	46	31	16	1

Corrección +, se suma al ocaso y se resta del orto.
Corrección —, se resta del ocaso y se suma al orto.

E. — Corrección para el orto y ocaso de la Luna.

LATITUD	Intervalo semi-diurno 6h				7h					
	20m	30m	40m	50m	0m	10m	20m	30m	40m	50m
	+	+	+	+	+	+	+	+	+	+
50°0′	7m	14m	21m	28m	36m	44m	53m	62m	72m	83m
20	7	14	22	29	37	46	54	64	74	86
40	7	15	22	30	38	47	56	66	76	88
51.0	7	15	23	31	39	48	58	68	79	91
20	7	15	24	32	41	50	59	70	81	94
40	8	16	24	33	42	51	61	72	84	97
52.0	8	16	25	34	43	52	63	74	86	100
20	8	17	26	35	44	54	65	76	89	104
40	8	17	26	36	45	55	66	78	92	107
53.0	8	18	27	36	46	57	68	81	94	110
20	9	18	28	37	48	59	70	83	97	114
40	9	19	28	38	49	60	72	85	100	118
54.0	9	19	29	39	50	62	74	88	103	121
20	9	19	30	40	51	63	76	90	106	126
40	10	20	30	41	53	65	78	93	110	130
55.0	10	20	31	42	54	67	80	95	113	134
20	10	21	32	44	56	68	83	98	116	139
40	10	21	33	45	57	70	85	101	120	143
56.0	11	22	34	46	58	72	87	104	123	148
20	11	23	34	47	60	74	89	107	127	154
40	11	23	35	48	61	76	92	110	131	159
57.0	11	24	36	49	63	78	94	113	135	165
20	12	24	37	50	64	80	97	116	140	172
40	12	25	38	52	66	82	99	120	144	179
58.0	12	25	39	53	68	84	102	123	149	186
20	12	26	40	54	69	86	105	127	154	195
40	13	26	41	55	71	88	108	130	159	205
59.0	13	27	42	57	73	90	111	134	165	215
20	13	28	43	58	75	93	114	138	171	234
40	14	28	44	59	76	95	117	142	177	254
60.0	14	29	45	61	78	98	120	147	184	273

Corrección +, se suma al ocaso y se resta del orto.
Corrección —, se resta del ocaso y se suma al orto.

F. — TABLA DE REFRACCIÓN

La tabla *F* que va á continuación y que es extractada de la *Connaissance des Temps*, permite corregir las alturas de los astros del efecto de la atmósfera terrestre, que los hace aparecer más elevados que lo están en realidad; es decir, que la corrección que se deduce de esta tabla es siempre sustractiva de la altura observada.

Si el instrumento da directamente la distancia cenital, se la debe convertir en altura, restándola de 90°; entonces con este argumento, se puede entrar en la tabla, y la corrección viene á ser aditiva á la distancia cenital.

El conjunto de esta tabla con el cuadro de los valores del semi diámetro del Sol, permite reducir al centro de la tierra las alturas observadas de este astro, prescindiendo del efecto de la paralaje que es despreciable en la mayoría de los casos, cuando las observaciones se hacen con el sextante ó un teodolito ordinario.

F. — Tabla de refracción.

Barómetro 0m,760. Termómetro Centígrado + 10°

Altura Apte	Refracción	Var por 10′	Altura Apte	Refracción	Var por 10′	Altura Apte	Refracción	Var por 10′
0° 0′	33′ 47″9	112″7	6° 0′	8′ 30″3	12″0	12° 0′	4′ 28″1	3″6
10	31.55,2	104,8	10	8.18,3	11,4	10	4.24,5	3,6
20	30.10,4	97,2	20	8. 6,9	11,0	20	4.20,9	3,4
30	28.33,2	90.1	30	7.55,9	10,5	30	4.17,5	3,4
40	27. 3,1	83,5	40	7.45,4	10,1	40	4.14,1	3,2
50	25.39,6	77,3	50	7.35,3	9,7	50	4.10,9	3,2
1. 0	24.22,3	71,6	7. 0	7.25,6	9,3	13. 0	4. 7,7	3,2
10	23.10,7	66,4	10	7.16,3	9,0	10	4. 4,5	3,0
20	22. 4,3	61,6	20	7. 7,3	8,6	20	4. 1,5	3,0
30	21. 2,7	57,1	30	6.58,7	8,3	30	3.58,5	2,9
40	20. 5,6	53,1	40	6.50,4	8,0	40	3.55,6	2,9
50	19.12,5	49,4	50	6.42,4	7,7	50	3.52,7	2,7
2. 0	18.23,1	46,0	8. 0	6.34,7	7,5	14. 0	3.50,0	2,6
10	17.37,1	42,9	10	6 27,2	7,1	10	3.47,4	2,6
20	16.54,2	40,1	20	6.20,1	7,0	20	3.44,8	2,5
36	16.14,1	37,4	30	6.13,1	6,7	30	3.42,2	2,5
40	15.36,7	35,1	40	6. 6,4	6,5	40	3.39,6	2,4
50	15. 1,6	32,9	50	5.59,9	6,2	50	3.37,0	2,4
3. 0	14.28,7	30,8	9. 0	5.53,7	6,1	15. 0	3.34,5	2,3
10	13.57,9	29,0	10	5.47,6	5,9	10	3.32,2	2.3
20	13.28,9	27,3	20	5.41,7	5,7	20	3.29,9	2,3
30	13. 1,6	25,7	30	5.36,0	5,5	30	3.27,6	2,2
40	12.35,9	24,2	40	5.30,5	5,3	40	3.25,3	2,1
50	12.11,7	22,9	50	5.25,2	5,2	50	3.23,0	2,1
4. 0	11.48,8	21,6	10. 0	5.20,0	5,0	16. 0	3.20,8	2,0
10	11.27,2	20,5	10	5.15,0	4,9	10	3.18,8	2,0
20	11. 6,7	19,4	20	5.10,1	4,7	20	3.16,8	2,0
30	10.47,3	18,4	30	5. 5,4	4,6	30	3.14,8	1,9
40	10.28,9	17,5	40	5. 0,8	4,5	40	3.12,7	1,9
50	10.11,4	16,6	50	4.56,3	4,4	50	3.10,7	1,8
5. 0	9.54,8	15,8	11. 0	4.51,9	4,2	17. 0	3. 8,6	1,8
10	9.39,0	15,1	10	4.47,7	4,2	10	3. 6,6	1,8
20	9.23,9	14,3	20	4.43,5	4,0	20	3. 4,8	1,7
30	9. 9,6	13,7	30	4.39,5	3,9	30	3. 2,9	1,7
40	8.55,9	13,1	40	4.35,6	3,8	40	3. 1,1	1,7
50	8.42,8	12,5	50	4.31,8	3.7	50	2.59,3	1,7
6. 0	8.30,3		12. 0	4.28,1		18. 0	2.57,7	

F. — Tabla de refracción.

Barómetro $0^m,760$. Termómetro Centígrado + 10°

Altura Apte	Refracción	Var por 10'	Altura Apte	Refracción	Var por 10'	Altura Apte	Refracción	Var por 10'
18°	2'57"7	1"61	42°	1' 4"7	0"37	66°	26"0	0"20
19	2.47,8	1,49	43	1. 2,5	0,36	67	24,8	0.20
20	2.38,9	1,35	44	1. 0,3	0.34	68	23,6	6,20
21	2.30,8	1,24	45	0.58,3	0,33	69	22,4	0,19
22	2.23,4	1,14	46	0.56,3	0,32	70	21,2	0,19
23	2.16,6	1,05	47	0.54,3	0,31	71	20,1	0,19
24	2.10.3	0,97	48	0.52,5	0.30	72	18,9	0,19
25	2. 4,4	0,90	49	0.50,7	0,29	73	17,8	0,19
26	1.59,0	0,84	50	0.48,9	0,28	74	16,7	0,18
27	1.54,0	0,79	51	0.47,2	0.28	75	15,6	0,18
28	1.49,3	0,74	52	0.45,5	0.27	76	14,5	0,18
29	1.44,8	0,69	53	0-43,9	0.26	77	13,5	0,18
30	1.40,7	0,65	54	0.42,3	0,26	78	12.4	0,18
31	1.36,8	0,62	55	0.40,8	0,25	79	11,3	0,18
32	1.33,1	0,58	56	0.39,3	0,24	80	10,3	0,18
33	1.29,6	0,55	57	0.37,9	0,24	81	9,2	0,17
34	1.26,3	0,53	58	0.36,4	0.23	82	8,2	0,17
35	1.23,1	0,50	59	0.35,0	0,23	83	7,2	0,17
36	1.20,1	0,48	60	0.33,7	0,22	84	6,1	0,17
37	1.17,2	0,46	61	0.32,3	0,22	85	5,1	0,17
38	1.14,5	0,44	62	0.31,0	0,22	86	4,1	0,17
39	1.11,9	0,42	63	0.29,7	0,21	87	3,1	0,17
40	1. 9,4	0,40	64	0.28,4	0,21	88	2,0	0,17
41	1. 7,0	0,38	65	0.27,2	0,20	89	1,0	0,17
42	1. 4,7		66	0.26,0		90	0,0	

G — Tabla de conversión de los arcos en tiempo y reciprocamente.

El uso de esta tabla es de los más sencillos. Para su empleo basta considerar el argumento (grados) como que expresa sucesivamente grados ó minutos de arco, mientras que el tiempo correspondiente serán horas y minutos en el primer caso, y minutos y segundos de tiempo en el segundo.

Además, es sabido que 15″ — 1ˢ de manera que para la conversión de los segundos basta tener en cuenta los que sobrepasan á 15″, 30″. ó 45″ y entonces la pequeña tabla auxiliar que está debajo permite completar la conversión.

Ejemplo : 1° — Sea convertir en tiempo 289° 38′ 53″, ó sea 270° + 19° 38′ 53″ :

Se sabe que 270° corresponden á 18^h, y la tabla nos da :

para 19°........... 1^h 16^m
38′........... 2.32^s
53″ = 45″ + 8″ 53″........... 3,5
luego : 289° 38′ 53″........... = 19^h 18^m 35^s5

2° — Recípocamente, sea convertir 19^h 18^m 35^s,5 en arco :

tenemos primero que 18^h... = 270°
y la tabla da : para 1^h 16^m... 19°
2^m 32^s... » 38′
quedan 3^s,5 ó sea 45″ + 0^s,5 — tabla auxiliar. » » 52″5
luego 19^h 18^m 35^s, 5... = 289° 38′ 52″5

La tercer columna de la tabla da los valores de los arcos en función del radio, valores que es útil conocer en varias circunstancias.

G. — Tabla para convertir los arcos en horas y minutos de tiempo y recíprocamente, ó en partes de radio.

0°	$0^h\ 0^m$	0^r000	**30°**	$2^h\ 0^m$	0^r524	**60°**	$4^h\ 0^m$	1^r047
1	0. 4	0.017	**31**	2. 4	0.541	**61**	4. 4	1.065
2	0. 8	0.035	**32**	2. 8	0.559	**62**	4. 8	1.082
3	0.12	0.052	**33**	2.12	0.576	**63**	4.12	1.100
4	0.16	0.070	**34**	2.16	0.593	**64**	4.16	1.117
5	0.20	0.087	**35**	2.20	0.611	**65**	4.20	1.134
6	0.24	0.105	**36**	2.24	0.628	**66**	4.24	1.152
7	0.28	0.122	**37**	2.28	0.646	**67**	4.28	1.169
8	0.32	0.140	**38**	2.32	0.668	**68**	4.32	1.187
9	0.36	0.157	**39**	2.36	0.681	**69**	4.36	1.204
10	0.40	0.175	**40**	2.40	0.698	**70**	4.40	1.222
11	0.44	0.192	**41**	2.44	0.716	**71**	4.44	1.239
12	0.48	0.209	**42**	2.48	0.733	**72**	4.48	1.257
13	0.52	0.227	**43**	2.52	0.750	**73**	4.52	1.274
14	0.56	0.244	**44**	2.56	0.768	**74**	4.56	1.292
15	1. 0	0.262	**45**	3. 0	0.785	**75**	5. 0	1.309
16	1. 4	0.279	**46**	3. 4	0.803	**76**	5. 4	1.32[illegible]
17	1. 8	0.297	**47**	3. 8	0.820	**77**	5, 8	1.344
18	1.12	0.314	**48**	3.12	0.838	**78**	5.12	1.361
19	1.16	0.332	**49**	3.16	0.855	**79**	5.16	1.379
20	1.20	0.349	**50**	3.20	0.873	**80**	5.20	1.396
21	1.24	0.367	**51**	3.24	0.890	**81**	5.24	1.414
22	1.28	0.384	**52**	3.28	0.908	**82**	5.28	1.431
23	1.32	0.401	**53**	3.32	0.925	**83**	5.32	1.449
24	1.36	0.419	**54**	3.36	0.942	**84**	5.36	1.466
25	1.40	0.436	**55**	3.40	0.960	**85**	5.40	1.484
26	1.44	0.454	**56**	3.44	0.977	**86**	5.44	1.501
27	1.48	0.471	**57**	3.48	0.995	**87**	5.48	1.518
28	1.52	0.489	**58**	3.52	1.012	**88**	5.52	1.536
29	1.56	0.506	**59**	3.56	1.030	**89**	5.56	1.553
30	$2^h\ 0^m$	0^r524	**60**	$4^h\ 0^m$	1^r047	**90**	$6^h\ 0^m$	1^r571

1″5	**3″0**	**4″5**	**6″0**	**7″5**	**9″0**	**10″5**	**12″0**	**13″5**
0^s1	0^s2	0^s3	0^s4	0^s5	0^s6	0^s7	0^s8	0^s9

LA TIERRA

La Tierra es un esferoide aplanado en los polos. Basándose en las medidas de arcos de meridiano siguientes, es decir : arcos ruso-sueco, anglo- francés, de las Indias, del Perú, y del Cabo de Buena Esperanza, y añadiendo un arco de paralelo medido en las Indias, el señor Clarke ha encontrado las dimensiones siguientes :

Semi-eje mayor ó radio del ecuador...	6378253m ± 75m
Aplanamiento........................	$\frac{1}{293,5 \pm 1,1}$
Semi-eje menor ó radio del polo......	6356521m±111m
Lo que da para el cuarto del meridiano elíptico, ó distancia del polo al Ecuador........................	10001877m
y para el largo medio del arco de 1° de meridiano.....................	111132m0

Con estos datos. el radio de la Tierra, considerada esférica, es de 6371000m; y el largo del arco de 1°, en la misma suposícion, es de 111194m,9.

Por otro lado, añadiendo á los arcos de meridiano ya citados los de Prusia, de Dinamarca y de Hanover y prescindiendo del arco de paralelo medido en las Indias, se ha encontrado : (*)

Semi-eje mayor.....................	6378339m ± 90m
Aplanamiento	$\frac{1}{292,2 \pm 1,3}$
Semi-eje menor.....................	6356515m ± 131m
Lo que da para el cuarto de meridiano elíptico........................	10001939m
y para el largo medio del arco de 1° del meridiano..................	111132m,7

(*) Curso de Geodesia y Topografía por Francisco Beuf, 1886, Buenos Aires, página 678.

El radio de la esfera de igual volumen á la Tierra sería entonces de 6371056ᵐ
y el largo del arco de 1° sería . . . 111195ᵐ,9

Estos resultados podrán sufrir algunos cambios cuando se haga intervenir los arcos medidos en los Estados Unidos y los arcos de paralelos obtenidos en Europa; pero estos cambios serán probablemente muy pequeños.

Las observaciones del péndulo dan actualmente

$$\frac{1}{292{,}2 \pm 1{,}5}$$ para el aplanamiento.

Distancia media de la Tierra al Sol:
23280,45 radios ecuatoriales de la Tierra.
148488613 kilómetros.
37122153 leguas de 4 kilómetros.

Estos números corresponden al valor de 8",86 para la paralaje del Sol.

Si se adopta 8"85 para dicho valor, tendremos 37164099 leguas de 4 kilómetros como distancia media de la tierra al Sol, es decir, que, á una variación de 0"01 en el valor adoptado para la paralaje del Sol, corresponde un camino de 41946 leguas de 4 kilómetros en la distancia.

LA LUNA

(0 Enero 1850, tiempo medio de París)

Elementos sacados de las tablas de M. Hansen.

Revolución sideral.	27ᵈ 7ʰ 43ᵐ 11ˢ5
Revolución tropical.	27. 7. 43. 4,7
Revolución sinódica	29. 12. 44. 2,9
Revolución anomalística	27. 13. 18. 37,4
Longitud media de la época	112° 59′ 55″. 0
Longitud del perigeo.	99. 51. 52. 1
Longitud del nodo ascendente.	146. 13. 40. 0
Inclinacion de la órbita	5. 8. 47. 9
Movimiento medio en longitud en un día medio	13. 10. 35. 03

Distancia media á la Tierra: 60,2745 radios ecuatoriales de la Tierra. 96113,6 leguas de 4 kilómetros. 0,00258906 de la distancia de la Tierra al Sol,

Excentricidad, en parte del semi-eje mayor de la órbita lunar : 0,05490807.

Distancia máxima. . . .	407032	kilómetros
» mínima	356377	»

Diámetro	máximo. . . .	33′ 33″ 20
	medio.	31. 8. 00
	mínimo. . . .	29. 33. 65
Paralaje horizontal ecuatorial	máxima. . . .	61′ 27″ 96
	media	57. 1. 94
	mínima. . . .	54. 9. 11
Libracion máxima	en longitud. .	7° 53′ 51″0
	en latitud. . .	6. 50. 45.0

Superficie de la luna siempre invisible = 0.410.

SISTEMA SOLAR

Observaciones sobre los Elementos adoptados en los cuadros siguientes.

(Del *Annuaire du Bureau des Longitudes*).

Mercurio. — El diámetro ha sido determinado por Kaiser y la rotación por Schroeter.

Venus. — El diámetro adoptado es el resultado de la discusión de las observaciones modernas hechas por M. Hartwig; la rotación ha sido determinada por Vico.

La Tierra. — La paralaje del Sol 8",86 resultado de una nueva discusión (1864) de las observaciones del paso de Vénus en 1769, concuerda también con el número resultante de las experiencias sobre la velocidad de la luz.

La discusión no todavía definitiva de los pasos de Venus en 1874 y 1882, indica que el valor de la paralaje es más ó menos 8",80.

Marte. — El diámetro adoptado resulta de la discusión de las observaciones modernas hechas por el Sr. Hartwig. Los valores del aplanamiento encontrado por diversos observadores son tan discordantes y pasan tan poco los errores posibles, que hemos hecho caso omiso de este elemento. La masa ha sido determinada por el señor Hall por medio de sus observaciones de los satélites; la rotación por M. Schmidt.

Júpiter. — El diámetro ecuatorial = 196",00, el diámetro polar = 184",65, y el aplanamiento $\frac{1}{17,11}$ han sido determinados por Kaiser ; la rotación por M. Schmidt.

Saturno. — El diámetro ecuatorial = 164",77, el diametro polar = 146"82, y el aplanamiento $\frac{1}{9,18}$ han sido determinados por Kaiser; la rotación por el señor Hall.

Urano. — El diámetro ha sido determinado por el señor Schiaparelli, quien ha encontrado $\frac{1}{11}$ como aplanamiento.

Neptuno. — El diámetro ha sido determinado por los señores Lassel y Marth. La masa ha sido deducida por el señor Newcomb, por medio de observaciones del satélite.

Luna. — El diámetro, la paralaje y la masa, por Hansen. Según Newcomb, la masa es $\frac{1}{81,44}$ de La Tierra.

NOTA. — Los volúmenes de los planetas han sido calculados teniendo en cuenta el aplanamiento cuando es sensible. Las masas de los planetas son las adoptadas por Le Verrier, á excepción de Marte y de Neptuno.

La gravedad en el Ecuador ha sido calculada para cada planeta, teniendo en cuenta la fuerza centrífuga, debida á su rotación.

Hay excepción solamente para *Urano y Neptuno*, cuya rotación y duración no se ha podido hasta ahora observar.

CUADRO DE LOS PRINCIPALES ELEMENTOS DEL SISTEMA SOLAR.

POR M. LAUGIER, CONTINUADO POR M. LŒWY.

NOMBRE DE LOS PLANETAS	MOVIMIENTO *Medio diurno*	Duración de las revoluciones siderales		DISTANCIAS *medias al Sol*	EXCENTRICIDADES
		En años siderales	*En años julianos y en días medios*		
	″	año	dias		
Mercurio	14732,4194	0,240843	87,969258	0,3870987	0,2056048
Venus	5767,6698	0,615186	año 224,700787	0,7233322	0,0068433
La Tierra.	3548,1927	1,000000	1... 0,006374	1,0000000	0,0167701
Marte	1886,5184	1,880832	1... 321,729646	1,5236913	0,0932611
Júpiter.	299,1284	11,861965	11... 314,838171	5,202800	0,0482519
Saturno	120,4547	29,457176	29... 166,98636	9,538861	0,0560713
Urano	42,2310	84,020233	84... 7,39036	19,18329	0,0463402
Neptuno	21,5350	164,766895	164... 280,113160	30,05508	0,0089646

La Tierra : duración del año trópico = 365,2422166 días.

NOTA. — Estos elementos son extractados de los *Annales de l'Observatoire de Paris*.

CUADRO DE LOS PRINCIPALES ELEMENTOS DEL SISTEMA SOLAR *(Continuación)*.

NOMBRE DE LOS PLANETAS	LONGITUDES de *los perihelios*	LONGITUDES MEDIAS *al 1° Enero 1850 à medio dia medio*	LONGITUDES *de los nodos ascendentes*	INCLINACIONES
	° ′ ″	° ′ ″	° ′ ″	° ′ ″
Mercurio	75. 7.14	327.15.20	46.33. 9	7. 0. 8
Venus	129.27.15	245.33.15	75.19.52	3.23.35
La Tierra	100.21.22	100.46.44	0. 0. 0	0. 0. 0
Marte.	333.17.54	83.40.31	48.23.53	1.51. 2
Júpiter	11.54.58	160. 1.10	98.56.17	1.18.41
Saturno.	90. 6.38	14.52.28	112.20.53	2.29.40
Urano.	170.50. 7	29.17.51	73.13.54	0.46.20
Neptuno.	45.59.43	334.33.29	130. 6.25	1.47. 2

NOTA. — Las longitudes se refieren al equinoccio medio del 1° de Enero 1850.

CUADRO DE LOS PRINCIPALES ELEMENTOS DEL SISTEMA SOLAR (*Conclusión*).

NOMBRE DE LOS PLANETAS	DIAMETRO *ecuatorial à la distancia* 1	DIÁMETRO *verdadero*	VOLÚMENES	MASAS *Siendo el Sol* 1	MASAS *Siendo la Tierra* 1	DENSIDAD	GRAVEDAD *en el Ecuador*	DURACIÓN *de la rotación*
	″							d h m s
Mercurio . . .	6,61	0,373	0,052	$\frac{1}{5310000}$	0,061	1,173	0,439	0.24. 0.50
Venus.	17,55	0,999	0,975	$\frac{1}{412150}$	0,787	0,807	0,802	23.21.22
La Tierra . . .	17,72	1	1	$\frac{1}{324439}$	1	1	1	23.56. 4
Marte.	9,35	0,528	0,147	$\frac{1}{3093500}$	0,105	0,711	0,376	24.37.23
Júpiter	196,00	11,061	1279,412	$\frac{1}{1050}$	308,990	0,242	2,254	9.55.37
Saturno. . . .	164,77	9,299	718,883	$\frac{1}{3529,6}$	91,919	0,128	0,892	10.14.24
Urano.	75,02	4,234	69,237	$\frac{1}{24000}$	13,518	0,195	0,754	»
Neptuno. . . .	67,29	3,798	54,955	$\frac{1}{19700}$	16,469	0,300	1,142	»
Sol	32′ 3″,64	108,558	1283720	1	324439	0,253	27,625	25. 4.29
Luna	4″,8364	0,273	0,020	$\frac{1}{25858000}$	0,013	0,615	0,174	27. 7.43.11

CUADRO

DE LOS ELEMENTOS DE LOS PLANETAS

ENTRE

MARTE y JÚPITER

POR M. LŒWY

CUADRO DE LOS ELEMENTOS DE LOS PLANETAS ENTRE MARTE Y JUPITER

POR M. LŒWY

NÚMEROS Y NOMBRES *de los planetas*	MOVIMIENTOS *diurnos medios*	DURACIÓN *de las revoluciones siderales*	DISTANCIAS *medias al Sol*	EXCENTRICIDAD	DESCUBRIDORES Y FECHAS DEL DESCUBRIMIENTO			
		días						
1 Ceres	770″7800	1681,414	2,767265	0,0763067	**Piazzi**	1	Enero	1801
2 Palas	770,4846	1682,058	2,767972	0,2408186	**Olbers**	28	Marzo	1802
3 Juno	814,0766	1591,988	2,668256	0,2578570	**Harding**	1	Setiemb.	1804
4 Vesta	977,6698	1325,601	2,361618	0,0884191	**Olbers**	29	Marzo	1807
5 Astrea	856,9100	1512,411	2,578581	0,1863016	**Hencke**	8	Diciemb.	1845
6 Hebe	939,5953	1379,318	2,424993	0,2034395	**Hencke**	1	Julio	1847
7 Iris	962,5806	1346,381	2,386234	0,2308527	**Hind**	13	Agosto	1847
8 Flora	1086,3310	1193,006	2,201387	0,1567041	**Hind**	18	Octubre	1847
9 Metis	962,3390	1346,719	2,386633	0,1233246	**Graham**	26	Abril	1848
10 Higia	638,7223	2029,051	3,136628	0,1156431	**De Gasparis**	12	Abril	1849
11 Parténope	923,6220	1403,171	2,452872	0,0993718	**De Gasparis**	11	Mayo	1850
12 Victoria	994,8347	1302,729	2,334204	0,2189234	**Hind**	13	Setiemb.	1850
13 Egeria	857,9451	1510,586	2,576507	0,0870944	**De Gasparis**	2	Noviemb.	1850
14 Irene	851,4359	1522,135	2,589623	0,1627037	**Hind**	19	Mayo	1851
15 Eunomia	825,4550	1570,043	2,643681	0,1872489	**De Gasparis**	29	Julio	1851
16 Psiquis	709,1294	1827,593	2,925414	0,1355969	**De Gasparis**	17	Marzo	1852
17 Tetis	912,5902	1420,133	2,472600	0,1293062	**Luther**	17	Abril	1852
18 Melpómene	1020,1198	1270,439	2,295637	0,2176710	**Hind**	24	Junio	1852
19 Fortuna	930,0764	1393,434	2,441511	0,1594365	**Hind**	22	Agosto	1852
20 Massalia	948,8831	1365,817	2,409143	0,1429240	**De Gasparis**	19	Setiemb.	1852
21 Lutecia	933,5544	1388,243	2,435443	0,1621042	**Goldschmidt**	15	Noviemb.	1852

NOTA. — Para 7, 8, 9, 12, 13, 15, 18 y 21 los elementos son *medios*; para los otros son *osculadores* para la época dada.

Números y Nombres *de los planetas*	Longitud *del perihelio*	Longitud *media de la época*	Longitud *del nodo ascendente*	Inclinación	Equinoccio	Épocas *en tiempo medio de Paris*
1 Ceres	149° 37′ 49″	103° 25′ 3″	80° 46′ 39″	10° 37′ 10″	de la época	25,0 Diciembre. . 1874
2 Palas.	122.12.26	48. 1. 0	172.44.34	34.42.55	de la época	21,0 Octubre. . . 1883
3 Juno.	54.50.15	47.22.27	170.53.21	13. 1.23	de la época	1,0 Noviembre. . 1874
4 Vesta.	250.56.52	67.41.55	103.29.15	7. 7.54	de la época	7,0 Diciembre. . 1874
5 Astrea.	134.56.54	91. 9.24	141.28.25	5.19. 7	de la época	7,0 Diciembre. . 1874
6 Hebe.	15.15.41	0.55.22	138.43. 1	14.47.15	1874,0	15,0 Setiembre. . 1874
7 Iris	41.23.21	207.31. 0	259.47.56	5.28. 3	de la época	0,0 Enero. . . . 1850
8 Flora	32.54.28	68.49. 5	110.17.49	5.53. 8	de la época	1,0 Enero. . . . 1848
9 Metis.	71. 3.52	128. 8.56	68.31.35	5.36. 0	de la época	30,0 Junio. . . 1858
10 Higia	237. 1.41	153. 6.25	285.38. 0	3.48.37	1880,0	7,0 Febrero. . . 1882
11 Parténope	318. 1.57	11.39.27	125.11.20	4.37.12	1874,0	15,0 Octubre. . . 1874
12 Victoria	301.39.25	7.42.35	235.34.42	8.23.18	de la época	0,0 Enero. . . . 1851
13 Egeria	120. 9.58	330.56.59	43.11.35	16.32.25	de la época	0,0 Enero. . . . 1850
14 Irene	180.19. 2	102.47.54	86.48.30	9. 7.55	1880,0	14,0 Diciembre. . 1874
15 Eunomia.	27.52. 1	149.57.58	293.52.15	11.44.17	de la época	0,0 Enero. . . . 1854
16 Psiquis	13.52.54	233.39.29	150.37.57	3. 4. 5	1890,0	25,0 Mayo. . . . 1888
17 Tetis.	261.37.18	152.36.12	125.23.33	5.36.24	1880.0	2,0 Febrero. . . 1875
18 Melpómene. . . .	15. 5.31	95.10.40	150. 3.50	10. 9.17	de la época	0,0 Enero. . . 1854
19 Fortuna	31. 3.24	2.14.27	211.27. 1	1.32.57	1880,0	12,0 Setiembre. . 1875
20 Massalia.	99. 6.46	98.15.45	206.35.45	0.41.13	1880,0	29,0 Diciembre. . 1875
21 Lutecia	327. 3.59	41.24.32	80.27.49	3. 5.10	de la época	2,0 Enero. . . . 1853

Nota. — Las longitudes están contadas del equinoccio indicado.

Números y Nombres de los planetas	Movimientos diurnos medios	Duración de las revoluciones siderales	Distancias medias al Sol	Excentricidad	Descubridores y fecha del descubrimiento			
		días						
22 Caliope	715″1518	1812,203	2,908968	0,1011923	**Hind**	16	Noviemb.	1852
23 Talia	831,6379	1558,370	2,630560	0,2298676	**Hind**	15	Diciemb.	1852
24 Temis	641,1193	2021,465	3,128807	0,1256749	**De Gasparis**	5	Abril	1853
25 Focea	954,0216	1358,461	2,400484	0,2553136	**Chacornac**	6	Abril	1853
26 Proserpina	819,6847	1581,096	2,656072	0,0873359	**Luther**	5	Mayo	1853
27 Euterpe	986,6944	1313,477	2,347195	0,1739156	**Hind**	8	Noviemb.	1853
28 Belona	765,6328	1692,718	2,779653	0,1491346	**Luther**	1	Marzo	1854
29 Anfitrite	869.0352	1491,309	2,554541	0,0742308	**Marth**	1	Marzo	1854
30 Urania	974,5001	1329,913	2,366736	0,1266539	**Hind**	22	Julio	1854
31 Eufrosina	635,6196	2038,956	3,146826	0,2227922	**Ferguson**	1	Setiemb.	1854
32 Pomona	852,5880	1520,078	2,587287	0,0830164	**Goldschmidt**	26	Octubre	1854
33 Polimnia	727,8155	1780,671	2,875126	0,3348715	**Chacornac**	28	Octubre	1854
34 Circe	805,8191	1608,302	2,686454	0,1072855	**Chacornac**	6	Abril	1855
35 Leucotea	685,4834	1890,638	2,992310	0,2237000	**Luther**	19	Abril	1855
36 Atalanta	780,1018	1661,321	2,745176	0,3023422	**Goldschmidt**	5	Octubre	1855
37 Fides	825,8167	1570,306	2,643975	0,1758263	**Luther**	5	Octubre	1855
38 Leda	780,9418	1659,534	2,743207	0,1530587	**Chacornac**	12	Enero	1856
39 Leticia	770,4445	1682,146	2,768068	0,1141863	**Chacornac**	8	Febrero	1856
40 Harmonia	1039,3353	1246,951	2,267253	0,0465912	**Goldschmidt**	31	Marzo	1856
41 Dafne	770,1514	1682,786	2,768771	0,2673879	**Goldschmidt**	22	Mayo	1856
42 Isis	930,9057	1392,194	2,440063	0,2256153	**Pogson**	23	Mayo	1856

Nota. — Para 26, 27, 29, 32 y 40 los elementos son *medios;* para los otros son *osculadores* para la época dada.

Números y Nombres de los planetas	Longitud del perihelio	Longitud media de la época	Longitud del nodo ascendente	Inclinación	Equinoccio	Épocas en tiempo medio de Paris
22 Caliope.	59° 58′ 12″	263° 32′ 40″	66° 34′ 57″	13° 44′ 43″	1880,0	7,0 Junio. . . . 1875
23 Talia.	123.57.41	169.20.29	67.44.37	10.13.36	1880,0	4,0 Abril 1875
24 Temis.	143.27. 9	308.51.45	35.32.16	0.48. 5	1890,0	2.0 Noviembre . 1888
25 Focea	302.48.18	208.27.28	214.13. 6	21.35.43	1880,0	24,0 Marzo. . . . 1875
26 Proserpina. . . .	236.25.15	227.31.36	45.54.59	3.35.48	de la época	11,0 Junio. . . . 1853
27 Euterpe	87.59.26	178.32.23	93.51.20	1.35.30	1870,0	5,0 Enero. . . . 1873
28 Belona.	124. 1. 5	280. 6.24	144.36.58	9.21.33	1880,0	2,0 Julio 1883
29 Anfitrite	56.23. 1	254.25. 8	356.40.47	6. 7. 5	1870,0	0,0 Enero. . . . 1855
30 Urania.	31.46.21	214.22.24	308.11.39	2. 6. 4	1880,0	18,0 Abril. . . . 1875
31 Eufrosina	93.26.15	293.43.19	31.31.27	26.28.48	de la época	10,0 Julio 1875
32 Pomona	193.21.49	57.16.54	220.42.55	5.28.50	de la época	5,0 Enero. . . . 1855
33 Polimnia.	342.59. 6	187.51.51	9.19.24	1.55.55	1890,0	26,0 Abril 1886
34 Circe.	148.41. 1	238.10.16	184.45.57	5.26.34	1870,0	9,0 Junio. . . . 1873
35 Leucotea.	202.24.32	119.38.14	355.49.17	8.12. 6	1880,6	25,0 Diciembre. . 1874
36 Atalanta	42.44. 2	63. 4.58	359.13.54	18.42.13	1870,0	0,0 Enero. . . , 1870
37 Fides.	66.25.53	223.22.11	8.21.27	3. 6.55	1880,0	4,0 Mayo. . . . 1875
38 Leda.	101.20.28	207.18.50	296.26.39	6.57. 1	1880,0	3,0 Mayo. . . . 1875
39 Leticia.	3. 7.35	192.51.18	157.15.20	10.21.52	1880.0	28,0 Marzo. . . . 1884
40 Harmonia	0.54. 7	187.42.58	93.34.54	4.15.48	de la época	0,0 Enero. . . . 1863
41 Dafne	220.33.17	30.51.24	179. 8.30	15.57.44	1880,0	20,0 Octubre. . . 1881
42 Isis	317.57.50	271.49. 8	84.27.52	8.34.33	de la época	11,0 Junio. . . . 1856

Nota. — Las longitudes están contadas del equinoccio indicado.

Números y Nombres de los planetas	Movimientos diurnos medios	Duración de las revoluciones siderales	Distancias medias al Sol	Excentricidad	Descubridores y fecha del descubrimiento			
		días						
43 Ariadna	1084"9500	1194,525	2,203282	0,1671321	Pogson	15	Abril	1857
44 Nisa	941,1804	1376,994	2,422270	0,1507193	Goldschmidt	27	Mayo	1857
45 Eugenia	790.7318	1638,988	2,720518	0,0810591	Goldschmidt	27	Junio	1857
46 Hestia	883,5639	1466,787	2,526460	0,1641668	Pogson	16	Agosto	1857
47 Aglaya	725,2590	1786,948	2,881879	0,1316041	Luther	15	Setiemb.	1857
48 Doris	646,1069	2005,860	3,112682	0,0648700	Goldschmidt	19	Setiemb.	1857
49 Pales	652,9945	1984,703	3,090756	0,2330263	Goldschmidt	19	Setiemb.	1857
50 Virginia	823,1603	1574,420	2,648500	0,2878625	Ferguson	4	Octubre	1857
51 Nemausa	975,4748	1328,584	2,365150	0,0672307	Laurent	22	Enero	1858
52 Europa	651,4951	1989,271	3,095496	0,1098528	Goldschmidt	4	Febrero	1858
53 Calipso	837,8551	1546,806	2,617530	0,2059556	Luther	4	Abril	1858
54 Alejandra	795,5362	1629,090	2,709549	0,1998867	Goldschmidt	10	Setiemb.	1858
55 Pandora	773,6632	1675,148	2,760386	0,1428746	Searle	10	Setiemb.	1858
56 Melete	845,8590	1532,170	2,600992	0,2340096	Goldschmidt	9	Setiemb.	1857
57 Mnemosina	634,3594	2043,006	3,150093	0,1145384	Luther	22	Setiemb.	1859
58 Concordia	799,5964	1620,818	2,700374	0,0425625	Luther	24	Marzo	1860
59 Olimpia	794,2774	1631 672	2,712416	0,1189243	Chacornac	12	Setiemb.	1860
60 Eco	958.2732	1352,433	2,393379	0,1837893	Ferguson	15	Setiemb.	1860
61 Danae	687,8375	1884,166	2,985478	0,1615369	Goldschmidt	9	Setiemb.	1860
62 Erato	642,5659	2016,914	3,124108	0,1755930	Foerster y Lesser	14	Setiemb.	1860
63 Ausonia	956,9791	1354,261	2,395536	0,1252688	De Gasparis	10	Febrero	1861

Nota. — Los elementos son *osculadores* para la época dada. Para 46 la osculación es para el 26 de Julio 1865.

Números y Nombres de los planetas	Longitud del perihelio	Longitud media de la época	Longitud del nodo ascendente	Inclinación	Equinoccio	Épocas en tiempo medio de París
43 Ariadna	277°57′46″	13° 1′43″	264°35′20″	3°27′38″	1875,0	0,0 Enero. . . . 1875
44 Nisa.	111.56.44	99.53.59	131.11.10	3.41.58	1880,0	26,0 Diciembre. . 1874
45 Eugenia	232, 5. 2	148. 4.25	147.56.41	6.35.16	1880,0	7,0 Febrero. . . 1883
46 Hestia.	354.14.19	353.48. 2	181.30.35	2.17.30	1870,0	0,0 Enero. . . . 1870
47 Aglaya.	312.39.34	199.16. 6	4.20.10	5. 0.30	1880,0	26,0 Marzo. . . . 1875
48 Doris	70.33.30	73.26.33	184.55. 7	6.30.39	1880,0	4,0 Diciembre. . 1880
49 Pales.	31.14.40	304.44.59	290.40. 0	3. 8.21	1880,0	28,0 Junio. . . . 1878
50 Virginia	10.31.42	344. 6.54	173.39.27	2.48.34	1890,0	20,0 Agosto . . . 1887
51 Nemausa.	174.42.59	232.27.48	175.52. 8	9.57. 0	1880,0	5,0 Mayo 1873
52 Europa.	106.56.33	76.42.43	129.39.32	7.26.36	1880,0	5,0 Diciembre. . 1878
53 Calipso.	92.51.42	344.39.14	143.58.19	5. 6.40	1880,0	11,0 Agosto . . . 1881
54 Alejandra.	295.39.15	252.34.53	313.45. 8	11.47.30	1890,0	15,0 Agosto . . . 1884
55 Pandora	10.36. 7	314.55.37	10.55.57	7.13.55	1880,0	23,0 Octubre. . . 1871
56 Melete.	294.50.13	156.17.59	194. 0.42	8. 2. 0	1835,0	23,0 Diciembre. . 1884
57 Mnemosina. . . .	53.25.16	186. 6. 5	200. 1.41	15.12.24	1880,0	4,0 Abril. . . . 1879
58 Concordia	189.10. 5	210.34.34	161.19.50	5. 1.51	de la época	7,0 Enero. . . . 1865
59 Olimpia	17.32.37	84.25. 1	170.26. 2	8.37. 6	1880,0	4,0 Febrero. . . 1875
60 Eco	98.35.57	317.54.49	192. 4.32	3.34.46	1880,0	26,0 Diciembre. . 1874
61 Danae.	344. 4.18	295.38.58	334.11.17	18.14.22	1875,0	4,0 Julio 1875
62 Erato	38.59.35	37.43.39	125.45.58	2.12.25	1880,0	21,0 Setiembre. . 1877
63 Ausonia	270.55.28	143.13.51	337.51.34	5.47.32	1880,0	28,0 Enero. . . . 1883

Nota. — Las longitudes están contadas del equinoccio indicado.

Números y Nombres *de los planetas*	Movimientos *diurnos medios*	Duración *de las revoluciones siderales*	Distancias *medias al Sol*	Excentricidad	Descubridores y fecha del descubrimiento			
		días						
64 Angelina	808"(209	1603,019	2,681571	0,1270703	**Tempel**	4	Marzo	1861
65 Cibeles	557,6009	2324,243	3,433909	0,1061705	**Tempel**	8	Marzo	1861
66 Maya	824,6400	1571,596	2,645421	0,1749756	**Tuttle**	9	Abril	1861
67 Asia	942,2820	1375,384	2,420381	0,1866031	**Pogson**	17	Abril	1861
68 Leto	765,2766	1693.505	2,780517	0,1882827	**Luther**	29	Abril	1861
69 Hesperia	688,5742	1882,150	2,983348	0,1645110	**Schiaparelli**	29	Abril	1861
70 Panopea	839,6145	1543,566	2,613872	0,1826488	**Goldschmidt**	5	Mayo	1861
71 Niobe	775,5937	1670,978	2,755803	0,1731670	**Luther**	13	Agosto	1861
72 Feronia	1040,1468	1245,978	2.266077	0,1197802	**Peters y Safford**	29	Mayo	1861
73 Clitia	815,4590	1589,289	2,665239	0,0419444	**Tuttle**	7	Abril	1862
74 Galatea	766,7100	1690,339	2,777050	0,2391779	**Tempel**	29	Agosto	1862
75 Eurídice	810,7920	1598,437	2,675458	0,3038469	**C. H. F. Peters**	22	Setiemb.	1862
76 Freia	562,4811	2304,785	3,41 018	0,1699697	**D'Arrest**	21	Octubre	1862
77 Frigga	814,1802	1591,785	2,668030	0,1318113	**C. H. F. Peters**	12	Noviemb.	1862
78 Diana	836,9534	1548,473	2,619410	0,2088159	**Luther**	15	Marzo	1863
79 Eurinome	928,8737	1395,238	2,443618	0,1944707	**Watson**	14	Setiemb.	1863
80 Safo	1019,7815	1270,861	2,296147	0,2001047	**Pogson**	2	Mayo	1864
81 Terpsícore	736,0166	1760,830	2,853730	0,2098613	**Tempel**	30	Setiemb.	1864
82 Alcmena	772,9968	1676,591	2,761972	0,2227846	**Luther**	27	Noviemb.	1864
83 Beatriz	936,6616	1383,638	2,430054	0,0859434	**De Gasparis**	26	Abril	1865
84 Clio	976,8636	1326,695	2,362916	0,2360383	**Luther**	25	Agosto	1865

Nota. — Los elementos son *osculadores* para la época dada. Para 72 la osculación es para el 17 de Junio 1861.

Números y Nombres de los planetas	Longitud del perihelio	Longitud media de la época	Longitud del nodo ascendente	Inclinación	Equinoccio	Épocas en tiempo medio de París
64 Angelina.	125°35′43″	220°36′17″	311° 3′55″	1°19′25″	1880,0	15,0 Enero. . . . 1875
65 Cibeles.	259.53.34	169. 0.46	158.54.22	3.29. 8	1890,0	26,5 Febrero. . . 1886
66 Maya.	38. 8.26	27.37.46	8.17. 1	3. 5.40	1876,0	4,5 Octubre. . . 1876
67 Asia.	306.34.33	121.38. 0	202.46.32	5.59.18	1880,0	23,0 Enero. . . . 1875
68 Leto.	345.14. 4	92.44.47	45. 1. 1	7.57.38	1880,0	22,0 Febrero. . . 1874
69 Hesperia	110.18.53	42. 2. 1	186.44.24	8.30.37	1890,0	29,0 Marzo. . . . 1880
70 Panopea.	299.48.52	321.53.14	48.18.22	11.38.14	1870,0	18,0 Setiembre. . 1870
71 Niobe	221.16.31	342.54.19	316.29.35	23.18.52	1880,0	18,0 Setiembre. . 1875
72 Feronia	307.58.10	41.22.42	207.48.32	5.23.53	1870,0	0,0 Enero. . . . 1870
73 Clitia	57.55.12	169.56.53	7.51.28	2.24.25	1880,0	16,0 Marzo. . . . 1875
74 Galatea.	8.18.16	148.55.32	197.50.38	4. 0.16	1880,0	27,0 Febrero. . . 1883
75 Eurídice.	335.28.59	217.38.54	0. 2.47	5. 0.14	1890,0	2,0 Abril 1887
76 Freia.	90.48.46	197.12.51	212. 4.57	2. 2.54	1880,0	27,0 Abril 1884
77 Frigga.	58.47.30	82. 3. 4	1.59.38	2.27.54	1880,0	14,0 Diciembre. . 1880
78 Diana	121.41.58	15.21.23	333.57.39	8.39.47	1890,0	15,0 Setiembre. . 1882
79 Eurinome	44.22.29	319.46.47	206.44.21	4.36.52	1880,0	20,0 Julio 1874
80 Safo.	355.18.26	61.38.34	218.44. 9	8.36.46	1880,0	3,0 Diciembre. . 1865
81 Terpsícore	49. 3. 1	284.42.56	2.23.12	7.55. 2	1890,0	31,0 Julio 1887
82 Alcmena.	131.45.16	47.34.12	26.57.18	2.51. 2	1882,0	15,0 Octubre. . . 1882
83 Beatriz.	191.46.26	7. 4.24	27.32. 4	5. 0.18	1870,0	28,0 Octubre. . . 1870
84 Clio	339.20.26	202.39.23	327.28.15	9.22.18	1880,0	26,0 Marzo. . . . 1875

Nota. — Las longitudes están contadas del equinoccio indicado.

NÚMEROS Y NOMBRES *de los planetas*	MOVIMIENTOS *diurnos medios*	DURACIÓN *de las revoluciones siderales*	DISTANCIAS *medias al Sol*	EXCENTRICIDAD	DESCUBRIDORES Y FECHA DEL DESCUBRIMIENTO
		dias			
85 Io.	820″6933	1579,153	2,653896	0,1911540	**C. H. F. Peters**. . 19 Setiemb. 1865
86 Semele.	649,5924	1995,097	3,101538	0,2193416	**Tietjen**. . . . . 4 Enero 1866
87 Silvia	545,7925	2374,529	3,483261	0,0922142	**Pogson**. . . . . 16 Mayo 1866
88 Tisbe	770,7573	1681,463	2,767320	0,1631757	**C. H. F. Peters**. . 15 Junio 1866
89 Julia.	870,8412	1488,216	2,551009	0,1805349	**Stephan** . . . . . . 6 Agosto 1866
90 Antiope	635,4019	2039,654	3,147546	0,1644857	**Luther** . . . . 1 Octubre 1866
91 Egina	851,4772	1522,060	2,589538	0,1086833	**Borrelly** . . . . . . 4 Noviemb. 1866
92 Undina.	624,1898	2076,291	3,185126	0,1023816	**C. H. F. Peters** . . 7 Julio 1867
93 Minerva	776,4947	1669,040	2,753664	0,1405417	**Watson**. . . . . 24 Agosto 1867
94 Aurora.	631,5833	2051,986	3,160220	0,0827106	**Watson**. . . . . 6 Setiemb. 1867
95 Aretusa	659,2278	1965,936	3,071241	0,1447232	**Luther** . . . . 23 Noviemb. 1867
96 Egle.	666,2189	1945,306	3,049718	0,1404769	**Coggia** . . . . 17 Febrero 1868
97 Clotho.	812,9115	1594,270	2,670805	0,2549587	**Tempel**. . . . . 17 Febrero 1868
98 Jante.	806,6252	1606,694	2,684664	0,1919663	**C. H F. Peters** . . 18 Abril 1868
99 Dike.	758,66	1708,27	2,79665	0,238391	**Borrelly** . . . . . . 28 Mayo 1868
100 Hécate.	653,1174	1984,329	3,090368	0,1639396	**Watson**. . . . . 11 Julio 1868
101 Helena.	853,7520	1518,005	2,584936	0,1385878	**Watson**. . . . . 15 Agosto 1868
102 Miriam.	816,9846	1586,322	2,661921	0,3035389	**C. H. F. Peters** . . 22 Agosto 1868
103 Hera.	799,1227	1621,778	2.701440	0,0803449	**Watson**. . . . . 7 Setiemb. 1868
104 Climene	632,8833	2047,771	3,155891	0,1556726	**Watson**. . . . . 13 Setiemb. 1868
105 Artemisa. . . .	969.7656	1336,405	2,374432	0,1749276	**Watson**. . . . . 16 Setiemb. 1868

NOTA. — Los elementos son *osculadores* para la época dada. Para 85 la osculación es para el 4 Setiembre 1865.

Números y Nombres de los planetas	Longitud del perihelio	Longitud media de la época	Longitud del nodo ascendente	Inclinación	Equinoccio	Épocas en tiempo medio de Paris
85 Io.	322°34′32″	352°28′43″	203°55′59″	11°53′16″	de la época	0,0 Enero. . . . 1870
86 Semele.	29. 9.33	149.52.28	87.44.53	4.47.26	1880,0	8,0 Marzo. . . . 1884
87 Silvia	333.48.11	151.34.40	75.49.32	10.55.10	1880,0	17,0 Febrero. . . 1884
88 Tisbe	308.33.51	348.49.21	277.53.46	5.14.29	1880,0	3,0 Octubre. . . 1871
89 Julia.	353.26.18	345.13.12	311.41.36	16.10.54	1880,0	29,0 Octubre. . . 1866
90 Antiope	301.15.18	162. 2.58	71.28.57	2.16.31	1890,0	26,0 Febrero. . . 1886
91 Egina	80.22.27	30. 2.49	11. 6.56	2. 8.15	1880,0	10,0 Enero. . . . 1875
92 Undina.	331.27.12	188. 8. 4	102.52.24	9.56.56	1880,0	6,0 Abril 1871
93 Minerva	274.43.34	24.16.47	5. 3.40	8.36.34	1870,0	6,0 Noviembre . 1872
94 Aurora.	48.46.30	74.25.33	4. 9.22	8. 4.17	1880,0	30,0 Noviembre . 1879
95 Aretusa	32.58. 5	342.59.19	244.17.30	12.54. 5	1880,0	12,0 Agosto . . . 1877
96 Egle.	163. 9.59	130.14.47	322.49.44	16. 6.47	1870,0	6,0 Marzo. . . . 1873
97 Clotho.	65.31.40	331.48.45	160.37. 1	11.45.51	1880,0	27,0 Julio 1883
98 Jante	148.52.30	95.53.34	354. 6.53	15.31.46	1880,0	13,0 Diciembre. . 1884
99 Dike.	240.35.34	231.12. 8	41.43.42	13.53.17	1868,0	5,0 Junio. . . . 1868
100 Hécate.	308. 3.13	78.37.55	128.11.55	6.23. 9	1880,0	21,0 Diciembre. . 1875
101 Helena.	327.14.58	194.46.53	343.45.33	10.10.45	1880,0	5,0 Abril 1875
102 Miriam.	354.38.37	163. 2.48	211.57.53	5. 3.40	1880,0	26,0 Diciembre. . 1874
103 Hera.	321. 2.44	158. 2.22	136.18.22	5.23.58	1880,0	6,0 Marzo. . . . 1875
104 Climene	60.20.51	200.37.26	43.38.53	2.54. 5	1890,0	6,0 Mayo. . . . 1888
105 Artemisa. . . .	242.37.44	298.57.23	188. 2.58	21.31.15	1880,0	3,0 Agosto . . . 1875

Nota. — Las longitudes están contadas del equinoccio indicado.

Números y Nombres *de los planetas*	Movimientos *diurnos medios*	Duración *de las revoluciones siderales*	Distancias *medias al Sol*	Excentricidad	Descubridores y fecha del descubrimiento
		dias			
106 Dione	629″5650	2058,564	3,166970	0,1788351	**Watson** . . . 10 Octubre 1868
107 Camila	545,4463	2376,036	3,484737	0,0756468	**Pogson** . . . 17 Noviemb. 1868
108 Hécube	616,5851	2101,036	3,211262	0,1005204	**Luther** . . . 2 Abril 1869
109 Felicitas	802,0008	1615,958	2,694973	0,3001958	**C. H. F. Peters** . . 9 Octubre 1869
110 Lidia	785,4329	1650,045	2,732740	0,0770105	**Borrelly** . . . 19 Abril 1870
111 Ate	849,9278	1524,835	2,592684	0,1052825	**C. H. F. Peters** . . 14 Agosto 1870
112 Ifigenia	934,6791	1386,572	2,433489	0,1282158	**C. H. F. Peters** . . 19 Setiemb. 1870
113 Amaltea	968,7682	1337,781	2,376062	0,0874209	**Luther** . . . 12 Marzo 1871
114 Casandra	810,6292	1598,758	2,675815	0,1401121	**C. H. F. Peters** . . 23 Julio 1871
115 Thyra	966,9283	1340,327	2,379075	0,1939214	**Watson** . . . 6 Agosto 1871
116 Sirona	770,9425	1681,059	2,766876	0,1432844	**C. H. F. Peters** . . 8 Setiemb. 1871
117 Lomia	686,0326	1889,124	2,990712	0,0228841	**Borrelly** . . . 12 Setiemb. 1871
118 Peito	931,8620	1390,764	2,438389	0,1608114	**Luther** . . . 15 Marzo 1872
119 Altea	855,0239	1515,747	2,582373	0,0814809	**Watson** . . . 3 Abril 1872
120 Laquesis	643,5083	2013,960	3,121056	0,0474842	**Borrelly** . . . 10 Abril 1872
121 Hermione	552,8545	2344,197	3,453534	0,1254549	**Watson** . . . 12 Mayo 1872
122 Gerda	614,7389	2108,212	3,217688	0,0414542	**C. H. F. Peters** . . 31 Julio 1872
123 Brunilda	801,9815	1615,907	2,695017	0,1231872	**C. H. F. Peters** . . 31 Julio 1872
124 Alceste	832,0495	1557,600	2,629692	0,0784436	**C. H. F. Peters** . . 23 Agosto 1872
125 Liberatrix	780,7450	1659,953	2,743671	0,0797775	**Prosper Henry** . . 11 Setiemb. 1872
126 Veleda	930,9792	1392,083	2,439932	0,1061262	**Paul Henry** . . . 5 Noviemb. 1872

Nota. — Los elementos son *osculadores* para la época dada.

Números y Nombres de los planetas	Longitud del perihelio	Longitud media de la época	Longitud del nodo ascendente	Inclinación	Equinoccio	Épocas en tiempo medio de Paris
106 Dione	25°56′57″	12°38′58″	63°13′31″	4°38′ 2″	1880,0	30,0 Noviembre . 1879
107 Camila.	115.53.15	338. 3.42	176.17.54	9.53.49	1880,0	16,0 Agosto . . . 1880
108 Hécube.	173.49.22	336.47.59	352.17.12	4.24.10	1870,0	13,0 Setiembre. . 1871
109 Felicitas. . . .	56. 0.54	39.55.58	4.56. 6	8. 2.58	1869,0	31,0 Octubre. . . 1869
110 Lidia	336.48.46	341.56.44	57. 9.38	5.59.49	1880,0	6,0 Setiembre. . 1876
111 Ate	103.41.46	201.49.24	306.12.43	4.56.35	1870,0	5,0 Mayo 1873
112 Ifigenia	338. 9. 0	155.21.33	324. 2 44	2,36.54	1876,0	19.5 Febrero. . . 1876
113 Amaltea	198.43.53	3.42.36	123.10.31	5. 2.13	1880,0	26,0 Setiembre. . 1876
114 Casandra. . . .	153. 5.51	152.43.23	164.24.12	4.54.31	1874,0	0,0 Enero. . . . 1874
115 Thyra	43. 2. 6	160.18.44	309. 5. 8	11.34.39	1880,0	13,0 Febrero. . . 1877
116 Sirona.	152.46.53	44.59.22	64.25.42	3.35.13	1880,0	23,0 Octubre. . . 1876
117 Lomia.	48.45.40	358. 9.45	349.38.43	14.57.33	1880,0	15,5 Setiembre. . 1871
118 Peito.	77.35.46	160.32.17	47.29.46	7.48. 1	1880,0	24,5 Marzo. . . . 1872
119 Altea	11.29.28	296.51.27	203.56.41	5.45. 5	1880,0	3,0 Julio 1877
120 Laquesis. . . .	214. 0. 5	67.51.49	342.51.24	7. 1.11	1880,0	26,5 Noviembre . 1875
121 Hermione. . . .	357.50.27	135.39.40	76.46. 4	7.35.57	1880,0	2,0 Febrero. . . 1883
122 Gerda	203.45.28	279. 9.38	178.42.53	1.36.30	1880,0	12,0 Julio. . . . 1883
123 Brunilda. . . .	69.24.36	105. 1. 7	308.23.14	6 24.51	1880,0	13,0 Enero. . . . 1883
124 Alceste.	245.42. 6	325. 0.57	188.25.31	2.55.49	1880,0	26,5 Agosto . . . 1872
125 Liberatrix . . .	273.29. 4	29.14.34	169.35.10	4.38. 7	1877,0	10,5 Octubre. . . 1887
126 Veleda.	347.45.50	137.41.35	23. 7.10	2.56. 9	1870,0	0,0 Enero. . . . 1874

Nota. — Las longitudes están contadas del equinoccio indicado.

Números y Nombres *de los planetas*	Movimientos *diurnos medios*	Duración *de las revoluciones siderales*	Distancias *medias al Sol*	Excentricidad	Descubridores y fecha del descubrimiento
		dias			
127 Johanna. . . .	775″0173	1670,281	2,755037	0,0659387	**Prosper Henry** . . 5 Noviemb. 1872
128 Nemesis	777,4729	1666,939	2,751358	0,1257204	**Watson**. . . . . . 25 Noviemb. 1872
129 Antígone. . . .	730,5923	1773,903	2,867836	0,2125747	**C. H. F. Peters** . . 5 Febrero 1873
130 Electra.	645.5290	2007,656	3,114540	0,2131938	**C. H. F. Peters** . . 17 Febrero 1873
131 Vala.	935,6600	1385,118	2,431788	0,0682726	**C. H. F. Peters** . . 24 Mayo 1873
132 Ochra	845,104	1533,54	2,60254	0,379926	**Watson**. . . . . . . 13 Junio 1873
133 Cirene	663,5850	1953,028	3,057783	0,1398198	**Watson**. . . . . . . 16 Agosto 1873
134 Sofrosina . . .	863,8555	1500,251	2,564742	0,1165263	**Luther** . . . . 27 Setiemb. 1873
135 Herta	936,5194	1383,847	2,430300	0,2036721	**C. H. F. Peters** . . 18 Febrero 1874
136 Austria.	1026,3921	1262,675	2,286277	0,0848638	**Palisa**. . . . . 18 Marzo 1874
137 Melibea.	641,8566	2019,143	3,126411	0,2074309	**Palisa**. . . . . 21 Abril 1874
138 Tolosa.	925,7298	1399,977	2,449147	0,1622832	**Perrotin** . . . . . . 19 Mayo 1874
139 Juewa.	765,7567	1692,444	2,779354	0,1773267	**Watson**. . . . . . . 10 Octubre 1874
140 Siva.	785,9111	1649,041	2,731631	0,2160387	**Palisa**. . . . . 13 Octubre 1874
141 Lumen.	814,8237	1590,328	2,666625	0,2114897	**Paul Henry** . . . . 13 Enero 1875
142 Polana.	942,8756	1374,519	2,419366	0,1321934	**Palisa**. . . . . 28 Enero 1875
143 Adria	773,0080	1676,567	2,761946	0,0729181	**Palisa**. . . . . 23 Febrero 1875
144 Vibilia.	819,4357	1581,576	2,656610	0,2344211	**C. H. F. Peters** . . 3 Junio 1875
145 Adeona	812,2040	1595,058	2,672356	0,1406007	**C. H. F. Peters** . . 3 Junio 1875
146 Lucina.	791,4476	1637,506	2,718877	0,0655260	**Borrelly** . . . . . . 8 Junio 1875
147 Protogenia. . . .	637,9150	2031,619	3,139274	0,0246682	**Schulhof** . . . . . . 10 Julio 1875

Nota. — Los elementos son *osculadores* para la época dada.

Números y Nombres de los planetas	Longitud del perihelio	Longitud media de la época	Longitud del nodo ascendente	Inclinación	Equinoccio	Épocas en tiempo medio de Paris
127 Johanna. . . .	122°37′15″	346°25′25″	31°46′18″	8°16′40″	1880,0	5,5 Setiembre. . 1876
128 Nemesis	16.34.12	245.18.50	76.30.40	6.15.31	1875,0	25,0 Abril 1875
129 Antígone. . . .	242. 3.44	276.20.53	137.37. 7	12. 9.53	1880,0	27,0 Mayo 1884
130 Electra.	20.33.50	200.58.36	146. 6.24	22.57.21	1890,0	12,0 Abril 1885
131 Vala.	222.49.37	242.12.34	65.15. 0	4.58. 6	1873,0	24,5 Mayo. . . . 1873
132 Ochra	152.24. 8	171.35.36	260. 2.21	24.59.59	1880,0	13,0 Febrero. . . 1877
133 Cirene	247.13.19	95.36.24	321. 7.56	7.13.44	1880,0	14,0 Diciembre. . 1880
134 Sofrosina. . . .	67.32.49	126.41. 3	346.22. 2	11.35.55	1880,0	8,0 Febrero. . . 1879
135 Herta	320.10.59	138. 0. 8	344. 2.41	2.18.36	1880,0	11,0 Febrero. . . 1885
136 Austria.	316. 6. 3	66.48.54	186. 6.57	9.33.28	1880,0	10,0 Diciembre. . 1879
137 Melibea.	307.58.20	267.36.25	204.22.19	13.22.10	1880,0	8,5 Junio. . . . 1880
138 Tolosa.	311.39. 8	160. 7.59	54.52.15	3.13.54	1880,0	20,5 Febrero. . . 1877
139 Juewa.	164.34. 0	164.39.36	2.21.10	10.57.19	1880,0	23,5 Febrero. . . 1881
140 Siva.	300.33.22	101.23.51	107. 2.21	3.11.38	1876,0	5,5 Enero. . . . 1876
141 Lumen.	13.42.39	336.52.36	319. 6.42	11.57.21	1877,0	13,5 Agosto . . . 1877
142 Polana.	219.53.55	317.34. 5	292.17. 0	2.14.25	1880,0	5,0 Setiembre. . 1880
143 Adria	222.27. 8	158.12.29	333.41.37	11.30.12	1875,0	26,5 Febrero. . . 1875
144 Vibilia.	7.13.39	189. 4.52	76.49.40	4.48.33	1890,0	29,0 Marzo. . . . 1887
145 Adeona	117.52.50	9.50.27	77.40.36	12.38.19	1885,0	27,5 Agosto . . . 1885
146 Lucina.	227.34.23	5.10.58	84.16.18	13. 5.50	1890,0	9,0 Octubre. . . 1885
147 Protogenia. . .	25.37.31	104.55.40	251.16.26	1.53.51	1880,0	19,0 Enero. . . . 1878

Nota. — Las longitudes están contadas del equinoccio indicado.

Números y Nombres de los planetas	Movimientos diurnos medios	Duración de las revoluciones siderales	Distancias medias al Sol	Excentricidad	Descubridores y fecha del descubrimiento
		días			
148 Galia.	760″2347	1684,791	2,770970	0,1854551	**Prosper Henry** . . 7 Agosto 1875
149 Medusa.	1139,20	1137,69	2,13275	0,119369	**Perrotin** . . . . . . 21 Setiemb. 1875
150 Nuva.	690,2699	1877,527	2,978460	0,1307458	**Watson**. . . . . . . 18 Octubre 1875
151 Abundancia . .	849,6657	1525,306	2,593218	0,0356020	**Palisa**. . . . . 1 Noviemb. 1875
152 Atala	638,8540	2028,633	3,136196	0,0862526	**Paul Henry** . . . . 2 Noviemb. 1875
153 Hilda	448,9729	2886,588	3,067568	0,1675417	**Palisa**. . . . . 2 Noviemb. 1875
154 Berta	620,5367	2088,515	3,197615	0,0787863	**Prosper Henry** . . 4 Noviemb. 1875
155 Scylla	713,70	1815,67	2,91267	0,255858	**Palisa**. . . . . 8 Noviemb. 1875
156 Xantipa	670,23	1933,74	3,03754	0,263704	**Palisa**. . . . . 22 Noviemb. 1875
157 Dejanira. . . .	854,804	1516,14	2,58281	0,210470	**Borrelly** . . . . . . 1 Diciemb. 1875
158 Coronis	729,2363	1777,202	2,871390	0,0544714	**Knorre**. . . . . 4 Enero 1876
159 Emilia.	647,2732	2002,245	3,108942	0,1033707	**Paul Henry** . . . . 28 Enero 1876
160 Una.	787,1915	1646,359	2,728669	0,0624156	**C. H. F. Peters** . . 20 Febrero 1876
161 Ator.	966,8393	1340,450	2,379221	0,1389460	**Watson**. . . . . . . 19 Abril 1876
162 Laurencia . . .	676,4291	1915,944	3,018952	0,1820677	**Prosper Henry** . . 21 Abril 1876
163 Erigona. . . .	981,15	1320,90	2,35603	0,156718	**Perrotin** . . . . . . 26 Abril 1876
164 Eva	831,2234	1559,147	2,631434	0,3471007	**Paul Henry** . . . . 12 Julio 1876
165 Loreley.	640,1433	2024,547	3,131984	0,0702091	**C. H. F. Peters** . . 9 Agosto 1876
166 Rodope.	806,3419	1607,259	2,685293	0,2118631	**C. H. F. Peters** . . 15 Agosto 1876
167 Urda.	736,1802	1760,439	2,853306	0,0340118	**C. H. F. Peters** . . 28 Agosto 1876
168 Sibila	571,8843	2266,193	3,376406	0,0708180	**Waston**. . . . . . . 27 Setiemb. 1876

Nota. — Los elementos son *osculadores* para la época dada.

Números y Nombres de las planetas	Longitud del perihelio	Longitud media de la época	Longitud del nodo ascendente	Inclinación	Equinoccio	Épocas en tiempo medio de Paris
148 Galia.	36° 6′41″	354°50′36″	145°13′ 2″	25°21′ 8″	1880,0	12,0 Setiembre. . 1875
149 Medusa.	246.37. 3	342.12.45	160. 4. 4	1. 5.57	1875,0	30,5 Setiembre. . 1875
150 Nuva.	355.27.18	172.32.30	207.35.15	2. 8.33	1880,0	14,5 Marzo. . . . 1883
151 Abundancia . .	173.54.59	29.18.11	38.48.19	6.29.50	1880,0	16,5 Octubre. . . 1879
152 Atala.	84.22.35	55.42.14	41.29. 6	12.12.30	1875,0	17,0 Diciembre. . 1875
153 Hilda.	284.35.21	246. 1.16	228.22.39	7.52.43	1890,0	15,0 Junio. . . . 1888
154 Berta.	190.46.48	14.30.52	37.24.33	20.58.56	1890,0	4,0 Octubre. . . 1886
155 Scylla	82. 1. 8	61.41.13	42.52. 3	14. 4.20	1875,0	8,5 Noviembre . 1875
156 Xantipa	155.57.30	82.29.33	246.10.51	7.28.38	1876,0	27,5 Noviembre . 1875
157 Dejanira	107.24.16	88.13.22	62.31. 7	12. 2. 5	1881,0	27,5 Diciembre. . 1875
158 Coronis	56.55.38	285.56. 5	281.29.36	1. 0. 4	1880.0	28,0 Junio. . . . 1878
159 Emilia.	101.22.23	346.48. 0	135. 8.55	6. 4. 0	1890,0	30,0 Agosto . . . 1885
160 Una	55.57. 8	148.46.58	9.21.40	3.51.21	1880,0	10,0 Marzo. . . . 1876
161 Ator.	310.40. 5	318.57.32	18.27.17	9. 3.18	1880,0	15,0 Agosto . . . 1884
162 Laurencia . . .	145.10.32	237.18.30	38. 6.10	6. 5.13	1890,0	1,0 Junio. . . . 1887
163 Erígona	93,46. 2	206.30. 2	159. 2.21	4.41.31	1876,0	26,5 Mayo 1876
164 Eva	359.32.23	158.50.18	77.28.25	24.24.50	1880,0	14,0 Marzo. . . . 1883
165 Loreley.	280. 6.37	29.34.37	304. 5. 2	11.11. 2	1890,0	2,0 Noviembre . 1888
166 Rodope.	30.45. 4	104. 5.41	129.41.32	12. 0. 9	1890,0	8,0 Febrero. . . 1878
167 Urda.	296. 3.50	280,34.19	166.28.17	2.10.32	1890,0	30,0 Agosto . . . 1885
168 Sibila	11.26. 1	279.46.36	209.47. 2	4.32.53	1880,0	12,0 Junio. . . . 1881

Nota. — Las longitudes están contadas del equinoccio indicado.

Números y Nombres *de los planetas*	Movimientos *diurnos medios*	Duración *de las revoluciones siderales*	Distancias *medias al Sol*	Excentricidad	DESCUBRIDORES y fecha del descubrimiento
		días			
169 Celia.	980″0928	1322,324	2,357727	0,1312654	**Prosper Henry**. . 28 Setiemb. 1876
170 María	868,8279	1491,665	2,554946	0,0639449	**Perrotin** . . . . . . 10 Enero 1877
171 Ofelia	636,7315	2035,395	3,143162	0,1167839	**Borrelly** . . . . . . 13 Enero 1877
172 Baucis.	966,7231	1340,611	2,379414	0,1139363	**Borrelly** . . . . . . 5 Febrero 1877
173 Ino	780,3520	1660,789	2,744587	0,2047106	**Borrelly** . . . . . . 1 Agosto 1877
174 Fedra	733,6145	1766,596	2,859955	0,1492434	**Watson**. . . . . . . 2 Setiemb. 1877
175 Andrómaca. . .	540,226	2398,99	3,50714	0,347629	**Watson**. . . . . . . 1 Octubre 1877
176 Idunna.	624,5368	2075,138	3,183945	0,1680382	**C. H. F. Peters** . . 14 Octubre 1877
177 Irma.	769,8397	1683,467	2,769518	0,2309771	**Paul Henry** . . . . 5 Noviemb. 1877
178 Belisana	918,9626	1410,286	2,461156	0,4536296	**Palisa**. . . . . 6 Noviemb. 1877
179 Clitemnestra . .	692,8210	1870,613	2,971144	0,1132581	**Watson**. . . . . . . 11 Noviemb. 1877
180 Garumna. . . .	788,9373	1642,716	2,724642	0,1671961	**Perrotin** . . . . . . 29 Enero 1878
181 Eucaris	643,0400	2015,426	3,122576	0,2204778	**Cottenot** . . . . . 2 Fe rero 1878
182 Elsa	945,0262	1371,391	2,415693	0,1852407	**Palisa**. . . . . 7 Febrero 1878
183 Istria.	756,3770	1713,431	2,802370	0,3530110	**Palisa**. . . . . 8 Febrero 1878
184 Deiopea	623,2669	2079,366	3,188269	0,0725293	**Palisa**. . . . . 28 Febrero 1878
185 Eunike.	783,5296	1654,034	2,737164	0,1291574	**C. H. F. Peters** . . 1 Marzo 1878
186 Celute	977,2260	1326,203	2,362333	0,1511702	**Prosper Henry** . . 6 Abril 1878
187 Lamberta. . . .	787,8243	1645,037	2,727207	0,2391464	**Coggia** . . . . 11 Abril 1878
188 Menippe	748,83	1730,71	2,82110	0, 217340	**C. H. F. Peters** . . 18 Junio 1878
189 Phtia	924,9882	1401,099	2,450456	0,0355994	**C. H. F. Peters** . . 9 Setiemb. 1878

Nota. — **Los elementos son *osculadores* para la época dada.**

Números y Nombres de los planetas	Longitud del perihelio	Longitud media de la época	Longitud del nodo ascendente	Inclinación	Equinoccio	Épocas en tiempo medio de Paris
169 Celia.	326°20′13″	133°35′42″	354°38′10″	5°30′54″	1880,0	8,0 Febrero. . . 1878
170 Maria	95.47.20	348.32. 9	301.19.33	14.22.50	1880,0	22,0 Agosto . . . 1879
171 Ofelia	143.58.36	168.17.15	101.10. 2	2.33.52	1880,0	14,0 Marzo. . . . 1883
172 Baucis.	329.22.36	156.25.49	331.49.56	10. 2. 7	1877,0	2,0 Marzo. . . . 1877
173 Ino.	13.28. 3	0.20.28	148.33.52	14.14.50	1877,0	25,5 Octubre. . . 1877
174 Fedra	253.12.16	74.45.35	328.48.30	12. 9. 0	1880,0	5,5 Deciembre. . 1883
175 Andrómaca. . .	293. 0.11	290.59.17	23.34.35	3.46.29	1880,0	12,0 Julio 1883
176 Idunna.	22.39.24	274.46.22	201. 7.51	22.37. 3	1890,0	11,0 Julio 1887
177 Irma.	22. 5.48	2.45. 8	349.16.50	1.26.52	1886,0	29,5 Agosto . . . 1886
178 Belisana	263.39. 8	203.30.43	50.51. 3	1.54.38	1890,0	22,0 Abril. . . . 1887
179 Clitemnestra. .	355.39.26	295.20.14	253.12.45	7.46.58	1890,0	26,5 Junio. . . . 1886
180 Garumna. . . .	124.23.37	234.45.48	314.38.21	0.53.28	1890,0	26,0 Mayo 1888
181 Eucaris.	95.25. 0	128. 1. 8	144.44.51	18.37.41	1878,0	11,5 Febrero . . . 1878
182 Elsa	54.51.51	115.12.47	106.29.32	2. 0.11	1878,0	0,0 Enero. . . . 1878
183 Istria	41.59.36	99.11.41	142.46. 3	26.30.10	1878,0	10,0 Febrero. . . 1878
184 Deiopea	169.22.20	36.53.13	336.18.30	1.12.25	1880,0	30,0 Octubre. . . 1881
185 Eunike.	16.31.42	245.27.17	153.49.56	23.17.18	1879,0	14,5 Mayo. . . . 1879
186 Celute.	327.23.47	221.15.29	14.34.23	13. 6.15	1878,0	26,0 Mayo. . . . 1878
187 Lamberta. . . .	214. 3.55	142.19.15	22.12.49	10.43.11	1880,0	18,0 Enero. . . . 1883
188 Menippe	309.37.59	272.45.25	241.44.23	11.21.17	1878,0	5,5 Julio 1878
189 Phtia.	6.50.15	142.29.56	203.21.58	5. 9.32	1880,0	18,0 Febrero. . . 1880

Nota. — Las longitudes están contadas del equinoccio indicado.

Números y Nombres *de los planetas*	Movimientos *diurnos medios*	Duración *de las revoluciones siderales*	Distancias *medias al Sol*	Excentricidad	DESCUBRIDORES Y FECHA DEL DESCUBRIMIENTO			
		dias						
190 Ismene.	452″4692	2864,283	3,947103	0,1633982	**C. H. F. Peters** . .	22	Setiemb.	1878
191 **Kolga**	719,6914	1800,772	2,896730	0,0876165	**C. H. F. Peters** . .	30	Setiemb.	1878
192 **Nausicaa**. . . .	953,4600	1359,260	2,401431	0,2413071	**Palisa**.	17	Febrero	1879
193 Ambrosía. . . .	858,30	1509,97	2,57580	0,285372	**Coggia**	28	Febrero	1879
184 Progne.	838,6392	1545,361	2,615899	0,2382896	**C. H. F. Peters** . .	21	Marzo	1879
195 Euriclea	726,3648	1784,227	2,878952	0,0470609	**Palisa**.	22	Abril	1879
196 **Filomela**. . . .	645,8044	2006,800	3,113654	0,0117982	**C. H. F. Peters** . .	14	Mayo	1879
197 Aretea.	782,7240	1655,756	2,739044	0,1621454	**Palisa**.	21	Mayo	1879
198 Ampela	919,8777	1408,883	2,459524	0,2265965	**Borrelly**	13	Junio	1879
199 Biblis	626,3760	2069,045	3,177710	0,1687412	**C. H. F. Peters** . .	9	Julio	1879
200 Dinamene . . .	783,2609	1654,621	2,737789	0,1335192	**C. H. F. Peters** . .	27	Julio	1879
201 Penélope. . . .	810,3560	1599,297	2,676410	0,1818523	**Palisa**.	7	Agosto	1879
202 **Crises**	657,1513	1972,149	3,077708	0,0950302	**C. H. F. Peters** . .	11	Setiemb.	1879
203 Pompeya. . . .	783,3390	1654,456	2,737608	0,0587643	**C. H. F. Peters** . .	25	Setiemb.	1879
204 Calisto.	811,8030	1596,446	2,673246	0,1752159	**Palisa**.	8	Octubre	1879
205 **Marta**	766,6919	1690,379	2,777094	0,0348370	**Palisa**.	13	Octubre	1879
206 **Hersilia**	782,3460	1656,556	2,739924	0,0388795	**C. H. F. Peters** . .	13	Octubre	1879
207 **Eda**	1028,0128	1260,685	2,283874	0,0300840	**Palisa**.	17	Octubre	1879
208 **Lacrimosa** . . .	721,2256	1796,941	2,892613	0,0149370	**Palisa**.	21	Octubre	1879
209 Dido.	636,5847	2035,864	3,143646	0,0636813	**C. H. F. Peters** . .	22	Octubre	1879
210 **Isabel**	789,4163	1641,719	2,723540	0,1220228	**Palisa**.	12	Noviemb.	1879

Nota. — Los elementos son *osculadores* para la época dada.

NÚMEROS Y NOMBRES de los planetas	LONGITUD del perihelio	LONGITUD media de la época	LONGITUD del nodo ascendente	INCLINACIÓN	EQUINOCCIO	ÉPOCAS en tiempo medio de Paris
190 Ismene.	105°39′ 4″	247°55′18″	176°59′57″	6° 6′46″	1880,0	2,0 Junio. . . . 1883
191 Kolga	23.21.15	3.21.43	159.46.45	11.29.14	1878,0	2,5 Octubre. . . 1878
192 Nausicäa. . . .	0.45.19	160.45.48	343.18.51	6.50.25	1879,0	20,5 Abril 1879
193 Ambrosía. . . .	70.51.31	139.40.33	351.14.32	11.38.32	1879,0	25,5 Marzo . . . 1879
194 Progne.	319.33. 6	175.59.41	159.19.21	18.24.11	1880,0	27,0 Febrero. . . 1883
195 Euriclea	115.48.30	299. 0.48	7.57.14	7. 1.14	1890,0	21,0 Julio 1885
196 Filomela. . . .	309.18.50	227.50.56	73.24.17	7.16.19	1890,0	2,0 Mayo. . . . 1885
197 Aretea	324.50.40	267. 8.52	82. 0.27	8.47.52	1879,0	27,5 Junio. . . . 1879
198 Ampela.	354.46.28	182.29. 6	268.44.49	9.19.47	1880,0	24,0 Marzo. . . . 1882
199 Biblis	261.19.38	208.49.59	89.52.28	15.22. 0	1880,0	17,0 Abril. . . . 1884
200 Dinamene . . .	46.38.21	353.36.30	325.25.49	6.55.32	1879,0	7,5 Noviembre . 1879
201 Penélope. . . .	334.20.49	335. 0.50	157. 4.36	5.43.31	1879,0	12,7 Setiembre. . 1879
202 Crises	129.46.20	90.24.13	137.47.29	8.48. 8	1880,0	13,0 Enero. . . . 1881
203 Pompeya. . . .	42.51.16	215.59.53	348.37.30	3.12.40	1880,0	8,0 Abril 1882
204 Calisto.	257.45.21	29.32.14	205.39.56	8.18.56	1880,0	4,5 Enero. . . . 1880
205 Marta	21.54.13	127.50.39	212.12.19	10.39.58	1880,0	22,5 Enero. . . . 1881
206 Hersilia	95.43.44	79.39.29	145.16.26	3.45.41	1890,0	22,0 Enero. . . . 1885
207 Eda	217. 1.58	329.14. 7	28.51.18	3.49.22	1880,0	26,0 Agosto . . . 1882
208 Lacrimosa . . .	127.51.54	133. 3.26	5.42.35	1.47.56	1890,0	6,0 Febrero. . . 1886
209 Dido.	257.32.57	173.50.15	2. 0.16	7.15. 1	1880,0	9,5 Marzo. . . . 1882
210 Isabel	44.22. 1	195.50.19	32.58.13	5.18.11	1890,0	7,0 Abril. . . . 1886

NOTA. — Las longitudes están contadas del equinoccio indicado.

Números y Nombres *de los planetas*	Movimientos *diurnos medios*	Duración *de las revoluciones siderales*	Distancias *medias al Sol*	Excentricidad	DESCUBRIDORES Y FECHA DEL DESCUBRIMIENTO
		días			
211 Isolde	667″2952	1942,169	3,046438	0,1540685	**Palisa** 10 Diciemb. 1879
212 Medea	645,1569	2008,814	3,115738	0,1012526	**Palisa** 6 Febrero 1880
213 Lilea	775,3801	1671,438	2,756310	0,1437008	**C. H. F. Peters** 16 Febrero 1880
214 Asquera	840,9460	1541,120	2,611115	0,0316046	**Palisa** 26 Febrero 1880
215 Enone	770,4950	1682,036	2,767048	0,0389914	**Knorre** 7 Abril 1880
216 Cleopatra	758,7795	1708,006	2,796366	0,2491678	**Palisa** 10 Abril 1880
217 Eudoro	730,1642	1774,943	2,868958	0,3068172	**Coggia** 30 Agosto 1880
218 Blanca	815,4409	1589,324	2,665279	0,1155208	**Palisa** 4 Setiemb. 1880
219 Tusnelda	982,2925	1319,363	2,354214	0,2246861	**Palisa** 30 Setiemb. 1880
220 Estefanía	984,634	1316,22	2,35047	0,257056	**Palisa** 19 Mayo 1881
221 Eos	678,2947	1910,674	3,013405	0,1028200	**Palisa** 18 Enero 1882
222 Lucía	641,8925	2019,030	3,126291	0,1453051	**Palisa** 9 Febrero 1882
223 Rosa	651,9603	1987,851	3,094024	0,1185566	**Palisa** 9 Marzo 1882
224 Océana	824,1189	1572,588	2,646535	0,0455320	**Palisa** 30 Marzo 1882
225 Enriqueta	567,6462	2283,113	3,393274	0,2637379	**Palisa** 19 Abril 1882
226 Weringia	794,5277	1631,158	2,711846	0,2048187	**Palisa** 19 Julio 1882
227 Filosofía	637,8987	2031,671	3,139327	0,2130806	**Paul Henry** 12 Agosto 1882
228 Agueda	1086,690	1192,61	2,20090	0,240511	**Palisa** 19 Agosto 1882
229 Adelinda	564,4837	2295,903	3.405938	0,1518387	**Palisa** 22 Agosto 1882
230 Atamante	963,8230	1344,645	2,384183	0,0614768	**De Ball** 3 Setiemb. 1882
231 Vindobone	711,4108	1821,732	2,919154	0,1536992	**Palisa** 10 Setiemb. 1882

Nota. — Los elementos son *osculadores* para la época dada.

Números y Nombres de los planetas	Longitud del perihelio	Longitud media de la época	Longitud del nodo ascendente	Inclinación	Equinoccio	Épocas en tiempo medio de París
211 Isolde	74°12′27″	98°22′25″	265°28′46″	3°50′53″	1880,0	6,5 Abril 1880
212 Medea	56.18.27	137.20. 0	315.15.55	4.16.13	1880,0	5,5 Febrero. . . 1880
213 Lilea.	281. 4. 7	116.49.48	122.17.21	6.46.44	1880,0	8,0 Enero. . . . 1884
214 Asquera . . .	115.54.59	170.37.26	342.29.36	3.26.36	1880,0	29,5 Marzo. . . 1880
215 Enone	346.24. 6	216.46.48	25.25.18	1.43.38	1880,0	12,5 Mayo. . . . 1880
216 Cleopatra . . .	32. 8.15	279.13.54	215.49.22	13. 2. 4	1880,0	3,5 Junio. . . . 1880
217 Eudoro.	314.41.11	347.43.20	164.10.28	10.18.52	1890,0	8,5 Octubre. . . 1885
218 Blanca.	230.14. 2	181.16.35	170.49.52	15.12 34	1880,0	14,0 Marzo. . . . 1883
219 Tusnelda. . . .	340.33.37	29.32.16	200.44. 2	10.46.45	1880,0	4,5 Enero. . . . 1881
220 Estefania. . . .	333.35.44	104.48.56	258.26.27	7.34.15	1881,0	0,5 Enero. . . . 1887
221 Eos.	330.58.25	143.29.23	142.34.34	10.51.19	1882,0	7,0 Febrero. . . 1882
222 Lucía	258. 1.50	330.25. 7	80.10.32	2.10.56	1880,0	25,5 Agosto . . . 1884
223 Rosa.	102.48.21	158.25.18	48.59.41	1.59.21	1880,0	28,5 Marzo. . . . 1882
224 Océana.	270.50.36	216.41. 1	353.18.14	5.52.25	1880,0	17,5 Junio. . . . 1882
225 Enriqueta . . .	299.41.16	206.13.46	200.44.33	20.42.10	1890,0	10,5 Marzo. . . . 1888
226 Weringia. . . .	284.46. 2	50.30. 1	135.18.27	15.50.17	1880,0	9,0 Noviembre . 1883
227 Filosofía. . . .	226.22.31	300.39.55	330.51.38	9.15.50	1882,0	12,5 Agosto . . . 1882
228 Agueda	329.23.16	330. 3.35	313.17.38	2.33.11	1882,0	24,5 Agosto . . . 1882
229 Adelinda. . . .	333.36.37	306.39.27	30.48.29	2.10.12	1890,0	5,0 Julio 1888
230 Atamante . . .	17.30.47	3.25.43	239.33. 3	9.26.26	1882,0	8,5 Noviembre . 1882
231 Vindobone. . .	253.23.27	341.15.39	352.48.55	5. 9.56	1882,0	6,5 Octubre. . . 1882

Nota. — **Las longitudes están contadas del equinoccio indicado.**

10.

Números y Nombres *de los planetas*	Movimientos *diurnos medios*	Duración *de las revoluciones siderales*	Distancias *medias al Sol*	Excentricidad	Descubridores y fecha del descubrimiento
		dias			
232 Rusia	870″2296	1489,262	2,552202	0,1754703	**Palisa**. . . . . 31 Enero 1883
233 Astérope	818,0494	1584,257	2,659810	0,1009767	**Borrelly** . . . . . . 11 Mayo 1883
234 Bárbara	961,9562	1347,255	2,387267	0,2440189	**C. H. F. Peters** . . 12 Agosto 1883
235 Carolina. . . .	726,1750	1784,694	2,879454	0,0595445	**Palisa**. . . . . 28 Noviemb. 1883
236 Honoria	757,3925	1710,682	2,709288	0,1893073	**Palisa**. . . . . 26 Abril 1884
237 Celestina. . . .	773,5120	1675,475	2,760746	0,0738068	**Palisa**. . . . . 27 Junio 1884
238 Hipatia	715,4675	1811,403	2,908112	0,0876039	**Knorre**. . . . . 1 Julio 1884
239 Adrastea. . . .	689,4608	1879,730	2,980790	0,2284094	**Palisa**. . . . . 18 Agosto 1884
240 Vanadis	816,1390	1587,965	2,663759	0,2056425	**Borrelly** . . . . . . 27 Agosto 1884
241 Germania. . . .	665,1613	1948,400	3,052951	0,0998866	**Luther** . . . . 12 Setiemb. 1884
242 Kriemhild . . .	732,7293	1768,729	2,862257	0,1219372	**Palisa**. . . . . 22 Setiemb. 1884
243 Ida	733,2236	1767,537	2,860971	0,0419130	**Palisa**. . . . . 29 Setiemb. 1884
244 Sita	1105,0063	1172,844	2,176510	0,1369691	**Palisa**. . . . . 14 Octubre 1884
245 Vera.	648,8631	1997,340	3,103861	0,1959899	**Pogson**. . . . . 6 Febrero 1885
246 Asporine. . . .	802,1180	1615,723	2,694712	0,1049817	**Borrelly** . . . . . . 6 Marzo 1885
247 Eucrates. . . .	781,7954	1657,723	2,741210	0,2386620	**Luther** . . . . 14 Marzo 1885
248 Lamee.	913,2040	1419,179	2,471492	0,0655415	**Palisa**. . . . . 5 Junio 1885
249 Ilse	966,7850	1340,526	2,379310	0,2195496	**C. H. F. Peters** . . 16 Agosto 1885
250 Bettine.	633,9450	2044,344	3,152366	0,1303003	**Palisa**. . . . . 3 Setiemb. 1885
251 Sofía	649,7508	1994,611	3,101034	0,1007240	**Palisa**. . . . . 4 Octubre 1885
252 Clementina. . .	633,0980	2047,077	3,155178	0,0836609	**Perrotin** . . . . . . 11 Octubre 1885

Nota. — Los elementos son *osculadores* para la época dada.

Números y Nombres de los planetas	Longitud del perihelio	Longitud media de la época	Longitud del nodo ascendente	Inclinación	Equinoccio	Épocas en tiempo medio de París
232 Rusia	200°23′38″	175°56′44″	152°30′23″	6° 3′34″	1883,0	15,5 Abril. . . . 1883
233 Astérope. . . .	344.35.53	333.53. 1	222.25.29	7.39. 2	1884,0	31,5 Julio 1884
234 Bárbara	333.26.23	344.14.47	144. 9. 4	15.21.32	1883,0	23,5 Octubre. . . 1883
235 Carolina	268.29. 3	56.34.23	66.35.25	9. 3.36	1880,0	19,0 Diciembre. . 1883
236 Honoria	356.59.16	307.38.59	186.28.35	7.37. 0	1886,0	22,5 Julio 1885
237 Celestina. . . .	282.49.27	261.26. 8	84.32.35	9.45.35	1884,0	28,5 Junio. . . . 1884
238 Hipatia.	28.23.44	168.32.49	184.36.37	12.23.24	1890,0	13,0 Marzo. . . . 1887
239 Adrastea. . . .	26. 5.18	250.14.10	181.49. 0	6. 7.59	1890,0	6,0 Mayo 1888
240 Vanadis	51.52.35	14.50. 6	114.53.44	2. 5.42	1884,0	10,5 Noviembre . 1884
241 Germania . . .	340.59.58	243.57.26	272.21.13	5.30.32	1888,0	6,0 Mayo 1888
242 Kriemhild . . .	123. 0.39	39.58.57	207.57. 1	11.16.44	1886,0	26,5 Setiembre. . 1884
243 Ida	71.21.34	33.50.51	326.21.24	1. 9.32	1886,0	16,5 Octubre. . . 1884
244 Sita	13. 7.57	184.40.28	208.37.15	2.49.34	1890,0	18,0 Marzo. . . . 1886
245 Vera.	27.13.16	236.32.26	62.12.26	5.11.24	1890,0	2,0 Mayo. . . . 1887
246 Asporine. . . .	256. 6. 8	187.11.42	162.34.37	15.37.37	1885,0	18,5 Abril 1885
247 Eucrates. . . .	53.44. 8	159.30.48	0.20.23	25. 7.20	1890,0	2,0 Mayo. . . . 1885
248 Lamee.	248.39.43	249.55.53	246.33.34	3.45.29	1886,0	5,5 Junio. . . . 1885
249 Ilse	14.15.51	355. 5.55	334.40. 4	9.39.58	1885,0	3,5 Octubre. . . 1885
250 Bettine.	87.27.58	9.32.54	26.12. 3	12.53.53	1885,0	28,5 Octubre. . . 1885
251 Sofía.	77.59. 8	20. 6.48	157.22.26	10.27. 1	1885,0	10,5 Noviembre. . 1885
252 Clementina . .	355. 8. 5	26.18.10	208.18.39	10. 1.37	1855,0	4,5 Diciembre. . 1885

Nota. — Las longitudes están contadas del equinoccio indicado.

Números y nombres *de los planetas*	Movimientos *diurnos medios*	Duración *de las revoluciones siderales*	Distancias *medias al Sol*	Excentricidad	Descubridores y fechas del descubrimiento
		días			
253 Matilde	823″9542	1572,903	2,646889	0,2620231	**Palisa** . . 12 Noviemb. 1885
254 Augusta	1086,203	1193,15	2,20156	0,116063	**Palisa** . . 31 Marzo 1886
255 Oppavie	778,7821	1664,137	2,748277	0,0829937	**Palisa** . . 31 Marzo 1886
256 Walpurgis	679,577	1907,07	3,00962	0,074018	**Palisa** . . 3 Abril 1886
257 Silesia	644,1380	2011,991	3,119022	0,1217178	**Palisa** . . 5 Abril 1886
258 Tyche	837,0533	1548,289	2,619202	0,2069565	**Luther** . . 4 Mayo 1886
259 Aletea	638,6515	2029,276	3,136860	0,1176034	**C. H. F. Peters** . . 28 Junio 1886
260 Huberta	547,7863	2365,886	3,474804	0,1103390	**Palisa** . . 8 Octubre 1886
261 Prymno	996,9709	1299,938	2,331038	0,0897166	**C. H. F. Peters** . . 31 Octubre 1886
262 Valda	872,672	1485,09	2,54744	0,213351	**Palisa** . . 3 Noviemb. 1886
263 Dresda	724,0180	1790,011	2,885171	0,0813442	**Palisa** . . 3 Noviemb. 1886
264 Libussa	770,8262	1681,313	2,767154	0,1314351	**C. H. F. Peters** . . 17 Diciemb. 1886
265 Ana	941,6130	1376,361	2,421527	0,2610512	**Palisa** . . 25 Febrero 1887
266 Alina	754,142	1718,51	2,80782	0,157369	**Palisa** . . 17 Mayo 1887
267 Tirza	767,9553	1687,598	2,774047	0,0979670	**Charlois** . . 27 Mayo 1887
268 Adorea	654,7400	1979,411	3,085260	0,1285360	**Borrelly** . . 9 Junio 1887
269 Justicia	838,255	1546,07	2,61670	0,202361	**Palisa** . . 21 Setiemb. 1887
270 Anaitis	1096,054	1182,42	2,18835	0,144414	**C. H. F. Peters** . . 8 Octubre 1887
271 Pentesilea	680,858	1903,48	3,00585	0,096499	**Knorre** . . 13 Octubre 1887
272 Antonie	769,597	1684,00	2,77010	0,030161	**Charlois** . . 4 Febrero 1888
273 Atropos	973,665	1331,05	2,36809	0,144706	**Palisa** . . 8 Marzo 1888

Nota. — Los elementos son *osculadores* para la época dada.

Números y Nombres de los planetas	Longitud del perihelio	Longitud media de la época	Longitud del nodo ascendente	Inclinación	Equinoccio	Épocas en tiempo medio de Paris
253 Matilde.	333°38′56″	43°41′53″	180° 3′ 5″	6°37′12″	1886,0	8,5 Febrero. . . 1886
254 Augusta. . . .	258.19.37	213. 8.55	28.12.38	4.36.34	1890,0	2,5 Abril 1886
255 Oppavie	162. 8. 1	199. 4.26	14. 6. 0	9.33.34	1886,0	31,5 Marzo . . . 1886
256 Walpurgis . . .	228.48.38	205.18.38	183.43.28	13.15.29	1886,0	1,5 Junio. . . . 1886
257 Silesia.	65.15.42	198.34.11	35.30. 6	3.40. 4	1890,0	5,5 Abril. . . . 1886
258 Tyche	359.13. 7	239 16.15	207.42.28	14.12.36	1890,0	17,0 Mayo. . . . 1886
259 Aletea	241.45.25	236.33.55	88.31.50	10.40.20	1886,0	21,5 Julio 1886
260 Huberta	336.17.10	349.29.45	168.47.15	6.15.35	1890,0	4,5 Octubre. . 1886
261 Prymno	160.47.39	58.44. 6	96.20.20	3 38.18	1890,0	12,0 Enero. . . . 1887
262 Valda	60.29.15	47.41.54	38.43.57	7.45.24	1890,0	6,5 Noviembre . 1886
263 Dresda.	11.40. 6	36.31. 5	217.55.21	1.16.59	1890,0	13,0 Noviembre . 1886
264 Libussa	24.26.36	39.58.40	50. 5.34	10.28.32	1887,0	1,5 Enero. . . 1887
265 Ana	226. 2.26	196.12.31	335.26.52	25.46.41	1887,0	17,5 Abril . . . 1887
266 Alina.	28.50.43	254.43.36	236.17.30	13.20.15	1887,0	17,5 Mayo. . . 1887
267 Tirza.	264. 5.23	260.47.22	73.59 14	6. 1.47	1887,0	25,5 Junio. . . 1887
268 Adorea.	184.48. 8	245.56.55	121.52.33	2.24.41	1887,0	9,5 Junio. . . . 1887
269 Justicia	274.38. 4	342.16.56	157.19.59	5.24.38	1887,0	12,5 Noviembre . 1887
270 Anaitis	335.49.46	9.18.37	254.42.41	2.20.23	1887,0	11,5 Octubre. . . 1887
271 Pentesilea . . .	24.48.51	27.57.53	337.29.27	3.37.21	1887,0	14,0 Noviembre . 1887
272 Antonie	21.26.58	140.34.28	37. 2.30	4.34.27	1888,0	11,5 Febrero. . . 1888
273 Atropos	284.57.48	175.42.17	158.49.59	20.45. 7	1888,0	9,5 Marzo. . . . 1888

Nota. — Las longitudes están contadas del equinoccio indicado.

Números y Nombres *de los planetas*	Movimientos *diurnos medios*	Duración *de las revoluciones siderales*	Distancias *medias al Sol*	Excentricidad	Descubridores y fechas del descubrimiento		
		días					
274 Philagorie . . .	671″335	1930,48	3,03420	0,117858	**Palisa**.	3 Abril	1888
275 Sapientia. . . .	769,322	1684,60	2,77076	0,165447	**Palisa**.	15 Abril	1888
276 Adela	642,528	2017,03	3,12423	0,092887	**Palisa**.	17 Abril	1888
277 Elvira	724,1030	1789,801	2,884945	0,0808856	**Charlois**	3 Mayo	1888
278 Paulina	774,898	1672,48	2,75745	0,133129	**Palisa**.	16 Mayo	1888
279 Thule	400,7480	3233,953	4,279800	0,0524900	**Palisa**.	25 Octubre	1888
280 Philia	692,467	1871,57	2,97215	0,137396	**Palisa**.	29 Octubre	1888
281 Lucrecia. . . .	1095,932	1182,55	2,18851	0,132766	**Palisa**.	31 Octubre	1888
282 Clorinda. . . .	997,780	1298,88	2,32978	0,078102	**Charlois**	28 Enero	1889
283	667,562	1941,39	3,04563	0,161061	**Charlois**	8 Febrero	1889
284	1021,650	1268,54	2,29335	0,198680	**Charlois**	29 Mayo	1889
285	661,483	1959,23	3,06426	0,206657	**Charlois**	3 Agosto	1889
286					**Palisa**.	3 Agosto	1889
287 Nephtis	986,883	1313,23	2,34690	0,080557	**C H F Peters** . . .	25 Agosto	1889

Nota. — Los elementos son *osculadores* para la epoca dada.

Números y Nombres *de los planetas*	Longitud *del perihelio*	Longitud *media de la época*	Longitud *del nodo ascendente*	Inclinación	Equinoccio	Épocas *en tiempo medio de París*
274 Philagorie . . .	207°35′59″	195°47′13″	93°44′34″	3°40′46″	1890,0	3,5 Abril 1888
275 Sapientia. . . .	162.52.28	186.19.27	134.56. 7	4.48. 1	1888,0	15,5 Abril 1888
276 Adela	118.20.50	216.50.18	211.39.34	21.57.39	1888,0	14,5 Julio 1888
277 Elvira	3. 9.40	218.21.14	233.32.27	1. 7.40	1888,0	3,5 Mayo. . . . 1888
278 Paulina	199.52. 5	233.46.15	62.28. 6	7.49.40	1888,0	19,5 Mayo. . . . 1888
279 Thule	336.47. 9	14.12.12	76.48.18	2.20.26	1888,0	25,5 Octubre. . . 1888
280 Philia	96.56.22	48.22.31	10.56.17	7.21.57	1888,0	29,5 Octubre. . . 1888
281 Lucrecia	45.56.24	38.36.27	30.59.56	5.19.27	1888,0	31,5 Octubre. . . 1888
282 Clorinda	85.42.30	136.10.31	144.42.13	8.47.18	1889,0	18,5 Febrero. . . 1889
283	130.55. 5	0. 5.12	305.50. 4	8. 5.53	1889,0	8,5 Febrero. . . 1889
284	289. 1. 2	252.53.26	234. 2.10	8. 0.11	1889,0	7,5 Junio. . . . 1889
285	324.30.27	322. 7.14	312. 1. 6	17.16.50	1889,0	19,5 Agosto . . . 1889
286						
287 Nephtis.	28. 1.12	345.49.47	140.59.13	8.42. 0	1889,0	18,5 Septiembre[1]. 1889

Nota. — Las longitudes están contadas del equinoccio indicado.

ELEMENTOS DE LOS SATÉLITES

(Del *Annuaire du Bureau des Longitudes*)

En los cuadros siguientes se designa por *L* la longitud media del satélite, por Ω la longitud del nodo ascendente, por ω el ángulo comprendido entre la línea de los nodos y la línea de los ábsides, por *i* la inclinación, por *e* la excentricidad, por *a* el semi-eje mayor de la órbita, expresada en unidades del semi-diámetro ecuatorial del planeta, dados en la página 137, por *T* la duración de la revolución sideral, expresada en días, horas, minutos y segundos de tiempo medio, y por *m* la masa del satélite; siendo la del planeta la unidad. Los elementos de todos los sátelites están dados con respecto á la eclíptica; las inclinaciones están contadas de 0° á 180°. Les épocas son dadas en tiempo medio de París.

Satélites de Marte.

	PHOBOS	DEIMOS
Descubridores . . .	ASAPH HALL.	ASAPH HALL.
Fecha del descubto.	17 de Agosto 1877	11 de Agosto 1877
Equinoccio y eclíptica medios de 1878,0. Época 1877, Agosto 28,0.	° ′	° ′
L	319.41,6	38.18,7
Ω	82.57,6	85.34,4
ω	4.13,9	357.58,4
i	26.17,2	25.47,2
e	0,03208	0,00574
a	2,771	6,921
T	$7^h39^m15^s,1$	$1^d6^h17^m54^s,0$

Autoridad : ASAPH HALL, *Observations and orbits of the satellites of Mars.*

ELEMENTOS DE LOS SATÉLITES

Satélites de Júpiter.

Equinoccio y eclíptica medios de 1850,0.
Época 1850, Enero 0,0.

	I.	II.	III.	IV.
	° ′ ″	° ′ ″	° ′ ″	° ′ ″
L . . .	148.43.54	14.20. 6	37. 7.33	164.12.59
☊ . . .	335.45. 0	336.55.16	341.30.23	344.56.46
ω . . .	»	»	285.18.32	266.40.56
i. . . .	2. 8. 3	1.38.57	1.59.53	1.57. 0
e . . .	»	»	0,001316	0,007243
a . . .	5,933	9,439	15,057	26,486
m. . .	0,000016877	0,000023227	0,000088437	0,000042475
T . . .	$1^d18^h27^m33,51$	$3^d13^h13^m42,05$	$7^d3^h42^m33,39$	$16^d16^h32^m11,20$

Autoridades : Damoiseau, *Tables écliptiques des satellites de Jupiter*, y Besskl, *Détermination de la masse de Jupiter.*

Satélites de Saturno.

	MIMAS (1)	ENCELADE (2)	THETIS (3)	DIONÉ (4)
Descubridores. .	W. Herschel	W. Herschel	J. D. Cassini	J. D. Cassini
Fecha del desc.	18 Julio 1789	29 Agos. 1789	21 Marz. 1684	21 Marz. 1684
Equin. medio. .	1857,0	Época	Época	Época
Época . . .	1857 Ener.0,0	1881 Nov. 0,0	1881 Nov. 0,0	1881 Nov. 0,0
	°	° ′ ″	° ′ ″	° ′ ″
L	208	81.12.12	116.37.57	97.35. 6
☊	»	169.29.50	169.42.58	167.58. 2
ω.	»	60.34.10	54. 4.51	64.23.30
i	»	27.16. 4	27.24.18	28. 1. 8
e	»	0,00806	0,00853	0,00443
a	3,11	3,98	4,95	6,34
T	$0^d22^h37^m5,4$	$1^d8^h53^m6,9$	$1^d21^h18^m25,6$	$2^d17^h41^m9,3$

Autoridades : (1) Jacob, *Monthly Notices*, XVIII, y Marth, *M. N.*, XXV. — (2) (3) (4) W. Meyer, *Astr. Nachr.*, nº 2528.

ELEMENTOS DE LOS SATÉLITES

Satélites de Saturno.

	RHEA (1)	TITÁN (2)	HYPERION (3)	JAPETUS (4)
Descubridores.	J. D. CASSINI	HUYGENS	G. P. BOND	J. D. CASSINI
Fecha del desc.	23 Dic. 1672	25 Marz. 1655	16 Set. 1848	25 Oct. 1671
Equin. medio. Época. . .	ÉPOCA 1881 Nov. 0,0	ÉPOCA 1881 Nov. 0.0	ÉPOCA 1875 Oct. 28,0	ÉPOCA 1874 Set. 3,00
	° ′ ″	° ′ ″	° ′	° ′
L	198.21.39	234.10.34	174.30,4	333.14,9
Ω	168.29.51	168. 9.35	168. 9,9	142.40,1
ω.	61.22.53	102.31.11	3.42,6	205.20,0
i.	27.54.27	27.38.49	27. 4,8	18.31,5
e.	0,00364	0,029869	0,11885	0,02957
a.	8,86	20,48	25,07	59,58
T	$4^d 12^h 25^m 11,6$	$15^d 22^h 41^m 23,2$	$21^d 6^h 39^m 27^s$	$79^d 7^h 54^m 17^s$

Autoridades : (1) (2), W. MEYER, *Astr. Nachr.*, nº 2528 (3); ASAPH HALL, *Astr. Nachr.*, nº 2263 (4); TISSERAND, *Annales de Toulouse*, t. I, p. 51.

Hyperion fué descubierto independientemente por LASSEL, el 18 de Setiembre 1848.

Anillos de Saturno.

Según BESSEL, se tiene, para el equinoccio y la época de 1880,0

$$\Omega = 167^\circ 55' 6'' \text{ é } i = 28^\circ 10' 17''.$$

OTTO STRUVE da para las dimensiones de los anillos los valores siguientes :

Semi-diámetros	exterior del anillo exterior. . . .	2,229
	interior del anillo exterior	1,962
	exterior del anillo interior	1,916
	interior del anillo int rior	1.482

el semi-diámetro ecuatorial de Saturno siendo 1.

Duración de la rotación según W. HERSCHEL : $10^h 32^m 15^s$.

Masa según M. TISSERAND : $\frac{1}{620}$ de la masa de Saturno.

ELEMENTOS DE LOS SATÉLITES

Satélites de Urano.

	ARIEL	UMBRIEL	TITANIA	OBERON
Descubridores. .	LASSEL	LASSEL	W. HERSCHEL	W. HERSCHEL
Fecha del desc.	24 Oct. 1851	24 Oct. 1851	11 Enero 1787	11 Enero 1787

Equinoccio y eclíptica medios de 1850,0.

Época 1871, Diciembre 31,0.

	° ′	° ′	° ′	° ′
L.	153. 1	275. 9	20.26	308.21
☊.	167.20	164. 6	165.32	165.17
ω.	196.26	158.33	93.33	149.46
i.	97.58	98.21	97.47	97.54
e.	0,020	0,010	0,00106	0,00383
a.	7,72	10,76	17,65	23,60
T.	$2^d 12^h 29^m 21,1$	$4^d 3^h 27^m 37,2$	$8^d 16^h 56^m 29,5$	$13^d 11^h 7^m 6,4$

Autoridad : NEWCOMB, *The uranian and neptunian systems.*

Satélite de Neptuno.

DESCUBIERTO POR LASSEL, EL 10 DE OCTUBRE 1846.

Equinoccio medio de 1874,0.

Época 1874, Enero 0,0.

	° ′		
L.	272. 4	e.	0,0088
☊.	184.30	a.	14,54
ω.	184	T.	$5^d 21^h 2^m 44,2$
i.	145. 7		

Autoridad : NEWCOMB, *The uranian and neptunian systems.*

Cuadro de los elementos de los Cometas periódicos cuya vuelta ha sido observada.

(Del *Annuaire du Bureau des Longitudes.*)

Número	NOMBRES DE LOS COMETAS	DURACIÓN de las *revoluciones siderales*	ÉPOCAS *de los pasos á los perihelios*		DISTANCIAS *perihelias*	DISTANCIAS *afelias*	EXCENTRICIDADES
		años		h m			
1	Encke.	3,308	1888 Junio 27 .	23.55	0,343091	4,097343	0,8454694
2	Tempel	5,211	1889 Febr. 2 . .	2.25	1,346340	4,665448	0,5521000
3	Tempel-Swift .	5,505	1886 Mayo 9 . .	10.23	1,072638	5,162744	0,6559511
4	Brorsen. . . .	5,462	1879 Marzo 30 .	2. 0	0,589892	5,612868	0,8097968
5	Winnecke . . .	5,812	1886 Setb. 4 . .		0,88324	5,58203	0,726775
6	Tempel	6,507	1885 Setb. 25 .	17.37	2,073322	4,897332	0,4051283
7	Biela (1). . . .	6,587	1852 Setb. 23 .	17.14	0,860161	6,167319	0,7552007
	Biela (2). . . .	6,629	1852 Setb. 22 .	22.51	0,860592	6,196874	0,7551187
8	D'Arrest. . . .	6,686	1884 Enero 13 .	14. 0	1,326420	5,771986	0,6262767
9	Faye	7,566	1881 Enero 22 .	16. 7	1,738140	5,970090	0,5490171
10	Tuttle.	13,760	1885 Setb. 11 .	3.35	1,024728	10,459624	0,8215436
11	Pons-Brooks. .	71,48	1884 Enero 25 .	19. 3	0,77511	33,67129	0,9549960
12	Olbers.	72,63	1887 Octub. 8 .	10. 0	1,19961	33,61592	0,9310877
13	Halley.	76,37	1835 Novb. 15 .	0.15	0,58895	35,41121	0,9672807

(1) 1er núcleo más boreal. — (2) 2° núcleo más austral.

Cuadro de los elementos de los Cometas periódicos cuya vuelta ha sido observada.

(Del *Annuaire du Bureau des Longitudes.*)

Número	LONGITUDES *de los perihelios*	LONGITUDES *de los nodos ascendentes*	INCLINACIÓN	EQUINOCCIO *medio*	ÉPOCAS *de la osculación*			CALCULADORES
	° ′ ″	° ′ ″	° ′ ″					
1	158.35.57	334.38.51	12.53. 6	1888,0	1888	Marzo	7	Backlund, *Mél. math.*, VI.
2	306. 8. 3	121. 9.17	12.45. 5	1890,0	1891	Febr.	1[illegible]	Schulhof, Tiss. t. V, p. 125.
3	43. 9.54	297. 0.39	5.23.37	1886,0	1886	Mayo	12	Bossert, Tiss. t. III, p. 77.
4	116.15. 3	101.19.16	29.23.10	1880,0	1878	Marzo	30	Schulze, *A. N.*, n° 2220.
5	276. 4	101.56	14.27	1890,0	1886	Agosto	31	A. Palisa, » n° 2720.
6	241.21.50	72.24. 9	10.50.27	1885,0	1885	Setb	19	Gautier, » n° 2656.
(1) 7	109. 5.20	245.49.34	12.33.28	1852,0	1852	Setb	23	D'Arrest, » n° 933.
(2)	108.58.17	245.58.29	12.33.50		1852	Setb	23	
8	319.11.11	146. 7.21	15.41.47	1880,0	1883	Junio	12	Villarceau y Leveau.
9	50.48.47	209.35.25	11.19.40	1880,0	1881	Enero	13	Möller, *Berl. Jahrb.* 1882.
10	116.28.59	269.42. 1	55.14.23	1890,0	1885	Julio	11	Rahts, *A. N.*, n° 2674.
11	93.20.48	254. 6.15	74. 3.20	1880,0	1883	Setb	30	Schulhof y Bossert, *C. R.*, 1883 Set'bre 17.
12	149.45.47	84.29.41	44.33.53	1887,0	1887	Octb	8	Ginzel, *A. N.*, n° 2808.
13	165.48.48	55.10.15	162.15. 7	1835.0	1835	Novb	15	Pontécoulant, *C. d. T.* 1838.

(1) 1er núcleo más boreal. — (2) 2° núcleo más austral.

NOTA EXPLICATIVA

sobre el cuadro de los puntos radiantes de las estrellas fugaces

(Del *Annuaire du Bureau des Longitudes*)

En las páginas siguientes damos la posición de los puntos de divergencia de los principales enjambres de estrellas fugaces. Los puntos de divergencia ó puntos radiantes indican, en el espacio, el centro de una pequeña región, de donde parecen, periódicamente á ciertas épocas del año, diseminarse sobre la bóveda celeste enjambres de meteoros.

En cada noche del año se puede avaluar de un modo grosero, según los elementos dados, en seis ó siete el número de puntos radiantes que aparecen en las diversas constelaciones del cielo; pero para la mayor parte de estos lugares no se posee más que indicaciones vagas sobre su posición.

La cantidad de meteoros pertenecientes á una misma fuente, así como la duración de la emanación, son muy variables; para algunos alcanza apenas á tres horas, para otras pasa de varias semanas, y los diversos corpúsculos de un mismo flujo surcan el cielo en todas las direcciones y se apagan después de una corta visibilidad á una distancia más ó menos considerable del punto de partida.

La observación de este fenómeno ofrece bajo varios puntos de vista un alto interés científico, sobre todo desde la época en que los trabajos de varios astrónomos célebres han permitido constatar de una manera indubitable que ciertos enjambres de estrellas y ciertos cometas efectúan sus movimientos al rededor del Sol sobre una misma trayectoria. Por la determinación de la posición del punto radiante y por el conocimiento de la época del año en la que el observador apercibe, por una de estas corrientes, el mayor número de corpúsculos, llega á ser posible, en efecto, calcular los elementos de la órbita. Comparando los elementos de los enjambres de estrellas fugaces con los elementos de los cometas, se ha llegado en varios casos á conocer la identidad entre los dos géneros de órbitas.

El cuadro que sigue ha sido formado según los datos suministrados por el Sr. Denning.

ÉPOCAS Y POSICIONES

en ascensión recta y declinación del centro de emanación de los principales enjambres de estrellas fugaces.

(Del *Annuaire du Bureau de Longitudes.*)

Números	ÉPOCAS	AR	D	Estrella próxima
1	2 Enero	119°	+ 16°	ζ Cangrejo
2	2—3 Enero.	232	+ 49	β Boyero
3	4—11 Enero	180	+ 35	*N* Cabellera
4	18 Enero.	232	+ 36	ζ Corona
5	28 Enero.	236	+ 25	α Corona
6	Enero.	105	+ 44	63 Cochero
7	16 Febrero.	74	+ 48	α Cochero
8	7 Marzo	233	— 18	β Escorpión
9	7 Marzo	244	+ 15	γ Hércules
10	9 Abril.	255	+ 36	π Hércules
11	16—30 Abril	206	+ 13	η Boyero
12	19—30 Abril	271	+ 33	104 Hércules
13	29 Abril 2 Mayo . . .	326	— 2	α Acuario
14	22 Mayo	232	+ 25	α Corona
15	23—25 Julio	48	+ 43	β Perseo
16	25—28 Julio	335	+ 26	ι Pegaso
17	26—29 Julio	342	— 34	δ Pez Austral
18	27 Julio	7	+ 32	δ Andrómeda
19	27—29 Julio	341	— 13	δ Acuario
20	27 Julio 4 Agosto. . .	29	+ 36	β Triángulo
21	31 Julio	310	+ 44	α Cisne
22	7—11 Agosto.	295	+ 54	χ Cisne
23	7—12 Agosto.	292	+ 70	δ Dragón
24	8—9 Agosto	5	+ 55	α Casiopea

Épocas y posiciones en ascensión recta y declinación del centro de emanación de los principales enjambres de estrellas fugaces.

(Continuación.)

Números	ÉPOCAS	AR	D	Estrella próxima
25	9—11 Agosto.	44°	+ 56°	η Perseo
26	9—14 Agosto.	9	— 19	β Ballena
27	12—13 Agosto	345	+ 50	3084 Bradley
28	12—16 Agosto	61	+ 48	μ Perseo
29	20—25 Agosto	6	+ 11	γ Pegaso
30	21—23 Agosto	291	+ 60	o Dragón
31	23 Agosto 1 Setiembre	282	+ 41	α Lira
32	25—30 Agosto	237	+ 65	η Dragon
33	3 Setiembre	354	+ 38	14 Andrómeda
34	3-14 Setiembre . . .	346	+ 3	β-γ Peces
35	6—8 Setiembre. . . .	62	+ 37	ε Perseo
36	8—10 Setiembre . . .	78	+ 23	ζ Toro
37	13 Setiembre.	68	+ 5	236 Piazzi IV^{h}
38	15-20 Setiembre. . .	10	+ 35	β Andrómeda
29	15 y 22 Setiembre . .	6	+ 11	γ Pegaso
39	20—22 Setiembre. . .	103	+ 68	42 Jirafa
40	21—22 Setiembre. . .	74	+ 44	α Cochero
41	21 y 25 Setiembre .	30	+ 36	β Triángulo
42	21 Setiembre.	31	+ 18	α Aries
43	29 Setiembre 9 Octubre	24	+ 17	γ Aries
42	7 Octubre	31	+ 18	α Aries
44	8 Octubre	43	+ 56	η Perseo
45	15 y 29 Octubre . . .	108	+ 23	δ Gemelos
46	18—20 Octubre. . . .	90	+ 15	ν Orion
47	18—27 Octubre. . . .	108	+ 12	β Can menor
48	20—27 Octubre. . . .	328	+ 62	α Cefeo

Épocas y posiciones en ascensión recta y declinación del centro de emanación de los principales enjambres de estrellas fugaces.

(Conclusión.)

Números	ÉPOCAS	AR	D	Estrella próxima
49	21—25 Octubre. . . .	112°	+ 30°	β Gemelos
50	Octubre.	29	+ 8	ξ[1] Ballena
51	31 Octubre 4 Noviembre	43	+ 22	ε Aries
52	1—8 Noviembre. . . .	58	+ 20	*A* Toro
53	13—14 Noviembre. . .	53	+ 32	o Perseo
54	13—14 Noviembre . .	149	+ 23	ζ León
55	13—14 Noviembre . .	279	+ 56	2348 Bradley
56	16 y 25—28 Noviembre	154	+ 40	μ Osa mayor
57	20 y 27 Noviembre. .	62	+ 22	ω[2] Toro
58	27 Noviembre	25	+ 43	γ Andrómeda
48	28 Noviembre	328	+ 62	α Cefeo
44	1 Diciembre	43	+ 56	η Perseo
59	1—10 Diciembre . . .	117	+ 32	α-β Gemelos
60	6 Diciembre	80	+ 23	ζ Toro
61	6-13 Diciembre . . .	149	+ 41	254 Piazzi IX
62	9—12 Diciembre . . .	107	+ 33	α Gemelos
63	10—12 Diciembre. . .	130	+ 46	ι Osa mayor

N. 12. — Flujo considerable de estrellas que ha producido muchas veces numerosas caídas de meteoros. Los Anales chinescos dan desde varios siglos antes de nuestra era, datos sobre este interesante fenómeno. Este enjambre está vinculado al cometa I. de 1861,

N. 17. — Solamente observable en nuestro hemisferio; este enjambre fué notablemente abundante en 1840 y en 1866.

Agosto 9 á 14. — Durante este período aparece el abundante enjambre de corpúsculos, que lleva el nombre de *corriente de San Lorenzo.* El número de puntos de divergencia visibles es muy grande, y llega, según J. J. Schmidt á la cantidad de 40.

N. 25 — Centro de una región elíptica muy alargada. Este flujo está en conexión con el cometa III de 1862.

N. 54. — Es el enjambre tan conocido por los Leónides que circula en la órbita del cometa I. de 1886. El número de meteoros apercibidos llega á su máximum después de los períodos sucesivos distanciados unos de otros de más ó menos 33 años.

N. 58. — Centro de una región de emanación muy extendida y muy irregular. Este enjambre está en conexión con el cometa Biela, ha dado lugar en 1872 y en 1885 á un gran flujo de estrellas.

Diciembre 6 á 13. — Los enjambres de esta época generalmente no encierran muchos de estos corpúsculos, pero hubo en esta época en el pasado, lluvias de estrellas de una intensidad excepcional

---

Pesas y Medidas

PESAS Y MEDIDAS

EN LA

REPÚBLICA ARGENTINA

Siendo obligatorio desde el 1° de Enero de 1887 el uso del sistema métrico decimal de pesas y medidas en la República Argentina, damos á continuación las leyes y decretos más importantes á que ha dado lugar esta reglamentación, y los cuadros de equivalencia con la unidad métrica para cada provincia.

El primer paso dado á favor de una uniformidad en las medidas y pesos, data de un decreto expedido el 18 de Diciembre de 1835 en el que se aprueba un trabajo hecho por D. Felipe Senillosa y se establece las magnitudes respectivas del frasco, la cuartilla y la libra con relación á la vara de Buenos Aires, mandándose relacionar ésta con una longitud tomada en el ancho de la nave de la Catedral de Buenos Aires.

En el año 1863 el Congreso dictó una ley adoptando para la República el sistema métrico decimal, la que fué secundada por la del 13 de Julio de 1877. Para su ejecución se dictó un reglamento estableciéndose los casos en que son obligatorias las pesas y medidas de este sistema y sus denominaciones, tanto en las oficinas que dependen de la Administración Nacional, Provincial, ó á los particulares, determinándose á más la clase de medida que deberá usarse y la manera como se hará su comprobación. Las penas en que incurren los contraventores, ya sea que usen, vendan, etc., otra clase de pesas, quedan también establecidas en esta reglamentación, cuya aprobación por el P. E. lleva la fecha del 27 de Junio de 1877.

Decreto estableciendo un nuevo sistema de pesas y medidas.

Buenos Aires, Diciembre 18 de 1835.

Deseando el Gobierno evitar los perjuicios que se siguen al comercio por la incertidumbre y falta de determinación de las pesas y medidas, en que se apoyan los cálculos para los cambios y permutas de efectos, ha ordenado la construcción de unos patrones exactos, que den la norma en lo sucesivo, y establezcan la regularidad y permanencia tan necesaria á la buena fe que debe presidir á toda clase de transacciones. Con este objeto dispuso la formación de la memoria que ha presentado el ciudadano D. Felipe Senillosa, comisionado á este fin por el Gobierno, y en su vista ha—

ACORDADO Y DECRETA :

Artículo 1°. Siendo conforme á los deseos del Gobierno la memoria presentada por D. Felipe Senillosa, y habiendo sido aprobada en lo concerniente al arreglo de nuestro contraste, en la determinación de las pesas y medidas, publíquese y repártase á cada una de las oficinas públicas y Consulados un ejemplar que llevará el sello del Gobierno y será rubricado por el Oficial Mayor del Ministerio.

Art. 2° En el archivo general y los archivos particulares de la Policía, Departamento Topográfico y Biblioteca Pública, se conservará un ejemplar de esa memoria en los términos que queda prevenido en el artículo anterior.

Art. 3°. El Jefe de Policía hará construír bajo la dirección del Comisionado D. Felipe Senillosa, dos juegos de pesas y medidas, consistiendo en la vara, el frasco, la cuartilla y la libra, que se depositarán uno en la misma Policía y otro en el Departamento Topográfico.

Art. 4°. El Departamento Topográfico relacionará la vara con una distancia que medirá entre dos puntos fijos y bien marcados en esta Capital.

Art. 5° La distancia de que habla el antecedente artículo, será el ancho de la nave Central de la Catedral, señalando sus puntos extremos en dos piedras mármoles que se embutirán en ambos muros laterales, con la inscripción correspondiente.

Art. 6° Queda determinado el frasco por el contenido de ciento setenta pulgadas cúbicas, y cinco octavos de nuestra vara, la cuartilla ó cuarta parte de la fanega, dos mil cuatrocientos sesenta y cuatro pulgadas cúbicas de la misma vara, y la libra de un peso igual á treinta y tres pulgadas cúbicas de agua pura ó destilada, al máximum de condensación.

Art. 7° Desde la publicación del presente decreto no se construirá ninguna medida ni pesa, sino con arreglo á los patrones que se mandan formar por el art. 3° y á los contraventores se les aplicará las penas que por la ley corresponde.

Art. 8° Comuníquese, publíquese é insértese en el Registro Oficial.

ROSAS.
AGUSTÍN GARRIGÓS,
Oficial Mayor del Ministerio de Gobierno.

Ley de 10 de Setiembre de 1863.

El Senado y Cámara de Diputados de la Nación Argentina, reunidos en Congreso, etc., sancionan con fuerza de—

LEY:

Artículo 1° Adóptase para la República, el sistema de pesas y medidas métrico-decimal con sus denominaciones técnicas y sus múltiplos y sub-múltiplos.

Art. 2° Autorízase al P. E. para declarar obligatorio en los diferentes departamentos de la Administración y en todo el territorio de la República, el uso de aquellas pesas y medidas métrico-decimales que juzgue oportunas, según estén allanados los obstáculos que se opongan á su realización.

Art. 3° El P. E. mandará formar cuadros de equivalencia entre las pesas y medidas actualmente en uso en todas las Provincias y las del nuevo sistema, como igualmente textos de enseñanza, cuya adopción será obligatoria en todos los Colegios y Escuelas Nacionales.

Art. 4° Autorízase al P. E. para invertir hasta la suma de dos mil pesos, en los gastos que demanda la ejecución de la presente ley.

Art. 5° Comuníquese al P. E.

Dada en la Sala de Sesiones del Congreso, en Buenos Aires á los cuatro días del mes de Setiembre de mil ochocientás sesenta y tres.

MARCOS PAZ.
Carlos M. Saravia,
Secretario del Senado.

JOSÉ E. URIBURU.
Ramón B. Muñiz,
Secretario de la C. de Diputados.

Buenos Aires, Setiembre 10 de 1863.

Téngase por ley, comuníquese á quienes corresponda y dése al Registro Nacional.

MITRE.
GUILLERMO RAWSON.

———

Ley de 13 de Julio 1877.

Departamento de Hacienda
de la
República Argentina.
—

Buenos Aires, Julio 13 de 1877.

POR CUANTO:

El Senado y Cámara de Diputados de la Nación Argentina, reunidos en Congreso, etc., sancionan con fuerza de—

LEY:

CAPÍTULO I.

Del sistema métrico decimal de pesas y medidas.

Articulo 1° El sistema métrico decimal de pesas y medidas adoptado para la República, por la ley de 10 de Setiembre de 1863, será de uso obligatorio en todos los contratos y en todas las transacciones comerciales, á partir del 1° de Enero de 1887.

Desde la misma fecha queda prohibido el uso de las pesas y medidas de otro sistema.

Art. 2° Todas las reparticiones de las administraciones Nacionales y Provinciales usarán en las operaciones que tuvieran que hacer desde el 1° de Enero de 1879, las pesas y medidas que se hacen de uso obligatorio por esta ley; y no expedirán ni admitirán documentos otorgados después del mencionado plazo, en que las pesas y medidas expresadas en ellos, no estén arregladas al mismo sistema.

Art. 3° En los informes de operaciones periciales que se practiquen desde la fecha determinada en el artículo anterior, se consignarán las pesas y medidas por el sistema métrico decimal equivalentes á las que determinasen los instrumentos que hubiesen servido de base para aquéllas, sin perjuicio de expresarse también el peso ó medida especial contenidos en esos documentos. Lo mismo se observará en todas las escrituras hechas por escribano, de contratos entre particulares, en las que expresándose lo convenido entre las partes; se consignará también la equivalencia en pesas y medidas del sistema métrico-decimal.

Art. 4° Tratándose de contratos ó actos que deben ejecutarse dentro de la República y que se celebren después del plazo señalado en el art. 1°, los Tribunales no admitirán documentos en que las pesas y medidas no estuviesen expresadas por el sistema métrico-decimal, sin previa constancia de haberse satisfecho la nota establecida en el inciso 4° del art. 14, y sin que el interesado presente además la cuenta de reducción al expresado sistema.

CAPÍTULO II.

De la verificación de las pesas y medidas.

Art. 5° Una colección de prototipos de las diversas pesas y medidas del sistema métrico-decimal será depositada en el Departamento de Ingenieros Civiles de la Nación, y otra será remitida á cada uno de los Gobiernos de Provincia, á fin de que con ella conformen sus patrones las oficinas encargadas del contraste.

Art. 6° No podrá usarse de pesas y medidas que no hayan sido contrastadas sobre los prototipos á que se refiere el artículo anterior, ó sobre otros ejemplares comprobados por aquellos que tuviesen las autoridades encargadas del contraste.

Art. 7° Todo el que fabricase pesas ó medidas estará obligado á estampar sobre ellas su nombre y la denominación del peso ó de la medida respectiva, exceptuándose únicamente aquellas en las que por su pequeñez no fuese posible hacerlo.

Art. 8° Las pesas y medidas en uso estarán sujetas á una verificación anual la cual se hará constar sobre ellas por medio de una marca especial.

Art. 9° Se tendrán sólo por legales las pesas y medidas que hayan sido hechas sobre el modelo de los prototipos á que se refiere el art. 5° y que hubiesen sido contrastadas en las épocas designadas por esta ley.

Art. 10. Cada cinco años ó antes si lo conceptuase necesario el P. E. ordenará la comprobación de los patrones depositados en cada capital de Provincia con los depositados en el Archivo del Departamento de Ingenieros.

Art. 11. Las pesas y medidas en servicio en las oficinas públicas de la Administración Nacional, serán comprobadas anualmente por empleados del Departamento de Ingenieros.

Art. 12. Si se encontrase que, las pesas y medidas usadas por los particulares, han sufrido alteración por el uso, no serán contrastadas y se inutilizarán.

CAPÍTULO III.

Disposiciones penales.

Art. 13: Las infracciones á esta ley serán penadas como lo establecen los artículos siguientes.

Art. 14. Pagará una multa de diez pesos fuertes:

1° Todo aquel que hiciese uso de pesas y medidas del sistema métrico-decimal que no estuviesen contrastadas.

2° Todo fabricante que hubiese hecho pesas y medidas contra lo prescrito en el art. 7°.

3° El que hiciese uso de pesas y medidas no correspondientes al sistema métrico-decimal, incurriendo además en la pérdida de las mismas.

4° Todo el que presentare en juicio documentos que contengan designación de pesas y medidas distintas á las que corresponden al sistema métrico-decimal.

Art. 15. Pagarán una multa de veinte pesos fuertes:

1° Todo empleado público que hiciese uso de pesas y medidas de otro sistema que el establecido en esta ley.

2° Todo funcionario público que otorgue ó admita instrumento en que las pesas ó medidas estén expresadas por otro sistema que el métrico-decimal. Esta disposición es igualmente aplicable á los casos de infracción del art. 3°.

3° Toda persona que se resistiese á presentar para su contraste las pesas ó medidas que usare.

Art. 16. Pagará una multa de cincuenta pesos fuertes:

1° Todo el que fabricare ó hiciere uso de pesas ó medidas adulteradas, incurriendo además en la pérdida de las mismas.

2° Todo escribano público que otorgue instrumentos por otro sistema de pesas y medidas que el establecido en esta ley.

Art. 17. En caso de reincidencia, las penas establecidas en los artículos anteriores serán duplicadas.

CAPÍTULO IV.

Disposiciones generales y transitorias.

Art. 18. El importe de las multas establecidas en la presente ley se destinará al fondo de las Escuelas de cada Provincia y con aplicación á la respectiva localidad.

Art. 19. El P. E. procederá á adquirir de la Oficina Internacional de pesas y medidas de París, los prototipos necesarios para la ejecución de esta ley.

Art. 20. El P. E. inmediatamente después de sancionada la presente ley, mandará formar tablas de equivalencia entre las pesas y medidas del antiguo sistema usadas en cada Provincia y las del sistema métrico-decimal.

Art. 21. Un ejemplar de las tablas de equivalencia á que se refiere el artículo anterior, será fijado en cuadros en todas las oficinas Nacionales y Provinciales.

Art. 22. Queda autorizado el P. E. para hacer los gastos que demande la ejecución de la presente ley.

Art. 23. Comuníquese al P. E.

Dada en la Sala de Sesiones del Congreso Argentino, en Buenos Aires á once de Julio de mil ochocientos setenta y siete.

MARIANO ACOSTA.	FÉLIX FRÍAS.
Carlos M. Saravia,	*Miguel Sorondo,*
Secretario del Senado.	Secretario de la C. de Diputados

POR TANTO:

Téngase por ley de la Nación, comuníquese y dése al Registro Nacional

AVELLANEDA.

VICTORINO DE LA PLAZA.

CUADROS DE EQUIVALENCIA

DE LAS MEDIDAS ANTIGUAS PROVINCIALES

CON LAS DEL SISTEMA MÉTRICO

Medidas y Pesas de la Provincia de Buenos-Aires.

Planilla A. — Medidas de longitud.

MÚLTIPLOS		UNIDAD	SUB-MÚLTIPLOS			Equivalentes
Legua	*Cuadra*	*Vara*	*Pie*	*Pulgada*	*Línea*	METRO
1	40	6000	18000	216000	2592000	5199.6000
—	1	150	450	5400	64800	129.9900
—	—	1	3	36	432	0.8666
—	—	—	1	12	144	0.2888
—	—	—	—	1	12	0.02407
—	—	—	—	—	1	0.002006

Vara del Depart. de Ingenieros = metros 0,866. — Cuadra = metros 129,90. — Legua = metros 5196,00.

Planilla B. — Medidas de superficie.

MÚLTIPLOS		UNIDAD	SUB-MÚLTIPLOS			Equivalentes
Legua cuadr.	*Cuadra cuadr.*	*Vara cuadr.*	*Pie cuadrado*	*Pulg. cuadr.*	*Línea cuadr.*	METRO CUADRADO
1	1600	36000000	324000000	—	—	27035840.0000
—	1	22500	202500	—	—	16897.4000
—	—	1	9	1296	186624	0.750995
—	—	—	1	144	20736	0.083444
—	—	—	—	1	144	0.00057947
—	—	—	—	—	1	0.00000402

Vara cuadrada del Depart. de Ingenieros = metros cuads. 0,749956. Cuadra cuad. = metros cuads. 16874,01. Legua cuad. = metros cuads. 26998,416.

Planilla C. — Pesas del comercio.

Múltiplos			Unidad	Sub-múltiplos			Equivalentes
Tonel.	*Quint.*	*Arrob.*	*Libra*	*Onza*	*Adarm.*	*Grano*	Kilogramos
1	20	80	2000	32000	512000	18432000	918.8000
—	1	4	100	1600	25600	921600	45.9400
—	—	1	25	400	6400	230400	11.4850
—	—	—	1	16	256	9216	0.4594
—	—	—	—	1	16	576	0.0287125
—	—	—	—	—	1	36	0.0017945
—	—	—	—	—	—	1	0.000049848

Planilla C′. — Pesas medicinales.

Libra	*Onza*	*Dracm.*	*Escrúpulo*	*Óvalo*	*Grano*	Equivalentes Gramo
1	12	96	298	596	7152	344.55
—	1	8	24	48	576	28.7125
—	—	1	3	6	72	3.589
—	—	—	1	2	24	1.1963
—	—	—	—	1	12	0.5981
—	—	—	—	—	1	0.04985

Planilla D. — Medidas de capacidad para líquidos.

Múltiplos			Unidad	Sub-múltiplos			Equivalentes
Pipa	*Cuarterola*	*Barril*	*Frasco*	*Cuarta*	*Media cuarta*	*Octava*	Litro
1	4	6.	192	768	1536	3078	456.02647
—	1	1.50	48	192	384	768	144.00661
—	—	1.	32	128	256	512	76.00438
—	—	—	1	4	8	16	2.375137
—	—	—	—	1	2	4	0.5937844
—	—	—	—	—	1	2	0.2968922
—	—	—	—	—	—	1	0.1484432

Planilla E. — Medidas de capacidad para áridos.

Fanega	*Media fanega*	*Cuartilla*	*Media cuartilla*	Equivalentes DECALITRO
1	2	4	8	13.7272
—	1	2	4	6.8636
—	—	1	2	3.4318
—	—	—	1	1.7159

Medidas y Pesas de la Provincia de Santa Fe.

Planilla A. — Medidas de longitud.

MÚLTIPLOS		UNIDAD	SUB-MÚLTIPLOS			Equivalentes
Legua	*Cuadra*	*Vara*	*Pie*	*Pulgada*	*Linea*	METRO
1	40	6000	18000	216000	2592000	5196.0000
—	1	150	450	5400	64800	129.9000
—	—	1	3	36	432	0.8660
—	—	—	1	12	144	0.2886
—	—	—	—	1	12	0.02405
—	—	—	—	—	1	0.00200

Planilla B. — Medidas de superficie.

MÚLTIPLOS		UNIDAD	SUB-MÚLTIPLOS			Equivalentes
Legua cuadr.	*Cuadra cuadr.*	*Vara*	*Pie cuadrado*	*Pulg. cuadr.*	*Linea cuadr.*	METRO CUADRADO
1	1600	36000000	324000000	—	—	26998414.4000
—	1	22500	202500	—	—	16874.0090
—	—	1	9	1296	186624	0.749956
—	—	—	1	144	20736	0.083328
—	—	—	—	1	144	0.000578
—	—	—	—	—	1	0.00000401

Planilla C. — Pesas.

Múltiplos			Unidad	Sub-múltiplos			Equivalentes
Tonel.	*Quint.*	*Arrob.*	*Libra*	*Onza*	*Adarme*	*Grano*	Kilogpamo
1	20	80	2000	32000	—	—	926.676
—	1	4	100	1600	25600	—	46.3338
—	—	1	25	400	6400	230400	11.5834
—	—	—	1	16	256	9216	0.463338
—	—	—	—	1	16	576	0.028958
—	—	—	—	—	1	36	0.0018098
—	—	—	—	—	—	1	0.0000503

En el Rosario. Libra = kilogramos 0,4594. Arroba = kilogramos 11,4850.

Planilla D. — Medidas de capacidad para líquidos.

Múltiplo	Unidad	Sub-múltiplos		Equivalentes
Barril	*Frasco*	*Cuarta*	*Media cuarta*	Decalitro
1	32	128	256	76.000
—	1	4	8	2.375
—	—	1	2	0.5937
—	—	—	1	0.2968

Planilla E. — Medidas de capacidad para áridos.

Fanega	*Almud*	*Medio almud*	*Cuarto*	Equivalentes Decalitro
1	12	24	48	21.99576
—	1	2	4	1.83298
—	—	1	2	0.91649
—	—	—	1	0.453245

Medidas y Pesas de la Provincia de Entre-Ríos.

Planilla A. — Medidas de longitud.

(Según prototipo de la Provincia.)

Múltiplos		Unidad	Sub-múltiplos			Equivalentes
Legua	*Cuadra*	*Vara*	*Pie*	*Pulgada*	*Linea*	Metro
1	40	6000	18000	216000	2592000	5211.0000
—	1	150	450	5400	64800	130.2750
—	—	1	3	36	432	0.8685
—	—	—	1	12	144	0.2895
—	—	—	—	1	12	0.02412
—	—	—	—	—	1	0.00201

Vara del Depart. de Agrimensores = metros 0,866. Cuadra (150 varas) = metros 129,90. Legua (6000 varas) = metros 5196,000.

Planilla B. — Medidas de superficie.

(Según prototipo de la Provincia.)

Múltiplos		Unidad	Sub-múltiplos			Equivalentes
Legua cuadr.	*Cuadra cuadr.*	*Vara cuadr.*	*Pie cuadrado*	*Pulg, cuadr.*	*Linea cuadr.*	Metro cuadrado
1	16000	36000000	324000000	—	—	27154521.0000
—	1	22500	202500	—	—	16971.5756
—	—	1	9	1296	186624	0.754292
—	—	—	1	144	20736	0.083810
—	—	—	—	1	144	0.000582
—	—	—	—	—	1	0.00000442

Vara cuadrada del Depart. de Agrimensores = metros cuadrados 0,749956. Cuadra cuad. = metros cuads. 16874,01. Legua cuad. = metros cuads. 26,998416.

Planilla C. — Pesas.

Múltiplos			Unidad	Sub-múltiplos				Equivalent.
Tonel.	*Quint.*	*Arrob*	*Libra*	*Onza*	*Adarm.*	*Tomin*	*Grano*	Kilogramo
1	20	80	2000	32000	—	—	—	919.4920
—	1	4	100	1600	25600	—	—	45.9746
—	—	1	25	400	6400	19200	230400	11.4938
—	—	—	1	16	256	768	9216	0.459746
—	—	—	—	1	16	48	576	0.0287341
—	—	—	—	—	1	3	36	0.0017959
—	—	—	—	—	—	1	12	0.0005986
—	—	—	—	—	—	—	1	0.00004988

Libra del Depart. de Agrimensores = kilogramos 0,4615.
Arroba = kilogramos 11,5375.

Planilla D. — Medidas de capacidad para líquidos.

Múltiplos				Unidad	Sub-múltiplos		Equivalentes
Pipa	*Cuar-terola*	*Barril*	*Galón*	*Frasco*	*Cuarta*	*Media cuarta*	Litro
1	4	6	120	192	768	1536	432.960
—	1	15	30	48	192	384	108.240
—	—	1	20	32	128	356	72.160
—	—	—	1	1.6	6.4	12.8	3.800
—	—	—	—	1	4	8	2.255
—		—	—	—	1	2	0.564
—	—	—	—	—	—	1	0.282

Planilla E. — Medidas de capacidad para áridos.

Fanega	*Media fanega*	*Cuartilla*	*Media cuartilla*	Equivalentes Decalitro
1	2	4	8	13.764
—	1	2	4	6.882
—	—	1	2	3.441
—	—	—	1	1.7205

Medidas y Pesas de la Provincia de Corrientes.

Planilla A. — Medidas de longitud.

MÚLTIPLOS		UNIDAD	SUB-MÚLTIPLOS			Equivalentes
Legua	*Cuadra*	*Vara*	*Pie*	*Pulgada*	*Linea*	METRO
1	40	6000	18000	216000	2592000	5197.2000
—	1	150	450	5400	64800	129.9300
—	—	1	3	36	432	0.8662
—	—	—	1	12	144	0.2887
—	—	—	—	1	12	0.02406
—	—	—	—	—	1	0.002005

Planilla B. — Medidas de superficie.

MÚLTIPLOS		UNIDAD	SUB-MÚLTIPLOS			Equivalentes
Legua cuadr.	*Cuadr cuadr.*	*Vara cuadr.*	*Pie cuadrado*	*Pulg. cuadr.*	*Linea cuadr.*	METRO CUADRADO
1	16000	36000000	324000000	—	—	27010887.8400
—	1	22500	202500	360000	—	16881.8049
—	—	1	9	1296	186624	0.750302
—	—	—	1	144	20736	0.083367
—	—	—	—	1	144	0.00057894
—	—	—	—	—	1	0.00000402

Planilla C. — Pesas.

MÚLTIPLOS			UNIDAD	SUB-MÚLTIPLOS			Equivalentes
Tonel.	*Quint.*	*Arrob.*	*Libra*	*Onza*	*Adarme*	*Grano*	KILOGRAMO
1	20	80	2000	32000	—	—	930.326
—	1	4	100	1600	—	—	46.5163
—	—	1	25	400	6400	230400	11.6290
—	—	—	1	16	256	9316	0.465163
—	—	—	—	1	16	576	0.029072
—	—	—	—	—	1	36	0.001817
—	—	—	—	—	—	1	0.000050

29072
0.001817
0.000050

Planilla D. — Medidas de capacidad para líquidos.

Frasco	*Medio frasco*	*Cuarta*	*Media cuarta*	Equivalentes LITRO
1	2	4	8	2.604
—	—	2	4	1.302
—	—	1	2	0.651
—	—	—	1	0.3255

Planilla E. — Medidas de capacidad para áridos.

Fanega	*Almud*	*Medio almud*	Equivalentes DECALITRO
1	12	24	25.7910
—	1	2	2.14925
—	—	1	1.07462

Medidas y Pesas de la Provincia de San Luis.

Planilla A. — Medidas de longitud.
(Vara Municipal.)

MÚLTIPLOS		UNIDAD	SUB-MÚLTIPLOS				Equivalent.
Legua	*Cuadra*	*Vara*	*Pie ó tercia*	*Cuarta*	*Pulgada*	*Linea*	METRO
1	40	6000	18000	24000	216000	2592000	5016.6000
—	1	150	450	600	5400	64800	125.4150
—	—	1	3	4	36	432	0.8361
—	—	—	1	1.33	12	144	0.2787
—	—	—	—	1	9	108	0.20902
—	—	—	—	—	1	12	0.02322
—	—	—	—	—	—	1	0.00193

Planilla B. — Medidas de superficie.

MÚLTIP.		UNIDAD	SUB-MÚLTIPLOS				Equivalentes
Legua cuadr.	*Cuadra cuadr.*	*Vara cuadr.*	*Pie cuadrado*	*Cuarta cuadr.*	*Pulg. cuadr.*	*Linea cuadr.*	METRO CUADRADO
1	1600	36000000	324000000	—	—	—	25166275.5600
—	1	22500	202500	360000	—	—	15728.9222
—	—	1	9	16	1296	186624	0.699063
—	—	—	1	1.769	144	20736	0.077673
—	—	—	—	1	81	11664	0.043691
—	—	—	—	—	1	144	0.000539
—	—	—	—	—	—	1	0.00000374

Planilla A'. — Medidas de longitud.

(Vara agraria.)

MÚLTIPLOS		UNIDAD	SUB-MÚLTIPLOS		Equivalentes
Legua	*Cuadra*	*Vara*	*Pie*	*Pulgada*	METRO
1	40	6000	18000	216000	5203.8000
—	1	150	450	5400	130.0950
—	—	1	3	36	0.8673
—	—	—	1	12	0.2891
—	—	—	—	1	0.02409

Planilla B'. — Medidas de superficie.

MÚLTIPLOS		UNIDAD	SUB-MÚLTIPLOS		Equivalentes
Legua cuadr.	*Cuadra cuadr.*	*Vara cuadrada*	*Pie cuadrado*	*Pulgada cuadr.*	METRO CUADRADO
1	1600	36000000	324000000	—	27079534.4400
—	—	22500	202500	—	16924.7090
—	—	—	9	1296	0.752209
—	—	—	1	144	0.083579
—	—	—	—	1	0.000580

Planilla C. — Pesas.

Múltiplos			Unidad	Sub-múltiplos				Equivalent.
Tonel.	*Quint.*	*Arrob.*	*Libra*	*Onza*	*Ádarm.*	*Tomin*	*Grano*	Kilogramo
1	20	80	2000	32000	—	—	—	944.1200
—	1	4	100	1600	25600	—	—	47.2060
—	—	1	25	400	6400	19200	230400	11.8015
—	—	—	1	161	256	768	9316	0.47206
—	—	—	—	1	16	48	576	0.029503
—	—	—	—	—	1	3	36	0,001844
—	—	—	—	—	—	1	12	0.0006143
—	—	—	—	—	—	—	1	0.0000512

Planilla D. — Medidas de capacidad para líquidos.

Arroba	*Cuartill.*	*Frasco*	*Medio frasco*	*Cuarta*	Equivalentes Litro
1	4	16	32	64	35.712
—	1	4	8	16	8.928
—	—	1	2	4	2.232
—	—	—	1	2	1.116
—	—	—	—	1	0.558

Planilla E. — Medidas de capacidad para áridos.

Fanega	*Almud*	*Medio almud*	Equivalentes Decalitro
1	12	24	20.11536
—	1	2	1.67628
—	—	1	0.83814

Medidas y Pesas de la Provincia de Mendoza.

Planilla A. — Medidas de longitud.

Múltip.		Unidad	Sub-Múltiplos				Equivalent
Legua	*Cuadra*	*Vara*	*Pie ó tercia*	*Cuarta*	*Pulgada*	*Linea*	Metro
1	40	6000	18000	24000	216000	2592000	5016.6000
—	1	150	450	600	5400	64800	125.4150
—	—	1	3	4	36	432	0.8361
—	—	—	1	1.33	12	144	0.2787
—	—	—	—	1	9	108	0.20902
—	—	—	—	—	1	12	0.02322
—	—	—	—	—	—	1	0.001936

Planilla B. — Medidas de superficie.

Múltip.		Unidad	Sub-Múltiplos				Equivalentes
Legua cuadr.	*Cuadra cuadr.*	*Vara cuadrad*	*Pie cuadrado*	*Cuarta cuadr.*	*Pulg, cuadr.*	*Linea cuadr.*	Metro cuadrado
1	1600	36000000	324000000	—	—	—	25166275.5600
—	1	22500	202500	360000	—	—	15728.9222
—	—	1	9	16	1296	186624	0.699063
—	—	—	1	1.769	144	20736	0.077673
—	—	—	—	1	81	11664	0.043691
—	—	—	—	—	1	144	0.000539
—	—	—	—	—	—	1	0.00000374

Planilla C. — Pesas.

Múltiplos			Unidad	Sub-Múltiplos				Equivalent
Tonel.	*Quintal*	*Arroba*	*Libra*	*Onza*	*Adarm*	*Tomin*	*Grano*	Kilog.
1	20	80	2000	32000	512000	1536000	18432000	919.9340
—	1	4	100	1600	25600	76800	921600	45.9967
—	—	1	25	400	6400	19200	230400	11.4992
—	—	—	1	16	256	768	9316	0.459967
—	—	—	—	1	16	48	576	0.028748
—	—	—	—	—	1	3	36	0.0017967
—	—	—	—	—	—	1	12	0.0005989
—	—	—	—	—	—	—	1	0.0000499

Planilla D. — Medidas de capacidad para líquidos.

MÚLTIPLOS		UNIDAD	SUB-MÚLTIPLOS		Equivalentes
Arroba	*Cuartilla*	*Frasco*	*Medio frasco*	*Cuarta*	LITRO
1	4	16	32	64	35.760
—	1	4	8	16	8.940
—	—	1	2	4	2.235
—	—	—	1	2	1.1175
—	—	—	—	1	0.55875

Planilla E. — Medidas de capacidad para áridos.

Fanega	*Media fanega*	*Almud*	*Medio almud*	Equivalentes DECALITRO
1	2	12	24	11.1702
—	1	6	12	5.58510
—	—	1	2	0.93085
—	—	—	1	0.465425

Medidas y Pesas de la Provincia de San Juan.

Planilla A. — Medidas de longitud.

MÚLTIPLOS		UNIDAD	SUB-MÚLTIPLOS		Equivalentes
Legua	*Cuadra*	*Vara*	*Pie*	*Pulgada*	METRO
1	40	6000	18000	216000	5016.6000
—	1	150	450	5400	125.4150
—	—	1	3	36	0.8361
—	—	—	1	12	0.2787
—	—	—	—	1	0.02322

Planilla B. — Medidas de superficie.

Múltiplos		Unidad	Sub-múltiplos		Equivalentes
Legua cuadr.	*Cuadra cuadr.*	*Vara cuadrada*	*Pie cuadrado*	*Pulgada cuadr.*	Metro cuadrado
1	1600	36000000	324000000	—	25166275.560000
—	1	22500	202500	—	15728.922225
—	—	1	9	1296	0.699063
—	—	—	1	144	0.077673
—	—	—	—	1	0.000539

Planilla C. — Pesas.

Múltiplos		Unidad	Sub-múltiplos		Equivalentes
Quintal	*Arroba*	*Libra*	*Onza*	*Adarme*	Kilogramo
1	4	100	1600	25600	46.0155
—	1	25	400	6400	11.50039
—	—	1	16	256	0.460155
—	—	—	1	16	0.028759
—	—	—	—	1	0.001797

Planilla D.—Medidas de capacidad para líquidos.

Arroba	*Media arroba*	*Cuartilla*	*Media cuartilla*	Equivalentes Litro
1	2	4	8	35.748
—	1	2	4	17.874
—	—	1	2	8.937
—	—	—	1	4.4685

Frasco = litros 2.2342.

Planilla E. — Medidas de capacidad para áridos.

Fanega	*Almud*	*Medio almud*	Equivalentes Decalitro
1	12	24	13.7388
—	1	2	1.1449
—	—	1	0.57245

Medidas y Pesas de la Provincia de Córdoba.

Planilla A. — Medidas de longitud.
(Vara municipal)

Múltiplos		Unidad	Sub-múltiplos			Equivalent.
Legua	*Cuadra*	*Vara*	*Pie*	*Pulgada*	*Linea*	Metro
1	40	6000	18000	216000	2592000	5089.8000
—	1	150	450	5400	64800	127.2450
—	—	1	3	36	432	0.8483
—	—	—	1	12	144	0.2827
—	—	—	—	1	12	0.02356
—	—	—	—	—	1	0.00196

Planilla B. — Medidas de superficie.

Múltiplos		Unidad	Sub-múltiplos			Equivalentes
Legua cuadr.	*Cuadra cuadr.*	*Vara cuadr.*	*Pie cuadrado*	*Pulg. cuadr.*	*Linea cuadr.*	Metro cuadrado
1	1600	3600000	324000000	—	—	25906064.0400
—	1	22500	202500	—	—	16191.2900
—	—	1	9	1296	186624	0.719612
—	—	—	1	144	20736	0.079957
—	—	—	—	1	144	0.000555
—	—	—	—	—	1	0.00000386

Planilla A'. — Medidas de longitud.
(Vara agraria)

Múltiplos		Unidad	Sub-múltiplos			Equivalent.
Legua	*Cuadra*	*Vara*	*Pie*	*Pulgada*	*Linea*	Metro
1	40	6000	18000	216000	2592000	1205.6000
—	1	150	450	5400	64800	130.1400
—	—	1	3	36	432	0.8676
—	—	—	1	12	144	0.2892
—	—	—	—	1	12	0.02410
—	—	—	—	—	1	0.00200

Planilla B'. — Medidas de superficie.

MÚLTIPLOS		UNIDAD	SUB-MÚLTIPLOS			Equivalentes
Legua cuadr.	*Cuadra cuadr.*	*Vara cuadr.*	*Pie cuadrado*	*Pulg. cuadr.*	*Linea cuadr.*	METRO CUADRADO
1	1600	36000000	324000000	—	—	27098271.3600
—	1	22500	202500	—	—	16936.4196
—	—	1	9	1296	186624	0.752729
—	—	—	1	144	20736	0.083636
—	—	—	—	1	144	0.000581
—	—	—	—	—	1	0.00000403

Planilla C. — Pesas.

MÚLTIPLOS		UNIDAD	SUB-MÚLTIPLOS			Equivalentes
Quintal	*Arroba*	*Libra*	*Onza*	*Adarme*	*Grano*	KILOGRAMO
1	4	100	1600	—	—	46.5900
—	1	25	400	6400	—	11.6475
—	—	1	16	256	9216	0.4659
—	—	—	1	16	576	0.0291
—	—	—	—	1	36	0 001819
—	—	—	—	—	1	0.0000505

Planilla D.—Medidas de capacidad para liquidos.

Frasco	*Cuarta*	*Media cuarta*	*Octava*	Equivalentes
				LITRO
1	4	8	16	2.501
—	1	2	4	0.6252
—	—	1	2	0.3126
—	—	—	1	0.1563

Planilla E. — Medidas de capacidad para áridos.

Fanega	*Almud*	*Medio almud*	*Cuarto*	Equivalentes
				DECALITRO
1	12	24	48	21.6980
—	1	2	4	1.80817
—	—	1	2	0.90458
—	—	—	1	0.45229

Medidas y Pesas de la Provincia de Santiago del Estero.

Planilla A. — Medidas de longitud.

MÚLTIPLOS		UNIDAD	SUB-MÚLTIPLOS		Equivalentes
Legua	*Cuadra*	*Vara*	*Pie*	*Pulgada*	METRO
1	33.333	4999.95	14999.85	179997.20	4336.5000
—	1	150	450	5400	130.0950
—	—	1	3	36	0.8673
—	—	—	1	12	0.2891
—	—	—	—	9	0.02409

Planilla B. — Medidas de superficie.

MÚLTIPLOS		UNIDAD	SUB-MÚLTIPLOS		Equivalentes
Legua cuadr.	*Cuadra cuadrada*	*Vara cuadrado*	*Pie cuadrado*	*Pulgada cuadrada*	METRO CUADRADO
1	1111.0888	24999498	—	—	18804854.6409
—	1	22500	2025	—	16924.7090
—	—	1	9	1296	0.752209
—	—	—	1	144	0.083579
—	—	—	—	1	0.000580
—	—	—	—	—	0.00000403

Planilla C. — Pesas del comercio.

MÚLTIPLOS			UNIDAD	SUB-MÚLTIPLOS		Equivalentes
Tonelada	*Quintal*	*Arroba*	*Libra*	*Onza*	*Adarme*	KILOGRAMO
1	20	80	2000	32000	—	939.8720
—	1	4	100	1600	51200	46.9936
—	—	1	25	400	12800	11.7484
—	—	—	1	16	512	0.460936
—	—	—	—	1	32	0.029371
—	—	—	—	—	1	0.000913

Planilla D. = Medidas de capacidad para líquidos.

MÚLTIPLOS		UNIDAD	SUB-MÚLTIPLOS		Equivalentes
Pipa	*Barril*	*Frasco*	*Cuarta*	*Media cuarta*	LITRO
1	8	200	800	1600	480.000
—	1	25	100	200	60.00
—	—	1	4	8	2.40
—	—	—	1	2	0.60
—	—	—	—	1	0.30

Planilla C'. — Pesas medicinales.

Libra	*Onza*	*Dracma*	*Escrúpulo*	*Grano*	Equivalentes GRAMO
1	16	128	384	9216	469.936
—	1	8	24	576	24.371
—	—	1	3	72	3.6714
—	—	—	1	24	1.2238
—	—	—	—	1	0.0509

Planilla E. — Medidas de capacidad para áridos.

Fanega	*Almud*	*Medio almud*	Equivalentes DECALITRO
1	12	24	34.71936
—	1	2	2.89328
—	—	1	1.44664

Medidas y Pesas de la Provincia de Tucumán.

Planilla A. — Medidas de longitud.

Múltiplos		Unidad	Sub-múltiplos			Equivalent.
Legua	*Cuadra*	*Vara*	*Pie*	*Pulgada*	*Linea*	Metro
	C. V.					
1	30.20	5000	15000	180000	2160000	4330.000
—	1	166	498	5976	71712	143.756
—		1	3	36	432	0.866
—	—	—	1	12	144	0.288666
—	—	—	—	1	12	0.024055
—	—	—	—	—	1	0.002004

Planilla B. — Medidas de superficie.

Múltiplos		Unidad	Sub-múltiplos		Equivalentes
Legua cuadr.	*Cuadra cuadr.*	*Vara cuadrada*	*Pie cuadrado*	*Pulgada cuadrada*	Metro cuadrado
	C.C. V.C.				
1	907.6708	25000000	225000000	32400000000	18748900.000000
—	1	27256	245304	35712576	20665.787536
—	—	1	9	1296	0.749956
—	—	—	1	144	0.083328
—	—	—	—	1	0.000578

Planilla C. — Pesas.

Múltiplos		Unidad	Sub-múlt.	Equivalentes
Quintal	*Arroba*	*Libra*	*Onza*	Kilogramo
1	4	100	1600	45.9400
—	1	25	400	11.4850
—	—	1	16	0.4594
—	—	—	1	0.0287125

Planilla D. — Medidas de capacidad para líquidos.

Barril	*Cuartilla*	*Frasco*	*Cuarta*	Equivalentes — LITRO
1	5 2	26	104	61.7526
—	1	5	20	11.8755
—	—	1	4	2.3751
—	—	—	1	0.5937

Planilla E. — Medidas de capacidad para áridos.

Almud	*Medio almud*	*Cuarto*	Equivalentes — DECALITRO
1	2	4	3.13528
—	1	2	1.56764
—	—	1	0.78382

Medidas y Pesas de la Provincia de Salta

Planilla A. — Medidas de longitud.

MÚLTIPLOS		UNIDAD	SUB-MÚLTIPLOS			Equivalent.
Legua	*Cuadra*	*Vara*	*Pie*	*Pulgada*	*Línea*	METRO
1	40	6000	18000	216000	2592000	5166.6000
—	1	150	450	5400	64800	129.1650
—	—	1	3	36	432	0.8611
—	—	—	1	12	144	0.2870
—	—	—	—	1	12	0.02391
—	—	—	—	—	1	0.00199

Planilla B. — Medidas de superficie.

Múltiplos		Unidad	Sub-múltiplos			Equivalentes
Legua	*Cuadr.*	*Vara cuadr.*	*Pie cuadrado*	*Pulg. cuadr.*	*Linea cuadr.*	Metro cuadrado
1	1600	36000000	324000000	—	—	26693755.5600
—	1	22500	202500	—	—	16683.5972
—	—	1	9	1296	186624	0.741493
—	—	—	1	144	20736	0.082388
—	—	—	—	1	144	0.000572
—	—	—	—	—	1	0.00000397

Planilla C. — Pesas.

(*Según padrón*)

Múltiplos			Unidad	Sub-múltiplos			Equivalentes
Tonel	*Quintal*	*Arroba*	*Libra*	*Onza*	*Adar.*	*Grano*	Kilogramo
1	20	80	2000	32000	—	—	919.2400
—	1	4	100	1600	25600	—	45.9620
—	—	1	25	400	6400	230000	11.4905
—	—	—	1	16	256	9216	0.459620
—	—	—	—	1	16	576	0.028726
—	—	—	—	—	1	36	0.001795
—	—	—	—	—	—	1	0.000049

Libra de la Municipalidad = kilogramos 0,4594

Planilla D. — Medidas de capacidad para líquidos.

Múltiplos		Unidad	Sub-múltiplos			Equivalentes
Barril	*Cuartilla*	*Frasco*	*Cuarta*	*Media cuarta*	*Octava*	Litro
1	5	25	100	200	400	62.50
—	1	5	20	40	80	12.50
—	—	1	4	8	16	2.50
—	—	—	1	2	—	1.25
—	—	—	—	1	1	0.625

Frasco de la Municipalidad = litros 2,375137

Planilla E. — Medidas de capacidad para áridos.

Fanega	*Almud*	*Medio almud*	Equivalentes
			DECALITRO
1	12	24	37.7196
—	1	2	3.1433
—	—	1	1.57165

Medidas y Pesas de la Provincia de Catamarca

Planilla A. — Medidas de longitud.

MÚLTIPLOS		UNIDAD	SUB-MÚLTIPLOS		Equivalentes
Legua	*Cuadra*	*Vara*	*Pie*	*Pulgada*	METRO
1	40	6000	18000	216000	5016.6000
—	1	150	450	5400	125.4150
—	—	1	3	36	0.8361
—	—	—	1	12	0.2787
—	—	—	—	1	0.2322

Planilla B. — Medidas de superficie.

MÚLTIPLOS		UNIDAD	SUB-MÚLTIPLOS		Equivalentes
Legua cuadr.	*Cuadra cuad.*	*Vara cuadrada*	*Pie cuadrado*	*Pulgada cuadrada*	METRO CUADRADO
1	1600	36000000	324000000	—	25166275.560000
—	1	22500	202500	—	15728.922225
—	—	1	9	1296	0.699063
—	—	—	1	144	0.077673
—	—	—	—	1	0.000539

Planilla C. — Pesas.

MÚLTIPLOS		UNIDAD	SUB-MÚLTIPLOS		Equivalentes
Quintal	*Arroba*	*Libra*	*Onza*	*Adarme*	KILOGRAMO
1	4	100	1600	25600	46.0800
—	1	25	400	6400	11.5200
—	—	1	16	256	0.4608
—	—	—	1	16	0.0288
—	—	—	—	1	0.0018

Planilla D. — Medidas de capacidad para líquidos.

Cuartilla	*Frasco*	*Cuarta*	*Media cuarta*	Equivalentes LITRO
1	5	20	40	13.020
—	1	4	8	2.604
—	—	1	2	0.651
—	—	—	1	0.3255

Planilla E. — Medidas de capacidad para áridos.

Fanega	*Almud*	*Medio almud*	Equivalentes DECALITRO
1	12	24	21.2779
—	1	2	1.77316
—	—	1	0.88658

Medidas y Pesas de la Provincia de la Rioja.

Planilla A. — Medidas de longitud.

MÚLTIPLOS		UNIDAD	SUB-MÚLTIPLOS		Equivalentes
Legua	*Cuadra*	*Vara*	*Pie*	*Pulgada*	METRO
1	40	6000	18000	216000	5053.2000
—	1	150	450	5400	126.3300
—	—	1	3	36	0.8422
—	—	—	1	12	0.28073
—	—	—	—	1	0.02339

Planilla B. — Medidas de superficie.

MÚLTIPLOS		UNIDAD	SUB-MÚLTIPLOS		Equivalentes
Legua cuadr.	*Cuadra cuadr.*	*Vara cuadrada*	*Pié cuadrado*	*Pulgada cuadrada*	METRO CUADRADO
1	1600	36000000	324000000	—	25534830.2400
—	1	22500	202500	—	15959.2689
—	—	1	9	1296	0.709300
—	—	—	1	144	0.093577
—	—	—	—	1	0.00064980

Planilla C. — Pesas.

MÚLTIPLOS		UNIDAD	SUB-MÚLTIPLOS		Equivalentes
Quintal	*Arroba*	*Libra*	*Onza*	*Adarme*	KILOGRAMO
1	4	100	1600	25600	45.9770
—	1	25	400	6400	11.4942
—	—	1	16	256	0.459770
—	—	—	1	16	0.028720
—	—	—	—	1	0.0001790

942
0.459770
0.028720
0.0001790

Planilla D. — Medidas de capacidad para líquidos.

Cuartilla	*Frasco*	*Cuarta*	*Media cuarta*	Equivalentes — Litro
1	5	20	40	12.50
—	1	4	8	2.50
—	—	1	2	0.625
—	—	—	1	0.3125

Planilla E. — Medidas de capacidad para áridos.

Fanega	*Media fanega*	*Almud*	*Medio almud*	Equivalentes — Decalitro
1	2	12	24	19.80408
—	1	6	12	9.90204
—	—	1	2	1.65034
—	—	—	1	0.82517

Medidas y Pesas de la Provincia de Jujuy.

Planilla A. — Medidas de longitud.
(Según el padrón de Castilla)

Múltipl.	Unidad	Sub-múltiplos		Equivalentes
Legua	*Vara*	*Pie*	*Pulgada*	Metro
1	6000	18000	216000	5015.400
—	1	3	36	0.8359
—	—	1	12	0.27863
—	—	—	1	0.02155

Planilla B. — Medidas de superficie.
(Según el padrón de Castilla)

MÚLTIP.	UNIDAD	SUB-MÚLTIPLOS		Equivalentes
Legua cuadr.	*Vara cuadrada*	*Pie cuadrado*	*Pulgada cuadrada*	METRO CUADRADO
1	36000000	324000000	—	25154237.1600
—	1	9	1296	0.698728
—	—	1	144	0.077636
—	—	—	1	0.000539

Planilla C. — Pesas.

MÚLTIPLOS		UNIDAD	SUB-MÚLTIPLOS		Equivalentes
Quintal	*Arroba*	*Libra*	*Onza*	*Adarme*	KILOGRAMO
1	4	100	1600	—	45.9340
—	1	25	400	6400	11.4827
—	—	1	16	256	0.45931
—	—	—	1	16	0.028707
—	—	—	—	1	0.001794

Planilla D. — Medidas de capacidad para líquidos.
(Usadas en el comercio)

MÚLTIP.	UNIDAD	SUB-MÚLTIPLOS		Equivalente
Barril	*Frasco*	*Cuarta*	*Media cuarta*	LITRO
1	25	100	200	55.550
—	1	4	8	2.222
—	—	1	2	0.5555
—	—	—	1	0.27777

Planilla E. — Medidas de capacidad para áridos.

Las mismas que las de Castilla.

PESAS Y MEDIDAS EXTRANJERAS

MEDIDAS DE LONGITUD

Inglaterra

Abreviaciones	*Nombres Sistemáticos*	*Métricas*
In	Inch, pulgada (1/36 yardas) . . .	2,539954 centímetros
Ft	Foot, pie (1/3 de yarda).	3,0479449 decímetros
Fth	Fathom (2 yardas).	1,82876696 metros
»	Pole ó perch (5 1/2 yardas) . . .	5,02911 metros
»	Furlong (220 yardas)	201,16437 metros
Mi	Mile (1760 yardas) (Statute mile).	1609,3149 metros

Métricas	Inglesas
Milímetro	0,03937 pulgada
Centímetro.	0,393708 pulgada
Decímetro	3,937079 pulgadas
Metro.	39,37079 pulgadas 3,2808992 piés 1,093633056 yarda
Kilómetro	1093,633056 yardas 0,62138 mile

		cm.
Bélgica	*metro*.	100,000
Holanda.	*el*.	100,000
	pie del Rhin.	31,382
	pie de Amsterdam. . . .	28,306
Suecia y Noruega . .	*pie sueco*	29,691
	pie noruego	31,374

		Valor en centímetros
RUSIA	*pie inglés*	30,479
	sagéne, 7 pies (toesa)	213,356
	archinne, 1/3 de *sagéne*	71,119
	verchoc, 1/16 de *archinne*	4,445
SUIZA (1)	*toesa* 6 *pies*	180,00
	pie unidad	30,00
	pulgada, 1/10 de *pie*	3,00
	línea, 1/10 de *pulgada*	0,30
	razgo (trait), 1/10 de *línea*	0,03
TURQUÍA	*archinne*	75,774
	pulgada, 1/24 de *archinne*	3,157
	endazé ó pic para los géneros	68,00

MEDIDAS DE CAPACIDAD

INGLATERRA

Abreviaciones	*Nombres Sistemáticos*	*Métricas*
Pt	Pint (1/8 gallon)	0,5679 litro
Qt	Quart (1/4 gallon)	1,1359 litro
Gal	Gallon imperial	4,543458 litros
Peck	Peck (2 gallons)	9,086916 litros
Bu	Bushel (8 gallons)	36,34766 litros
»	Sack (3 bushels)	1,09043 hectolitro
»	Quarter (8 bushels)	2,90781 hectolitros
»	Chaldron (12 sacks)	13,08516 hectolitros

Métricas	Inglesas
Litro	1,760773 pint 0,2200967 gallon
Decalitro	2,2009668 gallons
Hectolitro	22,009668 gallons
Metro cúbico	35,31658 cubic feet

(1) Desde el 1° de Enero de 1877 los pesos métricos son obligatorios en Suiza

MEDIDAS TOPOGRAFICAS

	Kilóm. cuadrados
Legua marina cuadrada de 20 en grado	30,8766
Milla marina cuadrada de 60 en grado.	3,4307
Mile inglesa cuadrada	2,5899

Kilómetro cuadrado. . { 0,03239 legua marina cuadrada; 0,29148 milla marina cuadrada; 0,38612 mile inglesa cuadrada }

PESAS

INGLATERRA

Abreviatura	*Inglesas-Troy* (1).	*Métricas*
Gr	Grain (24ª de pennyweight) . . .	6,479895 centigr.
dwt	Pennyweight (20ª de onza) . . .	1,555175 gramos
Oz	Ounce (12ª de libra troy)	31,103496 gramos
»	Imperial Troy pound (5760 granos)	373,241948 gramos
	Inglesas-Avoirdupois (pesas usuales)	
Dr	Dram (16ª de onza)	1,771846 gramos
Oz	Ounce (16ª de libra).	28,349540 gramos
Lb	Pound avoirdupois	453,592645 gramos
cwt	Hundredweight (112 libras) . . .	50,802 kilogramos
Ton	Ton (20 hundredweight).	1016,048 kilogramos
St	Stone (14 libras).	6,350 kilogramos

(1) Usadas solamente para los metales preciosos y en farmacia.

Gramo. . . . . { 15,432349 grains troy; 0,643015 pennyweight }

Kilogramo. . . . . . { 15432,349 grains troy; 2,679227 pounds troy; 2,204621 pounds avoirdupoids }

HOLANDA

	Valor en gramos
Libra de Amsterdam	494,090
Libra troy de Holanda	492,168

MEDIDAS DE SUPERFICIE

Inglesas	Métricas
Yard cuadrada	0,83609715 m. cuad.
Rod	25,291939 met. cuad.
Rood (1210 yards cuadradas)	10,116775 áreas
Acre (4840 yards cuadradas)	0,404671 hectárea

Métricas	Inglesas
Metro cuadrado	1,196033261 yard cuadrada
Área (100 metr. cuadrados)	119,6033261 yards cuadradas 0,098845 rood
Hectárea	2,47114322 acres

BRAZAS DE CARTAS MARINAS

		Metros
INGLATERRA	*braza* (fathom)	1,829
DINAMARCA	*braza* (favn)	1,883
ESPAÑA	*braza* (braza)	1,672
HOLANDA	*braza* (waam)	1,883
RUSIA	*braza* (sagéne)	2,134
SUECIA	*braza* (aunar)	1,883
FRANCIA	*braza*, 5 pies	1,624
	nudo 1/120 de milla marina	15,435
	cable de 120 brazas	194,880
	cable nuevo	200,000

MEDIDAS DE ITINERARIOS

		Valor en kilómetros
		—
BÉLGICA	*milla métrica*	1,000
HOLANDA.	*mijl*	1,000
ILALIÁ.	*milla métrica*	1,000
RUSIA	*werst, 500 sagenas*. . . .	1,067
SUIZA	*legua, 16000 pies*	4,800

LEGUAS Y MILLAS

	Metros
	—
Milla geográfica de 15, en un grado de ecuador . . .	7422
Legua de 18, en un grado de meridiano	6174
Legua de 25, en un grado de meridiano	4445
Legua marina ó geográfica de 20 en grado	5557
Milla marina de 60 en grado, ó arco de meridiano de un minuto, ó tercio de legua marina	1852

MONEDAS

LEY DE MONEDA

Departamento de Hacienda
de la
República Argentina.
—

Buenos Aires, Noviembre 5 de 1881.

POR CUANTO:

El Senado y Cámara de Diputados de la Nación Argentina reunidos en Congreso, etc., sancionan con fuerza de

LEY:

Artículo 1° La Unidad Monetaria de la República Argentina será el peso de oro ó plata.

El peso de oro es 1 gramo 6,129 diez milésimos de gramo de oro, de título de 900 milésimos de fino.

El peso de plata es 25 gramos de plata, de título de 900 milésimos de fino.

Art. 2° La Casa de Moneda de la Nación acuñará monedas de oro, plata y cobre, con la denominación, clase, valor, título, peso, diámetro y tolerancia que á continuación se detallan:

MONEDAS DE ORO

NOMBRE	*Clase del metal*	VALOR *de las piezas*	TÍTULO *Justo*	TÍTULO *Tolerancia en más ó en menos*	PESO *Justo*	PESO *Tolerancia en más ó en menos*	DIÁMETRO
			milés.	milés.	gram.	milig.	mil.
Argentino	Oro	5 pesos	900 y 100 m/m de cobre	1	8,0645	2	22
½ Argentino . . .	»	2 $ 50 cts			4,0322	2	19

MONEDAS DE PLATA Y COBRE

CLASE DEL METAL	VALOR de *las piezas*	TÍTULO *Justo*	TÍTULO *tolerancia en más ó en menos*	PESO *Justo*	PESO *Tolerancia en más ó en menos*	DIÁMETRO
		milés.	milés.	gram.	milig.	mil.
Plata . .	Un peso.	900 y 100 m/m de cobre	2	25,000	3	37
	50 cents.		3	12,500	5	30
	20 »		5	5,000	5	23
	10 »		5	2,500	7	18
	5 »		5	1,250	10	16
Cobre . .	2 »	95 partes de cobre 4 de estaño 1 de zinc	10 en el cobre 5 en el zinc y estaño	10,000	10	30
	1 »			5,000	10	25

Art. 3° Todas las monedas llevarán estampado en el anverso el escudo de la Nación con la inscripción *República Argentina* y el año de su acuñación.

En el reverso un busto cubierto con el gorro frigio que simbolice la libertad, é inscripta la palabra *Libertad* y la denominación, valor y ley de la moneda.

El *Argentino* y el *Peso plata* llevarán la inscripción *Igualdad ante la Ley* en el canto; las demás monedas de oro y plata llevarán el canto acanalado y las de cobre liso.

Art. 4° La acuñación de monedas de oro es ilimitada. — La acuñación de plata no excederá de cuatro pesos por cada habitante de la República, y á veinte centavos la de cobre, quedando el Poder Ejecutivo facultado para determinar las proporciones entre los múltiplos y submúltiplos de monedas de cada metal.

Art. 5° Las monedas de oro y plata, acuñadas en las condiciones de esta ley, tendrán curso forzoso en la Nación, servirán para chancelar todo contrato ú obligación contraída dentro ó fuera del país y que deba ejecutarse en el territorio de la República, á no ser que se hubiera estipulado expresamente el pago en una clase de moneda nacional.

Art. 6° El recibo de las monedas de plata menores de un peso y las de cobre, sólo será obligatorio en la proporción de 50 centavos, si la suma á pagarse no excediese de 20 pesos y en la de un peso, por toda suma que exceda de esta cantidad.

Art. 7° Queda prohibida la circulación de toda moneda extranjera de oro, desde que se hayan acuñado *ocho millones de pesos* en moneda de oro de la Nación, y la circulación legal de toda moneda extranjera de plata desde que se hayan acuñado *cuatro millones* de plata.

Una vez que se hayan acuñado las cantidades de oro y plata que expresa el párrafo anterior, el Poder Ejecutivo lo hará saber por medio de un decreto, en el que se fijará un plazo, que no baje de tres meses para hacer efectiva la disposición de este artículo.

Art. 8° Vencido el plazo fijado por el Poder Ejecutivo, los Tribunales, oficinas ó funcionarios públicos de la Nación ó de las Provincias no podrán admitir gestión, ni dar curso á acto alguno estipulado con posterioridad á esa fecha, que represente ó exprese cantidades de dinero, que no sea en moneda nacional, con excepción de aquellos actos ó contratos que hubieran debido ejecutarse fuera del país.

Los que se hubiesen estipulado en el extranjero para ejecutarse en la República, deberán exigirse en moneda nacional por su equivalente.

Art. 9° El Poder Ejecutivo recogerá las monedas de plata extranjeras, pagando únicamente la cantidad de fino que contengan con arreglo á la unidad monetaria creada por esta Ley.

Art. 10. El Poder Ejecutivo determinará y reglamentará en la forma más conveniente, la emisión de las especies fabricadas, ya sea por medio de la Casa Moneda, de la Tesorería General, de los Bancos y otras reparticiones de las administraciones nacionales.

Art. 11. Los contratos existentes y los que se hubiesen celebrado antes de haberse acuñado la cantidad fijada en la última parte del art. 7°, se chancelarán en moneda nacional por su equivalente, tomando por base el título y peso de las monedas.

Art. 12. Á los efectos del artículo anterior, el Poder Ejecutivo hará ensayar y publicar el título y verificar el peso de las monedas extranjeras en circulación.

Art. 13. Los Bancos de emisión que existen en la República deberán dentro de dos años de sancionada esta ley, renovar toda su emisión en billetes, á moneda nacional.

Art. 14. Dentro del mismo término fijado en el artículo anterior, los Bancos de emisión deberán recoger todo billete de menos valor de un peso, quedándoles expresamente prohibido, desde treinta días después de la presente Ley, emitir nuevos billetes por fracción de peso.

Art. 15. Se consideran cumplidas las obligaciones que se imponen á los Bancos en los artículos anteriores siempre que, durante un año, hayan llamado públicamente al cambio de sus billetes con arreglo á esta Ley. — Los billetes que no se presentasen al cambio en ese término, perderán su fuerza ejecutiva.

Art. 16. Los Bancos que infringieran lo ordenado en los arts. 13 y 14 incurrirán en una multa de pesos fuertes *cincuenta mil*, que se hará efectiva por el Juez Nacional de Sección, por acusación fiscal ó de cualquiera del pueblo.

En el caso que se proceda por acción fiscal, el importe de la multa se destinará al fondo de escuelas, y si se procede por acusación particular, se dividirá por mitad entre el denunciante y el fondo de escuelas.

Art. 17. Queda vigente la ley de 29 de Setiembre de 1875, en cuanto no se oponga á la presente.

Art. 18. Comuníquese al Poder Ejecutivo.

Dada en la Sala de Sesiones del Congreso Argentino, á los tres días del mes de Noviembre de mil ochocientos ochenta y uno.

FRANCISCO B. MADERO. LIDORO J. QUINTEROS

Carlos M. Saravia, Secretario del Senado. *J. Alejo Ledesma*, Secretario de la C. de Diputados.

POR TANTO:

Téngase por Ley de la Nación Argentina, comuníquese, publíquese, é insértese en el Registro Nacional.

ROCA.
JUAN J. ROMERO.

Valor legal de las monedas extranjeras en moneda nacional, con sujeción á los decretos del Poder Ejecutivo fecha 2 de Diciembre 1881 y 21 de Octubre 1882.

MONEDAS DE ORO

		Valor legal
Moneda peruana de 5 soles 8 grs. 0645 y título $^9/_{10}$.	$	5 »
Moneda Española de 25 pesetas	»	5 »
Onza Hispano-Americana, con 27 grs. y título 875 milésimos.	»	16.275
Soberano inglés con 7 grs. 981 y título 916 $^2/_3$.	»	5.040
Moneda francesa, de 20 francos con grs. 6.4516 y título $^9/_{10}$.	»	4 »
Doblón español con grs. 8.336 y título $^9/_{10}$ . . .	»	5.166
Cóndor chileno con grs. 15.253 y título $^9/_{10}$ . .	»	9.455
Águila de los Estados-Unidos con grs. 16.717 y título $^9/_{10}$.	»	10.364
Moneda brasilera, de 20.000 reis con grs. 17.926 y título 916 $^2/_3$	»	11.320
Moneda alemana de 20 marcos con 7 grs. 9649 y 900 milésimos (según Decreto de 24 Setiembre de 1887)	»	4.94

MONEDAS DE PLATA

Peso chileno, peruano y boliviano con grs. 25 y título $^9/_{10}$.	$	0.840
Peso boliviano con grs. 20 y título $^9/_{10}$. . . .	»	0.720

MONEDAS EXTRANJERAS

(Según el *Annuaire du Bureau des Longitudes*)

ALEMANIA.

Leyes monetarias de 4 Diciembre 1871 y 9 Julio 1873.

METAL	DENOMINACIÓN de las monedas	PESO legal	TÍTULO	VALOR á la par
	Moneda de cambio: Reichsmark de 100 pfenning= $ 0.2468.			
		grs.		$m/n
Oro	20 marks ó doble corona.	7,965	m	4,92
	10 marks ó corona. . . .	3,982	900	2,46
	5 marks	1,991		1,23
Plata	5 marks	27,777		1,11
	2 marks	11,111		0,44
	1 mark 100 pfenning . .	5,555	900	0,22
	½ mark-50 pfenning. . .	2,777		0,11
	1/5 mark 20 pfenning. . .	1,111		0.04

AUSTRIA-HUNGRÍA.

Leyes monetarias de 24 Diciembre 1867 y 9 Marzo 1870.

METAL	DENOMINACIÓN de las monedas	PESO legal	TÍTULO	VALOR á la par
	Moneda de cambio : Florin de 100 kreutzers = 0.4938			
		grs.		$m/n
Oro	Cuádruple ducado	13,960	m	9,48
	Ducado	3,490	986	2,37
	8 florines, 20 francos . .	6,452		4,00
	4 florines, 10 francos . .	3,226	900	2,00
Plata	2 florines.	24,691	900	0,99
	1 florín, 100 kreutzers .	12,345		0,49
	¼ florín.	5,341	520	0.12
	20 kreutzers (Acuñadas	2,666	500	0,06
	10 kreutzers (desde 1868.	1,666	400	0,03
Plata	Maria - Theresien - Thaler 1780 dicho Levantius, moneda de comercio. .	28,075	833	1,04

BÉLGICA.

Ley del 21 de Julio 1866. — Convención internacional del 6 Noviembre 1885.

METAL	DENOMINACIÓN de las monedas	PESO legal	TÍTULO	VALOR á la par
	Moneda de cambio: Franco de 100 centésimos = $ 0,20.			
		grs.		*$m/n*
Oro	20 francos	6,452	m	4.00
	10 francos	3,226	900	2,00
Plata	5 francos	25,000	900	1,00
	2 francos	10,000		0,37
	1 franco	5,000	835	0,19
	50 centésimos	2,500		0,09

BRASIL *(Estados Unidos del).*

METAL	DENOMINACIÓN de las monedas	PESO legal	TÍTULO	VALOR á la par
	Moneda de cambio: Mil-reis = $ 0,5665.			
		grs.		*$m/n*
Oro	20,000 reis	17,929	m	11,35
	10,000 reis	8,965	917	5,66
	5,000 reis	4,482		2,85
Plata	2,000 reis	25,500		1,04
	1,000 reis	12,750	917	0,52
	500 reis	6,375		0,26

CHILE.

Leyes monetarias de 9 Enero 1851 y 25 Octubre 1870.

METAL	DENOMINACIÓN de las monedas	PESO legal	TÍTULO	VALOR á la par
	Moneda de cambio : Peso de 100 centavos = $ 1,00			
		grs.		*$m/n*
Oro	Cóndor, 10 pesos	15,253	m	9,46
	Doblón, 5 pesos	7,627	900	4,73
	Escudo, 2 pesos	3,050		1,89
	Peso	1,525		0,95

CHILE. — *(Conclusión)*

Metal	Denominación de las monedas	Peso legal	Título	Valor á la par
		grs.		$m/n
Plata	Peso	25,000	m 900	1,00
	50 centavos	12,500		0,50
	20 centavos	5,000		0,20
	1 décimo	2,500		0,10
	½ décimo	1,250		0,05

DINAMARCA.

Ley monetaria del 23 Mayo 1873.

Metal	Denominación de las monedas	Peso legal	Título	Valor á la par
	Moneda de cambio: Krone de 100 ore = $ 0,2777.			
		grs.		$m/n
Oro	20 kronen	8,960	m 900	5,56
	10 kronen	4,480		2.78
Plata	2 kronen	15,000	800	0,53
	1 kronen (100 ore)	7,500		0,28
	50 ore	5,000	600	0,14
	40 ore	4,000		0,10
	25 ore	2,420		0,07
	10 ore	1,450	400	0,03

ESPAÑA. (*)

Metal	Denominación de las monedas	Peso legal	Título	Valor á la par
	Ley del 26 de Junio de 1864.			
		grs.		$m/n
Oro	Doblón, 10 escudos	8,387	m 900	5,20
	» 4 escudos	3,355		2,08
	» 2 escudos	1,677		1,04

(*) Un decreto de fecha 19 de Octubre 1868 estableció en España el sistema monetario de la convención de 1865. 1 peseta = 1 franco, pero, hasta ahora, la mayor parte de las piezas en circulación son acuñadas según el sistema de la ley del 26 de Junio 1864, en la cual la moneda de cambio es el escudo de plata de 10 reales, cuyo valor es de $ 0,5192. Entre el comercio han conservado la costumbre de contar en pesos fuertes cuyo valor es de $ 1,04.

ESPAÑA. — *(Conclusión)*

Metal	Denominación de las monedas	Peso legal	Título	Valor á la par
	Ley del 26 de Junio 1864.			
		grs.		*$m/n*
Plata	Duro, 2 escudos	25,960	*m*	1.04
	Escudo, 10 reales	12,950	900	0,52
	Peseta.	5,192		0,19
	½ peseta	2,596	810	0,09
	Real.	1,298		0,05
	Decreto del 19 de Octubre 1869.			
Oro . .	25 peseta	8,065	900	5,00
Plata	5 pesetas.	25,000		1,00
	2 pesetas.	10,000		0,37
	1 peseta	5,000	835	0,19
	2 reales, ½ peseta . . .	2,500		0,09

ECUADOR

Metal	Denominación de las monedas	Peso legal	Título	Valor á la par
	Moneda de cambio : Sucre de 100 Centavos = $ 1,00.			
		grs.		*$m/n*
Plata	Sucre	25,000		1,00
	Medio sucre	12,500	*m*	0,50
	2 décimos	5,000	900	0,20
	1 décimo	2,500		0,10

ESTADOS UNIDOS.

Ley monetaria del 12 Febrero 1873.

Metal	Denominación de las monedas	Peso legal	Título	Valor á la par
	Moneda de cambio : Dóllar de 100 Centavos = $ 1,0365 .			
		grs.		*$m/n*
Oro . .	Doble águila, 20 dollars .	33,436		20,73
	Águila, 10 dollars	16,718		10,36
	Media águila, 5 dollars . .	8,359	*m*	5,18
	3 dollars.	5,015	900	3,11
	¼ águila, 2 ½ dollars . .	4,179		2,95
	1 dóllar	1,672		1,04

ESTADOS UNIDOS. — *(Conclusión)*

METAL	DENOMINACIÓN *de las monedas*	PESO *legal*	TÍTULO	VALOR *á la par*
		grs.		$m/n
Plata	Trade dóllar (moneda de comercio)	27,215		1,09
	Dóllar 100 cents	29,729	*m*	1,07
	½ dóllar, 50 cents. . . .	12,500	900	0,50
	¼ dóllar, 25 cents. . . .	6,250		0,25
	20 cents.	5,000		0,20
	Dime, 10 cents.	2,500		0,10

ESTADOS UNIDOS DE COLOMBIA.

Ley monetaria de 9 de Julio 1871.

METAL	DENOMINACIÓN *de las monedas*	PESO *legal*	TÍTULO	VALOR *á la par*
	Moneda de Cambio : Peso de oro = $ 1,00.			
		grs.	*m*	$m/n
Oro . .	Doble cóndor, 20 pesos. .	32,258	900	20,00
	Cóndor, 10 pesos.	16,129		10,00
			900	
Plata .	1 peso.	25,000		1,00
	2 décimos.	5,000		0,19
	1 décimo.	2,500	835	0,09
	½ décimo	1,250		0,05

FRANCIA.

METAL	DENOMINACIÓN *de las monedas*	PESO *legal*	TÍTULO	VALOR *á la par*
		grs.		$m/n
Oro . .	100 francos	32,258		20,00
	50 francos	16,129	*m*	10,00
	20 francos	6,452	900	4,00
	10 francos	3,226		2,00
	5 francos	1,613		1,00
Plata .	5 francos	25,000	900	1,00
	2 francos	10,000		0,37
	1 franco	5,000	835	0,19
	50 centésimos.	2,500		0,09
	20 centésimos.	1,000		0,04

GRECIA

Convención internacional del 6 Noviembre 1885. — Ley monetaria del 10 (22) Abril 1867.

METAL	DENOMINACIÓN DE LAS MONEDAS	PESO LEGAL	TÍTULO	VALOR Á LA PAR
	Moneda de cambio: Drachme de 100 lepta = $ 0,20.	grs.	m	$m/n
Oro	100 drachmes	32,258	900	20,00
	50 drachmes	16,129		10,00
	20 drachmes	6,452		4,00
	10 drachmes	3,226		2,00
	5 drachmes	1,613		1,00
Plata	5 drachmes	25,000	900	1,00
	2 drachmes	10,000	835	0,37
	1 drachme, 100 lepta	5,000		0,19
	50 lepta	2,500		0,09
	20 lepta	1,000		0,04

HOLANDA

Leyes monetarias de 26 Noviembre 1847 y 6 Junio 1875.

METAL	DENOMINACIÓN DE LAS MONEDAS	PESO LEGAL	TÍTULO	VALOR Á LA PAR
	Moneda de cambio: Florín de 100 cents. = $ 0,42.	grs.	m	$m/n
Oro	Doble ducado	6,988	983	4,73
	Ducado	3,494		2,36
	10 florines (ley 6 Junio 1875)	6,720	900	4,16
Plata	Rixdaler, 2 1/2 florines	25.000	945	1,05
	1 florín, 100 cents	10,000		0,42
	1/2 florín	5,000		0.21
	25 cents.	3,575	640	0,10
	10cents	1,400		0,04
	5 cents.	0,685		0,02
	1/4 florín (Colonias, indias neerlandeses (ley 1 Mayo 1854))	3,180	720	0,10
	1/10 florín (Colonias, indias neerlandeses (ley 1 Mayo 1854))	1,250		0,04
	1/20 florín (Colonias, indias neerlandeses (ley 1 Mayo 1854))	0,610		0,02

INGLATERRA.

Ley monetaria 4 Abril 1870.

METAL	DENOMINACIÓN DE LAS MONEDAS	PESO LEGAL	TÍTULO	VALOR Á LA PAR
	Moneda de cambio (*): Libra esterlina de 20 shillings = $ 5,04.			
		grs.	m	$m/n
Oro	Soberano, libra esterlina	7,988	916,66	5.04
	1/2 soberano	3,994		2,52
Plata	Corona, 5 shillings	22,278		1,16
	1/2 corona	14,138		0,58
	Florin, 2 shillings	11,310		0,46
	Shilling, 12 pence	5,655		0,23
	6 pence	2,828	925	0,12
	4 pence	1,885		0,08
	3 pence	1,414		0,06
Cobre	2 pence	0,942		0,04
	1 penny	0,471		0,02
	1/2 penny	»	»	0,01
	Farthing (1/4 penny)	»	»	0,005

(*) En ciertos pagos, se conserva en Inglaterra la costumbre de contar en guineas, cuyo valor es de $ 5,29 m/n.

ITALIA.

Convención internacional del 6 Noviembre 1885 — Leyes monetarias de 24 Abril 1862 y 24 Julio 1866

METAL	DENOMINACIÓN DE LAS MONEDAS	PESO LEGAL	TÍTULO	VALOR Á LA PAR
	Moneda de cambio : Lira de 100 centesimi = $ 0,20.			
		grs.		$ m/n
Oro	100 lire	32,258		20,00
	50 lire	16,129	m	10,00
	20 lire	6,452	900	4,00
	10 lire	3,226		2,00
	5 lire	1,613		1,00
Plata	5 lire	25,000	900	1,00
	2 lire	10.000		0,37
	1 lira	5,000	835	0,19
	50 centesimi	2,500		0,09
	20 centesimi	1,000		0,04

MÉJICO.
Ley monetaria del 27 de Noviembre 1867.

METAL	DENOMINACIÓN DE LAS MONEDAS	PESO LEGAL	TÍTULO	VALOR Á LA PAR
	Moneda de cambio: Peso de 100 centavos = $ 1,0861.	grs.		$ m/n
Oro	20 pesos	33,841	m 875	20,39
Oro	10 pesos	16,921		10,19
Oro	5 pesos	8,460		5,09
Oro	$2^1/_2$ pesos	4,230		2,55
Oro	1 peso	1,692		1,02
Plata	Peso	27,073	902,7	1,09
Plata	50 centavos	13,536		0,54
Plata	25 centavos	6,768		0,27
Plata	10 centavos	2,707		0,11
Plata	5 centavos	1,353		0,05

NORUEGA.
Convención monetaria con Dinamarca y Suecia — Ley monetaria del 4 Marzo 1875.

METAL	DENOMINACIÓN DE LAS MONEDAS	PESO LEGAL	TÍTULO	VALOR Á LA PAR
	Moneda de cambio: Krone de 100 ore = $ 0,2777.	grs.		$ m/n
Oro	20 kroner (5 specie daler)	8,960	m 900	5,56
Oro	10 kroner ($2^1/_2$ specie daler)	4,480		2,78
Plata	2 kroner	15,000	800	0,53
Plata	1 krone, 100 ore ó 30 skillings	7,500		0,28
Plata	50 ore	5,000	600	0,14
Plata	40 ore	4,000		0,10
Plata	25 ore	2,420		0,07
Plata	10 ore	1,450	400	0,03

PERÚ.
Ley monetaria del 14 Febrero 1864.

METAL	DENOMINACIÓN DE LAS MONEDAS	PESO LEGAL	TÍTULO	VALOR Á LA PAR
	Moneda de cambio: Sol de 10 dineros ó 100 cents = $ 1,00.	grs.		$ m/n
Oro	20 soles	32,258	m 900	20,00
Oro	10 soles	16,129		10,00
Oro	5 soles	8,065		5,00
Oro	2 soles	3,226		2,00
Oro	1 sol	1,613		1,00

PERÚ. — (Conclusión).

METAL	DENOMINACIÓN DE LAS MONEDAS	PESO LEGAL	TÍTULO	VALOR Á LA PAR
		grs.		$ m/n
Plata.	1 sol	25,000	m 900	1,00
	1/2 sol.	12.500		0,50
	1/5 sol.	5,000		0,20
	1 dinero.	2,500		0,10
	1/2 dinero	1,250		0,05

PORTUGAL.

Ley monetaria del 29 Julio 1851.

METAL	DENOMINACIÓN DE LAS MONEDAS	PESO LEGAL	TÍTULO	VALOR Á LA PAR
	Moneda de cambio ; Milreïs = $ 1,12.			
		grs.		$ m/n
Oro .	Corona, 10 milreïs	17,735	m 916,66	11,20
	1/2 corona, 5 milreïs. . .	8,868		5,60
	1/5 corona, 2 milreïs. . .	3,547		2,24
	1 decima corona, milreïs .	1,774		1,12
Plata.	5 testones, 500 reïs. . . .	12,500	916,66	0,51
	2 testones, 200 reïs. . . .	5,000		0,20
	Testón, 100 reïs	2,500		0,10
	1/2 testón, 50 reïs	1,250		0,05

REPÚBLICA ORIENTAL DEL URUGUAY.

METAL	DENOMINACIÓN DE LAS MONEDAS	PESO LEGAL	TÍTULO	VALOR Á LA PAR
	Moneda de cambio ; Peso = $ 1,00.			
		grs.		$ m/n
Plata.	1 peso.	25,000	m 900	1,00
	1/2 peso, 50 centésimos .	12,500		0,50
	20 centésimos	5,000		0,20
	10 centésimos	2,500		0,10

RUSIA.

METAL	DENOMINACIÓN DE LAS MONEDAS	PESO LEGAL	TÍTULO	VALOR Á LA PAR
	Moneda de cambio : Rublo de 100 kopecks = $ 0,80.	grs.	m	$ m/n
Oro	½ imperial, 5 rublos } antes	6,545	916,66	4,12
	3 rublos. . . . . . } de 1886	3,927		2,48
	Imperial, 10 rublos } desde	12,903	900	8,00
	½ imperial, 5 rublos } de 1886	6,452		4,00
Plata.	Rublo 100 kopecks. antes de 1886	20,735	868	0,80
	Rublo nuevo desde 1886.	20,000	900	0,80
	Poltinnik 50 kopecks. . .	10,367		0,40
	Tchetvertak 25 kopecks .	5,183		0,20
	Abassis 20 kopecks. . . .	4,079	500	0,09
	Florín polaco 15 kopecks.	3,059		0,07
	Grivenik 10 kopecks . . .	2,039		0,04
	Pietak 5 kopecks.	1,019		0,02

RUSIA (Gran Ducado de Finlandia)

Ley monetaria del 9 de Agosto 1877.

METAL	DENOMINACIÓN DE LAS MONEDAS	PESO LEGAL	TÍTULO	VALOR Á LA PAR
	Moneda de cambio : Markka = $ 0,20.	grs.	m	$ m/n
Oro	20 markkaa	6,452	900	4,00
	10 markkaa	3,226		2,00
Plata.	2 markkaa	10,365	868	0,40
	1 markka.	5,182		0,20
	50 penni.	2,549	750	0,09
	25 penni.	1,274		0,04

SUECIA.

Ley monetaria del 30 de Mayo 1873, ratificando la convención internacional con Dinamarca.

METAL	DENOMINACIÓN DE LAS MONEDAS	PESO LEGAL	TÍTULO	VALOR Á LA PAR
	Moneda de cambio : Krona de 100 ore = $ 0,2777.	grs.	m	$ m/n
Oro	20 kronor	8,960	900	5,56
	10 kronor	4,480		2,78

SUECIA. — *(Conclusión).*

METAL	DENOMINACIÓN DE LAS MONEDAS	PESO LEGAL	TÍTULO	VALOR Á LA PAR
		grs.	m	$ m/n
Plata.	2 kronor	15,000	800	0,53
	1 krona, 100 ore	7,500		0,28
	50 ore	5,000	600	0,14
	25 ore	2,420		0,07
	10 ore	1,450	400	0,03

SUIZA (Confederación).

Convención internacional del 6 Noviembre 1885.

METAL	DENOMINACIÓN DE LAS MONEDAS	PESO LEGAL	TÍTULO	VALOR Á LA PAR
	Moneda de cambio: Franco de 100 centésimos = $ 0,20.			
		grs.	m	$ m/n
Oro.	20 francos	6,452	900	4,00
Plata.	5 francos	25,000	900	1,00
	2 francos	10,000	835	0,40
	1 franco	5,000		0,20
	50 centésimos	2,500		0,10

VENEZUELA (Estados Unidos de).

Ley monetaria de 2 de Junio de 1887.

METAL	DENOMINACIÓN DE LAS MONEDAS	PESO LEGAL	TÍTULO	VALOR Á LA PAR
	Moneda de cambio: Bolivar = $ 0,20			
		grs.		$ m/n
Oro.	100 Bolívar	32,258	m 900	20,00
	50 Bolívar	16,129		10,00
	20 Bolívar	6,452		4,00
	10 Bolívar	3,226		2,00
	5 Bolívar	1,613		1,00
Plata.	5 Bolívar	25,000	900	1,00
	2 Bolívar	10,000	835	0,37
	1 Bolívar	5,000		0,19
	50 Centavos	2,500		0,09
	20 Centavos	1,000		0,04

GEOGRAFÍA

POSICIONES GEOGRÁFICAS DE LOS OBSERVATORIOS (*)

OBSERVATORIOS	LATITUD	LONGITUD SEGÚN LA *Connaissance des Temps*	WÁSHINGTON	GREÉNWICH
	° ′ ″	h m s	s	s
Abo	60.26.57 N	1.19.45,5 E	+0,1	——
Adelaide	34.55.34 S	9. 4.59,4 E	+0,2	+0,1
Albany *(Obs. Dudley)*	42.39.50 N	5. 4.20,2 O	+0,5	—0,2
Alfred	42.15.20 N	5.20.28,0 O	+0,1	——
Allegheny	40.27.42 N	5.29.23,8 O	+0,1	——
Altona	53.32.45 N	0.30.25,5 E	—0,2	——
Amherst	42.22.17 N	4.59.25,7 O	0,0	——
Ann-Arbor	42.16.48 N	5.44.16,1 O	+0,1	0,0
Annápolis	38.58.54 N	——	5h15m17s50	——
Arcetri	43.45.14 N	0.35.42,1 E	0,0	+0,1
Argel	36.44. 0 N	0. 2.55,9 E	—0,1	+0,1
Armagh	54.21.13 N	0.35.06,1 O	+0,5	+0,3
Atenas	37.58.20 N	1.25.33,9 E	+0,8	+0,9
Berlín	52.30.17 N	0.44.14,0 E	—0,1	0,0
Berna	46.57. 9 N	0.20.24,6 E	+0,3	——
Betlehem	40.36.24 N	——	5h10m52s90	——
Birr-Castle	53. 5.47 N	0.41. 1,9 O	+0,1	—0,1
Bolonia	44.29.47 N	0.36. 3,7 E	—0,2	—0,1
Bonn	50.43.45 N	0.19. 2,3 E	—0,1	+0,7
Bothkamp	54.12.10 N	0.31.10,2 E	—0,5	——
Breslau	51. 6.56 N	0.58.47,9 E	—0,2	+0,3
Bruselas	50.51.11 N	0. 8. 7,8 E	—0,2	—0,8
Burdeos	44.50.17 N	0.11.26,4 O	+0,1	—0,1
Cabo de Buena Esperanza	33.56. 3 S	1. 4.33,5 E	+0,2	+0,3
Cádiz *(S. Fernando)*	36.27.41 N	0.34.10,3 O	+0,4	+0,2
Cambridge *(Inglaterra)*	52.12.52 N	0. 8.58,3 O	—1,0	—0,2
Cambridge *(E. U.)*	42.22.48 N	4.53.51,9 O	+0,1	—0,3
Carlsruhe	49. 0.30 N	0.24.15,5 E	0,0	+0,1
Chapultepec	19.25.18 N	——	6h45m39s30	——
Charcow	50. 0.10 N	2.15.33,5 E	+0,1	——
Chicago	41.50. 1 N	5.59.47,8 O	—0,3	—0,1
Christania	59.54.44 N	0.33.33,0 E	—0,1	+0,3
Cincinnati *(Obs. viejo)*	39. 6.27 N	——	5h47m20s00	——
Cincinnati *(Obs. nuevo)*	39. 8.35 N	5.47. 2,4 O	0,0	—0,2
Clinton	43. 3.16 N	5.10.58,4 O	0,0	—0,1
Coímbra	40.12.26 N	0.42.55,1 O	+0,5	——
Copenhague	55.41.13 N	0.40.58,0 E	—0,1	+0,3
Córdoba	31.25.15 S	4.26. 9,1 O	+0,2	0,0

(*) En las columnas *Wáshington*, *Greenwich* se da la corrección que se debe añadir con su signo á la longitud según la *Connaissanve des Temps*, para tener la que se deduciría de la que os dada en los *Nautical Almanac* de Wáshington y de Greenwich.

POSICIONES GEOGRÁFICAS DE LOS OBSERVATORIOS

(Continuación).

OBSERVATORIOS	LATITUD	LONGITUD SEGÚN LA *Connaissance des Temps*	WÁSHINGTON	GREENWICH
	° ′ ″	h m s	s	s
Cracovia	50. 3.50 N	1.10.29,4 E	—0,1	+0,1
Dantzig	54.21.18 N	——	1h 5m18s3E	——
Dorpat	58.22.47 N	1.37.32,5 E	—0,1	—0,1
Dresden *(Baron de Engelhardt)*	51. 2.17 N	0.45.33,9 E	—0,1	0,0
Dublín	53.23.13 N	0.34.42,1 O	+0,1	+0,8
Dun Echet *(Conde Crawford)*	57. 9.36 N	0.19. 1,0 O	0,0	—0,1
Durham	54.46. 6 N	0.15.40,4 O	+0,5	+0,3
Dusseldorf *(Bilk)*	51.12.25 N	0.17.44,0 E	—0,1	+0,6
Edimburgo	55.57.23 N	0.22. 4,2 O	—0,1	+0,3
Filadelfia	39.57. 8 N	——	5h 9m59s50	——
Florencia *(Museo)*	43.46. 4 N	0.35.40,8 E	—0,4	—0,2
Georgetown	38.54.26 N	5.17.39,3 O	0,0	+0.2
Ginebra	46.11.59 N	0.15.15,9 E	—0,2	+0,3
Glasgow *(Inglaterra)*	55.52.43 N	0.26.31,5 O	+0,2	0,0
Glasgow *(E. U.)*	39.13.46 N	6.20.39,0 O	0,0	+0,8
Gohlis	51.21.35 N	0.40. 8,6 E	——	——
Gotha	50.56.38 N	0.33.29,6 E	—0,1	0,0
Göttingen	51.31.48 N	0 30.25,5 E	—0,3	+0,1
Graz	47. 4.37 N	0.52.27.0 E	——	——
Greenwich	51.28.38 N	0. 9.20,9 O	+0,2	+0,1
Hamburgo	53.33. 7 N	0.30.32,9 E	—0.3	—0,1
Hanover	43.42.15 N	——	4h58m29s00	——
Hastings on Hudson	40.59.25 N	——	5. 4.50,60	——
Haverford	40. 0.40 N	——	5.10.33,80	——
Helsingfors	60. 0.43 N	1.30.28,2 E	—0,1	+0,1
Hereny *(Obs. von Gothard)*	47.15.47 N	0.57. 3,7 E	——	——
Hudson	41.14.43 N	——	5h35m 5s20	——
Ipswich	52. 0.33 N	0. 4.25,3 O	+0,1	—0,1
Kalocsa	46.31.41 N	1. 6.34,6 E	——	——
Kasan	55.47.24 N	3. 7. 8,3 E	—0,5	—0,3
Kew	51.28. 6 N	0.10.36,1 O	+0,1	—0,1
Kiel	54.20.29 N	0.31.14,9 E	—0,2	—0,3
Kiew	50.27.12 N	1.52.39,7 E	—0,1	——
Königsberg	54.42.51 N	1.12.38,0 E	—0,1	0,0
Kremsmünster	48. 3.23 N	0.47.10,6 E	+0,5	+1,3
La Plata (*)	34 54.30 N	4. 0.58,0 O	——	——
Leipzig	51.20. 6 N	0.40.13.0 E	0,0	+0.1
Leyde *(Obs. nuevo)*	52. 9.20 N	0. 8.35,6 E	—0,3	—0,3
Leyton	51.34.34 N	0. 9 21,8 O	+0,1	——
Lisboa *(Obs. marina)*	38.42.18 N	0.45.54,5 O	+0,1	0,0
Lisboa *(Obs. real)*	38.42.31 N	0.46. 5,6 O	+0,1	0,0

(*) Longitud provisional determinada por ocultaciones.

POSICIONES GEOGRÁFICAS DE LOS OBSERVATORIOS

(Continuación).

OBSERVATORIOS	LATITUD	LONGITUD SEGÚN LA *Connaissance des Temps*	WÀSHING-TON	GRÉEN-WICH
	° ′ ″	h m s	s	s
Liverpool *(Obs. nuevo)* . .	53.24. 4 N	0.21.38,0 O	+0,3	+0,1
Lübeck.	53.51.31 N	0.33.24,7 E	—0,2	+0,9
Lund.	55.41.52 N	0.43.24,1 E	—0,1	——
Lyon.	45.41.40 N	0. 9.46,9 E	—0,1	+0,1
Madison	43. 4.37 N	6. 6.58,9 O	—1,7	——
Madrás.	13. 4. 8 N	5.11.38,4 E	0,0	+0,1
Madrid.	40.24.30 N	0.24. 6,1 O	+0,4	+0,2
Manheim	49.29.11 N	0.24.29,5 E	0,0	+0,4
Marburgo.	50.48.47 N	0.25.44,1 E	—0,2	+0,6
Markree *(Coronel Cooper)* .	54.10.32 N	0.43. 9,4 O	+0,1	—0,1
Marsella *(Obs. viejo)*. . . .	43.17.52 N	0.12. 7,2 E	——	——
Marsella *(Obs. nuevo)*. . .	43.18.19 N	0.12.13,6 E	0,0	+0,3
Melbourne	37.49.53 S	9.30.33,4 E	—0,3	—0,1
Méjico	19.26. 1 N	——	$6^h55^m47^s70$	——
Milán.	45.27.59 N	0.27.25.0 E	—0,1	+0,2
Módena.	44.38.53 N	0.34.21,9 E	—0,2	0,0
Moscow.	55.45.20 N	2.20.56,3 E	—0,5	—0,2
Mount Hamilton.	37.20.23 N	8.15.55,1 O	+0,1	——
Munich *(Bogenhausen)*. . .	48. 8.45 N	0.37. 5,2 E	—0,1	+0,4
Nápoles *(Capo di Monte)* .	40.51 45 N	0.47.39,5 E	+0,3	—1,5
Nashvilla.	36. 8.58 N	5.56.33,8 O	—4,8	——
Natal.	29.50.47 S	1.52.40,2 E	—0,1	——
Neuchâtel.	47. 0. 1 N	0.18.28,8 E	+0,3	+0,1
New-Haven	41.18.37 N	5. 1. 2,3 O	—0,9	——
Niza	43.43.17 N	0.19.51,2 E	—0,1	+0,1
Nicolaief	46.58 21 N	1.58.32,9 E	+0,1	+1,3
Nueva York *(Columb Collg)*	40.45.23 N	——	$5^h\ 5^m14^s70$	——
Nueva York *(Rutherford)*. .	40.43.48 N	5. 5.17,7 O	+0,4	——
Odesa	46.28.36 N	1.53.41,3 E	—0,1	+0,2
Ogden	41.13. 9 N	——	$7^h37^m20^s60$	——
O-Gyalla	47.52.27 N	1. 3.24,6 E	—0,1	——
Olmütz.	49.35.43 N	0.59.47,0 E	—5,5	——
Ougrée	50.37. 6 N	0.12.51,0 E	——	——
Oxford *(Radcliff)*	51.45.36 N	0.14.23,6 O	+0,1	—0,1
Oxford *(Universidad)* . . .	51.45.34 N	0.14.21,4 O	+0,1	—0,1
Padua	45.24. 3 N	0.38. 8,2 E	+0,2	—0,1
Palermo	38. 6.44 N	0.44. 3,5 E	+0,4	—0,2
Paramatta	33.48.50 S	9.54.39,2 E	+6,0	——
París.	48.50.11 N	0. 0. 0	——	——
París *(Montsouris)*	48.49.18 N	0. 0. 0.3 O	+0,1	——
Petersburgo S. *(Ac. Ciencias)*	59.56.30 N	1.51.52,5 E	—0,1	+0,1
Petersburgo S. *(Obs. Univ.)*	59.56.32 N	1.51.50,5 E	——	——
Plonsk *(Obs. Jedregewicz)*.	52.37.40 N	1.12.11,0 E	0,0	——

POSICIONES GEOGRÁFICAS DE LOS OBSERVATORIOS

(Conclusión).

OBSERVATORIOS	LATITUD	LONGITUD SEGÚN LA *Connaissance des Temps*	WÁSHINGTON	GRÉENWICH
	° ′ ″	h m s	s	s
Pola	44.51.49 N	0.46. 2,2 E	—0,1	0,0
Portsmouth	50.48. 3 N	0.13.45,8 O	—0,8	—1,0
Potsdam	52.22.56 N	0.42.54,8 E	+1,1	0,0
Poughkeepsie	41.41.18 N	——	5h 4m54s60	——
Praga	50. 5.19 N	0.48.20,6 E	—0,3	+0,4
Princeton	40.20.58 N	5. 7.58,5 O	+0,1	——
Pulkova	59.46.19 N	1.51.57,7 E	—0,1	+0,1
Quebec	46.48.17 N	4.54.10,3 O	+0,1	—0,4
Río de Janeiro	22.54.24 S	3. 2. 2,4 O	+0,1	—0,1
Rochester *(E. U.)*	43. 9.17 N	5.19.42,9 O	—0,2	——
Roma *(Capitolio)*	41.53.33 N	0.40.35,5 E	——	——
Roma *(Colegio Romano)*	41.53.54 N	0.40.34,5 E	—0,9	—0,7
San Francisco	37.47.24 N	8.19. 3,5 O	——	——
Santiago de Chile	33.26.42 S	4.52. 7,3 O	+0,1	+0,1
Schwerin	53.37.38 N	0.36.19,9 E	—0,3	——
Senftenberg	50. 5.10 N	——	0h56m29s5E	——
Spire	49.18.55 N	0.24.24,6 E	—0,1	——
Stockholm	59.20.34 N	1. 2.53,0 E	—0,1	+0,1
Stonyhurst	53.50.40 N	0.19.13,7 O	0,0	—0,1
Strassburg *(Obs. nuevo)*	48.35. 0 N	0.21.43,6 E	0,0	——
Strassburg *(Obs. provisorio)*	48.34.54 N	0.21.41,5 E	—0,1	0,0
Sidney	33.51.41 S	9.55.28,5 E	0,0	+1,4
Taschkent	41.19.32 N	4.27.49,8 E	—0,1	+0,2
Tolouse	43.36.45 N	0. 3.31,0 O	—1,0	—1,1
Tulse Hill *(Obs. Huggins)*	51.26.47 N	0. 9.48,7 O	——	—0,1
Turín	45. 4. 8 N	0.21.26,2 E	+1,1	+1,3
Turckenham	51.27. 4 N	0.10.34,0 O	+0,2	——
Upsal *(Obs. nuevo)*	59.51.29 N	1. 1. 9,2 E	—0,1	+0,2
Utrecht	52. 5.10 N	0.11.10,7 E	—0,1	—0,3
Varsovia	52.13. 6 N	1.14.46,3 E	0,0	+0,2
Venecia	45.25.50 N	——	0h40m 4s4E	+0,1
Viena *(Obs. viejo)*	48.12.36 N	0.56.10,7 E	0,0	+0,1
Viena *(Obs. nuevo)*	48.13.55 N	0.56. 0,5 E	—0,3	+0,1
Viena *(Obs. Josephst)*	48.12.54 N	0.56. 4,4 E	—0,2	0,0
Viena *(Ottakring)*	48.12.47 N	0.55.50,1 E	——	——
Virginia	38. 2. 1 N	5.23.26,2 O	+1,4	——
Wáshington	38.53.39 N	5.17.33,1 O	—0,1	—0,1
Willhemshaven	53.31.52 N	0.23.14,2 E	0,0	+0,1
Williamstown *(Mass)*	42.42.49 N	5.2. 14,5 O	0,0	——
Williamstown *(Vict)*	37.52. 7 S	9.30.17,3 E	+0,4	——
Wilna	54.40.59 N	1.31.47,9 E	+2,9	+3,1
Windsor *(Obs. Tebbutt)*	33.36.31 S	9.53.59,7 E	0,0	+0,2
Zürich	47.22.40 N	0.24.51,4 E	+0,1	——

POSICIÓN GEOGRÁFICA

DE LOS

PRINCIPALES PUNTOS DE LA REPÚBLICA ARGENTINA

Y PAÍSES LIMÍTROFES

LUGAR	LATITUD SUR	LONGITUD OESTE DE Greenwich	LONGITUD del meridiano DE LA PLATA	AUTORIDADES
	° ′ ″	° ′ ″	h m s	
Ajó *(Prov. de B. Aires)* . . .	36.25	56.53	0.04.08 E.	E.
Alvear » » » . . .	36.02	59.58	0.08.12 O.	»
Angol *(Rep. de Chile)*	37.50	72.15	0.57.20 O.	M.
Arrecifes *(Prov. de B. Aires)* .	34.04	60.04	0.08.36 O.	E.
Asunción *(Rep. del Paraguay)*	25.16.49	57.40.06	0.00.59.6E.	C.T.
Ayacucho *(Prov. de B. Aires)*	37.10	58.26	0.02.04 O.	E.
Azul » » »	36.47	59.50	0.07.40 O.	»
Bahía Blanca » » »	38.45	62.39	0.18.56 O.	M.
Balcarce » » »	37.51	58.13	0.01.12 O.	E.
Baradero » » »	33.47	59.27	0.06.08 O.	»
Bolívar » » »	36.14	61.05	0.12.40 O.	»
Bragado » » »	35.07	60.27	0.10.08 O.	»
Brandzen » » »	35.10	58.12	0.01.08 O.	»
Brown » » »	34.48	58.21	0.01.44 O.	»
Buenos Aires *(Rep. Argentina)*	34.36.30	58.22.20	0.01.33.2O.	O.C.
Callao *(Rep. del Perú)*	12.03.53	77.08.20	1.16.53.3O	»
Cañuelas *(Prov. de B. Aires)*.	34.22	58.30	0.02.20 O.	E.
Carhué » » » .	37.12	62.42	0.19.08 O.	»
Carmen de Areco *(Prov. B. Aires)*	34.23	57.46	0.00.36 E.	»
Castelli » » »	36.06	58.04	0.00.36 O.	»
Catamarca *(Rep. Argentina)* .	28.26	66.13	0.33.12 O.	M.
Chacabuco *(Prov. de B. Aires)*	34.38	60.26	0.10.04 O.	E.
Chascomús » » »	35.35	57.59	0.00.16 O.	»
Chivilcoy » » »	34.53	59.59	0.08.16 O.	»
Chubut *(Rep. Argentina)*. . .	43.30	65.13	0.29.12 O.	M.
Colorado *(Prov. de B. Aires)*.	39.45	62.08	0.16.52 O.	»
Copiapó *(Rep. de Chile)* . . .	27.20	70.57.45	0.52.11 O.	C.T.
Coquimbo » » » . . .	29.55.10	71.21.10	0.53.44.7O.	»
Córdoba *(Rep. Argentina)* . .	31.25.15	64.12.00	0.25.11 O.	O.C.
Corrientes » » . .	27.27.56	58.49.48	0.03.42.2O.	»

Posición Geográfica de los principales puntos de la República Argentina y países limítrofes.

(Continuación.)

LUGAR	LATITUD SUR	LONGITUD OESTE DE Greenwich	LONGITUD del meridiano DE LA PLATA	AUTORIDADES
	° ′ ″	° ′ ″	h m s	
Dolores *(Prov. de B. Aires)* .	36.20	57.39	0.01.04 E.	E.
Ensenada » » » .	34.52	57.53	0.00.08 E.	»
Exalt. de la Cruz *(Prov. B. Aires)*	34.18	59.03	0.04.32 O.	»
Giles *(Prov. de B. Aires)*. . .	34.27	59.25	0.06.00 O.	»
Goya *(Rep. Argentina)*	29.09.06	59.16. 3	0.05.27.20.	O.C.
Guaminí *(Prov. de B. Aires)* .	37.01	62.23	0.17.52 O.	E.
Hornos (Cabo de) *(Rep. Argent.)*	55.58.40	67.16.10	0.37.24.70.	C.T.
Iquique *(Rep. del Perú)* . . .	20.12.30	70.11 20	0.49.05.30.	»
Juárez *(Prov. de B. Aires)* . .	37.41	59.45	0.07.20 O.	E.
Jujuy *(Rep. Argentina)*. . . .	24.10	65.22.18	0.29.52.20.	O.C.
Junín *(Prov. de B. Aires)* . .	34.36	60.56	0.12.04 O.	E.
La Paz *(Rep. Argentina)*. . .	30.44.27	59.38.18	0.06.56.20.	O C.
La Plata *(Prov. de B. Aires)* .	34.54.30	57.54.15	0.00.00	*
La Rioja *(Rep. Argentina)*. .	29.15	67.12	0.37.08 O.	M.
Las Conchas *(Prov. de B Aires)*	34.25	58.32	0.02.28 O.	E.
Las Flores » » »	36.01	59.02	0.04.28 O.	»
Las Heras » » »	34.56	58.54	0.03.56 O.	»
Lima *(Rep. del Perú)*.	12.03.06	77.02.39	1.16.30.60.	C.T.
Lincoln *(Prov. de B. Aires)*. .	34.52	61.29	0.14.16 O.	E.
Lobos » » » . .	35.12	59.03.	0.04.32 O	»
Lomas de Zamora *(Pr. B, Aires)*	34.46	58.21	0.01.44 O.	»
Luján *(Prov. de B. Aires)*. . .	34.34	59.04	0.04.36 O	»
Magdalena » » » . .	35.06	57.28	0.01.48 E.	»
Maipú » » » . .	36.52	57.57	0.00.08 O.	»
Maldonado *(Rep. Uruguaya)* .	34.58.15	54.56.57	0.11.52.2E.	C.T.
Marcos Paz *(Prov. de B. Aires)*	34.52	58.46	0.03.24 O.	E.
Matanzas » » »	34.41	58.30	0.02.20 O.	»
Mejillones *(Rep. de Chile)* . .	23.05.15	70.29.08	0.50.16.50.	C.T.
Mendoza *(Rep. Argentina)* . .	32.53.06	68.49.40	0.43.41.70.	O.C.
Mercedes *(Prov. de B. Aires)*.	34.40	59.24	0.05.56 O.	E.
Merlo » » » .	34.40	58.41	0.03.04 O.	»
Monte » » » .	35.28	58.47	0.03.28 O.	»
Montevideo *(Rep. Uruguaya)* .	34.54.33	56.12.15	0.06.51 E.	C.T.
Moreno *(Prov. de B. Aires)* .	34.39	58.44	0.03.16 O.	E.
Morón » » » .	34.40	58.34	0.02.36 O.	»
Navarro » » » .	35.01	59.14	0.05.16 O.	»
Necochea » » » .	38.34	58.44	0.03.16 O.	»
Nueve de Julio *(Prov. B. Aires)*	35.27	60.50	0.11.40 O.	»
Olavarría » » »	36.54	60.17	0.09.28 O.	»
Paraná *(Rep. Argentina)*. . 4	31.43.45	60.32. 3	0.10 31.20.	O.C.
Patagones *(Prov. de B. Aires)*	40.51	63.18	0.21.32 O.	M.
Paysandú *(Rep. Uruguaya)*. .	32.18.30	57.26.16	0.01.54.9E.	C.T.

Posición Geográfica de los principales puntos de la República Argentina y países limítrofes.

(Continuación.)

LUGAR	LATITUD SUR	LONGITUD OESTE DE Greénwich	LONGITUD del meridiano DE LA PLATA	AUTORI-DADES
	° ′ ″	° ′ ″	h m s	
Pehuajó *(Prov. de B. Aires)*.	35.49	62.00	0.16.20 O.	E
Pergamino » » ».	33.53	60.28	0.10.12 O.	»
Pilar » » ».	34.27	58.52	0.03.48 O.	»
Potosí *(Rep. de Bolivia)*. . . .	19 35.18	65.34.25	0.30.37.7O.	C.T.
Pringles *(Prov. de B. Aires)*.	37.53	61.19	0.13.36 O.	E.
Puan » » ».	37.34	62.42	0.19.08 O.	»
Puerto Deseado *(Rep. Argentina)*	47.45	65.54.45	0.31.59 O.	C.T.
Puerto Montt *(Rep. de Chile)*. .	41.28	72.20	0.57.40 O.	M.
Puyrredón *(Prov. de B. Aires)*.	38.02	57.29	0.01.44 E,	E.
Punta Arenas *(Rep. de Chile)* .	53.09.42	70.53.02	0.51.52.1O.	C.T.
Quilmes *(Prov. de B. Aires)* .	34.44	58.13	0.01.12 O.	E.
Ramallo » » ».	33.29	59.58	0.08.12 O.	»
Ranchos » » ».	35.31	58.17	0.01.28 O.	»
Rauch » » ».	36.47	59.02	0.04.28 O.	»
Río Cuarto *(Rep. Argentina)* .	33.07.19	64.19.40	0.25.41.7O.	O.C.
Río de Janeiro (E. U. *del Brasil)*	22.54.24	43.10.21	0.58.58.6E.	C. T.
Rodríguez *(Prov. de B. Aires)*.	34.36	58.55	0.04.00 O.	E,
Rojas » » ».	34.12	60 43	0.11.12 O.	»
Rosario *(Rep. Argentina)*. . .	32.56.42	60.38.26	0.10.56.8O.	O.C.
Saladillo *(Prov. de B. Aires)* .	35.39	59.44	0.07.16 O.	E.
Salta *(Rep. Argentina)*	24.47	65.24.33	0.30 01.2O.	O.C.
Salto *(Prov. de B. Aires)*. . .	34.17	60.13	0.09.12 O.	E.
San A. de Areco *(Prov. B. Aires)*	34.14	59.26	0.06.04 O.	»
San Antonio (Cabo) » » »	36.19.36	56.45.09	0.04.39.4E.	C.T.
San Felipe *(Rep. de Chile)* . .	32.45	70.38	0.50.52 O.	M.
San Fernando *(Prov. B. Aires)*	34.26	58.30	0.02.20 O.	E.
San Fructuoso *(Rep. Urugaya)*	31.42	56.08	0.07 08 O.	M,
San Isidro *(Prov. de B. Aires)*	34.28	58.28	0.02.12 E.	E.
San J. de Flores *(Prov. B. Aires)*	34.38	58.26	0.02.04 O.	»
San Juan *(Rep. Argentina)* . .	31.30	68.31.48	0.42.28.2O.	O.C.
San Luis » » . .	33.18.31	66.20.48	0.33.46.2O.	O.C.
San Martín *(Prov. de B. Aires)*	34.35	58.29	0.02.16 O.	E.
San Nicolás » » »	33.19	60.10	0.09.00 O.	»
San Pedro » » »	33.41	59.36	0.06.44 O.	»
San Vicente » » »	35.01	58.23	0.01.52 O.	»
Santa Cruz *(Rep. Argentina)*.	50.06.45	68.24	0.41.36 O.	C.T.
Santa Fe » » .	31.30.43	60.43.40	0.11.55.7O.	O.C.
Santiago *(Rep. de Chile)*. . . .	33.26.42	70.40.31	0.51.02.1O.	C.T.
Santiago del Estero *(Rep. Arg.)*	27.48.02	64.15.48	0.25.26.2O.	O.C.
Soriano *(Rep. Uruguaya)*. . .	33.23	57.57	0.00.08 O.	C.T.
Suipacha *(Prov. de B. Aires)*.	34.47	59.42	0.07.08 O.	E.
Tandil » » ».	37.19	59.05	0.04.40 O.	»

Posición Geográfica de los principales puntos de la República Argentina y países limítrofes.

(Conclusión.)

LUGAR	LATITUD SUR	LONGITUD OESTE DE Greenwich	LONGITUD del meridiano DE LA PLATA	AUTORIDADES
	° ′ ″	° ′ ″	h m s	
Tapalqué *(Prov. de B. Aires)* .	36.22	60.00	0.08.20 O.	E.
Tarija *(Rep. de Bolivia)*. . . .	21.47	64.02	0.24.28 O.	M.
Tordillo *(Prov. de B. Aires)* .	36.32	57.18	0.02.28 E.	E.
Trenque-Lauquén *(Pr. B. Aires)*	35.59	62.42	0.19.08 O.	»
Tres Arroyos » » »	38.28	60.15	0.09.20 O.	»
Tres Puntas *(Rep. de Chile)* .	50.02	75.22	1.09 48 O.	C.T.
Tucumán *(Rep. Argentina)*. .	26.50.31	65.12.03	0.29.11.2O.	O.C.
Valdivia *(Rep. de Chile)* . . .	39.53.07	73.25.05	1.02.00.3O.	C.T.
Valparaíso » » » . . .	33.02.10	71.38.15	0.54.53 O.	»
25 de Mayo *(Prov. de B. Aires)*	35.27	60.08	0.08.52 O.	E.
Villa María *(Rep. Argentina)* .	32.25.05	63.14.33	0.21.21.2O.	O.C.
Villa Mercedes » » .	33.41.30	—	—	»
Villa Occidental » » .	25.06.22	—	—	»
Vírgenes (Cabo de) *(Rep. Arg.)*	52.20.10	68.21.34	0.41.46.3O.	C.T.
Zárate *(Prov. de B. Aires)* . .	34.05	58.54	0.03.56 O.	E.

O. C. — Significa: Determinación del Observatorio de Córdoba.
E. — » : Oficina de Estadística de la Provincia.
C. T. — » : Connaissance des Temps.
M. — » : Mapa general de la Republica Argentina y países limítrofes por G. W. y C. B. Colton y C°.
***. — » : Determinadas por el Observatorio Astronómico de la Plata.**

ESTADOS DE LA TIERRA

Que tienen arriba de un millón de kilómetros cuadrados ó más de 10 millones de habitantes.

(Del Annuaire du Bureau des Longitudes.)

ESTADOS CLASIFICADOS SEGÚN LA EXTENSIÓN DEL TERRITORIO	*Superficie en millares de kilóm.cuad.*	ESTADOS CLASIFICADOS SEGÚN EL NÚM. DE HABITANTES	*Millones de habitantes*
Imperio Británico . . .	23,616	Imperio Chino.	404
Imperio Ruso	21,915	Imperio Británico . . .	307
Imperio Chino.	11,572	Imperio Ruso	109
Estados Unidos	9,345	Francia	71
Brasil	8,337	Estados Unidos	58
Imperio Otoman . . .	6,107	Imperio Alemán	48
Francia	2,949	Imperio Otomano . . .	41
República Argentina . .	2,836	Austria Hungría	39
Estados Ind. del Congo.	2,074	Japón	38
Méjico.	1,946	Países Bajos	31
Portugal.	1,917	Italia	30
Países Bajos	1,741	Estados Ind. del Congo.	29
Imperio Alemán	1,665	España	25
Persia	1,650	Brasil	13
Venezuela	1,639	Méjico.	10,4
Bolivia.	1,300	Portugal.	7,9
Perú.	1,049	Persia.	7,7
España	940	República Argentina . .	3,0
Austria Hungría	674	Perú.	2,6
Japón	382	Venezuela	2,1
Italia	287	Bolivia	2,0

RELIEVES DEL SUELO

ÁFRICA

(Datos poco precisos).

Región del Atlas.

	Metros		Metros
Achahoun	1815	Ouarnsenis	1984
Amruna.	1516	Paso de Chellata . . .	1622
Chelliah	2328	Paso de Taza	1100
Dira	1802	Paso de Tizi el Tel-ghempt.	2630
Halluk el Mekhila. . .	1445	Tababor	1966
Lella Khedidja	2308	Taguelsa	1578
Mitzin	3360	Touïla	1937
Monte Anna.	2210	Zaccar Charbi.	1831
Muzaia.	1604	Zaghuan	1343
Nador de Tlemcem . .	1579		

África Austral é Islas.

Antakarartra *(Pico de)*.	3657	Lago Bangouelo. . . .	1125
Bloemfontein	1600	Lago Dilolo.	1445
Compas.	2682	La Mesa	1082
Chathkin *(Pico de)* . .	3136	Monte de las Fuentes .	3048
Fernando Po *(Pico de)*.	3108	» Livingstone . .	3800
Fuego *(Pico de)* I. C. Verde	3300	» Ruiro *(Mad)* . . .	1848
Grand Bernard (I. Reun)	2892	Pico de las Azores . .	4412
Kaze	1086	» de Tenerife. . . .	3716
		Pitón de las Nieves . .	3069

Región del Nilo.

	Metros		Metros
Abuna Yosef *(Monte)* .	4196	Oufoumbiro.	3300
Ankober *(ciudad)*. . .	2500	Ouocho.	5060
Buahet.	4510	Ras Dajan.	4620
Gondar *(ciudad)*. . . .	2270	Ras Guna.	4231
Kenia.	5508	Sarenga.	3658
Kilima-Ndjaro.	5705	Tana *(lago de)*	1859
Madi *(pico del)*	2438	Victoria Nyanza *(lago de)*.	1157
Mota *(ciudad)*.	2538		

Región del Sahara, Sudán y Guinea.

Alantica	3000	Cameron	4197

América del Norte

(Datos poco seguros, excepto para los Estados Unidos).

Región de los Apalaches.

Abuelo *(Monte del)* . .	1785	Tawahus	1639
Mitchell	2044	Wáshington *(Monte)*. .	1916

Sistema de la Cordillera.

Aspen *(Via férrea del Pac,)*.	2274	Fairweather.	4482
Brown	4876	Guatemala La Nueva .	1330
Boulder *(paso de)*. . .	3535	Harvard	4383
Denver *(ciudad)*. . . .	1584	Holy Cross	4320
		Hood.	3424

Sistema de la Cordillera *(Conclusión)*.

	Metros		Metros
Hooker	4784	Ranier	3766
Kamuk ó Pico Blanco.	2941	San Elías.	4568
Méjico *(ciudad)*	2280	San José *(ciudad)*. . .	1178
Murchison	4815	Shasta	4402
Nevado de Colima. . .	4300	Uncomparahgre. . . .	4340
» de Toluca. . .	4600	Volcán del Agua . . .	4410
Paso del Sur	2280	Volcán del Fuego. . .	4212
Park View Mount. . .	3780	V. Irazu ó Cartago . .	3496
Pico Blanco.	4408	V. Orosi	1456
» Lincoln	4387	V. Poas.	2710
» de Long.	4349	Whitney	4541
» de Orizaba. . . .	5400	Wilson	4352
Princetown	4327	Yale	4302

ISLAS

Azufrera *(Guad)* . . .	1484	Monte Sin Tocar . . .	1480
Montaña del Cobre (Cuba)	2100	Pitón del Carbet . . .	1207
Montaña Pelada (Martinª)	1350		

América del Sur

Sistema de los Andes.

Aconcagua	6834	Cachi.	6500
Aconquija.	5400	Calchaqui.	6000
Bogotá *(ciudad)*. . . .	2650	Castillo.	6000
Bonete	6000	Cayambi	5840

Sistema de los Andes (*Conclusión*).

	Metros		Metros
Cerro del Campanario.	3996	Paso del Agua Caliente	4500
» del Cobre. . . .	5584	» Come Caballo . .	4356
» Colorado	3954	» de la Cumbre . .	3900
» de la Iglesia . .	6000	» de la Laguna . .	463
» Juncal	5942	» de los Patos . . .	4238.
» de Mercedario. .	6798	» del Planchón . .	2500
» Negro	6500	» de Quindio . . .	3485
» de la Paloma . .	5072	» de Tacora. . . .	4170
» del Potro. . . .	5565	Portillo del Azufre . .	3645
» Sarmiento . . .	2100	» del Valle Hermoso. . . .	4112
Corcovado	2289	» del Viento . .	4282
Cotopaxi	5943	Quito (*ciudad*)	2720
Crucero (*Ferro-Carril Arequipa*).	4470	Sajama.	6415
Cruz de Piedra. . . .	5220	San Valentín	3870
Chimborazo.	6530	Sucre (*Bolivia*)	3200
Descabezado	6390	Titicaca (*lago de*). . .	3807
Famatina (*Nevado de*).	6024	Tolima.	5516
Ferro Carril de la Oroya (*punto culminante*) .	4768	Tronador	4500
Horqueta.	5320	Tupungato	6178
Huascan (*Nevado de*) .	6721	Volcán Antuco	2703
Illampon (*Sorata*). . .	6560	» de Copiapó . .	6000
Illimani.	6410	» de Doña Inés .	5559
La Paz (*Bolivia*) . . .	3700	» Maipo	5384
Misti (*Volcán de*) . . .	6100	» Osorno.	2295
Páramo de Ruiz. . . .	5590	» San José. . . .	6096
Peña Negra.	5584	» Tinguirrica . .	4474
		» de Villarrica. .	4875

Macizo Brasilero.

Itacolumi.	1730	Pico de Itatiaia. . . .	2703

ASIA

Macizo Central.

	Metros
Aling Gangri	7010
Bieluka	3352
Bogdo-Oola	6326
Dapsang	8621
Djomto-dong *(lago)*	4480
Haramesch	7401
Hassa *(ciudad)*	3565
Issik-Koul *(lago de)*	1524
Kachgar *(ciudad)*	1232
Khow-Khow-Noor *(lago)*	3199
Kossogol *(lago)*	1683
Mounkow-Sardijk	3496
Nagikla	7347
Ourga *(ciudad)*	1294
Pamir-Koul *(lago)*	4153
Pangkong *(lago)*	4245
Paso Barkun	3597
Paso Chatai-Davan	5333
» Karakorum	5653
» Lamkang	5943
» Sandjou-Davan	5074
» Sangi-Davan	6675
» Suok	5712
» Terekty	3840
» Tyakola	5332
» Yengi-Davan	4876
Sar-I-Koul *(lago)*	4062
Semenof	4682
Sochondo	2453
Tagherma	7620
Tengri Noor *(lago)*	4629
Thok-Djaloung *(Pueblo y mina)*	4977
Yarkand *(ciudad)*	1197

China y Japón.

Fousi-Yama	3770

Himalaya *(De Este á Oeste).*

Aku	7412
Api	6949
Dalla	7030
Dadjeling *(ciudad)*	2184
Dhaua lagiri	8176
Djamalare	7297
Djindjiba	8200
Donkiah	7021

Himalaya *(Conclusión*

	Metros		*Metros*
Gannang	7321	Muktinath *(ciudad)* . .	4012
Gaorisankar.	8840	Nanda-devi	7820
Gurla.	7680	Nanga Parbat.	8160
Gya	7610	Narajani	7758
Gya *(ciudad)*	4120	Paso de Bara Latja . .	4940
Jassa.	8131	» de Latjalang. . .	5129
Kargil *(ciudad)*	2678	» de Oumasi. . . .	5520
Katmandou *(ciudad)*. .	1330	» de Thoung-loung.	4529
Kuitchin Djinga. . . .	8582	» de Tipta La . . .	4760
Kursok *(ciudad)*. . . .	4541	» de Tiri	4663

India y Asia Oriental.

Adan *(Pico de Ceylán)*.	2269	Pedrotallagalla *(Ceylán)*	2538
Dolabella *(Nilagiri)*. .	2396		

Asia Occidental.

Ala-dagh	3515	Ispahan *(ciudad)* . . .	1576
Alagheze	4100	Kars *(ciudad)*.	1848
Angora *(ciudad)*. . . .	1080	Konieh	1187
Argée.	3841	Kouhi-Baba.	4827
Ararat Chico	3917	Kouhi-Dena	3897
» Grande	5157	Kouhi-Elvend.	3847
Bingoel dagh	3752	Lago de Ourmia	1662
Cabul *(ciudad)*	1951	» de Van	1559
Demavend	5620	Meledis *(Tauro)*. . . .	3477
Dor-El-Khodib *(Sib.)*. .	3067	Paso de Hadzi	3716
Erzerum *(ciudad)* . . .	1862	Pirghoul	3836
Ghoumi *(ciudad)* . . .	2356		

Siberia.

Klioutchef *(Kamte)* 4900

EUROPA

Alemania.

	Metros
Arber	1476
Belchen	1415
Brocken *(Harz)*	1141
Donon	1010
Feldberg *(Schwarz W.)*	1494
Gros Ballan	1426
Grosser Watzmann	2740
Kandel	1213
Koenigsberg	1028
Kalberg	1238
Lemberg	1014
Oberholdenberg	1012
Ochsenkopf	1026
Paso Fern	1227
» Schlucht	1150
Rachel	1458
Schafberg	1005
Schneeberg	1063
Suzpitze	2957
Sturmhaube	1506

Austria.

	Metros
Ankogel	3253
Arlscharte	2204
Bucses *(Alpes Tras)*	2497
Czerma Hora *(Carp.)*	2007
Czibles	1826
Dachstein	3000
Dormitor	2700
Fluchthorn	3396
Glieb	1760
Glockner Gran	3799
Gyomber *(Tatra chica)*	2043
Hohe Priel	2511
Kaltenberg	2904
Kapello *(Gran)*	1681
» *(Peq.)*	1281
Karspitze *(Gran)*	2767
Kom	2850
Marmolata	3495
Marmorola	3366
Monte de las Nieves	1796
Monte Mayor	1392
Nanos ó Monte Rey	1295
Nakotlu *(Tatra)*	2647
Orjen	1898
Orteler	3906
Parnig *(Alpes Tras.)*	2438
Pietross	2207
Pop Loan	1925
Punta de Lomnicz	2632
Retyezat	2482
Scesaplana	2968
Solstein *(Gran)*	2540

Austria (*Conclusión*).

	Metros
	—
Stelvio (*paso*)	2791
Stenernes Meer	1939
Tonale (*paso*).	1876
Triglav	2865
Vellebic.	1758
Venediger (*Gran*) . . .	3674
Watzmann	2684
Weeskogel	3742
Wildspitz.	3776
Zugspitz	2952

España.

Alcazaba (*Sierra Nev.*)	2314
Alto de la Cierva (S. Guad)	1837
Cabeza de Manzaneda (*M. Cant.*)	1776
Calar del Mundo . . .	1657
Cerro Caballo.	3200
» de S. Felipe (*M. de S. Juan*). .	1800
Contraviesa.	1895
Cotiella.	2910
Cuadramón (*M. C.*) . .	1019
Faro (*M. C.*).	1155
Gigante.	1499
Jabalcón de Baza . .	1498
Madre del Monte . . .	1224
Moncabrer	1385
Moncayo	2346
Monsant	1071
Monsech	1677
Monseñ	1608
Monserrat.	1237
Monte de Aitzcorri . .	1535
» de Mendaur. . .	1132
» Perdido	3352
Morrón de España . .	1582
Muela de Ares	1818
Mulhacén (*S. Nevada*).	3554
Páramos de Lora . . .	1088
Paso de la Cerda . . .	1410
» de Ferro Carril (*S. Guad*).	1359
» de Guadarrama (*S. G.*)	1533
» de Navacerrada (*S. G.*)	1428
» de Pajares (*M. C*)	1363
» de Piedrafita (M. C.)	1085
» de Somosierra (S. G.)	1428
Peña de Francia (*S. de Gata*)	1734
» de Oroel.	1769
» Gorbea.	1537
» Labra (*Peñas de Europa*). . . .	2009
» Prieta (*P. de E.*)	2529
» Rubia (*M. C.*). .	1920
» Ubiña (*M. C.*). .	2300
» Vieja (*P. de E.*) .	2678
Peñagolosa	1811
Peñalara (*S. G.*) . . .	2430

España *(Conclusión)*.

	Metros
Picacho de la Veleta *(S. Nev.)*	3470
Pico de Almenara	1429
» » Aneto	3404
» » Cuiña *(M. C.)*	1936
» » Herrera	1306
» » Javalambre	2002
» » Miravalles (M. C.)	1939
» » S. Lorenzo *(S. de la Demanda)*	2303
Pico de Ubión	2246
Plaza de Almanzor *(S. de Gredos)*	2650
Posets	3367
Puig de Calm	1515
» den Galatzo *(Baleares)*	1200
» den Torrella *(Bal.)*	1506
» Mayor *(Bal.)*	1500
Punta de Almenara *(S. Morena)*	1800

	Metros
Sierra Bermeja	1450
» Cebollera	2145
» de Andía	1454
» » Aracén *(S. M.)*	1676
» » Cadí	2900
» » Gádor	2323
» » María	2039
» » Ronda	1550
» » Sagra	2398
» » S. Cristóbal	1715
» » S. Justo	1513
» » Tejeda *(Alhama)*	2134
Soria *(ciudad)*	1058
Suspiro del Moro (S. Nev.)	1000
Tetica de Bacares	1915
Torcal	1286
Torre de Cerredo (P. de E.)	2678
Tosal	1392
Villuercas *(S. de Toledo)*	1559
Yelmo de Segura	1806

Francia.

Aigoul	1567
Aguja del Gigante	4010
Bareges *(ciudad)*	1241
Barre des Ecrins	4103
Bat-Laïtouse	3175
Boca de Vizzavona *(Córcega)*	1162
Breche de Roland *(paso)*	2804
Buet	3109
Cabeza del Aubion	2793

Casse Grande	3861
Chamechaud	2087
Cinto *(Córcega)*	2710
Cresta de la Nieve	1723
Cresta de la Perdiz	1434
Dole	1678
Enchastraye	2956
Gavarine *(ciudad)*	1335
Gerbier de Jonc	1551
Glandasse	2025

Francia *(Conclusión).*

	Metros
	—
Gran Pareis.	3617
» Veymont	2346
Larmont	1326
Levanna	3640
Meije *(Pico occidental).*	3987
Mezenc	1754
Monte Blanco.	4810
» del Gato. . . .	1497
» de Tartare. . .	1004
» Podrido	3789
» San Rigaud . .	1012
» Santa Victoria .	1011
» Tendre	1680
Observatorio del Pic du Midi	2870
Paso Agnel	2699
» Balme	2202
» Bayard	1246
» de Bonhomme . .	2340
» » Faucille . . .	1320
» » Larche. . . .	1995
» » Louget. . . .	2670
» » Pierre Plantée	1265
» » Roncevaux. .	1100
» » Somport . . .	1640
» » Tende	1873
» del Gigante . . .	3362
» » Monte Cenis .	2082
» » » Genévre	1849
» » » Iseran .	2769
» » S. Bernardo chico	2157
» de la Cruz Alta .	1500
» » » Perche. . .	1622

	Metros
	—
Paso de la Seigne. . .	2532
» » » Vanoise . .	2527
Pelat.	3053
Pelvoux	3954
Pico Anie.	2504
» Ariel.	2823
» Belledonne. . . .	2981
» Long	3194
» de Crabioules . .	3104
» » Midi de Big .	3198
» » » » Ossan	2885
» » Montcalm. . .	3080
» » Mont Vallier .	2939
» » Rochbrune . .	3324
» del Negro	2312
» del Nore.	1210
Pierre du Haut	1640
Plomb du Cantal . . .	1858
Puy de Carlitte	2920
» » Dome.	1465
» » Mailhebiau . .	1471
» Sancy	1886
Rotondo *(Córcega).* . .	2625
Renoso *(Córcega)* . .	2357
Sassere Grande	3756
Tanargue.	1519
Thabor	3205
Tres Elliones	3514
Trou de la Traversette.	2995
Tuc de Maupas	3110
Tunel del Frejus . . .	1335
Vignemale	3298
Ventoux	1912

Gran Bretaña.

	Metros		Metros
Ben-Mac-Dhui *(Grampian)*	1306	Carrantuohill *(Irlanda)*	[illegible]
Ben Nevis *(Grampian)*	1340	Snowdon	1094

Grecia.

Artemision	1672	Monte Zia *(Naxos)*	1007
Cyllena	2374	Olenos	2370
Delfos *(Eubéa)*	1743	Palœovouna	1749
Elatea	1411	Pantocratur *(Corfú)*	1000
Elatos *(Cefalonia)*	1620	Parnes	1416
Gerakobouni	1729	Parnon	2064
Himeto	1036	Pentelico	1126
Katavothra	2000	Pera-Khora	1366
Khelmos	2341	San Elías *(Eubea)*	1404
Konia	2495	Taygete	2567
Leiakoura *(Parnaso)*	2459	Vardussia	2512
Liseo	1420	Velukhi	2319
Montes de Acarnania	1590	Zomali *(Leucadia)*	1180

Italia.

Adamello	3556	Garfagnana	2000
Alpes de Catenaja	1401	Genaro	1269
Alpes de Lucciso	2019	Genargentu *(Serd.)*	1794
Amiata	1766	Genero·o	1728
Antelao	3255	Gigantino	1310
Aspromonte	1909	Gran Paraíso	4178
Balestreri	1310	Gran Sasso	2914
Brunone	3161	Labbro	1192
Dinamari	1100	La Sila	1787
Etna *(Sicilia)*	3313	Madonia *(Sicilia)*	1855
Fontana *(Serd.)*	1507	Meta	2245

Italia *(Conclusión)*.

	Metros		Metros
Monfina	1006	Paso Fiumalbo	1200
Monte Baldo	2228	» Pontremoli	1039
» Calvo	1570	Pisanino	2014
» Carsino	2671	Poggio di Montieri	1042
» Catria	1702	Pollino	2248
» Cimon	2167	Prato Magno	1580
» Comero	1167	San Angelo	1470
» de la Desgracia	3680	Schiena d'Asino	1477
» Falterona	1648	Velino	2488
» Mileta	2047	Vesuvio	1282
» Nerón	1526	Vettore	2477
» Penna	1740	Viso	3836
Moteroni	1491	Vultur	1330
Paso Camaldules	1004		

Portugal.

Braganza	2105	Laruco	1548
Castillo Blanco	1468	Malhão da Serra	2294
Gaviarra	2403	Serra de Jerez	1500
Guarda	1057	» Marao	1429
Lamego	1514	» São Mamede	1025

Rusia.

Aï Vassilem *(Crimea)*	1627	Kontchatkov *(Ural)*	1462
Babugan Yaïla *(Crimea)*	1655	Taganaï *(Ural)*	1049
Denejkin Kamese *(Ural)*	1633	Tchater Dagh *(Crimea)*	1661
Iremel *(Ural)*	1536	Yurma *(Ural)*	1051

Suecia y Noruega.

	Metros		*Metros*
Folgefonn	1650	Snehœtten	2322
Kjolhong	1280	Stygfjeld	1880
Lodals Kaupe	2055	Sulitjelma	1880
Romdalshorn	1255	Sylfjeid	1790
Saulo	1698	Ymesfjeld	2560

Suiza.

Basodino	3276	Niesen	2366
Bernina	4052	Paso Luckmanier	1917
Calanda	2808	» Nufenen	2440
Cervin	4482	» San Gotardo	2114
Chasseral	1609	Pico Linard	3416
Chasseron	1611	» Valrin	3398
Churfisten	2303	Pilate	2070
Dammastock	3638	Pizzo Rotondo	3189
Diablerets	3251	Rhonestock	3602
Faulhorn	2683	Righi	1800
Finsteraarhorn	4275	Roseg	3927
Galenstock	3598	Rossberg	1582
Glarnisch	2913	Scheeckhörner	4080
Hausstock	3156	Sentis	2504
Jungfrau	4167	Speer	1956
Languard	3266	Stockhorn	2193
Mischabelhorn	4554	Titlis	3239
Mönch	4096	Tödi	3623
Monte Rosa	4638	Uri-Rothstock	2930
Morteratsch	3754	Weissenstein	1396

Altitud media del suelo de Suiza, según Leipold, 1299,9 metros.

Turquía y Principados de los Balkanes.

	Metros
Ala Burann *(Desp. Plan)*	1935
Athos *(Tesalia)*	2066
Gumruktchal *(Balk)*. .	2376 ?
Ida *(Creta)*	2498
Ipsaria *(Thasos)*. . . .	1000
Konduz *(Albania)*. . .	1060
Kopaonik *(Servia)*. . .	1892
Kortiach	1187
Lassiti *(Creta)*	2155
Maraljeduk *(Balk)*. . .	2330
Monte Pangee.	1885
Montes Blancos *(Creta)*	2462
Olimpo *(Tesalia)* . . .	2972
Ossa *(Tesalia)*.	1600
Paso Balakonak *(Balk)*	1050
» Chipka *(Balk)*. .	1407 ?
» Derventi *(Balk)* .	1480
» Dubnitsa *(Balk)* .	1085 ?
Paso Ravanitza *(Balk)*.	1881
» San Nicolás *(Balk)*	1450
» Trajano *(Balk)*. .	1653 ?
» Troyano *(Balk)* .	1434
Pelion *(Tesalia)*. . . .	1564
Perim-dagh *(Balk)* . .	2400
Phengri *(Samot)*. . . .	1646
Punta Lovnitsa *(Balk)*.	2900 ?
Rilo Planina *(Desp. Plan)*	2750
Rtan	1233
Skhar *(Albania)*. . . .	2500
Smolika *(Albania)* . .	1820
Stol	1250
Tomor *(Albania)* . . .	2200
Vitoch	2462
Zigos.	1678

ALTURA COMPARADA

DE LAS MONTAÑAS MÁS NOTABLES, EN METROS

Gaorisankar	Asia.	8840
Dapsang	»	8621
Kitchin Djinga	»	8582
Djnidjiba	»	8200
Dhaualugiri	»	8176
Nanga Parbet	»	8160
Jassa	»	8131
Naragani	»	7758
Ibi Gamimi	»	7753
Gurla	»	7680
Tagherma	»	7620
Gya	»	7610
Aku	»	7412
Haramesch	»	7401
Najikla	»	7347
Gaunang	»	7321
Djamalari	»	7297
Ser	»	7130
Dalla	»	7030
Donkiah	»	7026
Aling-Gangri	»	7010
Api	»	6949
Aconcagua	América del S.	6834
Cerro del Mercedario	»	6798
Nevado de Huascan	»	6721
Tupungato	»	6678
Illampon	»	6560
Chimborazo	»	6530
Volcán Llullaillaco	»	6500
Sajama	»	6415
Illimani	»	6410
Bogdo Oola	Asia.	6326
Volcán de Misti	América del S.	6100
» San José	»	6096

Altura comparada de las montañas más notables, en metros. *(Conclusión.)*

Nevado de Famatina	América del S.	6024
Volcán de Copiapó	»	6000
Cotopaxi.	»	5943
Cerro Juncal	»	5942
Cayambi.	»	5840
Kilima-ndjaro	África	5705
Elbruz.	Europa	5647
Demavend	Asia	5620
Páramo de Ruiz	América del S.	5590
Peña Negra	»	5584
Cerro del Cobre.	»	5584
Volcán de Doña Inès	»	5559
Tolima.	»	5516
Kenia	África	5500
Popocatepelt	América del N.	5410
Pico de Orizaba	»	5400
Volcán del Maipó	América del S.	5384
Horqueta	»	5320
Gran Ararat	Asia	5157
Cerro de la Paloma.	América del S.	5072
Ouocho	África	5060

ALTURA COMPARADA DE ALGUNOS PASOS
EN METROS

Sangi-Davan.	Asia	6675
Paso de Lamkang	»	5943
Souk	»	5712
Karakorum.	»	5653
Paso Oumasi.	»	5523
» Chatai Davan	»	5333
» Tyakola.	»	5332
» Latjalang.	»	5129
» Sandju Davan.	»	5074
» de Yangi Davan.	»	4876
Ferro-Carril de la Oroya *(punto culminante)*	América del S.	4768
Paso de la Laguna	»	4632
» del Agua Caliente.	»	4500
» Come Caballo	»	4356
Portillo del Viento	»	4281
Paso de Tacora.	»	4170
Portillo de Valle Hermoso. . . .	»	4112
Paso de la Cumbre	»	3900
Portillo del Azufre.	»	3645
Paso de Quindia	»	3485
» de Herens.	Europa	3480
» del Gigante.	»	3362
» San Teódulo	»	3322
Puerta d'Oô	»	3002
Paso de Stelvio.	»	2755
» Tizi-El Telghempt.	África	2630
» San Bernardo.	Europa	2487
» de Furka	»	2436
» Bernina.	»	2330
» de Septimer.	»	2311
» de Julier	»	2287
» del Sur.	América del N.	2280

LARGO PROBABLE DE LOS RÍOS PRINCIPALES

NOMBRE	EMBOCADURA	LARGO en kilóm.
ÁFRICA		
Gambia	Atlántico	1130
Níger	Golfo de Guinea.	3300
Nilo *(con afluente sup. del Nyanza)*.	Mediterráneo . .	7000
Senegal	Atlántico. . . .	1150
AMÉRICA DEL NORTE		
Columbia	Pacífico.	2400
Colorado.	Golfo de California	1470
Mackenzie.	Mar Glacial. . .	3930
Missuri-Missisipi.	Golfo de Méjico.	7200
Río Grande.	»	3440
San Lorenzo	Atlántico. . . .	3300
AMÉRICA DEL SUD		
Amazonas.	Atlántico	6200
Araguay *(Tocantins)*	»	2070
Orinoco	»	2500
Río de La Plata y Paraná	»	3650
San Francisco.	»	2500
ASIA		
Amu *(Gihon)*	Lago de Aral . .	2600
Amur	Mar del Japón .	4380
Brahmaputra.	Golfo de Bengala	3200
Camboje *(Mekan)*.	Mar de la China.	3890
Eúfrates	Golfo Pérsico . .	2760
Ganges	Golfo de Bengala	3110
Hoang-ho *(Rio Amarillo)* . .	Mar Amarillo . .	4220
Indus	Golfo de Omán .	3630
Jeniseï.	Mar Glacial. . .	5500
Lena.	» . . .	5465
Obi.	» . . .	5685
Yan-tse-Kiang	Mar Amarillo . .	4650

Largo probable de los Ríos principales.

(Conclusión.)

NOMBRE	EMBOCADURA	LARGO *en kilóm.*
	AUSTRALIA	
Murray	Pacífico.	1500
	EUROPA	
Danubio	Mar Negro . . .	2750
Dnieper	» . . .	2000
Don	» . . .	1780
Duero	Atlántico	810
Ebro	Mediterráneo . .	780
Elha	Mar del Norte. .	1270
Loire.	Golfo de Vizcaya	960
Oder	Báltico	890
Po	Golfo Adriático .	672
Ródano	Mediterráneo . .	1030
Rin.	Mar del Norte. .	1100
Sena	La Mancha . . .	630
Támesis	Mar del Norte. .	200
Tiber.	Mediterráneo . .	418
Vístula.	Báltico	960
Volga	Mar Caspio . . .	3340

LAGOS PRINCIPALES

NOMBRE	*Superficie en kilóm. cuad.*	*Altitud en metros*	*Profundidad media*
ÁFRICA			
Baringo	—	—	—
Nyanza Alberto	4650	700	—
Nyanza Victoria	66500	1200	—
Nyssa	—	—	—
Tana	3940	1860	197
Tanganyka	39000	600	—
Tchad	7400?	275	—
AMÉRICA DEL NORTE			
Erie	28400	170	15
Esclavo	—	—	—
Hurón	61340	183	75
Michigán	59072	183	90
Ontario	16200	70	120
Oso Grande	—	—	—
Salado Grande	—	*—	—
Superior	83000	192	275
AMÉRICA DEL SUR			
Iberá	5000	—	—
Nahuel-yuapí	3000	—	—
Titicaca	14000	3900	—
ASIA			
Aral *(Mar)*	65780	10	200
Baikal	35000	470	250
Balkach	16000	—	—
** Caspio *(Mar)*	410000	—25	800
Issik-kul	5780	1500	—
Kosso-gol	3300	—	—
** Muerto *(Mar)*	930	—400	330
Tengri-nor	2100?	4693	—
Van	3690	1625	25

* Este lago está á 120m debajo del nivel del Océano.

** El *Mar Caspio* está á 25m debajo del nivel del Océano, y el *Mar Muerto* á 400m debajo del mismo nivel.

Lagos principales. *(Conclusión.)*

NOMBRE	*Superficie en kilóm. cuad.*	*Altitud en metros*	*Profundidad media*
EUROPA			
Alte Vand *(Suecia)*.	269	516	?
Ammersee *(Baviera)*. . . .	42	539	245
Benaco ó **Garde** *(Italia)*. .	300	64	150?
Bienne *(Suiza)*.	42	434	40
Brienz *(Suiza)*.	30	565	200
Chiemsee *(Baviera)*	192	526	140
Como *(Italia)*.	156	202	245
Ginebra *(Suiza)*	578	371	334
Hyelmaren *(Suecia)*	480	23,5	18
Ladoga *(Rusia)*.	18120	18	90
Lucerna *Suiza)*.	113	437	260
Lutea *(Suecia)*	907	376	?
Malaren *(Suecia)*.	1163	0,74	59
Mjosen *(Noruega)*.	364	121	451
Neuchatel *(Suiza)*.	240	435	144
Onega *(Rusia)*	9752	72	?
Rands-fjord *(Noruega)*. . .	131	130	?
Stor Afvan *(Suecia)*	820	419	?
Storsjo *(Suecia)*.	500	300	?
Thun *(Suiza)*.	48	560	217
Tornea *(Suecia)*.	528	346	?
Tyri fjord *(Noruega)*	131	64	281
Verbano (Mayor) *(Italia)* . .	211	197	210
Wennern *(Suecia)*	5568	44	90
Wettern *(Suecia)*.	1899	88,2	106
Würmsee *(Baviera)*	54	584	83
Zug *(Suiza)*.	58	417	120
Zurich *(Suiza)*	88	409	142

ALTURA DE ALGUNOS LUGARES HABITADOS
EN METROS

Thok Djalung	Asia	4977
Kursok	»	4541
Estación del Pike.	América del N.	4358
Tacora.	América del S.	4170
Gya	Asia	4129
Muktinath	»	4012
Potosí.	América del S.	4000
Puno	»	3910
Chucuito.	»	3870
Oruro	»	3790
La Paz.	»	3700
Lhassa.	Asia	3565
Chuquisaca.	América del S.	3200
Tupiza.	»	3050
Quito	»	2913
Cochabamba	»	2575
Hospicio San Bernardo	Europa	2472
Arequipa	América del S.	2375
Gondar	África	2270

ÁREA DE LA REPÚBLICA

Cálculo del Doctor Luis Brackebusch.

(Del Boletín del Departamento Nacional de Agricultura, 1886.)

PROVINCIAS	SUPERFICIE en *kilóm. cuadrados*
Buenos Aires (*inclusa la Capital de la República*)	310300
Córdoba	166600
Salta	132500
Mendoza	125900
Santa Fe	117100
San Juan	96100
La Rioja	94700
Santiago del Estero	93300
Catamarca	78600
Entre Ríos	67000
Corrientes	58000
San Luis	57500
Jujuy	40900
Tucumán	22800
Chaco Central	104300
Chaco Austral	145000
Misiones	61300
Pampa al Norte del Río Negro	330300
Patagonia	672600
Tierra del Fuego	20500
Área de la República Argentina	2795300

LARGO DE ARCOS DE MERIDIANOS

y paralelos en diversas latitudes.

(Del Annuaire du Bureau des Longitudes.)

	MERIDIANO		PARALELO	
	Arco de 1°	*Arco de 1′*	*Arco de 1°*	*Arco de 1′*
	m	m	m	m
0	110563	1842,7	111324	1855,4
5	110571	1842,9	110903	1848,4
10	110597	1843,3	109644	1827,4
15	110639	1844,0	107555	1792,6
20	110696	1844,9	104652	1744,2
25	110766	1846,1	100955	1683,6
30	110847	1847,5	96492	1608,2
35	110937	1849,0	91294	1522,6
40	111033	1850,6	85400	1423,3
45	111132	1852,2(*)	78853	1314,2
50	111232	1853,9	71702	1195,0
55	111328	1855,5	64000	1066,7
60	111419	1857,0	55805	930,1
65	111501	1858,4	47180	786,3
70	111572	1859,5	38190	636,5
75	111629	1860,5	28905	481,7
80	111672	1861,2	19396	323,3
85	111698	1861,6	9736	162,3
90	111707	1861,8	0	0

(*) La *milla marina* es el largo correspondiente á un arco de 1′ en latitud en el paralelo medio, igual á $1852^m,2$.

ESTADÍSCA

CÁLCULO DE LA POBLACIÓN
DE LA
REPÚBLICA ARGENTINA

POR FRANCISCO LATZINA

PROVINCIA	*Población en 15 de Setiembre de 1869*	*Población á fines de 1886*	*Crecimiento anual de la población en °/°°*	*Población específica*
Capital Federal (1)	177787	399805	73	—
Buenos Aires. . .	317320	684555	67	2,2
Santa-Fe (2) . . .	89117	220330	82	1,7
Entre Ríos. . . .	134271	180000	20	2,4
Corrientes . . .	129023	190000	27	2,3
Córdoba	210508	310000	27	1,8
San Luis.	53294	76500	25	1,0
Mendoza	65413	75000	9	0,5
San Juan, . . .	60319	85480	24	0,9
La Rioja.	48746	80000	37	0,9
Catamarca . . .	79962	92000	9	1,0
Santiago	132898	150000	7	1,4
Tucumán.	108953	170000	32	7,1
Salta.	89933	155000	43	1,2
Jujuy	40379	65000	21	1,4
Territorios nacionales.	93291	160000	?	?
Totales . . .	1877490	3093670	38	1,1

(1) La cifra correspondiente á la capital federal es la que resulta de un primer recuento regular hecho en los boletines del censo, que se levantó el 15 de Septiembre 1887. En esta cifra no entran la población fluvial, ni la de los partidos de *Flores* y *Belgrano*.

(2) Censo del 6 de Junio de 1873 y 1887.

CUADRO DEMOSTRATIVO DEL MOVIMIENTO INMIGRATORIO

EN EL AÑO 1889

VAPORES DE ULTRAMAR

BANDERAS

Inglesa	Francesa	Italiana	Alemana	Española	Belga	Holandesa	Austriaca	Argentina	Brasilera	Total
380	145	136	99	23	21	10	7	4	2	827

RESUMEN DE PASAJEROS É INMIGRANTES

PROCEDENCIAS

PASAJEROS			INMIGRANTES				TOTAL GENERAL
De Ultramar	De Montevideo	Total	De Ultramar	De Montevideo	De varias procedencias	Total	
6.865	21.240	28.105	218.744	42.034	111	260.909	289.014

CLASIFICACIÓN DE LOS INMIGRANTES DE ULTRAMAR

SEXO				ESTADO			RELIGIÓN		INSTRUCCIÓN	
Masculino		Femenino								
Hombres	Niños	Mujeres	Niñas	Solteros	Casados	Viudos	Católicos	Varias	Sabe leer y escribir	No sabe leer ni escribir
123.519	26.756	47.309	21.160	147.028	70.103	1.613	204.999	13.745	119.345	99.399

NACIONALIDADES	
Italianos. . . .	88.647
Españoles . . .	71.151
Franceses . . .	27.173
Belgas.	8.666
Ingleses	5.967
Austriacos. . .	4.225
Holandeses. . .	4.007
Alemanes . . .	2.590
Turcos.	2.020
Suizos.	1.571
Rusos	1.332
Dinamarqueses.	394
Suecos.	269
Argentinos. . .	230
Portugueses . .	160
N.-Americanos .	117
Rumanos. . . .	70
Griegos	61
Brasileros . . .	28
Orientales . . .	21
Marroquíes . . .	18
Peruanos. . . .	7
Árabes.	3
Chilenos. . . .	3
Bolivianos. . .	2
Paraguayos . .	1
Colombianos. .	1
Mejicanos . . .	1
TOTAL.	218.744

(*) Los detalles comparados del Comercio especial Exterior de la República, en los *doce* meses de *Enero* á *Diciembre* de 1888/1889, son los siguientes:

IMPORTACIÓN SUJETA Y LIBRE

ARTÍCULOS	*Unidad peso ó medida*	CANTIDAD *en 1888*	CANTIDAD *en 1889*
Animales en pie.			
Burros.	unidades	9	—
Caballos y yeguas. .	»	990	547
Cerdos.	»	22	87
Lanares.	»	3,351	19,479
Mulas.	»	57	4
Vacunos.	»	4.527	628
Exportación libre.			
Productos de la Ganadería.			
ANIMALES EN PIE:			
Burros.	unidades	9,632	8,821
Caballos y yeguas.	»	6,047	5,961
Cerdos.	»	4	2
Lanares.	»	22,616	19,526
Mulas.	»	6,893	12,104
Vacunos.	»	94,726	139,637
ASTAS vacunas. . . .	kilos	1,683,768	1.756,640
CERDA.	»	2,019,212	1,794,612
CUEROS de cabra. . .	»	770,366	1,045,280
» » cabrito. .	»	533,401	369,554
» lanares sucios	»	28,054,616	36,378,885
» vacunos secos (becerros incluídos)	unidades	2,609,428	2,424,596
CUEROS vacunos salados (becerros incluídos).	»	797,192	966,177
CUEROS yeguarizos secos.	»	49,850	40,358
CUEROS yeguarizos salados.	»	208,655	156,616
GARRAS.	kilos	1,613,769	1,488,512
LANA sucia.	»	131,743,339	141,774,435

(*) Datos del Departamento Nacional de Estadística.

POBLACIÓN DE LA PROVINCIA DE BUENOS-AIRES

(Según el último Censo levantado por el Departamento de Estadística)

PARTIDOS	POBLACIÓN	PARTIDOS	POBLACIÓN
1 La Plata:		*Del frente*	392.000
Sección 1ª	10.948	42 Lomas de Zamora	11.389
— 2ª	15.764	43 Luján	9.156
— 3ª	8.905	44 Magdalena	11.280
— 4ª	11.099	45 Maypú	4.189
— 5ª	4.158	46 Mar-Chiquita	2.729
— 6ª	3.487	47 Marcos Paz	3.604
— 7ª	4.824	48 Matanzas	4.601
— 8ª	6.424	49 Mercedes	16.181
2 Adolfo Alsina	2.896	50 Merlo	3.747
3 Ajó	5.423	51 Monte	4.674
4 Almirante Brown	4.704	52 Moreno	3.145
5 Arrecifes	7.773	53 Morón	8.883
6 Ayacucho	11.507	54 Navarro	7.763
7 Azul	19.960	55 Necochea	7.791
8 Bahía Blanca	12.986	56 Nueve de Julio	10.932
9 Balcarce	5.465	57 Olavarría	13.192
10 Barracas al Sud	25.322	58 Patagones	3.473
11 Bolívar	6.599	59 Pehuajo	5.230
12 Bragado	11.228	60 Pergamino *(calculada)*	24.000
13 Baradero	11.018	61 Pilar	8.131

N.º	Partido		N.º	Partido	
14	Brandsen	4.640	62	Pila	3.353
15	Campana	7.231	63	Puan	3.963
16	Cañuelas	6.288	64	Quilmes	12.847
17	Carmen de Areco	5.714	65	Ranchos	5.614
18	Chacabuco	12.183	66	Rauch	7.658
19	Castelli	2.687	67	Ramallo	5.883
20	Chascomús	11.117	68	Rojas	9.369
21	Chivilcoy	25.720	69	Saladillo	10.346
22	Coronel Dorrego	2.895	70	Salto	6.193
23	Coronel Pringles	5.909	71	San Andrés de Giles	6.742
24	Coronel Suárez	8.471	72	San Antonio de Areco	6.705
25	Dolores	10.386	73	San Fernando	9.220
26	Exaltación de la Cruz	4.527	74	San Isidro	7.412
27	General Alvear	3.725	75	San Martín	6.087
28	General Pueyredon	8.640	76	San Nicolás	24.421
29	General Rodríguez	3.273	77	San Pedro	10.533
30	General Sarmiento	3.202	78	San Vicente	6.511
31	General Villegas	1.537	79	Suipacha	3.220
32	Guaminí	3.135	80	Tandil	10.665
33	Juárez	8.849	81	Tapalqué	4.568
34	Junín	7.835	82	Tordillo	1.521
35	Las Conchas	8.377	83	Trenque-Lauquen	5.441
36	Las Flores	12.014	84	Tres-Arroyos	4.993
37	Las Heras	3.289	85	Tuyú	3.231
38	Laprida	2.649	86	Vecino	3.131
39	Lincoln	10.116	87	Veinticinco de Mayo	18.663
40	Lobería	5.662	88	Villarino	1.636
41	Lobos	11.439	89	Zárate	7.258
	Al frente	392.000		TOTAL GENERAL	763.274

RESUMEN GENERAL CORRESPONDIENTE Á LAS ESCUELAS DE LA PROVINCIA
por el año 1889 (*).

NÚMERO DE ESCUELAS	NÚMERO de edificios		NÚMERO DE MAESTROS					ALUMNOS INSCRIPTOS			ALUMNOS PRESENTES		
	Provinciales	Particulares	Varones	Mujeres	Con diploma	Sin diploma	Total	Varones	Mujeres	Total	Varones	Mujeres	Total
694	186	508	553	914	215	1252	1467	26652	22323	48975	19006	17625	36631

CLASIFICACIÓN DEL PERSONAL DOCENTE POR NACIONALIDADES					UBICACIÓN DE LAS ESCUELAS Y SEXO DE LOS ALUMNOS					
Argentinos y Orientales	Españoles	Italianos	Franceses	Varios	Urbanas		Rurales		Totales	
					Varones	Mujeres	Varones	Mujeres	Varones	Mujeres
991	292	78	76	30	19267	18414	10388	6346	29655	24760

(*) Datos de la Dirección general de escuelas de la Provincia.

Censo Agrícolo-Pecuario de la Provincia de Buenos Aires levantado en el mes de Octubre de 1888.

(Datos del Departamento de Estadística).

Propiedades censadas	28.069
Extensión de las propiedades censadas, por hectáreas	23.411.867
Propiedades explotadas por los dueños. . . .	15.326
— — arrendatarios ó interesados	12.743
Personal ocupado de ordinario	180.652
— — en épocas extraordinarias .	219.500
— — de nacionalidad argentina.	100.722
— — — extranjera.	79.930
Número de edificios de material.	34.036
— — de madera ó fierro . . .	8.358
— — de paja ó barro	40.630
— en explotación de arados.	54.868
— — rastras.	21.909
— — segadoras	7.173
— — rastrillos.	3.495
— — trilladoras. . . .	324
— — locomóviles . . .	384
— — prensas	1.214
— — carros de servicio	23.874
— — bombas	503
— — demás instrumentos.	45.930
— de propiedades servidas por ríos y arroyos	5.115
— de propiedades servidas por pozos y norias.	31.516
— de propiedades servidas por lagunas y represas.	7.951
— de propiedades servidas por riego .	705
Total en hectáreas de terreno desecado . . .	68.020
Extensión de los cercos vivos	6.996.733
— — alambrados	184.264.312
— — zanjeados.	1.454.652

AGRICULTURA

Principales cultivos, en hectáreas.

Trigo	364.952
Maíz	500.479
Cebada y Avena	16.286
Alfalfa	72.349
Forrajes diversos	1.727
Lino	44.975
Alpiste y otros granos	3.004
Papas y otros tubérculos	9.880
Legumbres	5.077
Viñedos	2.597
Árboles frutales	19.444
rboles forestales	223.914
Árboles de adorno y medicinales	1.469
Total de hectáreas cultivadas	1 186.153

Animales de trabajo.

Vacuno	213.546
Caballar	589.048
Asnos y mulas	5.639

Ganadería.

Vacuno	8.343.266
Caballar	1.172.727
Lanar	51.238.782
Cabrío	11.112
Asnos y mulas	19.632
Porcino	205.316
Avestruces	157.820

Aves y animales de corral.

Gallinas	2.360.399
Pavos	357.048
Patos	176.643
Gansos	104.231
Palomas	843.265
Conejos	23.303

METEOROLOGÍA

METEOROLOGÍA

Las observaciones meteorológicas empezaron en el Observatorio el 1° de julio de 1885 y el servicio está instalado de manera que podrán continuarse sin interrupción.

Para ajustarnos á una regla generalmente admitida en todos los Observatorios Meteorológicos que publican Anuarios, en que el año de observaciones principia el 1° de Octubre, publicamos en este volumen el resumen que comprende todos los días desde el 1° de octubre de 1889 hasta el 30 de Setiembre de 1890.

Los cuadros que publicamos son resúmenes mensuales y resumen anual; son el resultado de las observaciones diarias hechas á las 7h a. m., 2h p. m. y 9h p. m. á pesar de que el número efectivo de observaciones sea mucho más numeroso.

Los resultados de las lecturas directas han sido siempre comparados con los deducidos de los instrumentos registradores, que son, por el momento, un termómetro, un barómetro, un higrómetro, un pluviómetro de Richard, un anemómetro de Bourdon y un heliógrafo de Dubosq. Estos instrumentos autógrafos serán en breve tiempo aumentados con otros apropiados para cada clase de observaciones.

Además del servicio local meteorológico de La Plata, la Provincia va á contar con una instalación meteorológica completa, por medio de estaciones repartidas en varios puntos importantes de su territorio. Los puntos elegidos son los siguientes : San Nicolás, Zárate, Lavalle (Ajó), Mar del Plata, Tres Arroyos, Bahía Blanca, Patagones, Carhué, Trenque-Lauquén, Lincoln, Chivilcoy Alvear, Olavarría y Tandil.

Cada estacion estará provista de los instrumentos que van á continuación : un barómetro de *Fortin*, un termómetro seco, un termómetro húmedo, un termómetro de mínima, un termómetro de máxima, un pluviómetro y una veleta.

En fin, merced á la cooperación de la Administración de Ferro-Carriles de la Provincia, que ha hecho espontáneamente la adquisición de instrumentos para proveer á 20 estaciones repartidas á lo largo de la red telegráfica, el servicio general comprenderá 34 estaciones, las que diariamente enviarán por telégrafo al Observatorio de La Plata el resultado de las observaciones simultáneas, lo que permitirá construír día por día la carta del tiempo, y como resultado final, permitirá hacer el estudio prolijo de la climatología de la Provincia de Buenos Aires.

Es por esta razón, y á la vez con el objeto de difundir el gusto de las observaciones meteorológicas privadas, que hemos creído deber publicar las instrucciones generales referentes á la manera más sencilla de practicar las observaciones. Excusado es decir que gratos aceptamos todos los datos que los aficionados tuvieran á bien comunicarnos.

Los instrumentos empleados en las estaciones han sido comparados con todo cuidado con nuestros instrumentos tipos, los qne á su vez lo han sido en los Observatorios de París y Montsourís.

Esperamos publicar en el próximo anuario, los resultados de las estaciones meteorológicas del Ferro-Carril de la Provincia y de las del Observatorio.

OBSERVACIONES METEOROLÓGICAS

OCTUBRE DE 1889

Fecha	Presión atmosférica 700mm +	Temperatura Mínima	Temperatura Máxima	Temperatura Media	Humedad relativa	Tensión del vapor de agua	Fuerza del viento de 0 á 6	Grado de la nebulosidad de 0 á 10	Lluvia
	m/m	o	o	o	o/o	m/m			m/m
1	66.91	7.0	16.5	11.8	80	8.7	1.7	4 8	
2	67.79	8.2	17.6	12.9	83	9.0	1.1	5 3	
3	66.31	8.5	20.5	14.5	83	10.1	1.1	2.8	
4	65.23	10.0	19.6	14.8	91	11.2	1.1	5.4	
5	64.33	9.5	21.5	15 5	81	10.7	1.0	4.1	
6	64.33	11.2	21.4	16.3	85	11.8	1.1	1.8	
7	63.65	10.4	19.5	15.0	88	11.5	1.2	0.8	
8	61.76	11.5	22.5	17.0	84	12.3	1.2	2.3	
9	59.65	10.7	23.0	16.9	80	11.0	1 4	8.5	2.7
10	58.86	12.7	17.9	15.3	95	12.2	1.8	9.9	9.6
11	58.68	11.3	15.6	13.5	87	10.8	1.8	10.0	15.8
12	61.96	11.5	17.7	14.6	77	9.1	2.0	5.9	3.0
13	63.83	7.5	21.5	14.5	73	8.8	0.5	2.0	
14	64.96	9.8	20.9	15.4	71	10.1	2.0	2.8	
15	62 71	10.5	20.5	15.5	83	12.1	2.0	9.1	
16	63.23	11.2	23.6	17.4	82	12.1	0.9	4.3	
17	62.36	12.3	22.6	17.4	79	11.7	1.0	6.0	5.6
18	62.57	7.5	20.0	13.7	76	8.8	1.3	1.9	0.4
19	62.49	10.9	21.8	16.3	76	10.1	1.7	9.6	
20	66.75	6.3	15.9	11.1	69	6.7	1.9	4.0	
21	69.02	4.8	16.6	10.7	67	6.4	1.2	3.3	
22	69.39	5.9	18.2	12.0	70	7.8	0.9	3.6	
23	65.75	11.3	20.3	15.8	64	8.6	2.3	3.5	
24	60.83	11.8	21.5	16.6	76	10.7	2.1	7.5	
25	59.37	10.0	24.1	17.0	72	10.8	1.4	7.0	
26	64.05	5.4	15.5	10.4	68	6.4	2.5	6.6	
27	62.10	2.3	14.7	8.5	70	6.4	1.1	2.9	
28	57.65	7.4	24.6	16.0	63	9.1	2.2	2.1	
29	64.17	4.0	17.5	10.7	69	6.2	1.3	0.3	
30	62.36	8.2	25.5	16.8	65	9.1	2.5	0.8	
31	67.73	4.2	18.7	11.4	71	7.9	1.3	6.7	
Promedio	63.57	8.8	19.9	14.4	77	9.6	1.5	4.7	37.1

OBSERVACIONES METEOROLÓGICAS

NOVIEMBRE DE 1889

Fecha	Presion atmosférica 700mm +	Temperatura			Humedad relativa	Tensión del vapor de agua	Fuerza del viento de 0 á 6	Grado de la nebulosidad de 0 á 10	Lluvia
		Mínima	Máxima	Media					
	m/m	°	°	°	°/o	m/m			m/m
1	64.08	9.5	18.6	14.1	75	9.4	1.6	9.5	0.9
2	61.17	12.6	20.5	16.6	87	12.2	1.1	9.2	3.5
3	60.04	11.8	22.6	17.2	81	11.2	1.4	4.2	3.1
4	58.11	11.8	24.4	18.1	74	11.9	1.5	7.0	
5	59.65	9.0	26.6	17.8	82	12.9	1.4	5.1	
6	62.55	6.3	19.6	13.0	85	9.6	1.4	3.8	
7	60.63	8.4	22.6	15.5	72	10.3	1.1	4.3	
8	64.96	5.5	17.5	11.5	81	10.1	2.7	5.1	
9	70.26	1.6	15.5	8.6	72	6.3	2.9	4.3	
10	68.61	3.7	17.6	10.7	78	8.2	1.6	1.4	
11	65.70	7.3	20.5	13.9	73	9.9	1.3	3.1	
12	61.87	13.5	25.1	19.3	81	13.6	1.7	4.1	
13	61.55	11.4	25.5	18.5	75	12.1	2.0	7.7	
14	64.46	6.4	20.0	13.2	70	7.6	1.8	1.5	
15	61.77	7.8	23.5	15.7	60	9.1	1.6	1.0	
16	58.30	10.8	28.5	19.7	62	12.0	1.6	0.2	
17	54.69	15.0	33.7	24.3	66	16.8	1.7	0.3	
18	58.30	10.8	22.7	16.7	86	11.5	2.3	9.0	3.4
19	61.97	9.9	23.1	16.5	81	11.7	1.2	4.3	
20	59.26	12.0	24.6	18.3	66	11.8	1.6	3.2	
21	52.62	16.1	29.5	22.8	75	13.7	1.9	4.6	
22	55.75	13.8	24.6	19.2	48	7.8	1.6	1.0	0.6
23	60.29	11.8	25.6	18.7	61	8.7	2.0	2.5	
24	56.35	11.6	24.9	18.2	59	9.0	2.4	6.5	3.9
25	54.70	12.5	26.2	19.3	77	12.7	1.0	6.7	23.0
26	55.95	12.4	26.9	19.6	63	12.1	1.5	1.7	
27	57.99	12.3	23.4	17.8	69	10.8	1.6	7.6	
28	54.14	11.4	23.7	17.5	67	10.7	2.1	1.0	
29	54.16	11.0	20.0	15.5	71	9.3	1.6	5.8	10.8
30	55.15	10.1	24.7	17.4	59	10.2	1.6	1.5	
Promedio	59.83	10.3	23.4	16.9	72	10.8	1.7	4.2	49.2

OBSERVACIONES METEOROLÓGICAS

DICIEMBRE DE 1889

Fecha	Presión atmosférica 700mm +	Temperatura Mínima	Temperatura Máxima	Temperatura Media	Humedad relativa	Tensión del vapor de agua	Fuerza del viento de 0 á 6	Grado de la nebulosidad de 0 á 10	Lluvia
	m/m	o	o	o	o/o	m/m			m/m
1	55.61	15.2	20.7	18.0	93	14.6	1.4	9.4	33.8
2	54.69	15.8	27.5	21.7	84	16.4	1.0	9.7	12.8
3	58.14	12.0	22.5	17.3	94	12.9	1.9	8.0	5.5
4	57.12	9.2	22.5	15.9	66	10.5	1.5	0.8	
5	53.03	16.6	28.8	22.7	69	15 1	1.1	6.5	
6	53 75	14.9	21.3	18.1	89	14.0	1.6	9.8	10.0
7	50.52	12.5	24.3	18.4	85	14.6	1.1	9.5	
8	58.70	10.1	21.4	15.8	82	11.1	1.5	7.7	
9	65.47	7.8	20.5	14.2	80	10.1	1.7	4.6	
10	64.65	7.6	20.2	13.9	84	11.5	1.0	5.5	
11	59.12	11.1	25.5	18.3	76	13 5	1.2	2.5	
12	56.66	16.3	29.4	22.9	74	15.9	1.2	3.9	
13	59.15	14.8	29.6	22.2	67	14.9	1.2	4.4	
14	60.94	16.2	26.5	21.4	81	14.7	1.4	8.8	
15	60.84	13.8	27.3	20 6	78	14.6	0.9	3.2	
16	58.48	16.4	33.4	24.9	71	18.1	1.0	0.5	
17	59.77	16.4	29.3	22.8	76	16.4	1.0	3.0	
18	58.53	18.8	29.5	24.1	81	16.2	1.0	5.4	2.2
19	58.98	16.5	34.5	25.5	76	18.4	1.1	0.3	
20	60.86	13.5	31.7	22.6	83	14.7	1.1	2.6	
21	58.66	18.3	33.5	25.9	79	20.0	1.5	6.7	2.2
22	63.00	14.2	23.5	18.8	84	13.6	2.4	9.4	
23	65.60	16.4	21.5	18.9	85	14.5	3.0	9.8	
24	64.16	17.1	18.5	17.8	93	14.6	1.9	9.7	10.9
25	56.81	15.0	18.5	16.7	97	15.5	2.2	10.0	17.4
26	54.46	15.5	26.4	20.9	92	17.3	1.6	5.7	
27	53.90	16.7	29.9	23.3	88	18.3	1.8	3.6	
28	58.58	13.5	20.9	17.2	90	12.6	1.3	7.3	7.0
29	59.70	11.2	26.6	18.9	79	14.4	1 1	0.8	
30	59.42	14.8	27.5	21.1	81	17.0	1.1	2.4	
31	58.55	16.6	29.5	23.0	84	18.4	1.1	2.0	
Promedio	58.64	14.3	25.9	20.1	83	15.0	1.4	5.6	101.8

OBSERVACIONES METEOROLÓGICAS

ENERO DE 1890

Fecha	Presión atmosférica 700mm +	Temperatura Mínima	Temperatura Máxima	Temperatura Media	Humedad relativa	Tensión del vapor de agua	Fuerza del viento de 0 á 6	Grado de la nebulosidad de 0 á 10	Lluvia
	m/m	°	°	°	°/₀	m/m			m/m
1	57.22	17.8	31.5	24.7	81	19.7	1.7	1.8	
2	53.95	18.8	30.8	24.8	82	21.1	1.3	1.7	
3	56.12	17.0	23.5	20.3	95	16.0	2.7	9.8	13.3
4	58.60	15.0	21.5	18.3	90	14.3	2.2	9.9	0.3
5	54.03	14.2	25.3	19.8	71	12.7	1.7	3.2	
6	53.20	14.9	28.3	21.6	64	12.5	1.7	2.9	
7	55.50	17.2	33.5	25.4	54	12.5	1.4	0.2	
8	56.95	16.0	33.3	24.7	71	15.6	1.4	6.4	6.7
9	56.19	20.5	30.5	25.5	75	17.7	1.2	7.4	
10	58.76	16.6	30.5	23.6	83	18.6	1.3	1.1	
11	56.99	16.8	28.2	22.5	80	17.9	2.1	6.6	13.8
12	53.26	18.8	30.5	24.7	81	19.9	1.3	6.5	11.4
13	59.19	9.4	17.1	13.3	91	10.2	2.5	9.9	15.8
14	65.13	7.5	20.5	14.0	77	9.1	1.4	4.0	
15	67.44	8.8	25.7	17.3	64	10.1	1.2	0.8	
16	65.54	14.5	24.5	19.5	68	12.5	0.9	0.8	
17	63.44	16.5	26.5	21.5	73	14.1	1.3	1.1	
18	61.14	18.1	27 3	22.7	86	18.1	1.0	4.3	
19	60.66	17.4	31.0	24.2	73	15.5	1.4	4.6	
20	59.46	17.1	30.6	23.8	84	17.1	0.8	5.1	3.3
21	60.08	19.8	31.3	25.5	73	18.6	1.0	6.3	
22	61.21	21.0	29.9	25.4	76	18.5	1.2	1.1	
23	59.86	20.5	32.2	26.3	72	17.6	1.4	2.6	
24	54.15	16.0	33.9	24.9	69	17.2	2.5	4.3	
25	59.88	12.3	23.6	17.9	65	8.8	2.4	1.7	3.9
26	59.36	12.3	24.5	18.4	54	10.0	1.8	2.3	
27	57.23	17.5	27.3	22.4	73	14.9	1.2	1.8	
28	52.89	18.2	29.5	23.8	85	19.2	1.2	2.8	
29	53.27	12.8	24.5	18.6	85	14 5	1.7	7.1	9.5
30	64 75	8.3	23.4	15.8	77	11.1	1.5	4.5	
31	66.89	12.4	24.3	18.3	78	13.1	1.4	0.8	
Promedio	58.81	15.6	27.6	21.6	76	15.1	1.5	4.0	78.0

OBSERVACIONES METEOROLÓGICAS

FEBRERO DE 1890

Fecha	Presión atmosférica 700mm +	Temperatura			Humedad relativa	Tensión del vapor de agua	Fuerza del viento de 0 á 6	Grado de la nebulosidad de 0 á 20	Lluvia
		Mínima	Máxima	Media					
	m/m	°	°	°	°/o	m/m			m/m
1	61.88	15.0	19.5	17.3	91	13.8	1.3	9.8	5.9
2	57.56	14.8	21.3	18.1	94	14.9	1.0	7.4	7.9
3	57.57	14.5	24.6	19.6	90	16.9	1.1	4.6	
4	57 55	17.9	32 5	25.2	85	20.9	1.4	0.5	
5	56.50	20.8	32.4	26 6	79	19.6	1.7	5.6	
6	57.50	19.6	30.6	25.1	82	17.7	1.7	7.7	
7	56.01	19.6	30.5	25.1	86	20.4	1.0	8.1	
8	54.36	20.3	33.4	26.9	76	18.3	1.3	5.1	
9	55.33	16.9	33.5	25.2	76	19.2	1.2	0.0	
10	51.74	18.4	30.0	24.2	87	19.3	1.3	7.6	14.4
11	57.94	14.0	31.4	22.7	68	11.6	1.7	2.2	
12	61.85	13.7	29.5	21.6	73	14.4	1.1	0.0	
13	64.10	14.3	31.0	22.7	80	16.3	0.7	0.7	
14	64.44	15.6	32.5	24.1	76	16.0	2.1	3.8	
15	60.47	20.2	26.8	23.5	78	16.9	2.5	7.7	
16	56.52	18.0	26.5	22.2	84	16.3	1.3	8.9	3.0
17	55.50	16.4	29.6	23.0	79	15.5	1.0	5.6	
18	56.80	18.3	28.3	23.3	77	16.8	1.3	6.4	
19	59.56	16.3	23.5	19.9	81	15.4	0.8	7.8	
20	62.29	14.8	27.4	21.1	75	13.1	1.3	1.7	
21	60.33	15.7	26.7	21.2	74	13.9	1.2	7.2	3.7
22	58.70	17.3	28.5	22.9	76	14.6	0.8	6.3	
23	60.38	16.0	29.9	22.9	74	14.7	1.2	1.4	
24	59.64	15.9	32.3	24.1	75	16.6	1.0	0.6	
25	58.66	18.7	31.5	25.1	69	15.3	1.3	3.2	
26	63.13	11.2	18.7	14.9	87	11.0	3.2	9.4	10.6
27	59.19	9.8	19.6	14.7	87	10.7	2.0	9.3	
28	58.97	10.5	22.3	16.4	82	12.0	0.8	6.2	4.0
Promedio	58.73	16.2	28.0	22.1	80	15.8	1.3	5.2	49.5

OBSERVACIONES METEOROLÓGICAS

MARZO DE 1890

FECHA	Presión atmosférica 700mm +	TEMPERATURA Mínima	Máxima	Media	Humedad relativa	Tensión del vapor de agua	Fuerza del viento de 0 á 6	Grado de la nebulosidad de 0 á 10	LLUVIA
	m/m	o	o	o	o/o	m/m			m/m
1	59.61	14.9	27.4	21.2	76	13.9	0.8	2.6	
2	61.78	14.3	28.6	21.5	67	11.5	1.2	2.9	
3	65.27	12.3	25.6	19.0	80	13.7	0.9	1.1	
4	63.32	17.3	28.7	23.0	71	14.5	1.7	0.6	
5	57.74	17.5	28.5	23.0	73	14.6	1.5	4.6	
6	53.99	16.5	26.5	21.5	89	16.9	2.0	9.2	34.8
7	58.01	12.1	18.5	15.3	86	11.7	2.2	6.3	6.8
8	57.64	11.8	26.3	19.1	81	13.4	1.8	4.8	
9	62.49	8.0	21.5	14.8	67	8.4	1.2	0.0	
10	61.33	11.5	19.9	15.7	73	10 9	1.7	0.0	
11	57.81	15.1	26.3	20.7	79	14.1	0.8	3.8	
12	57.10	15.6	28.3	22.0	81	15.2	0.7	3.5	
13	56.56	17.3	29.5	23.4	88	18.3	1.1	3.8	
14	61.05	17.3	26.7	22.0	99	16.1	1.5	6.6	
15	57.15	15.9	27 7	21.8	90	20.0	1.6	6.5	
16	60.06	13.0	24.7	18.8	85	13.5	3.0	3.8	10.9
17	67.74	8.7	21.5	15.1	88	10.8	1.2	5.5	
18	66.32	11.3	23.5	17.4	83	13.3	1.6	5.1	
19	63.05	15.1	19.6	17 3	100	15.8	1.3	10.0	23.0
20	62.58	15.7	24.7	22.0	91	15.0	1 6	6.0	1.5
21	60.83	15.3	18.9	17.1	97	14.9	1.8	9.8	30.3
22	55.85	17.0	20.5	18.7	96	16.7	1.5	9.7	78.4
23	65.98	11.8	18.0	14.9	85	10.7	2.3	2.4	
24	68.68	8.9	22.3	15.6	82	10.9	0.6	0.6	
25	65.06	13.0	21.4	17.2	85	12.5	1.4	0.1	
26	59.34	13.8	20.5	17.1	91	13.5	0.9	8.5	1.5
27	63.17	10.9	16.5	13.7	82	9.9	3.3	9.8	
28	69.22	9.3	18.5	13.9	79	8.5	1.2	4.0	
29	68.95	8.8	18.5	13.6	82	9.6	1.0	5.8	
30	67 69	10.1	20.5	15.3	86	10.8	1.1	3.5	
31	66.14	12.5	22.1	17.3	85	12.8	1.0	4.2	
Promedio	61 98	13.3	23.1	18.2	83	13.3	1.4	4.7	187.2

OBSERVACIONES METEOROLÓGICAS

ABRIL DE 1890

Fecha	Presión atmosférica 700mm +	Temperatura Mínima	Temperatura Máxima	Temperatura Media	Humedad relativa	Tensión del vapor de agua	Fuerza del viento de 0 á 6	Grado de la nebulosidad de 0 á 10	Lluvia
	m/m	°	°	°	°/o	m/m			m/m
1	66.34	13.3	22.7	18.0	88	12.5	1.1	3.9	
2	64.87	13.7	21.7	17.7	86	12.3	0.9	5.6	
3	61.42	12.5	20.1	16.3	92	13.5	1.1	7.4	
4	62.96	14.3	16.5	15.4	100	13.0	0.7	9.8	55.4
5	65.54	15.5	20.7	18.1	100	14.5	1.4	7.2	49.2
6	66.34	13.6	22.8	18.2	93	14.0	1.1	3.6	
7	65.68	14.8	23.4	19.1	93	15.2	0.8	4.0	
8	64.83	15.0	24.5	19.8	90	14.9	0.9	3.5	
9	62.51	14.5	25.7	20.1	82	14.7	1.2	4.7	
10	63.12	8.5	21.4	15.0	88	11.4	1.1	0.8	
11	59.39	14.5	24.5	19.5	91	16.0	0.9	3.7	
12	59.57	12.5	22.3	17.4	85	12.8	1.2	5.4	1.6
13	55.91	9.2	24.0	16.6	81	12.0	1.6	2.4	
14	55.77	12.5	26.5	19.5	73	12.3	1.1	1.6	
15	61.50	12.4	24 3	18.4	89	14.2	0.8	1.0	
16	60.84.	15.5	25.4	20.4	88	14.7	0.8	6.4	
17	59.66	16.5	22.5	19.5	94	15.2	1.2	8.5	
18	58.47	14.0	22.5	18.2	93	13.6	1.5	8.9	4.4
19	58.81	10.5	25.6	18.0	80	12 1	1.1	1.9	
20	59.21	11.7	22.3	17.0	85	12.0	1.3	8.0	
21	62.22	7.8	19.6	13.7	77	8.8	0.7	2.8	
22	60.00	11.4	21.5	16.4	87	13.4	0.7	6.4	
23	62.85	11.3	24.6	17.9	79	11.3	0.7	0.8	
24	66.53	9.2	20.7	14.9	83	10.0	0.9	0.6	
25	64.80	11.5	20.6	16.1	81	11.2	1.5	0.7	
26	59.93	13.6	21.5	17.6	91	13.9	1.5	6.7	
27	61.59	15 5	22.1	18.8	95	14.3	0.6	8.3	
28	58.07	14.5	24.5	19.5	88	16.2	1.9	9.3	2.7
29	56.71	16.5	21.9	19 2	90	14.6	1.5	7.7	3.6
30	57 22	13.0	20.5	16.7	94	14.4	1.6	8.1	
Promedio	61.42	12.9	22.6	17.8	88	13.3	1.1	5.0	116.9

OBSERVACIONES METEOROLÓGICAS

MAYO DE 1890

Fecha	*Presión atmosférica 700mm +*	Temperatura *Mínima*	*Máxima*	*Media*	*Humedad relativa*	*Tensión del vapor de agua*	*Fuerza del viento de 0 á 6*	*Grado de la nebulosidad de 0 á 10*	Lluvia
	m/m	°	°	°	°/o	m/m			m/m
1	48.59	12.0	20.7	16.4	99	14.9	2.1	9.8	1.5
2	52.87	10.0	15.6	12.8	89	9.8	3.7	7.4	7.1
3	55.66	6.0	18.4	12.2	78	8.6	1.7	2.1	
4	60.64	4.3	16.4	10.4	79	6.8	1.5	2.4	
5	61.61	3.6	19.1	11.4	82	8.2	1.5	3.6	
6	60.55	9.3	22.0	15.7	84	10.6	1.4	0.3	
7	62.87	10.9	22.9	16.9	91	12.4	1.0	4.2	
8	62.99	10.0	17.5	13.8	96	11.3	1.0	1.7	
9	55.24	11.4	21.8	16.6	90	13.3	1.2	7.2	2.0
10	61.56	2.0	11.7	6.9	76	5.7	2.7	0.5	
11	64.66	0 6	17.3	9.0	83	7.1	1.6	1.3	
12	66.86	3.5	18.6	11.1	85	8.2	1.0	0.5	
13	66.43	3.5	16.1	9.8	93	8.0	0 8	2.8	
14	61.22	4.9	17.5	11.2	91	10.5	1.2	7.1	
15	60.43	7.0	19.6	13.3	79	8.5	1.2	1.2	
16	56.86	3.9	19.5	11.7	79	8.0	1.8	0.0	
17	63.45	2.0	11.6	6.8	86	6.2	1.7	2.8	0.2
18	65.23	-1.5	9.5	4.0	81	6.0	1.3	3.3	
19	66.62	0.0	15.4	7.7	83	6 3	0.9	0.5	
20	64.91	4.4	19.1	11.7	85	8.2	1.1	0.9	
21	63.62	6.1	20.6	13.3	82	8.8	1.4	1.2	
22	66.43	3.4	13.5	8.4	86	6.6	1.1	3.7	
23	65.50	4.7	11.3	8.0	97	7.6	0.6	9.0	1.0
24	69.83	2.5	11.7	7.1	88	6.5	1.6	5.3	
25	72.21	0.2	13.5	6.8	87	6.3	1.4	3.2	
26	72.15	3.8	13.5	8.6	92	7.2	1.3	7.8	
27	70.62	4.0	14.6	9.3	99	9.4	1.5	1.8	
28	67.72	9.4	16.3	12.8	92	10.1	2.5	7.0	
29	66.81	10.5	15.5	13.0	90	9 5	2.0	7.7	
30	64.63	7.0	18.5	12.7	90	9.7	1.3	5.2	
31	63.18	4.7	18.7	11.7	80	7.7	0.9	1.3	
Promedio	63.29	5.3	16.7	11.0	87	8.6	1.5	3.6	11.8

OBSERVACIONES METEOROLÓGICAS

JUNIO DE 1890

Fecha	Presión atmosférica 700mm +	Temperatura Mínima	Temperatura Máxima	Temperatura Media	Humedad relativa	Tensión del vapor de agua	Fuerza del viento de 0 á 6	Grado de la nebulosidad de 0 á 10	Lluvia
	m/m	°	°	°	°/°	m/m			m/m
1	65.11	2.5	14.7	8.6	79	6.1	1.1	1.9	
2	59.43	2.5	18.6	10.6	70	7.1	1.6	3.6	
3	62.30	1.5	14.5	8.0	90	7.7	0.7	5.2	
4	60.08	7.3	20.7	14.0	78	9.4	1.2	4.1	
5	57.76	11.2	20.3	15.8	78	9.8	2.2	5.6	
6	61.97	6.3	15.6	11.0	81	7.6	1.3	4.4	
7	61.40	1.3	19.2	10.3	74	5.9	1.2	1.4	
8	58 25	4.1	16.7	10.4	76	7.0	1.9	4.6	
9	71.07	1.5	12.0	6.8	89	6.5	1.4	0.3	
10	69.20	0.9	10.7	5.8	79	6.0	1.6	3.0	
11	58.79	4.5	12.9	8.7	93	8.3	1.0	9.5	1.6
12	68.99	0.5	8.4	4 5	87	5.3	2.1	0.5	
13	67.78	-4.4	8.5	2.1	80	5.1	1.6	1.4	
14	64.07	2.5	9.7	6.1	85	6.4	1.3	8.5	
15	63.07	4.7	8.5	6.6	100	7.1	1.3	10.0	20.6
16	62.96	6.2	12 5	9.3	97	9.1	1.5	9.9	0.4
17	59.07	10.1	12.2	11.1	96	9.6	1.5	9.9	15.0
18	62 06	6.4	12.5	9.4	95	9.2	2.5	9.1	7.1
19	69.06	3.4	10.9	7.1	89	6.7	1.1	6.1	
20	69.69	4.4	11.6	8.0	88	6.8	0.9	3.6	
21	68.22	2.8	9.5	6.1	94	6.9	0.6	8.3	
22	68 18	4.9	12.8	8.8	94	8.3	0.7	4.7	
23	68.02	3.6	12.6	8.1	89	7.7	0.9	2 8	
24	66.67	4 6	11.6	8.1	96	8.2	0.9	9.5	0.4
25	68.58	6.4	17.5	11.9	92	9.1	0.7	5.7	
26	69.73	4.5	10.6	7.5	99	7.5	0.6	10.0	0.3
27	70.60	5.5	9.0	7.2	89	7.2	1.0	9.8	
28	68.87	3 9	11.5	7.7	93	7.6	1.6	2.4	
29	62.60	6.4	14.9	10.6	91	8.6	2.4	7.6	
30	60.59	8.2	13.4	10.8	99	9.4	0.8	8.7	
Promedio	64.80	4.3	13.1	8.7	88	7.6	1.3	5.7	45.4

OBSERVACIONES METEOROLÓGICAS

JULIO DE 1890

Fecha	Presión atmosférica 700mm +	Temperatura			Humedad relativa	Tensión del vapor de agua	Fuerza del viento de 0 á 6	Grado de la nebulosidad de 0 á 10	Lluvia
		Mínima	Máxima	Media					
	m/m	°	°	°	°/o	m/m			m/m
1	58.67	6.6	16.6	11.6	94	9.6	1.0	3.0	
2	58.52	9.6	16.5	13.1	95	10.7	2.2	4.8	
3	54.73	9.7	16.6	13.2	91	10.7	1.4	7.2	
4	57.41	7.5	16.6	12.1	88	8.7	2.4	6.2	26.8
5	66.22	4.5	10.5	7.5	96	6.4	1.1	4.9	
6	69.34	-1.2	8.5	3.7	94	5.7	1.0	6.9	
7	73.60	1.3	10.6	6.0	88	6.0	1.1	1.8	
8	73.49	0.6	10.1	5.4	92	6.2	1.1	0.7	
9	70.79	-0.1	10.5	5.2	92	6.2	0.7	3.5	
10	66.26	3.2	10.5	6.9	91	3.7	1.1	8.5	
11	64.26	3.6	11.6	7.6	87	6.5	1.0	4.3	
12	62.20	1 3	12.5	6.9	88	6.7	1.9	5.1	
13	64.25	0.2	13 8	7.0	88	7.0	0.9	2.7	
14	64.92	3.6	15.3	9.5	90	7 8	1.0	3.2	
15	61.31	5.6	14.5	10.1	95	9.9	1.0	7.6	
16	63.45	7.5	18.0	12.7	97	10.2	1.2	7.6	33.3
17	66.81	2.8	12.5	7.6	99	7.9	1.3	7.7	
18	63.82	7 2	12 3	9.7	95	9.0	0.8	10.0	
19	64.02	9.3	15.1	13.2	99	11.0	1.3	7.7	10.9
20	64.87	12.0	20.7	16.3	84	12.1	1.4	1.4	
21	63.09	12.0	20.5	16.2	91	12.8	2.1	8.0	0.8
22	68.11	8.8	18.6	13.7	91	9.4	1.5	5.3	0.6
23	64.70	9.7	10.5	10.1	97	9.7	3.2	10.0	18.6
24	63.37	7.8	7.9	7.8	98	8.1	2.7	10.0	0.1
25	65.23	5.6	11.4	8.5	85	6.5	1.8	7.8	
26	66.09	1.5	11.2	6.3	85	5.9	1.0	4.0	
27	65.91	3.2	10.4	6.8	91	7.0	0.9	7.2	1.4
28	65.78	3.4	10.5	6.9	91	7.3	0.9	4.2	
29	62.39	4.4	14.5	9.4	92	9.9	1.7	9.6	1.8
30	62.95	9.5	17.5	13.5	92	10.9	1.6	8.8	6.9
31	60.81	9.8	18.7	14.7	88	12 3	1.9	2.7	
Promedio	64.42	5.5	13.7	9.6	91	8.4	1.4	5.8	101.2

OBSERVACIONES METEOROLÓGICAS

AGOSTO DE 1890

Fecha	Presión atmosférica 700mm +	Temperatura Mínima	Temperatura Máxima	Temperatura Media	Humedad relativa	Tensión del vapor de agua	Fuerza del viento de 0 á 6	Grado de la nebulosidad de 0 á 10	Lluvia
	m/m	o	o	o	°/o	m/m			m/m
1	59.35	15.0	22.5	18.8	78	13.0	2.3	2.8	
2	63.60	9.6	12.5	11.1	97	10.1	3.2	10.0	24.0
3	66.96	8.2	8.5	8.4	91	7.7	3.6	9.8	7·7
4	70.08	6.6	10.6	8.6	88	7.1	3.7	10 0	
5	62.38	6.4	8.3	7.4	97	7.4	4.3	10.0	22.5
6	60.97	3.8	10.6	7.2	86	6.5	2.0	4.7	1.0
7	67.03	1.6	9.5	5.6	89	6.2	1.3	0.3	
8	66.56	3.0	10.5	6.8	88	6.6	0.9	1.2	
9	63.41	5.3	13.6	8.5	89	8.1	1.5	3.7	
10	62.21	3.3	17.5	10.4	80	7.4	1.2	2.1	
11	59.22	6.8	16.9	11.9	80	8.3	1.4	1.0	
12	58.34	7.8	18.5	13.2	84	9.4	1.1	3.8	
13	60.42	4.3	12.6	8.5	98	7.5	2.6	9.5	0.7
14	64.22	0.2	12.4	6.3	79	5.6	1.0	2.2	
15	68.80	1.3	12.0	6.7	84	5.7	0.9	1.5	
16	67.82	5.2	16.6	10.9	82	7.9	1.7	0.8	
17	64.80	6.7	16.6	11.6	79	7.9	1.4	0.2	
18	59.48	6.8	16.5	11.6	77	7.8	1.2	1.9	
19	61.81	7.6	11.5	9.5	86	7.5	2.8	10.0	0.6
20	64.76	1.1	12.5	6.8	79	5.7	0.9	0.6	
21	60.61	3.9	14.7	9.3	76	7.4	1.8	5.7	
22	59.61	9.7	14.5	12.1	88	9.1	1.3	9.8	8.0
23	66.75	3.8	11.5	7.6	81	6.2	2.5	6.1	
24	63.51	4.7	10.5	7.6	94	7.8	2.1	9.8	3.3
25	60.98	4.8	10.6	7.7	89	7.2	2.5	8.9	7.2
26	67.87	1.8	12.9	7.3	72	5.4	1.2	4.9	
27	68.54	3.3	15.3	9.3	74	6.0	0.9	0.7	
28	64.45	4.9	16.5	10.7	75	7.4	1.7	0.8	
29	68.42	2.3	12.5	7.4	82	5.9	1.3	1.0	
30	64.53	2.8	14.5	8.6	81	6.8	1.3	0.0	
31	64.94	4.2	16.2	10.2	83	7 0	1.4	1.2	
Promedio	63.95	5.1	13.5	9.3	84	7.4	1.8	4.4	75.0

OBSERVACIONES METEOROLÓGICAS

SEPTIEMBRE DE 1890

Fecha	Presión atmosférica 700mm +	Temperatura Mínima	Temperatura Máxima	Temperatura Media	Humedad relativa	Tensión del vapor de agua	Fuerza del viento de 0 á 6	Grado de la nebulosidad de 0 á 10	Lluvia
	m/m	°	°	°	°/o	m/m			m/m
1	64.68	5.8	11.3	8.6	88	7.7	1.1	1.3	
2	58.68	7.2	19.6	13.4	74	8.9	1.6	4.9	
3	58.13	7.5	18.5	13.0	72	7.3	1.4	6.8	
4	65.48	4.6	16.5	10.6	68	6.3	1.5	0.8	
5	66.96	2.3	15.4	8.9	76	6.7	1.1	6.3	
6	66.22	5.2	15.5	10.4	75	7.0	1.4	0.6	
7	66.27	6.0	17.4	11.7	86	8.9	1.7	4.9	
8	64.30	8.2	17.4	12.8	89	9.9	2.4	8.5	
9	56.12	9.5	17.5	13.5	90	10.6	1.4	7.7	3.3
10	57.69	8.6	23.3	16.0	80	10.1	1.1	3.3	
11	62.44	6.2	16.6	11.4	83	8.2	1.3	5.6	
12	67.17	3.9	10.5	7.2	78	5.4	1.6	6.1	
13	67.96	3.0	13.3	8.2	78	5.8	1.2	3.2	
14	69.34	0.4	13.5	7.0	75	5.5	1.0	0.8	
15	64.17	4.6	15.5	10.0	80	7.8	2.3	3.3	
16	57.72	8.2	20.5	14.3	85	10.0	1.1	6.3	
17	60.51	4.0	14.3	9.1	79	7.0	2.3	7.7	
18	63.39	1.0	11.6	6.3	77	5.3	2.8	4.2	
19	66.00	0.1	19.4	9.7	72	7.0	1.3	1.5	
20	64.48	6.8	21.5	14.1	86	9.4	1.1	1.0	
21	60.73	7.4	21.1	14.2	80	9.6	1.3	4.5	
22	61.97	7.4	20.6	14.0	80	8.9	1.9	1.6	
23	64.89	6.5	13.5	10.0	93	8.1	1.5	9.0	
24	60.04	8.7	11.5	10.1	96	9.4	1.4	10.0	7.0
25	59.12	7.5	17.9	11.7	75	7.9	1.4	3.2	
26	65.89	3.1	13.8	8.4	80	6.6	1.8	3.7	
27	70.93	1.2	12.5	6.8	78	6.0	1.6	3.0	
28	71.62	1.5	13.6	7.5	80	6.2	1.5	2.9	
29	67.54	4.2	16.3	10.2	80	7.7	1.1	0.1	
30	61.17	8.3	20.9	14.6	80	9.6	2.5	4.2	
Promedio	63.72	5.3	16.4	10.8	80	7.8	1.6	4.2	10.3

io 63.72 5.3

MARCHA DE LOS ELEMENTOS METEOROLÓGICOS EN LA PLATA

DURANTE EL AÑO 1889-1890

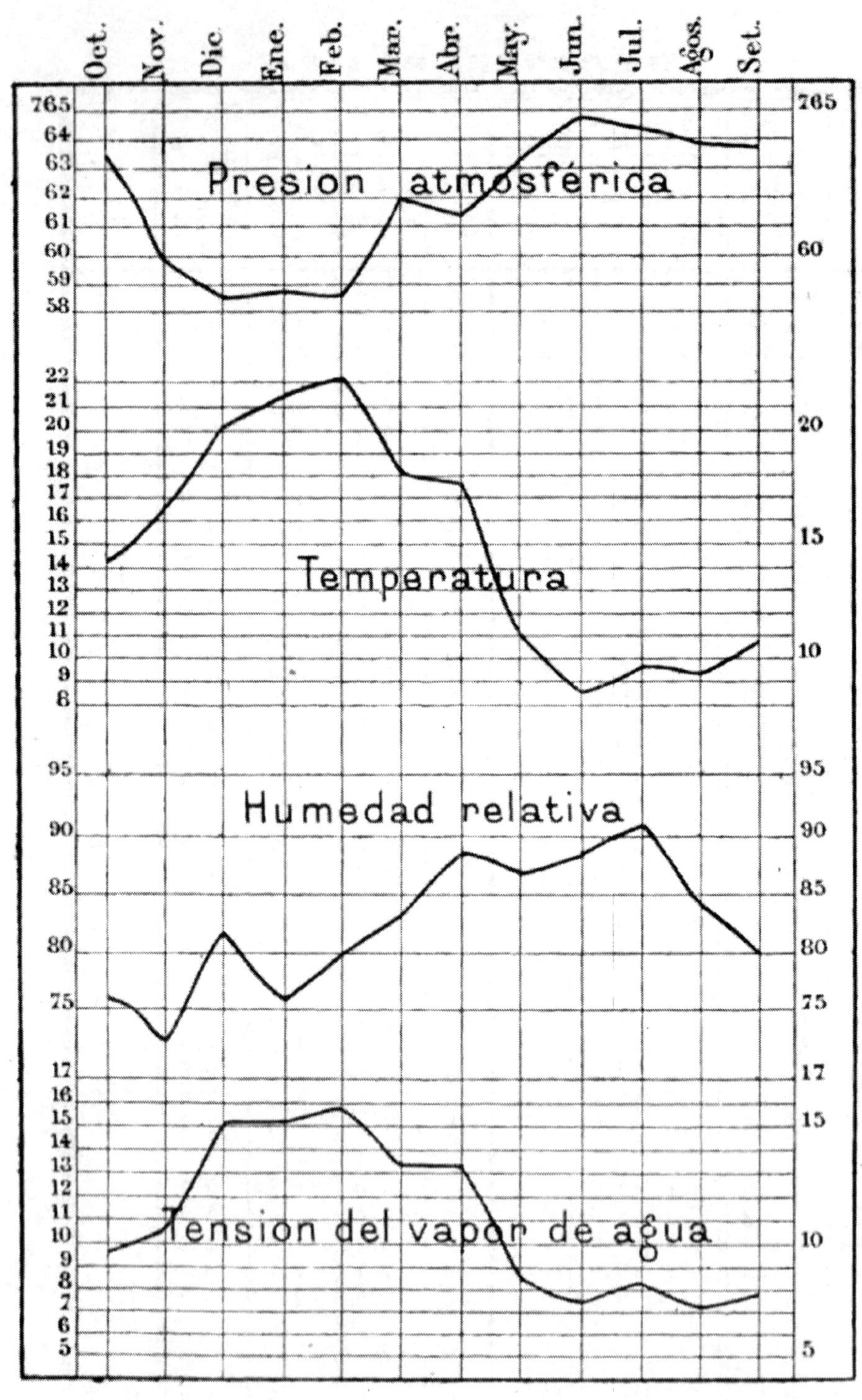

MARCHA DE LOS ELEMENTOS METEOROLÓGICOS EN LA PLATA

DURANTE EL AÑO 1889-1890

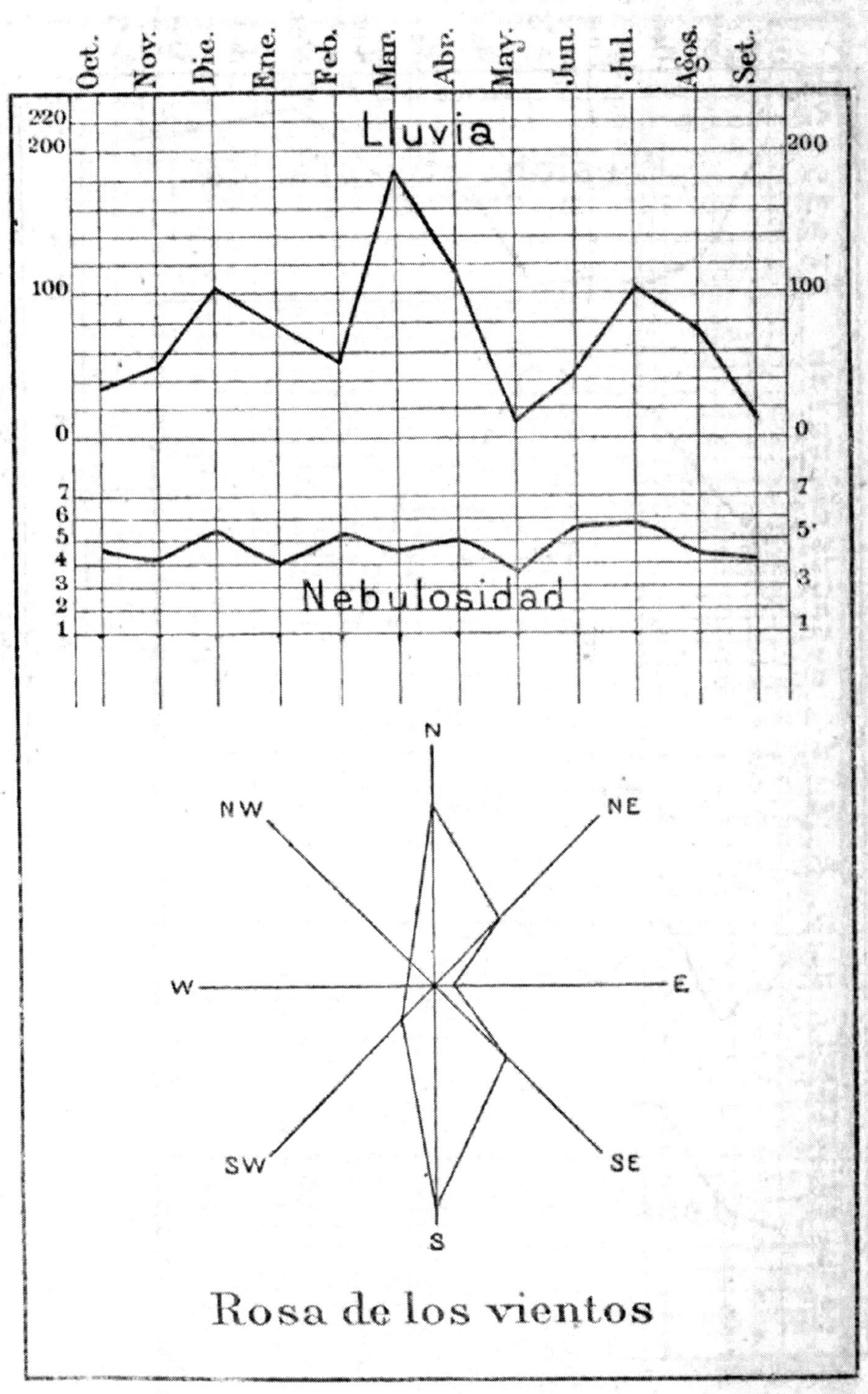

Rosa de los vientos

RESUMEN METEOROLÓGICO DEL 1° DE OCTUBRE 1889 AL 30 DE SEPTIEMBRE 1890

Año 1889-90	Presión atmosférica media 700mm +	Temperatura							Humedad relativa	Tensión del vapor de agua	Nebulosidad de 0 á 10	Lluvia		Núm. de observ. de cada viento								
		Media	Promedio		Mínima absoluta	Fecha	Máxima absoluta	Fecha				Cantidad en milímet.	Núm. de días	N.	N. E.	E.	S. E.	S.	S. W.	W.	N. W.	Calma
			Mínima	Máxima																		
	m m	°	°	°	°		°		°/o	m/m		m/m										
Octubre...	63.57	14.4	8.8	19.9	2.3	27	25.5	30	76	9.6	4.7	37.1	4	12	19	3	21	16	2	1	»	17
Noviembre	59.83	16.8	10.5	23.4	1.6	9	33.7	17	72	10.8	4.2	49.2	7	20	19	4	6	22	1	3	2	13
Diciembre.	58.64	20.1	14.3	25.9	7.6	10	34.5	19	82	15.0	5.0	101.8	9	15	12	4	18	18	2	»	2	22
Enero......	58.81	21.6	15.6	27.6	8.3	30	33.9	24	76	15.1	4.0	78.0	8	24	11	2	9	21	3	2	4	17
Febrero ..	58.73	22.1	16.2	28.0	9.8	27	33.5	9	80	15.8	5.2	49.5	7	18	15	2	7	11	1	»	6	24
Marzo	61.98	18.2	13.3	23.1	8.0	9	29.5	13	83	13.3	4.7	187.2	7	19	7	1	16	25	3	»	1	21
Abril	61.42	17.7	12.9	22.6	7.8	21	26.5	14	88	13.3	5.0	116.9	5	25	5	4	7	17	2	3	2	25
Mayo......	63.29	11.0	5.3	16.7	—1.5	18	22.9	7	87	8.6	3.6	11.8	4	5	4	1	10	25	16	9	10	13
Junio......	64.80	8.7	4.3	13.1	—4.4	13	20.7	4	88	7.6	5.7	45.4	5	25	3	»	8	27	1	3	5	18
Julio	64.42	9.6	5.5	13.7	—1.2	6	20.7	20	91	8.4	5.8	101.2	7	17	13	2	13	27	5	3	2	11
Agosto....	63.93	9.3	5.1	13.5	0.2	14	22.5	1	84	7.4	4.4	75.0	8	24	4	1	12	29	9	2	2	10
Septiembre	63.72	10.8	5.3	16.3	0.1	19	23.3	10	80	7.8	4.2	10.3	2	14	7	3	6	22	8	7	3	8
Año...	61.93	15.0	9.7	20.3	—4.4	13 de Junio	34.5	19 de Decemb.	82	11.0	4.7	863.4	73	218	119	34	133	270	53	33	39	199

OBSERVACIONES MAGNÉTICAS

EFECTUADAS

En el Observatorio durante el año 1889-1890.

DECLINACIÓN

FECHAS		NÚMERO DE OBSERVACIONES	OBSERVADOR	RESULTADOS	
1889					
Octubre .	13	6	C. P. Salas. . .	8°45′	N.E.
—	13	6	J. Mendiboure.	8.46′	»
—	14	6	íd.	8.10′	»
—	14	6	C. P. Salas. . .	8.10′	»
1890					
Enero . .	10	14	íd.	8.37′	»
—	15	12	Víctor Beuf. .	8.35′	»

INCLINACIÓN

FECHAS		NÚMERO DE OBSERVACIONES	OBSERVADOR	RESULTADOS	
1889					
Octubre .	18	24	J. Mendiboure.	29°29′	S.
1890					
Mayo. . .	26	36	V. Beuf. . . .	29.29′	»
Septiembre	11	96	J. Mendiboure.	29.20′	»

INSTRUCCIONES

PARA HACER LAS OBSERVACIONES METEOROLÓGICAS

El intervalo y horas más convenientes para hacer las observaciones meteorológicas son de tres en tres horas desde las 6 *a. m.* hasta media noche; ó bien desde las 4 *a. m.* hasta las 10 *p. m.*

Si no se pudieran hacer más de tres observaciones por día, las horas preferibles serán las 6 *a. m*,, la 1 *p. m.* y las 9. *p. m.*; ó bien 7 *a. m.* 1 *p. m.* y 7 *p. m.*; esta última serie es la obligatoria en el servicio meteorológico general en Europa.

Para corresponder á una proposición de los Estados Unidos, se deben hacer dos observaciones diarias especiales : á las 7 *a. m.* y á las 3 *p. m.* tiempo medio de Washington, lo que corresponde á $8^h 17^m$*a.m.* y $4^h 17^m$*p.m.* tiempo medio de la Plata. Las observaciones de esta naturaleza serán centralizadas mensualmente en el Observatorio, quien se encargará de dirigirlas oportunamente á Wáshington.

OBSERVACIÓN DEL BARÓMETRO

Se hace uso generalmente en los Observatorios y estaciones meteorológicas del Barómetro de cubeta móvil de Fortin.

BARÓMETRO DE FORTIN

Instalación. — El instrumento debe ser colocado cerca de la luz en una pieza sin fuego y abrigado de los rayos solares. El barómetro está acompañado de una tablilla de madera que debe ser fijada en la pared; esta tablilla lleva en su parte superior un gancho de fierro y en su inferior una argolla provista de tres tornillos de presión.

Después de fijar la tablilla se snspende el barómetro en el gancho de fierro por medio del anillo que lleva en su extremidad superior, de modo que el eje de la cubeta pase por el centro de la argolla y se encuentre entre los tres tornillos; se fija el instrumento en esta posición apretando poco á poco los tres tornillos, cuidando que el instrumento quede siempre vertical.

MODO DE OBSERVACIÓN.

Primero se lee la temperatura del termómetro anexo al instrumento, después se mueve el tornillo colocado debajo de la cubeta hasta que la superficie del mercurio sea tangente á la punta de marfil.

Si el mercurio está demasiado bajo, colocando el ojo á la altura de la punta de marfil se percibe un intervalo entre la punta y su imagen reflejada en el mercurio; cuando al contrario, el mercurio está demasiado alto se ve una pequeña concavidad al rededor de la punta: ésta desaparece en seguida que se hace llegar el mercurio á la altura conveniente.

Obtenida la tangencia se dan con el dedo algunos golpecitos al tubo para vencer la adherencia del mercurio al vidrio, y se mueve la corredera del nonius de la escala hasta que el ojo colocado en el plano de los dos bordes de la doble ventana de la corredera no perciba más luz entre estos bordes y el vértice redondeado del mercurio. Para facilitar esta operacion se alumbra por atrás la columna de mercurio, sea por medio de un espejo que sirve para reflejar la imagen de una ventana sea sencillamente por medio de una hoja de papel blanco que se fija sobre la tablilla del barómetro.

El nonius de la corredera hace conocer la altura del mercurio en milímetros y fracciones de milímetros. Generalmente el nonius tiene diez divisiones cuyo largo total es exactamente de 9 milímetros, y da los décimos de milímetro.

Las divisiones del nonius son casi siempre colocadas arriba del borde superior de la ventana de la corredera. y la división *0* del nonius se encuentra en la prolongación de esta línea : *es siempre á esta división que hay que referirse.* Los números redondos de milímetros son dados por la division de la escala colocada inmediatamente bajo del *cero* del nonius; para obtener las fracciones se busca en el nonius la división que se encuentra exactamente en la prolongación de una división de la escala, y el número de esta divisíon da el numero de décimos ó centésimos (según el valor del nonius) que deben ser sumados al número de milímetros.

CORRECCIONES.

La lectura del barómetro debe sufrir varias correcciones : primero se la debe corregir del *error instrumental;* esta corrección es constante y va indicada en la hoja de comparación que acompaña siempre al instrumento.

Reducción á 0° — La lectura corregida del error instrumental debe entonces ser corregida de la temperatura : para eso se hace uso de la tabla I. Buscando en la primera columna de la izquierda el número correspondiente á la temperatura indicada por el termómetro del instrumento, se sigue esta linea horizontal hasta encontrar la columna que lleva en su encabezamiento el número más aproximado á la altura barométrica corregida del error instrumental. El número que asi se obtiene será *restado* de la altura barométrica si la temperatura del instrumento es superior á *0°*, y al contrario sera *sumado* á dicha altura si la temperatura es inferior á *0°*.

Ejemplos :

1° Temperatura superior á *0°* :	m/m
Barómetro, altura corregida del error instrumental. .	= 764.75
Temperatura del Barómetro : = + 21°,2. Corrección sustractiva (para 21°,2 y 765. Tabla I).	— 2.61
Barómetro reducido á *0°*.	= 762.14

2° Temperatura inferior á 0° : m/m

Barómetro, altura corregida del error instrumental . . = 757,41
Temperatura del Barómetro = — 11°,6. Corrección aditiva (Tabla I para 755 y 11°,6) . . . . + 1 41

Barómetro reducido á 0° . . . . = 758 82

Reducción al nivel del mar.— Queda aún una corrección que aplicar á la altura barométrica para corregirla de la altura de la cubeta sobre el nivel del mar. Para efectuar esta reducción se hace uso de la tabla II y II *bis*.

Se sigue en la tabla II la línea horizontal que corresponde á las decenas de metros de la altitud de la estación hasta que se encuentra la columna cuyo encabezamiento lleva el número de grados correspondientes á la temperatura del aire en el momento de la observación. Se encuentra entonces un primer número. Con este número y la presión barométrica observada, la tabla II *bis* da la cantidad que hay que *sumar* á la presión barométrica para reducirla al nivel del mar.

EJEMPLO :

Altitud de la estación . . . . 148 met.
Temperatura del aire. . . . . = 16°
Barómetro leído. . . . . = 754 m/m 6
La tabla II da para 140 metros y 15° 14,4
Para 4 metros y 1,0 (diferencia entre 14,4 y el número siguiente). Tabla proporcional 0,4

14,8

m/m

La Tabla II bis da para 14 y 755. . . . . = 12,3
Para 8 (Tabla proporcional) 0,7

Corrección aditiva. . . . . = 13,0

La altura barométrica reducida al nivel del mar sería entonces 754 m/m, 6 + 13 m/m 70 = 76 m/m 6.

Para hacer rápidamente esta reducción es útil preparar de antemano, para cada estación, una tabla que dé la corrección necesaria para cada altura barométrica y para cada temperatura.

Para construír esta tabla se obra del modo siguiente:

Se escribe en una misma línea horizontál las *alturas barométricas reducidas á 0°* y en la primera columna vertical de la izquierda las *temperaturas del aire exterior;* se escribe entonces en los puntos de intersección de estas columnas la corrección correspondiente. Esta corrección debe siempre ser *sumada* á la altura barométrica reducida á *0°*.

Damos como ejemplo la tabla siguiente, construída por medio de la tabla II y II *bis*, que convendría á una estación cuyo barómetro estuviese colocado á 67 metros sobre el nivel del mar.

Temperatura exterior	Alturas del Barómetro				
	720 m/m	730 m/m	740 m/m	750 m/m	760 m/m
o	m/m	m/m	m/m	m/m	m/m
— 10	6,3	6,4	6,5	6,6	6,7
— 5	6,2	6,3	6,4	6,5	6,6
+ 0	6,1	6,2	6,3	6,4	6,5
+ 5	5,9	6,0	6,1	6,2	6,3
10	5,8	5,9	6,0	6,1	6,2
15	5,8	5,9	6,0	6,0	6,1
20	5,7	5,8	5,8	5,9	6,0
25	5,6	5,7	5,7	5,8	5,9
30	5,5	5,6	5,6	5,7	5,8

BARÓMETROS METÁLICOS.

Los barómetros metálicos no pueden ser considerados como instrumentos de precisión; presentan, en efecto, muchísimas causas de error, lo que hace necesario compararlos muy á menudo con un borómetro de mercurio. Creemos útil indicar aquí el modo de arreglarlos. Después de varias comparaciones con un barómetro de mercurio, cuando se conoce el error del instrumento, se le corrige por medio de un tornillo, colocado en el fondo de la caja metálica, que sirve para mover la aguja á derecha ó izquierda; moviendo este tornillo muy despacio y con precaución, se hará caminar la aguja de la cantidad necesaria en el sentido querido, para hacer concordantes las indicaciones del instrumento.

OBSERVACIÓN DE LOS TERMÓMETROS

INSTRUMENTOS É INSTALACIÓN.

Los termómetros necesarios para una estacion meteorológica completa son los siguientes:

1° Un termómetro seco para la temperatura del aire.

2° Un termómetro cuyo recipiente está envuelto con un forro de muselina que se mantiene embebido de agua. Este termómetro junto con el precedente constituye el psicaómetro que sirve para conocer el estado higrométrico del aire.

3° Un termómetro de máxima. Hay de varios sistemas, entre los cuales citaremos los de Negretti, Baudin, Alvergniat, ó burbuja de aire.

4° Un termómetro de mínima sistema Rutherford.

Todos estos instrumentos deben ser graduados sobre el mismo tubo. Sin embargo, para facilitar la lectura, se fija algunas veces el termómetro á una tablita graduada de 10 en 10 ó de 5 en 5 grados; pero es necesario que la tablita concluya antes del recipiente, y que este último esté completamente libre.

INSTALACIÓN.

Los termómetros deben ser colocados en el medio de un terreno descubierto y bajo un abrigo.

El abrigo que hemos adoptado para las estaciones meteorológicas, es el empleado en las estaciones francesas, y fué imaginado por los señores Sainte-Claire Deville y Renou.

Este abrigo (figuras 1 y 2) se compone de un doble techo formado de dos tablas ó de dos hojas de zinc, distantes una de otra de 0m10 é inclinadas hacia el Norte. La superficie externa del techo debe ser pintada de blanco. La figura 1 representa el abrigo visto de frente; la figura 2 representa la elevación de un costado con todas sus dimensiones. Deberá ser orientado con cuidado y colocado encima de un suelo de césped para abrigar los termómetros de la reverberación. Los instrumentos están garantidos del sol por medio de dos tablillas movibles colocadas de cada lado del abrigo como se ve en la figura.

Estas tablillas deben siempre ser sacadas del lado opuesto al sol, para que los termómetros no reciban la luz reflejada sobre su cara interna.

Lo mejor será no tener más de una tablilla que se colocará al Oeste hacia las 12^h del día y al Este al hacer la observación de la tarde.

Al centro dela brigo, á unos 2 metros del suelo, están colocados dos travesaños horizontales entre los cuales se suspenden los termómetros.

Al medio se fija el termómetro seco, al lado el psicrómetro y á los costados el termómetro de mínima y el de máxima.

LECTURA DE LOS TERMÓMETROS.

Cuando se leen los termómetros hay que colocarse de modo que la visual sea perpendicular á la extremidad de la columna ó índice del termómetro observado; se debe evitar que el calor del aliento ó de la luz que se emplea en las observaciones de noche, falsee las indicaciones de los termómetros.

Los décimos de grado se avalúan por estima á simple vista. Para ejercitar el ojo á esta operación se traza sobre una hoja de papel dos rasgos distantes de 0m01 y una línea

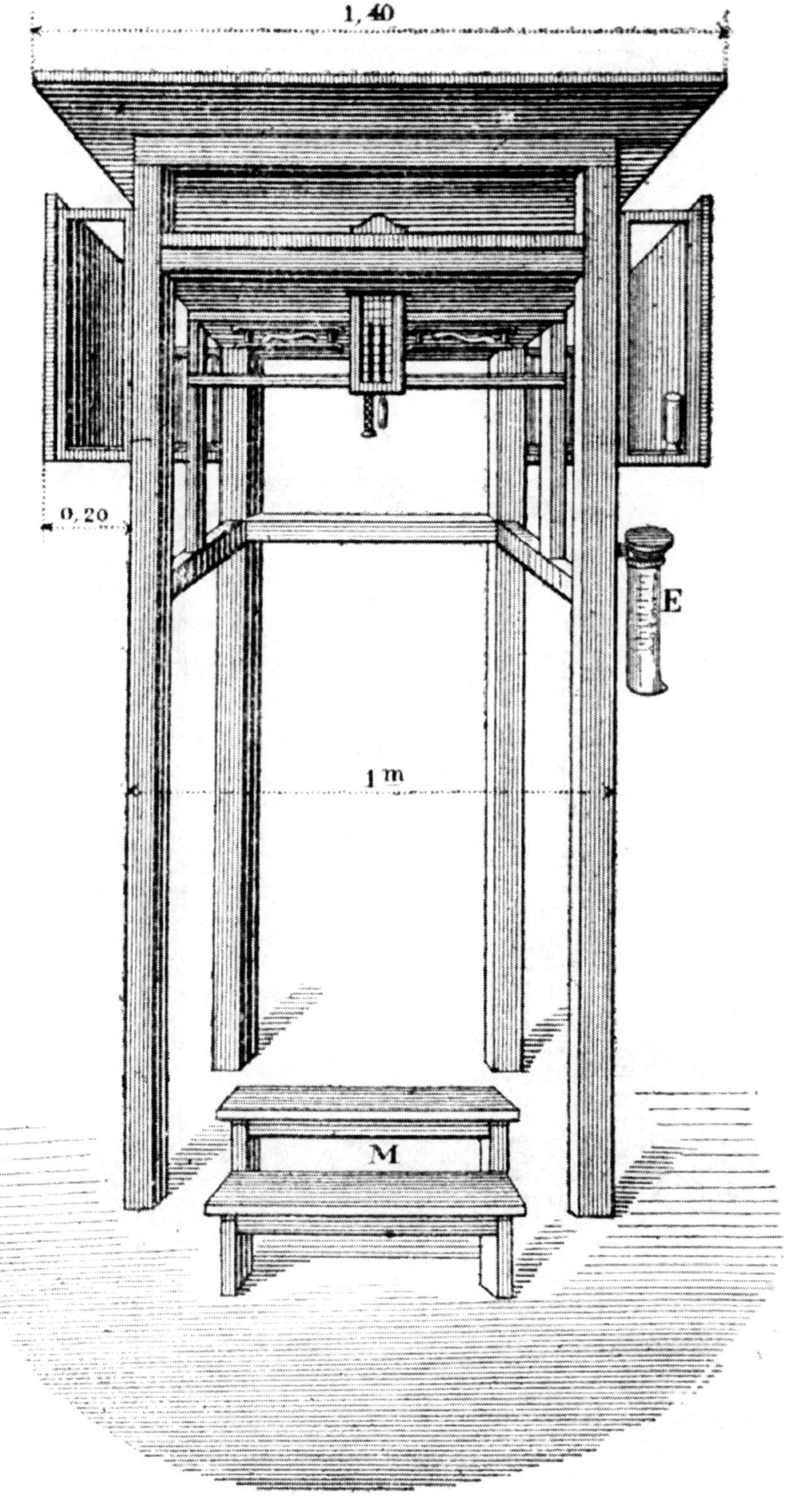
1, 40
0, 20
E
1 m
M

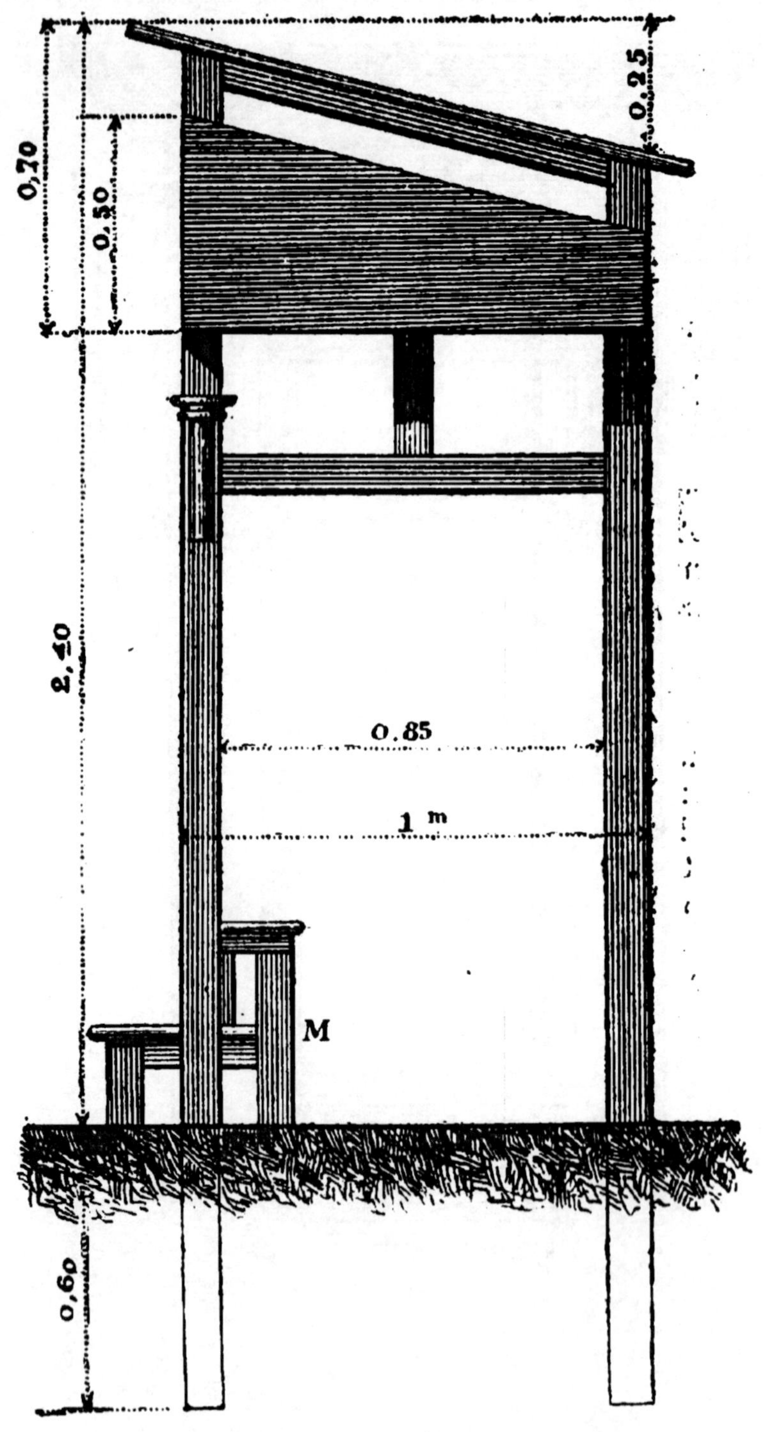
0,20
0,30
0,25
2,40
0.85
1 m
M
0,60

intermedia cuya distancia á uno de los dos se avalúa en milímetros primero con el ojo, y después por medio de una regla graduada.

TERMÓMETRO SECO.

El termómetro seco debe ser colocado verticalmente en el centro del abrigo. Está montado en un marco de cobre. No hay mas que colocar este marco, fijándolo, para que el viento no lo pueda mover.

TERMÓMETRO DE MÁXIMA.

El termómetro de Negretti es uno de los más usados para obtener la temperatura máxima.

Es un termómetro de mercurio cuyo tubo vacío de aire está estrangulado cerca del recipiente. El mercurio puede pasar este obstáculo cuando la temperatura sube.

Desde que esta temperatura desciende, la columna que ha pasado el obstáculo no se mueve más, y tras ella se forma un vacío en el recipiente. La temperatura máxima se encuentra entonces indicada por la posición de la extremidad de la columna la más distante del recipiente.

Este termómetro debe ser colocado casi horizontalmente un poco inclinado, el recipiente hacia abajo. Hecha la lectura se endereza el instrumento, dándole, si es necesario, unos pequeños choques para que el mercurio vuelva á entrar en el recipiente.

El termómetro de máxima, si no es consultado más que una vez al día, puede ser leído á las 6^h ó 7^h p. m.

TERMÓMETRO DE MÍNIMA

El termómetro de mínima es un termómetro de alcoho provisto de un índice de esmalte que queda siempre bañad en el líquido.

Cuando la temperatura sube, el alcohol pasa entre las paredes tel tubo y el índice, y éste no se mueve. Cuando la temperatura baja, el alcohol se contrae y la extremidad de la columna arrastra el índice hacia el recipiente. La extremidad del índice más distante del recipiente indica entonces la temperatura mínima.

Este termómetro debe, como el de máxima, ser colocado casi horizontalmente un poco inclinado, el recipiente hacia abajo, y fijado de modo que no sea movido por el viento, lo que podría cambiar la posición del índice.

Después de la observación se endereza el instrumento, el recipiente hacia arriba, para hacer bajar el índice hasta la extremidad de la columna de alcohol (*).

OBSERVACIÓN DE LA HUMEDAD DEL AIRE.

El instrumento que poseen las estaciones meteorológicas para determinar el estado higrométrico del aire es el psicrómetro. Este instrumento se compone de dos termómetros semejantes; el uno, llamado seco, da la temperatura del aire; el otro, llamado húmedo, tiene el recipiente envuelto en un forro de muselina que se mantiene embebido de agua y da por el descenso de su temperatura el valor de la evaporación.

El termómetro húmedo lleva algunas veces detrás de la tablita donde está fijado, un pequeño tubo de vidrio que comunica con el recipiente por medio de una mecha de algodón. En las grandes sequedades el agua traída por el algodón puede ser insuficiente, y con las heladas el tubo se rompe.

Será mejor de un modo general, emplear una pequeña probeta conteniendo agua, con preferencia agua de lluvia á la temperatura ordinaria y en la cual se sumerge el termómetro cinco minutos antes de la observación. Este tiempo es suficiente para que el termómetro tome la

(*) Los termómetros de alcohol coloreado depositan después de algún tiempo la materia colorante que incomoda la marcha del índice. Se deberán emplear termómetros cuyo alcohol es casi incoloro.

temperatura que le da la evaporación del agua que lo cubre. En este caso será bueno, antes de empezar las observaciones, de mojar primero el termómetro, después se observará el barómetro y entonces se volverá hacia los termómetros seco y húmedo para leerlos, esperando algunos instantes para asegurarse de que el termómetro húmedo no varía sino por el efecto de la temperatura del aire.

Cuando la temperatura del aire está abajo de 0°, el termómetro húmedo sube generalmente en el momento en que se moja el recipiente y puede dar indicaciones más elevadas que el termómetro seco. Para que las observaciones sean buenas, es preciso que el agua que moja el recipiente sea completamente congelada al rededor de éste y cubra completamente el forro de muselina. Se debe entonces mojar el termómetro bastante tiempo antes de la observación para que la congelación sea completa en el momento de la lectura. El tiempo necesario para esto puede alcanzar á una ó dos horas, de modo que durante los tiempos fríos se deberá mojar el termómetro después de cada observación, para la observación siguiente.

Para colocar el forro de muselina que envuelve el recipiente, se debe primero lavar bien la muselina, después envolver con ella el recipiente sin darle más de una vuelta y teniendo cuidado de no arrugarla sino en la parte donde se ata. Para colocarlo bien se moja un poco el género y se sujeta arriba y abajo del recipiente con algunas vueltas de hilo, cortando arriba y abajo del recipiente el sobrante de la muselina. El forro debe cambiarse cuando es sucio ó endurecido á punto de no permitir más la ascensión del agua, ó bien cuando se rompe dejando descubierta una parte del recipiente.

La diferencia de los termómetros sirve para calcular la humedad relativa y la tensión del vapor de agua por medio de la tabla III y IV. (*)

(*) Las tablas psicrométricas que publicamos más adelante, han sido combinadas por medio de las del Sr. Angot, *Annales du Bureau Central Météorologique de France.—Année 1880*, pag. B 115 — *Paris — Gauthier-Villars, 1881*

La tabla III sirve cuando la temperatura está abajo de 0°; la tabla IV cuando está arriba de 0°.

Buscando en la primera columna de la izquierda la cantidad correspondiente á la diferencia de los dos termómetros y siguiendo esta línea horizontal hasta encontrar la columna que lleva en su encabezamiento el número correspondiente al de los grados del termómetro húmedo, se encuentra en la columna denominada H la humedad relativa, y al lado en la columna T la tensión del vapor de agua correspondiente.

Las tablas están construidas de dos en dos décimos de grado lo que permite interpolar fácilmente para un décimo de grado.

EJEMPLOS:

Termómetro seco. . . . . . =	18°,4
» húmedo. . . . =	12°,6
Diferencia. . . =	5°,8

Tabla IV para 5°,3 y 13°; H = 46, T = 7m/m' 5

Termómetro seco. . . . . . =	1°,8
» húmedo. . . . =	1°,4
Diferencia. . . =	3°,2

Tabla III para 3°,2 y — 1°; H = 88, T = 2m/m,1

OBSERVACIÓN DE LA LLUVIA.

El pluviómetro de las Estaciones meteorológicas es el pluviómetro decuplicador de TONNELOT. Este pluviómetro tiene un embudo de 0m,20 fijado á un cilindro provisto sobre uno de sus costados de un tubo de vidrio, con graduación que decuplica la altura de lluvia. La capacidad del cilindro debe ser bastante grande para contener la mayor cantidad de agua que pueda caer en las 24 horas.

Pero sucede á veces que la cantidad de agua caída es mayor que la capacidad del cilindro, y llena una parte del embudo; en este caso, al hacer la observación se obra del modo siguiente:

Se vacía el instrumento en un recipiente por medio de la canilla que tiene en su extremidad inferior, hasta que el nivel superior del agua pueda ser medido en el tubo graduado, se vacía entonces del todo el instrumento, y se vuelve á echar en él el agua que se ha sacado primero, y se lee esta nueva cantidad y la suma de las dos da la cantidad total del agua que contenía el pluviómetro. Después de cada observación se vaciará el instrumento, fijándose que no debe quedar espacio libre abajo del cero, ó más bien dejar siempre agua hasta esta división.

Las alturas de las lluvias recogidas serán notadas en milímetros y décimos de milímetros; los centímetros de la graduación representan los milímetros de la altura de la lluvia.

Algunos pluviómetros tienen su graduación en pulgadas y líneas; damos más adelante una tabla de conversión en milímetros.

Instalación — El pluviómetro debe ser colocado en un lugar descubierto alejado de paredes ó edificios á 1m50 arriba del suelo. Si se establece en un lugar más elevado se recoge una cantidad de agua mucho menor. En ningún caso se debe colocar un pluviómetro encima de un techo.

El pluviómetro decuplicador conviene sobre todo en los tiempos de nieve ó helada. Se colocará en la caja del instrumento una pequeña lámpara; de este modo la nieve se derretirá inmediatamente y se evitará que se la lleve el viento ó que el pluviómetro se rompa por el efecto de la congelación.

El mejor procedimiento para medir exactamente la nieve consiste en disponer al lado del pluviómetro un balde de zinc, teniendo el mismo diámetro que el embudo del instrumento y bastante hondo para que la nieve que caiga adentro no pueda ser llevada por el viento.

Para avaluar entonces la altura de agua correspondiente se hará derretir la nieve, sea aproximando el balde al fuego, sea echándole un volumen de agua caliente medido de antemano y se medirá en el pluviómetro.

Al mismo tiempo que se conoce así la cantidad de agua resultante de la nieve, se tendrá también la altura de la nieve arriba del suelo. Se elegirá al efecto una superficie plana donde la capa de nieve sea uniforme.

OBSERVACIÓN DEL VIENTO.

Se observa generalmente la dirección del viento por medio de la veleta, pero es necesario que ésta sea muy móvil, bien equilibrada y lo más elevada posible para no sufrir la influencia de los edificios vecinos.

La veleta que hemos adoptado para las Estaciones meteorológicas consta de una flecha cuya cola se compone de dos hojas formando un ángulo de 20° ; esta flecha está fija sobre un tubo que descansa encima de la punta de un montante de fierro; una cruz indicando los cuatro puntos cardinales, está fija sobre el montante y sirve para apreciar la dirección del viento.

Para notar la dirección del viento se emplearán las diez y seis abreviaciones siguientes, indicando la región *de donde viene* el viento.

1	NNE.	Nor-Nordeste	9	SSW . . .	Sud Sudoeste
2	NE	Nordeste	10	SW	Sudoeste
3	ENE.	Este Nordeste	11	WSW . . .	Oeste Sudoeste
4	E.	Este	12	W	Oeste
5	ESE.	Este Sudeste	13	WNW. . .	Oeste Noroeste
6	SE	Sudeste	14	NW. . . .	Noroeste
7	SSE.	Sud Sudeste	15	NNW . . .	Nor-Noroeste
8	S.	Sud	16	N.	Norte

Como las Estaciones no poseen instrumentos para medir la velocidad del viento, se limitarán á estimar su fuerza y anotarla en cifras, desde 0 = calma hasta 6 = huracán.

Las cifras corresponden á la fuerza siguiente:

CIFRA	DESIGNACION	FUERZA DEL VIENTO
0.	Calma.	El humo se dirige casi verticalmente, las hojas de los árboles no se mueven.
1.	Débil	Sensible en las manos y la cara, mueve una bandera y las pequeñas hojas.
2.	Moderado . . .	Hace flotar una bandera, agita las hojas y las pequeñas ramas de los árboles.
3.	Bastante fuerte.	Agita las ramas gruesas de los árboles.
4.	Fuerte.	Mueve las grandes ramas y los troncos de pequeño diámetro.
5.	Violento. . . .	Sacude todos los árboles, rompe las ramas y los troncos de pequeñas dimensiones.
6.	Huracán. . . .	Efectos destructores, saca los árboles, los techos de las casas, etc.

Damos á continuación una tabla que permite transformar en números absolutos las designaciones de la escala precedente:

GRADOS DE LA ESCALA terrestre	VELOCIDAD EN METROS por segundo	VELOCIDAD EN KILÓMETROS por hora	PRESIÓN DEL VIENTO EN KILOGRAMOS por metro cuadr.
	m m	km km	kg kg
0	de 0 á 0,5	de 0 á 1,8	de 0 á 0,1
1	» 0,5 » 5	» 1,8 » 18	» 0,1 » 3
2	» 5 » 10	» 18 » 36	» 3 » 12
3	» 10 » 15	» 36 » 54	» 12 » 27
4	» 15 » 20	» 54 » 72	» 27 » 48
5	» 20 » 30	» 72 » 108	» 48 » 108
6	arriba de 30	arriba de 108	arriba de 108

Los vientos superiores son generalmente diferentes de los que dirigen las veletas. Se notará entonces la dirección y la velocidad aproximativa de las nubes, cuando el estado del cielo lo permitiera, indicando siempre para la dirección la región de *donde vienen*. En el caso de dos corrientes sobrepuestas, se indicará la dirección de las nubes inferiores y superiores. Para la velocidad se emplearán los calificativos *débil*, *regular*, *grande*, *muy grande*.

OBSERVACIÓN DE LA NEBULOSIDAD.

La nebulosidad será notada de *0 á 10*, 0 significa un cielo completamente despejado, y 10 completamente cubierto. En las hojas de observación hay dos columnas una para el *grado* y otra para la forma.

En la columna que sigue encabezada *anotaciones*, se anotarán las horas de lluvia, piedra, granizo, etc.

La forma de las nubes es muy variada; sin embargo, pueden distinguirse cuatro formas principales: los *cirrus*, los *cúmulus*, los *stratus* y los *nimbus*.

Los *cirrus (cir.*)* son unas nubes compuestas de filamentos muy tenues parecidos á hilachas ó barbas de plumas ó á golpes de pinceles; se extienden á veces en el cielo en largas series uniformes.

Son las nubes las más elevadas y su aparición es á menudo la indicación de un próximo cambio de tiempo.

El *cúmulus (c.)* es una nube de formas mas ó menos redondeadas con base horizontal y plana. Cuando se agrupan presentan á menudo el aspecto de una cadena de montañas.

El *stratus (str.)* es una nube compuesta de varias capas limitadas por líneas horizontales; se las observa á menudo á la salida y á la puesta del sol.

(*) Estas abrevaciones son las que hemos adoptado para la inscripción de las observaciones.

El *nimbus (nim.)* parecido al *cúmulus* se reconoce fácilmente por su color gris sombrío y por sus bordes recortados. Esta nube precede generalmente los aguaceros y las tormentas.

Cuando una de estas formas se combina con otra se obtienen *cirro stratus*, *cirro cúmulus*, *cúmulo stratus*.

El *cirro stratus (cir-str.)* se compone de unas nubes transparentes que se extienden sobre todo el cielo, siendo compuesta al cenit de muchas nubes separadas, mientras en el horizonte presenta el aspecto de una faja horizontal muy larga y angosta.

El *cirro cúmulus (cir. c.)* se compone de una multitud de pequeñas nubes de formas redondeadas y colocadas ordinariamente en hileras regulares.

El *cúmulo stratus (c. str.)* es una nube de contornos indeterminados, irregulares y quebrados; su color es sombrío. Se dice que el cielo está cubierto cuando los *cúmulo stratus* le dan un color gris uniforme.

OBSERVACIÓN DE LAS TORMENTAS.

Las observaciones de las tormentas son muy importantes, muy fáciles y no necesitan el empleo de instrumentos. Basta que el observador pueda orientarse y notar las principales circunstancias del fenómeno.

El principio de la tormenta es caracterizado por la audición del primer trueno, y el fin por el último trueno.

Los observadores tomarán los apuntes necesarios para llenar las diferentes columnas del *Boletín* que reproducimos aquí. Las instrucciones que lo acompañan al reverso son bastante claras para hacer inútil toda explicación.

PARTIDO	PUEBLO Ó ESTACIÓN	NÚM, DE ORDEN
d	de	DE LA TORMENTA ....

Tormenta del .... 18 ......

HORAS			PUNTO	DIRECCIÓN	VELOCIDAD	FUERZA	INTENSIDAD			GRANIZO
del principio de la tormenta	de la más fuerte de la tormenta	del fin de la tormenta	del horizonte de dondeviene	en la cual se va	y dirección de las nubes	y dirección del viento	y frecuencia de los relampagos	y frecuencia del trueno	y duración de la lluvia	su grueso y duración

Indicar en frente :

1° Si la tormenta ha pasado sobre el pueblo y sobre cuales pueblos vecinos.

2° En qué dirección se han visto relampagos.

OBSERVACIONES DIVERSAS

sobre el aspecto de la tormenta, el estado de las cosechas y ganadería, antes y después de la tormenta, sobre la gravedad de los destrozos cometidos por el viento, la lluvia, el granizo y el trueno.

En .... *el* .... *18* ..... (FIRMA) ....

Instrucción para llenar este boletín.

Señalar toda manifestación eléctrica.

Hacer un boletín separado por cada día de tormenta, y, si hay tormentas sucesivas y distintas, hacer un boletín para cada una.

Poner en el encabezamiento del boletin los nombres del partido, del pueblo ó estación; y el número de orden de la tormenta en el año, señalada por el observador.

La hora del principio de la tormenta es aquella en la cual se oye claramente el primer trueno; la hora del fin es la en que se oye el último trueno.

El punto donde viene la tormenta y el punto por donde desaparece, se indican con las palabras: *Norte*, *Nordeste*, *Este*, *Sudeste*, *Sud*, *Sudoeste*, *Oeste*, *Noroeste*; empleadas también para dar la dirección de las nubes y la del viento.

Indicar la dirección de las nubes y la del viento, así: *del... al....* — Ejemplo: del SW al NE.

La velocidad de las nubes, la fuerza del viento, la intensidad de los relámpagos, la del trueno, la de la lluvia, el grueso del granizo, la importancia de los destrozos serán notados del modo siguiente:

	muy débil,	*débil,*	*regular,*	*bastante fuerte,*	*fuerte,*	*muy fuerte*
calificativos	1	2	3	4	5	6

que se pueden representar por las cifras indicadas abajo de ellos.

Indicar las horas de lluvia y del granizo, y en caso de granizo excepcional, indicar el diámetro ó el peso de los granos.

Mandar más tarde en un boletín separado la avaluacion de las pérdidas, en pesos nacionales.

Cada boletín es dirigido inmediatamente por correo á la *Oficina Central Meteorológica*, *Observatorio de La Plata*, *Provincia de Buenos Aires*, sin necesidad de carta de envio.

Nota. — El observador que no tenga más que algunos boletines debe pedir otros, por mención especial, abajo de su boletín.

SERVICIO TELEGRÁFICO METEOROLÓGICO

Las estaciones cuyas observaciones son transmitidas telegráficamente á la *Oficina Central Meteorológica* son destinadas al servicio de avisos meteorológicos.

Las observaciones y las reducciones que éstas necesitan son hechas según los métodos indicados en las presentes instrucciones.

La observación de la mañana se hace á las 7^h a. m. y las de la tarde á las 2^h p. m. y 6^h p. m. La observación de las 7^h a. m. debe ser remitida á la Oficina telegráfica de la localidad, lo mas pronto posible después de la observación, y á las 7 1/2 lo más tarde, la de las 2^h p. m. á las 2 1/2, la de las 6^h p. m. se manda recién al otro día junto con la de las 7^h a. m.

Los telegramas son cifrados, según las convenciones establecidas por el Comité Permanente del Congreso Internacional Meteorológico, en su reunión de Utrecht en 1875.

TELEGRAMA DE LA MAÑANA.

El telegrama de la mañana se compone siempre de seis grupos de cinco cifras cada uno.

El primero y el segundo grupo se refieren á la observación de la víspera á las 6^h p. m.

El primer grupo en sus tres primeras cifras expresa la presión barométrica reducida á $0°$ y al nivel del mar, suprimiendo la primera cifra 7 común á todas las lecturas. Así, si se tiene: barómetro á $0°$ y al nivel del mar $= 709^{mm}8$, las tres primeras cifras del primer grupo serán 098.

Las dos últimas cifras de este grupo indican la dirección del viento á las 6^h p. m. de la víspera.

Por ejemplo: Viento de SSW es representado por 18 según las notaciones que van más adelante.

Con estos dos ejemplos el primer grupo sería 09818.

El segundo grupo hace conocer la fuerza del viento, el estado del cielo; y la temperatura á las 6h p. m. de la víspera : la primera cifra es la fuerza del viento, la segunda el estado del cielo, y las tres últimas la temperatura, expresada en décimos de grado. Si el número de grados de la temperatura es menor que 10° se sustituye un cero á las decenas. Así, fuerza del viento 3 *débil*, estado del cielo 2 (1) *medio nublado*, temperatura 14°,2 formaría el segundo grupo 32142; si la temperatura fuera sólo de 5°,7 el grupo sería 32057.

En el caso de ser la temperatura bajo 0°, es decir, negativa, se la considera como positiva y se le suma 50°, si, por ejemplo, en el caso anterior, la temperatura fuera de — 14°,7 se tendría el grupo 32647; si fuera de — 3°,5 el grupo sería 32535.

El tercer grupo se compone de los mismos elementos que el primero, pero se refiere á la observación del barómetro y del viento á las 7h a. m.; por lo mismo, el cuarto grupo (7h a. m.), contiene los mismos datos que el segundo (6h p. m.).

El grupo quinto da el termómetro húmedo á las 7h a. m. y la lluvia ó nieve derretida caída en las 24 horas anteriores.

La regla para el termómetro húmedo es la misma que la ya indicada; así : termómetro húmedo = 4°,1, lluvia ó nieve derretida (en milímetros 32mm formarán el grupo 04132.

En fin, el sexto grupo tiene dos formas diferentes, según que la estación es ó no es marítima.

1° *Estación marítima.* — El grupo se compone de cinco cifras; las dos primeras indican el máximum de la víspera en grados solamente; las dos siguientes el mínimum de la noche en grados también (2), y la última el estado del mar;

(1) Véanse las notaciones y escalas, pág. 337.

(2) El máximum y el mínimum se observan con los décimos de grado, pero sólo se trasmite en el telegrama los grados siguiendo esta regla : Cuando el número de decimos es menor que 5 no se altera el número de grados; al contrario, cuando el número de décimos es igual á 5 ó mayor, se aumenta el número de grados de 1°; así : temperatura máxima 18°,4 se pondrá en el telegrama 18; si es 18°,5 se pondrá 19; temperatura mínima 3°,7 se traduce por 4 : si es solamente 3°,2 se pone 3.

así : máximum de la víspera = + 8°,6, mínimum de la noche + — 1°,3, estado del mar = 3 (poca marejada), constituirán el grupo 09513.

2° *Estación del interior* — El sexto grupo tiene seis cifras expresando sólo el máximum y el mínimum como el anterior, pero con los décimos de grado; así : máximum = 13°,9, mínimum = 4°,7 componen el grupo 139047.

TELEGRAMA DE LAS 2h DE LA TARDE

Teniendo en cuenta las explicaciones y ejemplos que anteceden, nos basta indicar los elementos de que se compone el telegrama.

Primer grupo — 5 cifras.

Barómetro á 0° y al nivel del mar	á las 2h p. m.
Dirección del viento.	» 2h »

Segundo grupo — 5 cifras.

Fuerza del viento	á las 2h p. m.
Estado del cielo (primera parte)	» 2h »
Temperatura.	» 2h »

Tercer grupo — 5 cifras.

Termómetro húmedo.	á las 2h p. m.
Fenómeno observado en el intervalo (estado del cielo, segunda parte) entre el telegrama de la mañana y el actual.	—
Estado del mar.	á las 2h p. m.

Para las estaciones del interior la última cifra del tercer grupo servirá para señalar la forma de las nubes ó el granizo y los relámpagos según la notación *E*; si el cielo está despejado será un cero.

Ahora que hemos explicado detalladamente la composición de los grupos, vamos á dar varios ejemplos de telegramas con su correspondiente traducción.

TELEGRAMA DE LA MAÑANA

PRIMER EJEMPLO. — *Forma del telegrama.*

1	2	3	4	5	6
64518	32086	63408	26128	11421	10783
observ. de la víspera á las 6^h p. m.		observacion de la fecha á las 7^h a. m.			

TRADUCCIÓN DEL TELEGRAMA

Primer grupo : 64518.

Barómetro á 0° y al nivel del mar la víspera á las 6^h p. m. . . . . 645 = 764mm,5
Direc. del viento la víspera á las 6 p. m. 18 = SSW (1)

Segundo grupo : 32086.

Fuerza del viento la víspera á las 6^h p. m.			3	= débil (2)
Estado del cielo	»	» 6^h	» 2	= med. nublad. (3)
Temperatura	»	» 6^h	» 086	= 8°,6

Tercer grupo : 63408.

Barómetro á 0° y al nivel del mar á las 7^h a. m. . . . . 634 = 763mm
Dirección del viento á las 7^h a. m. . . . 08 = E

(1) Véase la escala *A*.
(2) Véase la escala *B*.
(3) Véase la notación *C* (primera parte).

Cuarto grupo : 26128.

Fuerza del viento á las 7^h a. m. . . . . . 2 = muy débil
Estado del cielo » 7^h » . . . . . 6 = nieve (1)
Temperatura » 7^h » . . . . . 128 = 12°,8

Quinto grupo : 11421.

Termómetro húmedo á las 7^h a. m. . . . 114 = 11°,4
Lluvia ó nieve derretida caída en las 24 horas . . . . 21 = 21^{mm}

Sexto grupo : 17083.

Temperatura máxima de la víspera . . . 17 = 17°
» mínima de la noche . . . . 08 = 8°
Estado del mar á las 7^h a. m. . . . . . . 3 = poca marej. (2)

Este ejemplo se sigue siempre que la temperatura está arriba de 0°; cuando está abajo de 0° se le suma 50° como en el ejemplo siguiente:

SEGUNDO EJEMPLO. — *Forma del telegrama.*

1	2	3	4	5	6
58416	61547	57610	38562	55308	052624
observ. de la víspera á las 6^h p. m.		observación de la fecha á las 7^h a. m.			

TRADUCCIÓN

(Los grupos 1 y 3 como en el primer ejemplo.)

Segundo grupo : 61547.

Fuerza del viento la víspera á las 6^h p. m. 6 = fuerte
Estado del cielo » » 6^h » 1 = $^1/_4$ nublado
Temperatura » » 6^h » 547 = — 4°,7

(1) Véase la notación *C* (segunda parte).
(2) Véase la notación *D*.

Cuarto grupo : 38562.

Fuerza del viento á las 7^h a. m. . . . . . 3 = débil
Estado del cielo » 7^h » . . . . . 8 = neblina
Temperatura » 7^h » . . . . . 562 = — 6°,2

Quinto grupo : 55308.

Termómetro húmedo á las 7^h a. m.. . . . 553 = — 5°,3
Lluvia á nieve derretida caída en las
24 horas . . . . 08 = 8^{mm}

Sexto grupo : 052624.

Temperatura máxima de la víspera . . . 052 = 5°,2
» mínima de la noche. . . . 624 = — 12°,4

En el primer ejemplo hemos compuesto el sexto grupo para una estación marítima; en este lo hemos hecho para una del interior.

Cuando haya sucedido un fenómeno notable, como ser : tormenta, tempestad, tromba, granizo, neblina, nieve, halo; así como los destrozos hechos por el viento, el granizo, etc., se deberá siempre indicarlo con algunas palabras al fin del telegrama.

TELEGRAMA DE LAS 2^h p. m.

PRIMER EJEMPLO. — *Forma del telegrama.*

1	2	3
66922	24108	09895

TRADUCCIÓN

Primer grupo : 66922.

Barómetro á 0° y al nivel del mar á las
2^h p. m. . . . . 669 = 766^{mm},9
Dirección del viento á las 2^h p. m. . . . 22 = WSW

Segundo grupo : 24108.

Fuerza del viento á las 2^h p. m. . . . . . . 2 = muy débil
Estado del cielo (primera parte) á las 2^h p. m. . . . . 4 = comp. nublado
Temperatura á las 2^h p. m. . . . . 108 = 10°,8

Tercer grupo : 09895.

Termómetro húmedo á las 2^h p. m. . . . 098 = 9°,8
Fenómeno observado en el intervalo (estado del cielo, segunda parte) . . . . 9 = tormenta
Estado del mar á las 2^h p. m. . . . . . 5 = marej. fuerte

SEGUNDO EJEMPLO. — *Forma del telegrama.*

observación de las 2^h p. m.

(Los grupos 1 y 2 como en el primer ejemplo.)

Tercer grupo : 18571.

Termómetro húmedo á las 2^h p. m.. . . 185 = 18°,5
Fenómeno observado en el intervalo. . . 7 = brumoso
Formas de las nubes . . . . 1 = cirrus

Cuando no se haya notado ningún fenómeno desde la observación de la mañana, la cuarta cifra del último grupo será un cero. El primero de estos dos ejemplos ha sido compuesto para una estación marítima, y el segundo para una del interior.

ESCALAS Y NOTACIONES

ADOPTADAS PARA LA TRANSMISIÓN POR TELEGRAMAS DE LAS OBSERVACIONES METEOROLÓGICAS.. . . . .

Escala A. — Dirección del viento.			
02 = NNE	10 = ESE	18 = SSW	26 = WNW
04 = NE	12 = SE	20 = SW	28 = NW
06 — ENE	14 = SSE	22 = WSW	30 = NNW
08 = E	16 = S	24 = W	32 = N

Escala B. — Fuerza del viento.	Notación C. — Estado del cielo.	
0 = Calma	0 = Comp. despej.	primera parte
1 = Casi calma	1 = ¼ nublado	
2 = Muy débil	2 = ½ »	
3 = Débil	3 = ¾ »	
4 = Regular	4 — Comp. nubl.	
5 = Bastante fuerte	5 = Lluvia	segunda parte
6 = Fuerte	6 = Nieve	
7 = Muy fuerte	7 = Brumoso	
8 = Violento	8 = Neblina	
9 = Tempestad	9 = Tormenta	

Notación D. — Estado del mar.	Notación E. — Forma de las nubes y otros fenómenos.
0 = Calma chicha	0 = Sin nube
1 = Muy tranquilo	1 = Cirrus
2 = Tranquilo	2 = Cúmulus
3 = Poca marejada	3 = Stratus
4 = Marejada	4 = Nimbus
5 = Marejada fuerte	5 = Cirro-stratus
6 = Marejada muy fnerte	6 = Cirro-cumulus
7 = Mar grueso	7 = Cumulo-stratus
8 = Mar muy grueso	8 = Granizo
9 = Mar furioso	9 = Relámpagos

La escala *B* para la fuerza del viento es idéntica á la escala de Beaufort; se ha solamente suprimido los números 10, 11 y 12 de dicha escala, á fin de no emplear más de una cifra en la transmisión telegráfica. Si el viento alcanzara á una violencia excepcional que no pareciera suficientemente indicada por la cifra 9, se añadirían algunas palabras al fin del telegrama.

TABLAS METEOROLÓGICAS

TABLA I. — Para reducir el barómetro á 0°

T		700	705	710	715	720	725	730	735	740	745	750	755	760	765	770	775
		m/m	m/m	m/m	m/m	m/m	m/m	m/m	m/m	m/m	m/m	m/m	m/m	m/m	m/m	m/m	m/m
0°	0	0,00	0,00	0,00	0,00	0,00	0,00	0,00	0,00	0,00	0,00	0,00	0,00	0,00	0,00	0,00	0,00
	2	02	02	02	02	02	02	02	02	02	02	02	02	03	03	03	03
	4	05	05	05	05	05	05	05	05	05	05	05	05	05	05	05	05
	6	07	07	07	07	07	07	07	07	07	07	07	07	07	07	07	08
	8	09	09	09	09	09	09	09	10	10	10	10	10	10	10	10	10
1°	0	0,11	0,11	0,11	0,12	0,12	0,12	0,12	0,12	0,12	0,12	0,12	0,12	0,12	0,12	0,12	0,13
	2	14	14	14	14	14	14	14	14	14	14	15	15	15	15	15	15
	4	16	16	16	16	16	16	16	17	17	17	17	17	17	17	17	18
	6	18	18	18	18	19	19	19	19	19	19	19	19	20	20	20	20
	8	20	20	21	21	21	21	21	21	21	22	22	22	22	22	22	23
2°	0	0,23	0,23	0,23	0,23	0,23	0,23	0,24	0,24	0,24	0,24	0,24	0,24	0,25	0,25	0,25	0,25
	2	25	25	25	26	26	26	26	26	26	27	27	27	27	27	28	28
	4	27	27	27	28	28	28	28	28	29	29	29	29	29	30	30	30
	6	29	30	30	30	30	30	31	31	31	31	31	32	32	32	32	32
	8	32	32	32	33	33	33	33	33	33	34	34	34	34	35	35	35
3°	0	0,34	0,34	0,34	0,35	0,35	0,35	0,35	0,36	0,36	0,36	0,36	0,37	0,37	0,37	0,37	0,37
	2	36	36	37	37	37	37	37	38	38	38	39	39	39	39	40	40
	4	38	39	39	39	39	40	40	40	41	41	41	41	42	42	42	42
	6	41	41	41	41	42	42	42	43	43	43	44	44	44	44	45	45
	8	43	43	43	44	44	44	45	45	45	46	46	46	47	47	47	47

TABLA I. — Para reducir el barómetro á 0°. *(Continuación)*

T		700	705	710	715	720	725	730	735	740	745	750	755	760	765	770	775
		m/m	m/m	m/m	m/m	m/m	m/m	m/m	m/m	m/m	m/m	m/m	m/m	m/m	m/m	m/m	m/m
4°	0	0,45	0,45	0,46	0,46	0,46	0,4*n*	0,47	0,47	0,48	0,48	0,48	0,49	0,49	0,49	0,50	0,50
	2	47	48	48	48	49	47	49	49	50	50	51	51	51	52	52	52
	4	50	50	50	51	51	51	52	52	52	53	53	53	54	54	55	55
	6	52	52	53	53	53	54	54	54	55	55	57	56	56	57	57	57
	8	54	54	55	55	56	56	56	57	57	58	58	58	59	59	59	60
5°	0	0,56	0,57	0,57	0,58	0,58	0,58	0,59	0,59	0,60	0,60	0,60	0,61	0,61	0,62	0,62	0,62
	2	59	59	59	60	60	61	61	62	62	62	63	63	64	64	64	65
	4	61	61	62	62	63	63	63	64	64	65	65	66	66	67	67	67
	6	63	64	64	64	65	65	66	66	67	67	68	68	69	69	69	70
	8	65	66	66	67	67	68	68	69	69	70	70	70	71	71	72	72
6°	0	0,68	0,68	0,69	0,69	0,70	0,70	0,71	0,71	0,71	0,72	0,72	0,73	0,73	0,74	0,74	0,75
	2	70	70	71	71	72	72	73	73	74	74	75	75	76	76	77	77
	4	72	73	73	74	74	75	75	76	76	77	77	78	78	79	79	80
	6	74	75	75	76	77	77	78	78	79	79	80	80	81	81	82	82
	8	77	77	78	78	79	79	80	80	81	82	82	83	83	84	84	85
7°	0	0,79	0,79	0,80	0,81	0,81	0,82	0,82	0,83	0,83	0,84	0,85	0,85	0,86	0,86	0,87	0,87
	2	81	82	82	83	83	84	85	85	86	86	87	87	88	89	89	90
	4	83	84	85	85	86	86	87	88	88	89	89	90	91	91	92	92
	6	86	86	87	87	88	89	89	90	91	91	92	92	93	94	94	95
	8	88	89	89	90	90	91	92	92	93	94	94	95	96	96	97	97

TABLA I. — Para reducir el barómetro á 0°. *(Continuación)*

T		700	705	710	715	720	725	730	735	740	745	750	755	760	765	770	775
		m/m	m/m	m/m	m/m	m/m	m/m	m/m	m/m	m/m	m/m	m/m	m/m	m/m	m/m	m/m	m/m
8°	0	0,90	0,91	0,91	0,92	0,93	0,93	0,94	0,95	0,95	0,96	0,97	0,97	0,98	0,99	0,99	1,00
	2	92	93	94	94	95	96	96	97	98	98	99	1,00	1,00	1,01	1,02	02
	4	95	95	96	97	97	98	99	99	1,00	1,01	1,01	02	03	03	04	05
	6	97	98	98	99	1,00	1,00	1,01	1,02	02	03	04	05	05	06	07	07
	8	99	1,00	1,01	1,01	02	03	03	04	05	06	06	07	08	08	09	10
9°	0	1,01	1,02	1,03	1,04	1,04	1,05	1,06	1,07	1,07	1,08	1,09	1,09	1,10	1,11	1,12	1,12
	2	04	04	05	06	07	07	08	09	10	10	11	12	13	13	14	15
	4	06	07	07	08	09	10	10	11	12	13	13	14	15	16	17	17
	6	08	09	10	11	11	12	13	14	14	15	16	17	17	18	19	20
	8	10	11	12	13	14	14	15	16	17	18	18	19	20	21	21	22
10°	0	1,13	1,14	1,14	1,15	1,16	1,17	1,18	1,18	1,19	1,20	1,21	1,22	1,23	1,24	1,24	1,25
	2	15	16	17	17	18	19	20	21	21	22	23	24	25	26	26	27
	4	17	18	19	20	21	21	22	23	24	25	26	26	27	28	29	30
	6	19	20	21	22	23	24	25	25	26	27	28	29	30	31	31	32
	8	22	23	23	24	25	26	27	28	29	30	30	31	32	33	34	35
11°	0	1,24	1,25	1,26	1,27	1,28	1,28	1,29	1,30	1,31	1,32	1,33	1,34	1,35	1,35	1,36	1,37
	2	26	27	28	29	30	31	32	33	33	34	35	36	37	38	39	40
	4	28	29	30	31	32	33	34	35	36	37	38	39	39	40	41	42
	6	31	32	33	34	34	35	36	37	38	39	40	41	42	43	44	45
	9	33	34	35	36	37	38	39	40	41	42	42	43	44	45	46	47

TABLA I. — Para reducir el barómetro á 0°. *(Cantinuación)*

T		700	705	710	715	720	725	730	735	740	745	750	755	760	765	770	775
		m/m	m/m	m/m	m/m	m/m	m/m	m/m	m/m	m/m	m/m	m/m	m/m	m/m	m/m	m/m	m/m
12°	0	1,35	1,36	1,37	1,38	1,39	1,40	1,41	1,42	1,43	1,44	1,45	1,46	1,47	1,48	1,49	1,50
	2	37	38	39	40	41	42	43	44	45	46	47	48	49	50	51	52
	4	40	41	42	43	44	45	46	47	48	49	50	51	52	53	54	55
	6	42	43	44	45	46	47	48	49	50	51	52	53	54	55	56	57
	8	44	45	46	47	48	49	50	51	03	54	55	56	57	58	59	60
13°	0	1,47	1,48	1,49	1,50	1,51	1,52	1,53	1,54	1,55	1,56	1,57	1,58	1,59	1,60	1,60	1,62
	2	49	50	51	52	53	54	55	56	57	58	59	60	62	63	64	65
	4	51	52	53	54	55	56	57	59	60	61	62	63	64	65	66	67
	6	53	54	55	57	58	59	60	61	62	63	04	65	66	68	69	70
	8	56	57	58	59	60	61	62	63	64	66	67	68	59	70	71	72
14°	0	1,58	1,59	1,60	1,61	1,62	1,63	1,65	1,66	1,67	1,68	1,69	1,70	1,71	1,72	1,74	1,75
	2	60	61	62	63	65	66	67	68	69	70	71	73	74	75	76	77
	4	62	63	65	66	67	68	69	70	72	73	74	75	76	77	79	80
	6	65	66	67	68	69	70	72	73	74	75	76	77	79	80	81	82
	8	67	68	69	70	72	73	74	75	76	78	79	80	81	82	83	85
15°	0	1,69	1,70	1,71	1,73	1,74	1,75	1,76	1,78	1,79	1,80	1,81	1,82	1,84	1,85	1,86	1,87
	2	71	73	74	75	76	77	79	80	81	82	84	85	86	87	88	90
	4	74	75	76	77	78	80	81	82	84	85	86	87	88	90	91	92
	6	76	77	78	80	81	82	83	85	86	87	88	90	91	92	93	95
	8	78	79	81	82	83	84	86	87	88	90	91	92	93	95	96	97

TABLA I. — Para reducir el barómetro á 0°. *(Continuación)*

T		700	705	710	715	720	725	730	735	740	745	750	755	760	765	770	775
		m/m	m/m	m/m	m/m	m/m	m/m	m/m	m/m	m/m	m/m	m/m	m/m	m/m	m/m	m/m	m/m
16°	0	1,80	1,82	1,83	1,84	1,85	1,87	1,88	1,89	1,91	1,92	1,93	1,94	1,96	1,97	1,98	2,00
	2	83	84	85	86	88	89	90	92	93	94	96	97	98	2,00	2,01	02
	4	85	86	87	89	90	91	93	94	95	97	98	99	2,01	02	03	05
	6	87	88	90	91	92	94	95	96	98	99	2,00	2,02	03	04	06	07
	8	89	91	92	93	94	96	97	99	2,00	2,02	03	04	06	07	08	10
17°	0	1,92	1,93	1,94	1,96	1,87	1,98	2,00	2,01	2,03	2,04	2,05	2,07	2,08	2,09	2,11	2,12
	2	94	95	97	98	99	2,01	02	04	05	06	08	09	10	12	13	15
	4	96	97	99	2,00	2,02	03	05	06	07	09	10	11	13	14	16	17
	6	98	2,00	2,01	03	04	05	07	08	10	11	13	14	15	17	18	20
	8	2,01	02	03	05	06	08	09	11	12	14	15	16	18	19	21	22
18°	0	2,03	2,04	2,06	2,07	2,09	2,10	2,12	2,13	2,14	2,16	2,17	2,19	2,20	2,22	2,23	2,25
	2	05	07	08	10	11	12	14	15	17	18	20	21	23	24	26	27
	4	07	09	10	12	13	16	16	18	19	21	22	24	25	27	28	30
	6	10	11	13	14	16	17	19	20	22	23	25	26	27	29	31	32
	8	12	13	15	16	18	19	21	22	24	26	27	28	30	32	33	35
19°	0	2,14	2,16	2,17	2,19	2,20	2,22	2,23	2,25	2,26	2,28	2,29	2,31	2,32	2,34	2,36	2,37
	2	16	18	19	21	23	24	26	27	29	30	32	33	35	36	38	40
	4	19	20	22	23	25	26	28	30	31	33	34	36	37	39	41	4[illegible]
	6	21	22	24	26	27	29	30	32	34	35	37	38	40	41	43	45
	8	23	25	26	28	29	31	33	34	36	37	39	41	42	44	45	47

TABLA I. — Para reducir el barómetro á 0°. *(Continuación)*

T		700	705	710	715	720	725	730	735	740	745	750	755	760	765	770	775
		m/m	m/m	m/m	m/m	m/m	m/m	m/m	m/m	m/m	m/m	m/m	m/m	m/m	m/m	/m	m/m
30°	0	2,25	2,27	2,29	2,30	2,32	2,33	2,35	2,37	2,38	2,40	2,41	2,43	2,45	2,47	2,48	2,50
	2	28	29	31	33	34	36	37	39	41	42	44	46	47	49	50	52
	4	30	32	33	35	36	38	40	41	43	45	46	48	50	51	53	55
	6	32	34	35	37	39	40	42	44	45	47	49	50	52	54	55	57
	8	34	36	38	39	41	43	44	46	48	49	51	53	55	56	58	60
31°	0	2,37	2,38	2,40	2,42	2,43	2,45	2,47	2,49	2,50	2,52	2,54	2,55	2,57	2,59	2,60	2,62
	2	39	41	42	44	46	47	49	51	53	54	56	58	59	61	63	64
	4	41	43	45	46	48	50	52	53	55	57	58	60	62	64	65	67
	6	43	45	47	49	50	52	54	56	57	59	61	63	64		68	69
	8	46	47	49	51	53	54	56	58	60	61	63	65	67	68	70	72
32°	0	2,48	2,50	2,51	2,53	2,55	2,57	2,59	2,60	2,62	2,64	2,66	2,67	2,69	2,71	2,73	2,75
	2	50	52	54	56	57	59	61	63	64	66	68	70	72	73	75	77
	4	53	54	56	58	60	61	63	65	67	69	70	72	74	76	78	79
	6	5	57	58	60	62	64	66	67	69	71	73	75	77	78	80	82
	8	57	59	61	62	64	66	68	70	72	73	75	77	79	81	83	84
33°	0	2,59	2,61	2,63	2,65	2,67	2,68	2,70	2,72	2,74	2,76	2,78	2,80	2,81	2,83	2,85	2,87
	2	61	63	65	67	69	71	73	76	76	78	80	82	84	86	88	89
	4	64	66	67	69	71	73	76	77	79	81	83	84	86	88	90	92
	6	66	68	70	72	74	75	77	79	81	83	85	87	89	91	93	94
	8	78	70	72	74	76	78	80	82	84	85	87	89	91	93	95	97

TABLA I. — Para reducir el barómetro á 0°. *(Continuación)*

T		700	705	710	715	720	725	730	735	740	745	750	755	760	765	770	775
		m/m	m/m	m/m	m/m	m/m	m/m	m/m	m/m	m/m	m/m	m/m	m/m	m/m	m/m	m/m	m/m
24°	0	2,70	2,72	2,74	2,76	2,78	2,80	2,82	2,84	2,86	2,88	2,90	2,92	2,94	2,96	2,98	2,99
	2	73	75	77	79	81	82	84	86	88	90	92	94	96	98	3,00	3,02
	4	75	77	79	81	83	85	87	89	91	93	95	97	99	3,00	03	04
	6	77	79	82	83	85	87	89	91	93	95	97	99	3,01	03	05	07
	8	79	81	83	85	87	89	91	93	95	97	99	3,01	03	05	07	09
25°	0	2,82	2,84	2,86	2,88	2,90	2,92	2,94	2,96	2,98	3,00	3,02	3,04	3,06	3,08	3,10	3,12
	2	84	86	88	90	92	94	96	98	3,00	02	04	06	08	10	12	14
	4	86	88	90	92	94	96	99	3,01	03	05	07	09	11	13	15	17
	6	89	91	93	95	97	99	3,01	03	05	07	09	11	13	15	17	19
	8	91	93	95	97	99	3,01	03	05	07	09	12	14	16	18	20	22
26°	0	2,93	2,95	2,97	2,99	3,01	3,03	3,06	3,08	3,10	3,12	3,14	3,16	3,18	3,20	3,22	3,24
	2	95	97	99	3,02	04	06	08	10	12	14	16	18	21	23	25	27
	4	98	3,00	3,02	04	06	08	10	12	15	17	19	21	23	25	27	29
	6	3,00	02	04	06	08	10	13	15	17	19	21	23	25	28	30	32
	8	02	04	06	08	11	13	15	17	19	21	24	26	28	30	32	34
27°	0	3,04	3,06	3,09	3,11	3,13	3,15	3,17	3,20	3,22	3,24	3,26	3,28	3,30	3,33	3,35	3,37
	2	07	09	11	13	15	17	20	22	24	26	28	31	33	35	37	39
	4	09	11	13	15	18	20	22	24	26	29	31	33	35	37	40	42
	6	11	13	15	18	20	22	24	27	29	31	33	35	38	40	42	44
	8	13	16	18	20	22	25	27	29	31	33	36	38	40	42	45	47

TABLA I. — Para reducir el barómetro á 0°. *(Continuación)*

T		700	705	710	715	720	725	730	735	740	745	750	755	760	765	770	775
		m/m	m/m	m/m	m/m	m/m	m/m	m/m	m/m	m/m	m/m	m/m	m/m	m/m	m/m	m/m	m/m
28°	0	3,16	3,18	3,20	3,22	3,25	3,27	3,29	3,31	3,34	3,36	3,38	3,40	3,43	3,45	3,47	3,49
	2	18	20	22	25	27	29	31	34	36	38	41	43	45	47	50	52
	4	20	22	25	27	29	31	34	36	38	41	43	45	48	50	52	54
	6	22	25	27	29	32	34	36	38	41	43	45	48	50	52	55	57
	8	25	27	29	32	34	36	38	41	43	45	48	50	52	55	57	59
29°	0	3,27	3,29	3,31	3,34	3,36	3,39	3,41	3,43	3,46	3,48	3,50	3,53	3,55	3,57	3,60	3,62
	2	29	31	34	36	38	41	43	46	48	50	53	55	57	60	62	64
	4	31	34	36	38	41	43	46	48	50	53	55	57	60	62	64	67
	6	34	36	33	41	43	46	48	50	53	55	57	60	62	65	67	69
	8	36	38	41	43	45	48	50	53	55	57	60	62	65	67	69	72
30°	0	3,38	3,41	3,43	3,45	3,48	3,50	3,53	3,55	3,57	3,60	3,62	3,65	3,67	3,69	3,72	3,74
	2	40	43	45	48	50	52	55	57	60	62	65	67	70	72	74	77
	4	43	45	47	50	52	55	57	60	62	65	67	70	72	74	77	79
	6	45	47	50	52	55	57	60	62	65	67	70	72	74	77	79	82
	8	47	50	52	55	57	60	62	64	67	69	72	74	77	79	82	84
31°	0	3,49	3,52	3,54	3,57	3,59	3,62	3,64	3,67	3,69	3,72	3,74	3,77	3,79	3,82	3,84	3,87
	2	52	54	57	59	62	64	67	69	72	74	78	79	82	84	87	89
	4	54	56	59	61	64	67	69	72	74	77	79	82	84	87	89	92
	6	56	59	61	64	66	69	71	74	76	79	82	84	87	89	92	94
	8	58	61	63	66	69	71	74	76	79	81	84	86	89	92	94	96

TABLA I. — Para reducir el barómetro á 0°. *(Conclusión)*

T		700	705	710	715	720	725	730	735	740	745	750	755	710	765	770	775
		m/m	m/m	m/m	m/m	m/m	m/m	m/m	m/m	m/m	m/m	m/m	m/m	m/m	m/m	m/m	m/m
32°	0	3,61	3,63	3,66	3,68	3,71	3,74	3,76	3,79	3,81	3,84	3,86	3,89	3,92	3,94	3,97	3,99
	2	63	65	68	71	73	76	78	81	84	86	89	91	94	97	99	4,02
	4	65	68	70	73	76	78	81	83	86	89	91	94	96	99	4,02	04
	6	67	70	73	75	78	81	83	85	88	91	94	96	99	4,02	04	07
	8	70	72	75	78	80	83	85	98	91	93	96	99	4,01	04	07	09
33°	0	3,72	3,75	3,77	3,80	3,83	3,05	2,88	3,91	3,93	3,96	3,98	4,01	4,04	4,06	4,09	4,12
	2	74	77	79	82	85	87	90	93	96	98	4,01	04	06	09	12	14
	4	76	79	82	84	87	90	93	95	98	4,01	03	06	09	11	14	17
	6	79	81	84	87	89	92	95	98	4,00	03	06	08	11	14	17	19
	8	81	84	86	89	92	95	97	4,00	03	05	08	11	14	16	19	22
34°	0	3,83	3,86	3,89	3,91	3,94	3,97	4,00	4,02	4,05	4,08	4,11	4,13	4,16	4,19	4,21	4,24
	2	85	88	91	94	96	99	02	05	07	10	13	16	18	21	24	27
	4	88	90	93	96	99	4,02	04	07	10	13	15	18	21	24	26	29
	6	90	93	96	98	4,01	04	07	09	12	15	18	21	23	26	29	32
	8	92	95	98	4,01	03	06	09	12	15	17	20	23	26	28	31	34
35°	0	3,94	3,97	4,00	4,03	4,06	4,09	4,11	4,14	4,17	4,20	4,23	4,25	4,28	4,31	4,34	4,37
	2	97	4,00	02	05	08	11	14	17	19	22	25	28	31	33	36	39
	4	99	02	05	03	10	13	16	19	22	25	27	30	33	36	39	42
	6	4,01	04	07	10	13	16	18	21	24	27	30	33	36	38	41	44
	8	03	06	09	12	15	18	21	24	26	29	32	35	38	41	44	47

TABLA II. — Para la reducción del barómetro al nivel del mar

Altitud en metros	TEMPERATURA EXTERIOR											
	—20°	—15°	—10°	—5°	0°	+5°	10°	15°	20°	25°	30°	35°
10	1.2	1.2	1.1	1.1	1.1	1.1	1.0	1.0	1.0	1.0	1.0	1.0
20	2.4	2.3	2.2	2.2	2.2	2.1	2.1	2.0	2.0	2.0	2.0	1.9
30	3.5	3.5	3.4	3.3	3.2	3.2	3.1	3.1	3.0	3.0	2.9	2.9
40	4.7	4.6	4.5	4.4	4.3	4.3	4.2	4.1	4.0	4.0	3.9	3.9
50	5.8	5.7	5.6	5.5	5.4	5.3	5.2	5.1	5.1	5.0	4.9	4.8
60	7.0	6.9	6.7	6.6	6.5	6.4	6.3	6.2	6.1	6.0	5.9	5.8
70	8.2	8.0	7.9	7.7	7.6	7.4	7.3	7.2	7.1	7.0	6.8	6.7
80	9.3	9.2	9.0	8.8	8.7	8.5	8.4	8.2	8.1	8.0	7.8	7.7
90	10.5	10.3	10.1	9.9	9.8	9.6	9.4	9.2	9.1	9.0	8.8	8.7
100	11.7	11.4	11.2	11.0	10.8	10.6	10.5	10.3	10.1	9.9	9.8	9.6
110	12.9	12 6	12.4	12.1	11.9	11.7	11.5	11.3	11.1	10.9	10.7	10.6
120	14.0	13.8	13.5	13.2	13.0	12.7	12.5	12.3	12.1	11.9	11.7	11.5
130	15.2	14.9	14.6	14.3	14.1	13.8	13.6	13.4	13.1	12.9	12.7	12.5
140	16.3	16.0	15.7	15.4	15.2	14.9	14.6	14.4	14.1	13.9	13.7	13.5
150	17.5	17.2	16.9	16.6	16.3	16.0	15.7	15.4	15.1	14.9	14.6	14.4
160	18.7	18.2	18.0	17.7	17.3	17.0	16.7	16.5	16.2	15.9	15.6	15.4
170	19.8	19.5	19.1	18.8	18.4	18.1	17.8	17.5	17.2	16.9	16.6	16.3
180	21.0	20.6	20.2	19.9	19.5	19.2	18.8	18.5	18.2	17.9	17.6	17.3
190	22.2	21.8	21.4	21.0	20.6	20.3	19.9	19.6	19.2	18.9	18.6	18.3

TABLA PROPORCIONAL

Metr.	1.2	1.1	1.0
1	0.1	0.1	0.1
2	0.2	0.2	0.2
3	0.4	0.3	0.3
4	0.5	0.4	0.4
5	0.6	0.6	0.5
6	0.7	0.7	0.6
7	0.8	0.8	0.7
8	1.0	0.9	0.8
9	1.1	1.0	0.9

TABLA II *(bis)*. — Para la reducción del barómetro al nivel del mar

	ALTURA DEL BARÓMETRO												
	715	720	725	730	735	740	745	750	755	760	765	770	775
	mm	mm	mm	mm	mm	mm	mm	mm	mm	mm	mm	mm	mm
19	15.8	15.9	16.0	16.1	16.3	16.4	16.5	16.6	16.7	16.8	16.9	—	—
18	15.0	15.1	15.2	15.3	15.4	15.5	15.6	15.7	15.8	15.9	16.0	—	—
17	14.1	14.2	14.3	14.4	14.5	14.6	14.7	14.8	14.9	15.0	15.1	—	—
16	13.3	13.4	13.5	13.6	13.7	13.8	13.8	13.9	14.0	14.1	14.2	14.3	—
15	12.5	12.5	12.6	12.7	12.8	12.9	13.0	13.1	13.2	13.2	13.3	13.4	—
14	11.6	11.7	11.7	11.9	11.9	12.0	12.1	12.2	12.3	12.4	12.4	12.5	—
13	10.8	10.9	10.9	11.0	11.1	11.2	11.2	11.3	11.4	11.5	11.5	11.6	—
12	9.9	10.0	10.1	10.2	10.2	10.3	10.4	10.4	10.5	10.6	10.6	10.7	10.8
11	9.1	9.2	9.2	9.3	9.4	9.4	9.5	9.6	9.6	9.7	9.7	9.8	9.9
10	8.3	8.3	8.4	8.5	8.5	8.6	8.6	8.7	8.7	8.8	8.9	8.9	9.0
9	7.4	7.5	7.5	7.6	7.7	7.7	7.8	7.8	7.9	7.9	8.0	8.0	8.1
8	6.6	6.7	6.7	6.8	6.8	6.8	6.9	6.9	7.0	7.0	7.1	7.1	7.2
7	5.8	5.8	5.9	5.9	5.9	6.0	6.0	6.1	6.1	6.1	6.2	6.2	6.3
6	5.0	5.0	5.0	5.1	5.1	5.1	5.2	5.2	5.2	5.3	5.3	5.3	5.4
5	4.1	4.2	4.2	4.2	4.2	4.3	4.3	4.3	4.4	4.4	4.4	4.4	4.5
4	3.3	3.3	3.3	3.4	3.4	3.4	3.4	3.5	3.5	3.5	3.5	3.6	3.6
3	2.5	2.5	2.5	2.5	2.5	2.6	2.6	2.6	2.6	2.6	2.6	2.7	2.7
2	1.7	1.7	1.7	1.7	1.7	1.7	1.7	1.7	1.7	1.8	1.8	1.8	1.8
1	0.8	0.8	0.8	0.8	0.9	0.9	0.9	0.9	0.9	0.9	0.9	0.9	0.9

TABLA PROPORCIONAL

A	mm
0,1 . .	0,1
0,2 . .	0,2
0,3 . .	0,3
0,4 . .	0,4
0,5 . .	0,5
0,6 . .	0,5
0,7 . .	0,6
0,8 . .	0,7
0,9 . .	0,8

TABLA III

Diferencia de los dos termómetros		Termómetro húmedo — 0° H	— 0° T	— 1° H	— 1° T	— 2° H	— 2° T	— 3° H	— 3° T	— 4° H	— 4° T
		%	m/m	%	m/m	%	m/m	%	m/m	%	m/m
0°	0	100	4,6	100	4,3	100	4,0	100	3,7	100	3,4
	2	95	4,4	95	4,1	95	3,8	94	3,6	94	3,3
	4	90	4,3	90	4,0	90	3,7	89	3,4	89	3,1
	6	86	4,1	86	3,8	85	3,5	84	3,3	84	3,0
	8	82	4,0	81	3,7	80	3,4	79	3,1	79	2,8
1°	0	78	3,8	77	3,5	76	3,2	75	3,0	74	2,7
	2	74	3,7	73	3,4	72	3,1	70	2,9	69	2,6
	4	70	3,5	69	3,2	67	3,0	66	2,7	64	2,5
	6	66	3,4	65	3,1	63	2,8	62	2,6	60	2,3
	8	63	3,2	61	2,9	59	2,7	58	2,4	56	2,2
2°	0	59	3,1	57	2,8	55	2,6	54	2,3	52	2,1
	2	56	3,0	54	2,7	52	2,5	50	2,2	48	2,0
	4	52	2,8	50	2,6	48	2,3	46	2,1	44	1,8
	6	49	2,7	47	2,4	45	2,2	43	1,9	41	1,7
	8	46	2,5	44	2,3	42	2,0	40	1,8	37	1,5
3°	0	43	2,4	41	2,2	39	1,9	36	1,7	34	1,4
	2	40	2.3	38	2,1	36	1,8	33	1,6	31	1,3
	4	37	2,2	35	2,0	33	1,7	30	1,5	28	1,2
	6	35	2.0	32	1,8	30	1,5	27	1,3	25	1,1
	8	32	1,9	30	1,7	27	1,4	24	1,2	22	1,0
4°	0	30	1,8	27	1,6	25	1,3	22	1,1	19	0,9
	2	27	1,7	25	1,5	22	1,2	19	1,0	16	0,8
	4	25	1,6	22	1,4	20	1,1	16	0,9	14	0,7
	6	23	1,4	20	1,2	17	1,0	14	0,8	11	0,6
	8	20	1,3	18	1,1	15	0,9	12	0,7	9	0,5
5°	0	19	1,2	16	1,0	13	0,8	10	0,6	7	0,4
	2	—	1,1	—	0,9	—	0,7	—	—	—	—
	4	—	1,0	—	0,8	—	0,6	—	—	—	—
	6	—	0,9	—	0,6	—	0,4	—	—	—	—
	8	—	0,8	—	0,5	—	0,3	—	—	—	—
6°	0	—	0,7	—	0,4	—	0,2	—	—	—	—

TABLA III. *(Continuación)*

DIFERENCIA de los dos termómetros		Termómetro húmedo									
		— 5°		— 6°		— 7°		— 8°		— 9°	
		H	T	H	T	H	T	H	T	H	T
		%	m/m	%	m/m	%	m/m	%	m/m	%	m/m
0°	0	100	3,1	100	2,9	100	2,7	100	2,5	100	2,3
	2	94	3,6	93	2,8	93	2,6	93	2,4	93	2,2
	4	88	2,9	87	2,6	87	2,4	86	2,2	86	2,0
	6	82	2,7	81	2,5	81	2,3	80	2,1	79	1,9
	8	77	2,6	76	2,3	75	2,1	74	1,9	73	1,7
1°	0	72	2,5	71	2,2	70	2,0	68	1,8	67	1,6
	2	67	2,4	66	2,1	65	1,9	63	1,7	61	1,5
	4	62	2,2	61	2,0	59	1,8	57	1,6	55	1,4
	6	58	2,1	56	1,8	54	1,6	52	1,4	50	1,3
	8	54	1,8	52	1,7	51	1,5	48	1,3	45	1,2
2°	0	50	1,8	48	1,6	46	1,4	43	1,2	40	1,1
	2	46	1,7	43	1,5	41	1,3	38	1,1	35	1,0
	4	42	1,6	39	1,4	37	1,2	34	1,0	31	0,9
	6	38	1,4	35	1,2	33	1,1	30	0,9	26	0,7
	8	34	1,3	32	1,1	29	1,0	26	0,8	22	0,6
3°	0	31	1,2	28	1,0	25	0,9	22	0,7	18	0,5
	2	28	1,1	25	0,9	22	0,8	18	0,6	14	—
	4	25	1,0	22	0,8	18	0,7	15	0,5	11	—
	6	22	0.9	19	0,7	15	0,5	11	0,4	7	—
	8	19	0,8	16	0,6	12	0,4	—	0,3	—	—
4°	0	16	0,7	13	0,5	9	0,3	—	0,2	—	—
	2	13	—	—	—	—	—	—	—	—	—
	4	10	—	—	—	—	—	—	—	—	—
	6	8	—	—	—	—	—	—	—	—	—
	8	6	—	—	—	—	—	—	—	—	—
5°	0	4	—	—	—	—	—	—	—	—	—

TABLA III. — *(Conclusión)*

DIFERENCIA de los dos termómetros	Termómetro húmedo											
	— 10°		— 11°		— 12°		— 13°		— 14°		— 15°	
	H	T	H	T	H	T	H	T	H	T	H	T
	%	m/m	%	m/m	%	m/m	%	m/m	%	m/m	%	m/m
0° 0	100	2,1	100	1,9	100	1,8	100	1,6	100	1,5	100	1,4
0° 2	92	2,0	92	1,8	92	1,7	92	1,5	91	1,4	91	1,3
0° 4	85	1,9	84	1,7	84	1,6	83	1,4	82	1,3	82	1,2
0° 6	78	1,7	77	1,5	76	1,4	75	1,2	74	1,1	72	1,0
0° 8	72	1,6	70	1,4	68	1,3	67	1,1	65	1,0	63	0,9
1° 0	65	1,5	63	1,3	62	1,2	59	1,0	56	0,9	55	0,8
1° 2	59	1,4	56	1,2	54	1,1	51	0,9	49	0,8	46	0,7
1° 4	53	1,3	50	1,1	47	1,0	45	0,8	42	0,7	39	0,6
1° 6	47	1,1	44	1,0	41	0,8	38	0,7	35	0,6	31	0,5
1° 8	42	1,0	38	0.9	35	0,7	32	0,6	28	0,5	24	0,4
2° 0	37	0,9	33	0,8	29	0,6	26	0,5	22	0,4	18	0,3
2° 2	32	0,8	28	0,7	24	—	20	—	—	—	—	—
2° 4	27	0,7	22	0,6	18	—	13	—	—	—	—	—
2° 6	22	0,6	17	0,4	13	—	—	—	—	—	—	—
2° 8	18	0,5	13	0,3	9	—	—	—	—	—	—	—
3° 0	14	0,4	9	0,2	4	—	—	—	—	—	—	—
3° 2	10	—	—	—	—	—	—	—	—	—	—	—

TABLA IV.

Diferencia de los dos termómetros		Termómetro húmedo									
		0°		1°		2°		3°		4°	
		H	T	H	T	H	T	H	T	H	T
		%	m/m	%	m/m	%	m/m	%	m/m	%	m/m
0°	0	100	4,6	100	4,9	100	5,3	100	5,7	100	6,1
	2	96	4,5	96	4,8	97	5,2	97	5,6	97	6,0
	4	91	4,4	92	4,7	93	5,1	93	5,4	93	5,8
	6	87	4,2	88	4,5	89	4,9	90	5,3	90	5,7
	8	84	4,1	85	4,4	86	4,8	86	5,1	87	5,5
1°	0	80	4,0	81	4,3	82	4,7	83	5,0	83	5,4
	2	76	3,9	78	4,2	79	4,6	80	4,9	80	5,3
	4	73	3,8	74	4,1	75	4,5	77	4,8	77	5,2
	6	70	3,6	71	3,9	72	4,3	74	4,6	75	5,0
	8	67	3,5	68	3,8	69	4,2	71	4,5	72	4,9
2°	0	64	3,4	65	3,7	66	4,1	68	4,4	69	4,8
	2	61	3,3	62	3,6	64	4,0	65	4,3	66	4,7
	4	58	3,2	60	3,5	61	3,9	63	4,2	64	4,6
	6	55	3,0	57	3,3	58	3,7	60	4,1	61	4,4
	8	53	2,9	54	3,2	56	3,6	58	4,0	69	4,3
3°	0	50	2,8	52	3,1	53	3,5	55	3,9	57	4,2
	2	47	2,7	49	3,0	51	3,4	53	3,8	54	4,1
	4	45	2,6	37	2,9	48	3,3	50	3,7	52	4,0
	6	42	2,5	44	2,8	46	4,2	48	3,5	50	3,9
	8	40	2,4	42	2,7	44	3,1	46	3,4	48	3,8
4°	0	38	2,3	40	2,6	42	3,0	44	3,3	46	3,7
	2	36	2,2	38	2,5	40	2,9	42	3,2	44	3,6
	4	34	2,1	36	2,4	38	2,8	40	3,1	42	3,5
	6	32	2,0	34	2,3	37	2,7	39	3,0	41	3,4
	8	30	1,9	33	2,2	35	2,6	37	2,9	39	3,3
5°	0	28	1,8	31	2,1	33	2,7	35	2,8	37	3,2
	2	26	1,7	29	2,0	32	2,4	34	2,7	36	3,1
	4	24	1,6	27	1,9	30	2,3	32	2,6	34	3,0
	6	23	1,6	26	1,9	29	2,3	31	2,6	33	3,0
	8	21	1,5	24	1,8	27	2,2	29	2,5	31	2,9
6°	0	20	1,4	23	1,7	26	2,1	28	2,4	30	2,8
	2	19	1,3	22	1,6	24	2,0	27	2,3	29	2,7
	4	18	1,2	20	1,5	23	1,9	25	2,2	28	2,6
	6	16	1,2	19	1,5	22	1,9	24	2,2	26	2,6
	8	15	1,1	18	1,4	21	1,8	23	2,1	25	2,5

TABLA IV. — (Continuación)

Diferencia de los dos termómetros		Termómetro húmedo									
		5°		6°		7°		8°		9°	
		H	T	H	T	H	T	H	T	H	T
		%	m/m	¾	m/m	%	m/m	%	m/m	%	m/m
0°	0	100	6,5	100	7,0	100	7,5	100	8,0	100	8,6
	2	97	6,4	97	6,9	97	7,4	97	7,9	97	8,5
	4	93	6,3	94	6,7	94	7,2	94	8,7	94	8,3
	6	90	6,1	91	6,6	91	7,1	92	7,6	92	8,2
	8	87	6,0	88	6,4	88	6,9	89	7,4	89	8,0
1°	0	84	5,9	85	6,3	85	6,0	86	7,3	86	7,9
	2	81	5,8	82	6,2	82	6,7	83	7.2	83	7,8
	4	78	5,6	79	6,1	80	6,6	81	7,1	81	7,6
	6	76	5,5	77	5,9	77	6,4	78	6,9	79	7,5
	8	73	5,3	74	5,8	75	6,3	76	6.8	76	7,3
2°	0	70	5,2	71	5,7	72	6,2	73	6,7	74	7,2
	2	68	5,1	69	5,6	70	6,1	71	6,7	72	7,1
	4	65	5,0	67	5,5	68	6,0	69	6,5	70	7,0
	6	63	4,8	64	5,3	65	5,8	66	6,3	67	6,8
	8	60	4,7	62	5,2	63	5,7	64	6,2	65	6,7
3°	0	58	4,6	60	5,1	61	5,6	62	6,1	63	6,6
	2	56	4,5	58	5,0	59	5,5	60	6,0	61	6,5
	4	54	4,4	56	4,9	57	5,4	58	5,9	60	6,3
	6	52	4,3	54	4,8	55	5,2	56	5,7	58	6,2
	8	50	4,2	52	4,7	53	5,1	54	5,6	56	6,1
4°	0	48	4,1	50	4,6	51	5,0	53	5,5	54	6,0
	2	46	4,0	48	4,5	50	4,9	51	5,4	53	5,9
	4	44	3,9	46	4,4	48	4,8	49	5,3	51	5,8
	6	42	3,8	44	4,3	46	4,7	48	5,2	49	5,7
	8	41	3,7	43	4,2	45	4,6	46	5,1	48	5,6
5°	0	39	3,6	41	4,1	43	4,5	45	5,0	46	5,5
	2	38	3,5	40	4,0	42	4,4	43	4,9	45	5,4
	4	36	3,4	38	3,9	40	4,3	42	4,8	43	5,3
	6	35	3,4	37	3,8	38	4,2	40	4,8	42	5,2
	8	33	3,3	35	3,7	37	4,1	39	4,6	41	5,1
6°	0	32	3,2	34	3,6	36	4,0	38	4,5	40	5,0
	2	31	3,1	33	3,5	35	3,9	37	4,4	38	4,9
	4	29	3,0	31	3,4	33	3,8	35	4,3	37	4,8
	6	28	3,0	30	3,4	32	3,8	34	4,3	36	4,8
	8	27	2,9	29	3,3	31	3,7	33	4,2	35	4,7

TABLA IV. — (Continuación)

Diferencia de los dos termómetros		Termómetro húmedo									
		10°		11°		12°		13°		14°	
		H	T	H	T	H	T	H	T	H	T
		%	m/m	%	m/m	%	m/m	%	m/m	%	m/m
0°	0	100	9,2	100	9,8	100	10,5	100	11,2	100	11,9
	2	97	9,1	97	9,7	97	10,3	97	11,0	97	11,8
	4	94	8,9	94	9,5	94	10,2	95	10,9	95	11,6
	6	92	8,8	92	9,4	92	10,0	92	10,7	92	11,5
	8	89	8,6	90	9,2	90	9,9	90	10,6	90	11,3
1°	0	86	8,5	87	9,1	87	9,7	88	10,4	88	11,2
	2	84	8,4	84	9,0	85	9,6	86	10,2	86	11,1
	4	82	8,2	82	8,8	83	9,5	83	10,1	83	10,9
	6	80	8,1	80	8,7	80	9,3	81	10,0	81	10,8
	8	77	7,9	77	8,5	78	9,1	79	9,8	79	10,6
2°	0	75	7,8	75	8,4	76	9,0	77	9,7	77	10,5
	2	73	7,7	73	8,3	74	8,9	75	9,6	76	10,4
	4	71	7,6	71	8,2	72	8,8	73	9,5	74	10,2
	6	68	7,4	69	8,0	70	8,6	71	9,3	72	10,1
	8	66	7,3	67	7,9	68	8,5	69	9,2	70	9,9
3°	0	64	7,2	65	7,8	66	8,4	67	9,1	68	9,8
	2	63	7,1	64	7,7	65	8,3	66	9,0	67	9,7
	4	61	7,0	62	7,6	63	8,2	64	8,9	65	9,6
	6	59	6,8	60	7,4	61	8,0	62	8,7	63	9,4
	8	57	6,7	58	7,3	59	7,9	61	8,6	61	9,3
4°	0	55	6,6	57	7,2	58	7,8	59	8,5	60	9,2
	2	54	6,5	55	7,1	57	7,7	58	8,4	59	9,1
	4	52	6,4	54	7,0	55	7,6	56	8,3	57	9,0
	6	51	6,3	52	6,8	53	7,4	54	8,1	55	8,8
	8	49	6,2	50	6,7	52	7,3	53	8,0	54	8,7
5°	0	48	6,1	49	6,6	50	7,2	51	7,9	52	8,6
	2	46	6,0	47	6,5	49	7,1	50	7,8	51	8,5
	4	45	5,9	46	6,4	48	7,0	49	7,7	50	8,4
	6	43	5,8	45	6,3	46	6,9	47	7,6	48	8,3
	8	42	5,7	43	6,2	45	6,8	46	7,5	47	8,2
6°	0	41	5,6	42	6,1	44	6,7	45	7,4	46	8,1
	2	40	5,5	41	6,0	43	6,6	44	7,3	45	8,0
	4	39	5,4	40	5,9	41	6,5	43	7,2	44	7,9
	6	38	5,3	39	5,8	40	6,4	42	7,1	43	7,8
	8	37	5,2	38	5,7	39	6,3	41	7,0	42	7,7

TABLA IV. — *(Continuación)*

Diferencia de los dos termómetros		Termómetro húmedo									
		15°		16°		17°		18°		19°	
		H	T	H	T	H	T	H	T	H	T
		%	m/m	%	m/m	%	m/m	%	m/m	%	m/m
0°	0	100	12,7	100	13,5	100	14,4	100	15,4	100	16,4
	2	97	12,5	98	13,4	98	14,2	98	15,2	98	16,2
	4	95	12,4	96	13,2	96	14,1	96	15,1	96	16,0
	6	93	12,2	93	13,1	93	13,9	93	14,9	93	15,9
	8	91	12,1	91	12,9	91	13,8	91	14,6	91	15,7
1°	0	83	11,9	89	12,8	89	13,6	89	14,6	89	15,5
	2	86	11,8	87	12,6	87	13,5	87	14,4	88	15,3
	4	84	11,6	84	12,5	85	13,3	85	14,3	86	15,2
	6	82	11,5	82	12,3	83	13,2	83	14,1	84	15,0
	8	80	11,3	80	12,2	81	13,0	81	14,0	82	14,9
2°	0	78	11,2	78	12,0	79	12,9	79	13,8	80	14,7
	2	77	11,1	77	11,9	77	12,8	78	13,7	78	14,6
	4	75	10,9	75	11,7	75	12,6	76	13,5	76	14,4
	6	73	10,8	73	11,6	74	12,5	74	13,4	75	14,3
	8	71	10,6	71	11,4	72	12,3	72	13,2	73	14,1
3°	0	69	10,5	69	11,3	70	12,2	71	13,1	71	14,0
	2	67	10,4	68	11,2	68	12,1	69	13,0	70	13,9
	4	66	10,3	66	11,1	67	11,9	67	12,8	68	13,7
	6	64	10,1	64	10,9	65	11,8	66	12,7	67	13,6
	8	62	10,0	62	10,8	63	11,6	64	12,5	65	13,4
4°	0	61	9,9	61	10,7	62	11,5	63	12,4	64	13,3
	2	59	9,8	59	10,6	60	11,4	61	12,3	62	13,2
	4	58	9,7	58	10,5	59	11,3	60	12,2	61	13,1
	6	56	9,5	57	10,3	58	11,1	59	12,0	59	12,9
	8	55	9,4	55	10,2	56	11,0	57	11,9	58	12,8
5°	0	53	9,3	54	10,1	55	10,9	56	11,8	57	12,7
	2	52	9,2	53	10,0	54	10,8	55	11,7	55	12,6
	4	51	9,1	51	9,9	52	10,7	53	11,6	54	12,5
	6	49	9,0	50	9,7	51	10,5	52	11,4	53	12,3
	8	48	8,9	49	9,6	50	10,4	51	11,3	52	12,2
6°	0	47	8,8	48	9,5	49	10,3	50	11,2	51	12,1
	2	46	8,7	47	9,4	48	10,2	49	11,1	50	12,0
	4	45	8,6	46	9,3	47	10,1	48	11,0	49	11,9
	6	44	8,5	45	9,2	46	10,0	47	10,8	48	11,7
	8	43	8,4	44	9,1	45	9,9	46	10,7	47	11,6

TABLA IV. — (Continuación

Diferencia de los dos termómetros		Termómetro húmedo 20° H	20° T	21° H	21° T	22° H	22° T	23° H	23° T	24° H	24° T
		%	m/m	%	m/m	%	m/m	%	m/m	%	m/m
	0	100	17,4	100	18,5	100	19,7	100	20,9	100	22,2
	2	98	17,2	98	18,3	98	19,5	98	20,7	98	22,0
0°	4	96	17,1	96	18,2	96	19,3	96	20,5	96	21,8
	6	93	16,9	94	18,0	94	19,2	94	20,4	94	21,7
	8	91	16,8	92	17,9	92	19,0	92	20,2	92	21,5
	0	89	16,6	90	17,7	90	18,8	90	20,0	90	21,3
	2	88	16,4	88	17.5	88	18,6	89	19,8	89	21,1
1°	4	86	16,3	86	17,3	86	18,5	87	19,7	87	20,9
	6	84	16,1	84	17,2	85	18,3	85	19,5	85	20,8
	8	82	16,0	83	17,0	83	18,2	83	19,4	84	20,6
	0	30	15,8	81	16,8	81	18,0	81	19,2	82	20,4
	2	79	15,6	79	16,6	73	17,8	80	19,0	80	20,2
2°	4	77	15,5	77	16,5	78	17,7	68	18,9	79	20,1
	6	75	15,3	76	16,3	76	17,5	77	18,7	77	19,9
	8	73	15,2	74	16,2	74	17,4	75	18,6	75	19,8
	0	72	15,0	72	16,0	73	17,2	73	18,4	74	19,6
	2	70	14,9	71	15,9	72	17,0	72	18,2	73	19,4
3°	4	69	14,7	69	15,7	70	16,9	70	18,1	71	19,3
	6	67	14,6	68	15,6	69	16,7	69	17,9	70	19,1
	8	66	14,4	66	15,4	67	16,6	68	17,8	68	19,0
	0	64	14,3	65	15,3	66	16,4	66	17,6	67	18,8
	2	63	14,2	64	15,2	64	16,3	65	17,5	65	18,7
4°	4	62	14,0	62	15,1	63	16,2	63	17,3	64	18,5
	6	60	13,9	61	14,9	62	16,0	62	17,2	63	18,4
	8	59	13,7	60	14,8	61	15,9	61	17,0	62	18,2
	0	58	13,6	59	14,7	59	15,8	60	16,9	60	18,1
	2	56	13,5	57	14,6	53	15,7	59	16,8	59	17,9
5°	4	55	13,4	56	14,4	57	15,5	57	16,6	58	17,8
	6	54	13,2	55	14,3	56	15,4	56	16,5	57	17,6
	8	33	13,1	54	14,1	55	15,2	55	16,3	56	17,5
	0	52	13,0	53	14,0	54	15,1	54	16,2	55	17,3
	2	51	12,9	52	13,9	53	15,0	53	16,1	54	17,2
6°	4	50	12,8	51	13,8	52	14,9	52	15,9	53	17,1
	6	49	12,6	50	13,6	51	14,7	51	15,8	52	16,9
	8	48	12,5	49	13,5	50	14,6	50	15,6	51	16,8

TABLA IV. — (*Continuación*)

Diferencia de los dos termómetros		Termómetro húmedo									
		25°		26°		27°		28°		29°	
		H	T	H	T	H	T	H	T	H	T
		%	m/m	%	m/m	%	m/m	%	m/m	%	m/m
0°	0	100	23,6	100	25,0	100	26,5	100	28,1	100	29,9
	2	98	23,4	98	24.8	98	26,3	98	27,9	98	29,6
	4	96	23,2	96	24,6	96	26,1	96	27,7	97	29,4
	6	94	23,0	94	24,4	94	25,9	95	27,5	95	29,2
	8	93	22,8	93	24,2	93	25,7	93	27,3	93	29,0
1°	0	91	22,6	91	24,0	91	25,5	91	27,1	91	28,8
	2	89	22,4	89	23,8	89	25,3	89	26,9	90	28,6
	4	87	22,2	87	23,6	87	25,1	87	26,7	88	28,4
	6	85	22,1	86	23,5	86	25,0	86	26,5	86	28,2
	8	84	21,9	84	23,3	84	24,8	84	26,3	85	28,0
2°	0	82	21,7	82	23,1	83	24,6	83	26,1	83	27,8
	2	80	21,5	81	22,9	81	24,4	81	25,9	82	27,6
	4	79	21,4	79	22,7	79	24,2	80	25,7	80	27,4
	6	77	21,2	78	22,6	78	24,1	78	25,6	79	27,2
	8	76	21,1	76	22,4	76	23,9	77	25,4	77	27,0
3°	0	74	20,9	75	22,2	75	23,7	76	25,2	76	26,8
	2	73	20,7	73	22,0	74	23,5	74	25,0	74	26,6
	4	71	20,6	72	21,9	72	23,3	73	24,8	73	26,4
	6	70	20,4	70	21,7	71	23,2	71	24,7	71	26,3
	8	68	20,3	69	21,6	69	23,0	70	24,5	70	26,1
4°	0	67	20,1	68	21,4	68	22,8	69	24,3	69	25,9
	2	66	19,9	66	21,2	67	22,6	67	24,1	68	25,7
	4	64	19,8	65	21,1	65	22,5	66	24,0	66	25,5
	6	63	19,6	64	20,9	64	22,3	65	23,8	65	25,4
	8	62	19,5	63	20,8	63	22,2	64	23,7	64	25,2
5°	0	61	19,3	61	20,6	62	22,0	63	23,5	63	25,0
	2	60	19,2	60	20,5	61	21,9	61	23,3	62	24,8
	4	59	19,0	59	20,3	60	21,7	60	23,2	61	24,7
	6	58	18,9	58	20,2	59	21,6	59	23,0	60	24,5
	8	57	18,7	57	20,0	58	21,4	58	22,9	59	24,4
6°	0	56	18,6	56	19,9	57	21,3	57	22,7	58	24,2
	2	55	18,5	55	19,8	56	21,1	56	22.5	57	24,0
	4	54	18,3	54	19,6	55	21,0	55	22,4	56	23,9
	6	53	18,2	53	19,5	54	20,8	54	22,2	55	23,7
	8	52	18,0	52	19,3	53	20,7	53	22,1	54	23,6

TABLA IV. — (Continuación)

Diferencia de los dos termómetros		Termómetro húmedo									
		30°		31°		32°		33°		34°	
		H	T	H	T	H	T	H	T	H	T
		%	m/m	%	m/m	%	m/m	%	m/m	%	m/m
0°	0	100	31,6	100	33,4	100	35,4	100	37,4	100	39,6
	2	98	31,4	98	33,2	98	35,2	98	37,2	98	39,4
	4	97	31,2	97	33,0	97	34,9	97	37,0	97	39,1
	6	95	30,9	95	32,7	95	34,7	95	36,7	95	38,9
	8	93	30,7	93	32,5	93	34,4	93	36,5	93	38,6
1°	0	91	30,5	91	32,3	92	34,2	92	36,3	92	38,4
	2	90	30,3	90	32,1	90	34,0	90	36,1	90	38,2
	4	88	30,1	88	31,9	88	33,8	89	35,8	89	37,9
	6	86	29,9	87	31,7	87	33,6	87	35,6	87	37,7
	8	85	29,7	85	31,5	85	33,4	85	53,3	86	37,4
2°	0	83	29,5	84	31,3	84	33,2	84	35,1	84	37,2
	2	82	29,3	82	31,1	82	33,0	82	34,9	83	3[illegible] 0
	4	80	29,1	80	30,9	81	32,8	81	34,7	81	36.8
	6	79	28,9	79	30,7	79	32,5	80	34,4	80	36,5
	8	77	28,7	78	30,5	78	32,3	78	34,2	79	36,3
3°	0	76	28,5	76	30,3	77	32,1	77	34,0	77	36,1
	2	75	28,3	75	30,1	75	31,9	75	33,8	76	35,9
	4	73	28,1	74	29,9	74	31,7	74	33,6	75	35,7
	6	72	28,0	72	29,7	72	31,5	73	33,4	73	35,5
	8	71	27,8	71	29,5	71	31,3	72	33,2	72	35,3
4°	0	70	27,6	70	29,3	70	31,1	70	33,0	71	35,1
	2	68	27,4	69	29,1	69	30,9	69	32,8	70	34,9
	4	67	27,2	67	28,9	67	30,7	68	32,6	68	34,7
	6	66	27,1	66	28,8	66	30,6	67	32,4	67	34,4
	8	65	26,9	65	28,6	65	30,4	66	32,2	66	34,2
5°	0	64	26,7	64	28,4	64	30,2	65	32,0	65	34,0
	2	62	26,5	63	28,2	63	30,0	64	31,8	64	33,8
	4	61	26,3	62	28,0	62	29,8	62	31,6	63	33,6
	6	60	26,2	61	27,9	61	29,7	61	31,5	62	33,4
	8	59	26,0	60	27,7	60	29,5	60	31,3	61	3[illegible],2
6°	0	58	25,8	59	27,5	59	29,3	60	31,1	60	33,0
	2	57	25,6	58	27,3	58	29,1	59	30,9	59	32,8
	4	56	25,5	57	27,2	57	28,9	58	30,7	58	32,6
	2	55	25,3	56	27,0	56	28,8	57	30,6	57	32,5
	8	54	25,2	55	26,4	55	28,9	56	30,4	56	32,3

TABLA IV. — *(Continuación)*

DIFERENCIA de los dos termómetros		Termómetro húmedo									
		35°		36°		37°		38°		39°	
		H	T	H	T	H	T	H	T	H	T
		%	m/m	%	m/m	%	m/m	%	m/m	%	m/m
0°	0	100	41,8	100	44,2	100	46,7	100	49,3	100	52,0
	2	98	41,6	98	43,9	98	46,4	98	49,0	98	51,7
	4	97	41,3	97	43,7	97	46,2	97	48,8	97	51,5
	6	95	41,1	95	43,4	95	45,9	95	48,5	95	51,2
	8	93	40,8	94	43,2	94	45,7	94	48,3	94	51,0
1°	0	92	40,6	92	42,9	92	45,4	92	48,0	92	50,7
	2	90	40,4	91	42,7	91	45,1	91	47,7	91	50,4
	4	89	40,1	89	42,4	89	44,9	89	47,5	90	50,1
	6	87	39,9	88	42,2	88	44,6	88	47,2	88	49,9
	8	86	39,6	86	41,9	86	44,4	87	47,0	87	49,6
2°	0	84	39,4	85	41,7	85	44,1	85	46,7	85	49,3
	2	83	39,2	83	41,5	84	43,9	84	46,4	84	49,0
	4	82	39,0	82	41,2	82	43,6	82	46,2	83	48,8
	6	80	38,7	80	41,0	81	43,4	81	45,9	81	48,5
	8	79	38,5	79	40,7	79	43,1	80	45,7	80	48,3
3°	0	78	38,3	78	40,5	78	42,9	78	45,4	79	48,0
	2	76	38,1	76	40,3	77	42,7	77	45,2	77	47,7
	4	75	37,9	75	40,1	76	42,4	76	44,9	76	47,5
	6	74	37,6	74	39,8	74	42,2	75	44,7	75	47,2
	8	72	37,4	73	39,6	73	41,9	73	44,4	74	47,0
4°	0	71	37,2	72	39,4	72	41,7	72	44,2	73	46,7
	2	70	37,0	70	39,2	71	41,5	71	44,0	72	46,5
	4	69	36,8	69	39,0	70	41,3	70	43,7	70	46,2
	6	68	36,5	68	38,7	68	41,0	69	43,5	69	46,0
	8	67	36,3	67	38,5	67	40,8	68	43,2	68	45,7
5°	0	66	36,1	66	38,3	66	40,6	67	43,0	67	45,5
	2	65	35,9	65	38,1	65	40,4	66	42,8	66	45,3
	4	63	35,7	64	37,9	64	40,2	64	42,6	65	45,0
	6	62	35,5	63	37,7	63	39,9	63	42,3	64	44,8
	8	61	35,3	62	35,5	62	39,7	63	42,1	63	44,5
6°	0	61	35,1	61	37,3	61	39,5	62	41,9	62	44,3
	2	60	34,9	60	37,1	60	39,3	61	—	61	—
	4	59	34,7	59	36,9	59	39,1	60	—	60	—
	6	58	34,5	58	36,7	58	38,8	59	—	—	—
	8	57	34,3	57	36,5	57	38,6	—	—	—	—

TABLA IV. — *(Continuación)*

Diferencia de los dos termómetros		Termómetro húmedo									
		0°		1°		2°		3°		4°	
		H	T	H	T	H	T	H	T	H	T
		%	m/m	%	m/m	%	m/m	%	m/m	%	m/m
7°	0	14	1,0	17	1,3	20	1,7	22	2,0	24	2,4
	2	13	0,9	16	1,2	18	1,6	21	1,9	23	2,3
	4	12	0,9	15	1,2	17	1,5	20	1,9	22	2,2
	6	11	0,8	14	1,1	16	1,5	19	1,8	21	2,2
	8	10	0,8	13	1,1	15	1,4	18	1,8	20	2,1
8°	0	9	0,7	12	1,0	14	1,3	17	1,7	19	2,0
	2	8	0,6	11	0,9	13	1,2	16	1,6	18	1,9
	4	7	0,6	10	0,9	13	1,2	15	1,6	17	1,9
	6	7	0,5	9	0,8	12	1,1	14	1,5	16	1,8
	8	6	0,5	8	0,8	11	1,1	14	1,5	16	1,8
9°	0	5	0,4	8	0,7	10	1,0	13	1,4	15	1,7
	2	4	—	7	0,6	9	0,9	12	1,3	14	1,6
	4	4	—	6	0,6	9	0,9	12	1,3	14	1,6
	6	3	—	5	0,5	8	0,8	11	1,2	13	1,5
	8	2	—	5	0,5	7	0,8	10	1,2	13	1,5
10°	0	2	—	4	0,4	7	0,7	10	1,1	12	1,4
	2	—	—	—	—	6	0,6	9	1,0	11	1,4
	4	—	—	—	—	6	0,6	9	1,0	11	1,3
	6	—	—	—	—	5	0,5	8	0,9	10	1,3
	8	—	—	—	—	5	0,5	8	0,9	10	1,2
11°	0	—	—	—	—	4	0,6	7	0,8	9	1,2
	2	—	—	—	—	4	—	7	0,8	9	1,2
	4	—	—	—	—	4	—	6	0,7	8	1,1
	6	—	—	—	—	3	—	6	0,7	8	1,1
	8	—	—	—	—	3	—	5	0,6	7	1,0
12°	0	—	—	—	—	3	—	5	0,6	7	1,0
	9	—	—	—	—	—	—	5	—	7	1,0
	4	—	—	—	—	—	—	4	—	6	0,9
	6	—	—	—	—	—	—	4	—	6	0,9
	8	—	—	—	—	—	—	4	—	6	0.8
13°	0	—	—	—	—	—	—	4	—	6	0,8
	2	—	—	—	—	—	—	3	—	5	0,8
	4	—	—	—	—	—	—	3	—	5	0,8
	6	—	—	—	—	—	—	3	—	5	0,8
	8	—	—	—	—	—	—	3	—	5	0,8

TABLA IV. — *(Continuación)*

Diferencia *de los dos termómetros*		Termómetro húmedo									
		5°		6°		7°		8°		9°	
		H	T	H	T	H	T	H	T	H	T
		%	m/m	%	m/m	%	m/m	%	m/m	%	m/m
7°	0	26	2,8	28	3,2	30	3,6	32	4,1	34	4,6
	2	25	2,7	27	3,1	29	3,5	31	4,0	33	4,5
	4	24	2,6	26	3,0	28	3,4	30	3,9	32	4,4
	6	23	2,6	25	3,0	27	3,4	29	3,9	31	4,4
	8	22	2,5	24	2,9	26	3,3	28	3,8	30	4,3
8°	0	21	2,4	23	2,8	25	3,2	27	3,7	29	4,2
	2	20	2,3	22	2,7	24	3,1	26	3,6	28	4,1
	4	19	2,3	21	2,7	23	3,1	25	3,5	27	4,0
	6	18	2,2	21	2,6	23	3,0	25	3,5	26	4,0
	8	18	2,2	20	2,6	22	3,0	24	3,4	25	3,9
9°	0	17	2,1	19	2,5	21	2,9	23	3,3	25	3,8
	2	16	2,0	18	2,4	20	2,8	22	3,2	24	3,7
	4	16	2,0	18	2,4	20	2,8	22	3,2	23	3,7
	6	15	1,9	17	2,3	19	2,7	21	3,1	22	3,6
	8	14	1,9	16	2,3	18	2,7	20	3,1	22	3,6
10°	0	14	1,8	16	2,2	18	2,6	20	3,0	21	3,5
	2	13	1,7	15	2,1	17	2,5	19	2,9	20	3,4
	4	13	1,7	15	2,1	17	2,5	19	2,9	20	3,4
	6	12	1,6	14	2,0	16	2,4	18	2,8	19	3,3
	8	12	1,6	14	2,0	16	2,4	18	2,8	19	3,3
11°	0	11	1,5	13	1,9	15	2,3	17	2,7	18	3,2
	2	11	1,5	13	1,9	15	2,3	17	2,7	18	3,2
	4	10	1,4	12	1,8	14	2,2	16	2,6	17	3,1
	6	10	1,4	12	1,8	14	2,2	16	2,6	17	3,1
	8	9	1,3	11	1,7	13	2,1	15	2,5	16	3,0
12°	0	9	1,3	11	1,7	13	2,1	15	2,5	16	3,0
	2	9	1,3	11	1,7	13	2,1	14	2,5	16	3,0
	4	8	1,2	10	1,6	12	2,0	14	2.4	15	2,9
	6	8	1,2	10	1,6	12	2,0	13	2,4	15	2,9
	8	8	1,1	10	1,5	12	1,9	13	2,3	15	2,8
13°	0	7	1,1	9	1,5	11	1,9	13	2,3	14	2,8
	2	7	1,1	9	1,5	11	1,9	12	2,3	14	2,8
	4	6	1,1	9	1,5	11	1,9	12	2,3	14	2,7
	6	6	1,0	8	1,4	10	1,8	12	2,2	13	2,7
	8	6	1,0	8	1,4	10	1,8	12	2,2	13	2,6

TABLA IV. — *(Continuación)*

Diferencia de los dos termómetros		Termómetro húmedo									
		10°		11°		12°		13°		14°	
		H	T	H	T	H	T	H	T	H	T
		%	m/m	%	m/m	%	m/m	%	m/m	%	m/m
7°	0	35	5,1	37	5,6	38	6,2	40	6,9	41	7,6
	2	34	5,0	36	5,5	37	6,1	39	6,8	40	7,5
	4	33	4,9	35	5,4	36	6,0	38	6,7	39	7,4
	6	32	4,9	34	5,4	35	6,0	37	6,6	38	7,3
	8	32	4,8	33	5,3	34	5,9	36	6,5	37	7,2
8°	0	31	4,7	32	5,2	33	5,8	35	6,4	36	7,1
	2	30	4,6	31	5,1	32	5,7	34	6,3	35	7,0
	4	29	4,5	30	5,0	31	5,6	33	6,2	34	6,9
	6	28	4,5	29	5,0	30	5,6	32	6,2	33	6,9
	8	27	4,4	29	4,9	30	5,5	32	6,1	33	6,8
9°	0	26	4,3	28	4,8	29	5,4	31	6,0	32	6,7
	2	26	4,2	27	4,7	28	5,3	30	5,9	31	6,6
	4	25	4,2	26	4,7	28	5,3	29	5,9	30	6,5
	6	24	4,1	25	4,6	27	5,2	29	5,8	30	6,5
	8	24	4,1	25	4,6	26	5,2	28	5,8	29	6,4
10°	0	23	4,0	24	4,5	26	5,1	27	5,7	28	6,3
	2	22	3,9	23	4,4	25	5,0	27	5,6	28	6,2
	4	22	3,9	23	4,4	24	5,0	26	5,6	27	6,2
	6	21	3,8	22	4,3	24	4,9	26	5,5	27	6,1
	8	20	3,8	22	4,3	23	4,9	25	5,5	26	6,1
11°	0	20	3,7	21	4,2	23	4,8	24	5,4	25	6,0
	2	19	3,7	21	4,2	22	4,7	24	5,3	25	5,9
	4	19	3,6	20	4,1	22	4,7	23	5,3	24	5,9
	6	18	3,6	20	4,1	21	4,6	23	5,2	24	5,8
	8	18	3,5	19	4,0	21	4,6	22	5,2	23	5,8
12°	0	18	3,5	19	4,0	20	4,5	22	5,1	23	5,7
	2	17	3,5	18	4,0	20	4,5	22	5,0	23	5,6
	4	17	3,4	18	3,9	19	4,4	21	5,0	22	5,6
	6	16	3,4	18	3,9	19	4,4	21	4,9	22	5,5
	8	16	3,3	17	3,8	18	4,3	20	4,9	21	5,5
13°	0	16	3,3	17	3,8	18	4,3	20	4,8	21	5,4
	2	15	3,3	16	3,8	18	4,3	19	4,8	20	5,4
	4	15	3,2	16	3,7	17	4,2	19	4,7	20	5,3
	6	15	3,2	16	3,7	17	4,2	19	4,7	20	5,3
	8	14	3,1	15	3,6	17	4,1	18	4,6	19	5,2

TABLA IV. — (*Continuación*)

Diferencia de los dos termómetros		Termómetro húmedo									
		15°		16°		17°		18°		19°	
		H	T	H	T	H	T	H	T	H	T
		%	m/m	%	m/m	%	m/m	%	m/m	%	m/m
7°	0	42	8,3	43	9,0	44	9,8	45	10,6	46	11,5
	2	41	8,2	42	8,9	43	9,7	44	10,5	45	11,4
	4	40	8,1	41	8,8	42	9,6	43	10,4	44	11,3
	6	39	8,0	40	8,7	41	9,5	42	10,3	43	11,2
	8	38	7,9	39	8,6	40	9,4	41	10,2	42	11,1
8°	0	37	7,8	38	8,5	39	9,3	40	10,1	41	11,0
	2	36	7,7	37	8,4	38	9,2	39	10.0	40	10,9
	4	35	7,6	36	8,3	38	9,1	38	9,9	39	10,8
	6	35	7,6	36	8,3	37	9,0	38	9,8	30	10,7
	8	34	7,5	35	8,2	36	8,9	37	9,7	38	10,6
9°	0	33	7,4	34	8,1	35	8,8	36	9,6	37	10,5
	2	32	7,3	34	8,0	35	8,7	36	9,5	36	10,4
	4	32	7,2	33	7,9	34	8,6	35	9,4	36	10,3
	6	31	7,2	32	7,9	33	8,6	34	9,4	35	10,2
	8	30	7,1	32	7,8	33	8,5	24	9,3	34	10,1
10°	0	30	7,0	31	7,7	32	8,4	33	9,2	34	10,0
	2	29	6,9	30	7,6	31	8,3	32	9,1	33	9,9
	4	28	6,8	30	7,5	31	8,2	32	9,0	33	9,8
	6	28	6,8	29	7,5	30	8,2	31	9,0	32	9,8
	8	27	6,7	28	7,4	29	8,1	30	8,9	31	9,7
11°	0	27	6,6	28	7,3	29	8,0	30	8,8	31	9,6
	2	26	6,5	27	7,2	28	7,9	29	8,7	30	9,5
	4	26	6,5	27	7,2	28	7,9	29	8,7	30	9,5
	6	25	6,4	26	7,1	27	7,8	28	8,6	29	9,4
	8	25	6,4	26	7,1	27	7,8	28	8,6	29	9,4
12°	0	24	6,3	25	7,0	26	7,7	27	8,5	28	9,3
	2	24	6,2	25	6,9	26	7,6	27	8,4	28	9,2
	4	23	6,2	24	6.9	25	7,6	26	8,4	27	9,2
	6	23	6,1	24	6,8	25	7,5	26	8,3	26	9,1
	8	22	6,1	23	6,8	24	7,5	25	8,3	26	9,1
13°	0	22	6,0	23	6,7	24	7,4	25	8,2	25	9,0
	2	21	6,0	22	6,7	23	7,4	24	8,1	25	8,9
	4	21	5,9	22	6,6	23	7,3	24	8,1	25	8,9
	6	21	5,9	22	6,6	22	7,3	23	8,0	24	8,8
	8	20	5,8	21	6,5	22	7,2	23	8,0	24	8,8

TABLA IV. — (Continuación)

Diferencia de los dos termómetros		Termómetro húmedo									
		20°		**21°**		**22°**		**23°**		**24°**	
		H	T	H	T	H	T	H	T	H	T
		%	m/m	%	m/m	%	m/m	%	m/m	%	m/m
7°	0	47	12,4	48	13,4	49	14,5	49	15,5	50	16,7
	2	46	12,3	47	13,3	48	14,4	49	15,4	49	16,6
	4	45	12,2	46	13,2	47	14,3	48	15,3	38	16,5
	6	44	12,1	45	13,0	46	14,1	47	15,1	47	16,3
	8	43	12,0	44	12,9	45	14,0	46	15,0	46	16,2
8°	0	42	11,9	43	12,8	44	13,9	45	14,9	42	16,1
	2	41	11,8	42	12,7	43	13,9	44	14,8	44	16,0
	4	40	11,7	41	12,6	42	13,7	83	14,7	44	15,9
	6	40	11,6	40	12,5	41	13,5	42	14,6	43	15,7
	8	39	11,5	40	12,4	40	13,4	41	14,5	42	15,6
9°	0	38	11,4	39	12,3	40	13,3	41	14,4	41	15,5
	2	38	11,3	38	12,2	39	13,2	40	14,3	40	15,4
	4	37	11,2	37	12,1	38	13,1	39	14,2	40	15,3
	6	36	11,1	37	12,0	37	13,0	38	14,1	39	15,1
	8	35	11,0	36	11,9	37	12,9	38	14,0	38	15,0
10°	0	35	10,9	35	11,8	36	12,8	37	13,9	38	14,9
	2	34	10,8	35	11,7	35	12,7	36	13,8	37	14,6
	4	34	10,7	34	11,6	35	12,6	36	13,7	36	14,7
	6	33	10,7	33	11,6	34	12,6	35	13,6	36	14,6
	8	32	10,6	33	11.5	33	12,5	34	13,5	35	14,5
11°	0	32	10,5	32	11,4	33	12,4	34	13,4	34	14,4
	2	31	10,4	31	11,3	32	12,3	33	13,3	34	14,3
	4	31	10,3	31	11,2	32	12,2	32	13,2	33	14,2
	6	30	10,3	30	11,2	31	12,2	32	13,2	33	14,2
	8	29	10,2	30	11,1	31	12,1	31	13,1	32	14,1
12°	0	29	10,1	29	11,0	30	12,0	31	13,0	32	14,0
	2	28	10,0	29	10,9	30	11,9	30	12,9	31	13,9
	4	28	10,0	38	10,9	29	11,8	30	12,8	30	13,8
	6	27	9,9	28	10,8	29	11,8	29	12,8	30	13,8
	8	27	9,9	27	10,8	28	11,7	29	12,7	29	13,7
13°	0	26	9,8	27	10,7	28	11,6	28	12,6	29	13,6
	2	26	9,7	26	10,6	27	11,5	28	12,5	28	13,5
	4	25	9,7	26	10,6	27	11,5	27	12,4	28	13,4
	6	25	9,6	26	10,5	26	11,4	27	12,4	28	13,4
	8	24	9,6	25	10,5	26	11,4	27	12,3	27	13.3

TABLA IV. — *(Continuación)*

Diferencia de los dos termómetros		Termómetro húmedo 25° H	25° T	26° H	26° T	27° H	27° T	28° H	28° T	29° H	29° T
		%	m/m	%	m/m	%	m/m	%	m/m	%	m/m
7°	0	51	17,9	51	19,2	52	20,5	52	21,9	53	23,4
	2	50	17,8	50	19,1	51	20,4	51	21,8	52	23,3
	4	49	17,6	50	18,9	50	20,2	51	21,6	51	23,1
	6	48	17,5	49	18,8	49	20,1	50	21,5	50	23,0
	8	47	17,3	48	18,6	48	19,9	49	21,3	49	22,8
8°	0	46	17,2	47	18,5	47	19,8	48	21,2	49	22,7
	2	45	17,1	46	18,4	47	19,7	47	21,1	48	22,6
	4	45	17,0	45	18,3	46	19,6	46	20,9	47	22,4
	6	44	16,8	44	18,1	45	19,4	46	20,8	46	22,3
	8	43	16,7	43	18,0	44	19,3	45	20,6	45	22,1
9°	0	42	16,6	43	17,9	43	19,2	44	20,5	45	22,0
	2	41	16,5	42	17,8	43	19,1	43	20,4	44	21,9
	4	40	16,4	41	17,7	42	19,0	42	20,3	43	21,7
	6	40	16,3	40	17,5	41	18,8	41	20,1	42	21,6
	8	39	16,2	40	17,4	40	18,7	41	20,0	42	21,4
10°	0	38	16,1	39	17,3	40	18,6	40	19,9	41	21,3
	2	38	16,0	38	17,2	39	18,5	40	19,8	40	21,2
	4	37	15,9	38	17,1	38	18,4	39	19,7	40	21,1
	6	36	15,8	37	17,0	38	18,2	38	19,5	39	20,9
	8	36	15,7	36	16,9	37	18,1	38	19,4	38	20,8
11°	0	35	15,6	36	16,8	37	18,0	37	19,3	38	20,7
	2	34	15,5	35	16,7	36	17,9	36	19,2	37	20,6
	4	34	15,4	35	16,6	35	17,8	36	19,1	37	20,5
	6	33	15,3	34	16,5	35	17,7	35	19,0	36	20,3
	8	33	15,2	34	16,4	34	17,6	35	18,9	35	20,2
12°	0	32	15,1	33	16,3	34	17,5	34	18,8	35	20,1
	2	32	15,0	32	16,2	33	17,4	34	18,7	34	20,0
	4	31	14,9	32	16,1	33	17,3	33	18,6	34	19,9
	6	30	14,9	31	16,0	32	17,2	33	18,5	33	19,8
	8	30	14,8	31	15,9	32	17,1	32	18,4	33	19,7
13°	0	29	14,7	30	15,8	31	17,0	32	18,3	32	19,6
	2	29	14,6	30	15,7	31	16,9	31	18,2	32	19,5
	4	29	14,5	29	15,6	30	16,8	31	18,1	31	19,4
	6	28	14,5	29	15,6	30	16,8	30	18,0	31	19,3
	8	28	14,4	28	15,5	29	16,7	20	17,9	30	19,2

TABLA IV. — *(Continuación)*

DIFERENCIA *de los dos termómetros*	Termómetro húmedo									
	30°		**31°**		**32°**		**33°**		**34°**	
	H	T	H	T	H	T	H	T	H	T
	%	m/m	%	m/m	%	m/m	%	m/m	%	m/m
7° 0	53	25,0	54	26,7	54	28,4	55	30,2	55	32,1
2	52	24,8	53	26,5	53	28,2	54	30,0	54	31,9
4	52	24,7	52	26,4	53	28,1	53	29,8	54	31,7
6	51	24,5	51	26,2	52	27,9	52	29,7	53	81,6
8	50	24,4	50	26,1	51	27,8	52	29,5	52	31,4
8° 0	49	24,2	50	25,9	50	27,6	51	29,3	51	31,2
2	48	24,1	49	25,7	49	27,4	50	29,1	51	31,0
4	47	23,9	48	25,6	49	27,3	49	29,0	50	30,9
6	47	23,8	47	25,4	48	27,1	48	28,8	49	30,7
8	46	23,6	47	25,3	47	27,0	48	28,7	48	30,6
9° 0	45	23,5	46	25,1	46	26,8	47	28,5	48	30,4
2	44	23,4	45	25,0	46	26,6	46	28,3	47	30,2
4	44	23,2	44	24,8	45	26,5	45	28,2	46	30,1
6	43	23,1	44	24,7	44	26,3	45	28,0	45	29,9
8	42	22,9	43	24,5	44	26,2	44	27,9	45	29,8
10° 0	42	22,8	42	24,4	43	26,0	43	27,7	44	29,6
2	41	22,7	42	24,3	42	25,9	43	27,6	43	—
4	40	22,6	41	24,1	41	25,7	42	27,4	43	—
6	40	22,4	40	24,0	41	25,6	41	27,3	42	—
8	39	22,3	40	23,8	40	25,4	41	27,1	41	—
11° 0	38	22,2	39	23,7	39	25,3	40	27,0	—	—
2	38	22,1	38	23,6	39	25,2	39	26,9	—	—
4	37	22,0	38	23,5	38	25,1	39	26,7	—	—
6	36	21,8	37	23,3	37	24,9	38	26,6	—	—
8	36	21,7	36	23,2	37	24,8	37	26,4	—	—
12° 0	35	21,6	36	23,1	36	24,7	37	26,3	—	—
2	35	21,5	35	23,0	36	—	—	—	—	—
4	34	21,4	35	22,9	35	—	—	—	—	—
6	34	21,2	34	22,7	35	—	—	—	—	—
8	33	21,1	34	22,6	34	—	—	—	—	—
13° 0	32	21,0	33	22,5	—	—	—	—	—	—
2	32	20,9	32	22,4	—	—	—	—	—	—
4	31	20,8	32	22,3	—	—	—	—	—	—
6	31	20,7	31	22,1	—	—	—	—	—	—
8	30	20,6	31	22,0	—	—	—	—	—	—

TABLA IV. — *(Continuación)*

Diferencia de los dos termómetros	Termómetro húmedo									
	— 5°		— 6°		— 7°		— 8°		— 9°	
	H	T	H	T	H	T	H	T	H	T
	%	m/m	%	m/m	%	m/m	%	m/m	%	m/m
14° 0	6	1,0	8	1,4	10	1,8	11	2,2	13	2,6
2	6	—	8	1,4	9	1,8	11	2,2	12	2,6
4	6	—	8	1,4	9	1,8	11	2,2	12	2,6
6	6	—	7	1,4	9	1,8	10	2,1	12	2,6
8	6	—	7	1,4	9	1,8	10	2,1	12	2,6
15° 0	5	—	7	1,3	9	1,7	10	2,1	11	2,5
2	5	—	7	1,3	8	1,7	10	2,1	11	2,5
4	5	—	7	1,3	8	1,7	10	2,1	11	2,5
6	5	—	7	1,3	8	1,7	9	2,0	11	2,5
8	5	—	7	1,3	8	1,7	9	2,0	11	2,5
16° 0	5	—	7	1,3	8	1,7	9	2,0	10	2,5
2	—	—	6	—	8	—	9	—	10	2,5
4	—	—	—	—	8	—	9	—	10	2,5
6	—	—	—	—	—	—	9	—	10	2,5
8	—	—	—	—	—	—	9	—	10	2,5
17° 0	—	—	—	—	—	—	9	—	10	2,4
2	—	—	—	—	—	—	8	—	9	2,4
4	—	—	—	—	—	—	8	—	9	2,4
6	—	—	—	—	—	—	8	—	9	2,4
8	—	—	—	—	—	—	8	—	9	2,4
18° 0	—	—	—	—	—	—	8	—	9	2,4

TABLA IV. — *(Continuación)*

Diferencia *de los dos termómetros*		Termómetro húmedo									
		—10°		—11°		—12°		—13°		—14°	
		H	T	H	T	H	T	H	T	H	T
		%	m/m	%	m/m	%	m/m	%	m/m	%	m/m
14°	0	14	3,1	15	3,6	16	4,1	18	4,6	19	5,2
	2	14	3,1	15	3,6	16	4,1	17	4,6	19	5,2
	4	13	3,1	15	3,6	16	4,1	17	4,6	18	5,1
	6	13	3,1	14	3,5	15	4,0	17	4,5	18	5,1
	8	13	3,1	14	3,5	15	4,0	16	4,5	18	5,0
15°	0	13	3,0	14	3,5	15	4,0	16	4,5	17	5,0
	2	13	3,0	14	3,5	15	4,0	16	4,5	17	5,0
	4	12	3,0	13	3,5	14	4,0	16	4,5	17	5,0
	6	12	3,0	13	3,4	14	3,9	15	4,4	16	4,9
	8	12	3,0	13	3,4	14	3,9	15	4,4	19	4,9
16°	0	12	2,9	13	3,4	14	3,9	15	4,4	16	4,9
	2	11	2,9	13	3,4	14	3,9	15	4,4	16	4,9
	4	11	2,9	12	3,4	14	3,9	14	4,4	15	4,9
	6	11	2,9	12	3,4	13	3,9	14	4,4	15	4,9
	8	11	2,9	12	3,4	13	3,9	14	4,4	15	4,9
17°	0	11	2,9	12	3,3	13	3,8	14	4,3	15	4,8
	2	11	2,9	12	3,3	13	3,8	14	4,3	15	4,8
	4	11	2,9	12	3,3	13	3,8	13	4,3	14	4,8
	6	11	2,9	12	3,3	12	3,8	13	4,3	14	4,8
	8	10	2,9	11	3,3	12	3,8	13	4,3	14	4,8
18°	0	10	2,9	11	3,3	12	3,8	13	4,3	14	4,8
	2	10	—	11	—	12	—	13	—	14	—
	4	10	—	11	—	12	—	13	—	14	—
	6	10	—	11	—	12	—	13	—	13	—
	8	10	—	11	—	12	—	12	—	13	—
19°	0	10	—	11	—	12	—	12	—	13	—
	2	10	—	11	—	11	—	12	—	13	—
	4	10	—	11	—	11	—	12	—	13	—
	6	10	—	11	—	11	—	12	—	13	—
	8	10	—	10	—	11	—	12	—	12	—
20°	0	10	—	10	—	11	—	12	—	12	—

TABLA IV. — *(Continuación)*

DIFERENCIA *de los dos termómetros*		Termómetro húmedo									
		15°		16°		17°		18°		19°	
		H	T	H	T	H	T	H	T	H	T
		%	m/m	%	m/m	%	m/m	%	m/m	%	m/m
14°	0	20	5,8	21	6,5	21	7,2	22	7,9	23	8,7
	2	20	5,8	20	6,5	21	7,2	22	7,9	23	8,7
	4	19	5,7	20	6,4	21	7,1	22	7,8	22	8,6
	6	19	5,7	20	6,4	20	7,1	21	7,8	22	8,6
	8	19	5,6	19	6,3	20	7,0	21	7,7	22	8,5
15°	0	18	5,6	19	6,3	20	7,0	20	7,7	21	8,5
	2	18	5,6	18	6,3	19	7,0	20	7,7	21	8,5
	4	18	5,6	18	6,3	19	6,9	20	7,6	21	8,4
	6	17	5,5	18	6,2	19	6,9	19	7,6	20	8,4
	8	17	5,5	18	6,2	18	6,8	19	7,5	20	8,3
16°	0	17	5,5	17	6,2	18	6,8	19	7,5	20	8,3
	2	17	5,5	17	6,2	18	6,8	19	7,5	19	8,3
	4	16	5,5	17	6,2	17	6,8	18	7,5	19	8,2
	6	16	5,5	16	6,1	17	6,7	18	7,4	19	8,2
	8	16	5,5	16	6,1	17	6,7	18	7,4	18	8,1
17°	0	16	5,4	16	6,1	17	6,7	18	7,4	18	8,1
	2	15	5,4	16	6,1	17	6,7	17	7,4	18	8,1
	4	15	5,4	16	6,1	16	6,6	17	7,4	18	8,1
	6	15	5,4	15	6,0	16	6,7	17	7,4	18	8,0
	8	15	5,4	15	6,0	16	6,7	17	7,4	17	8,0
18°	0	14	5,4	15	6,0	16	6,6	16	7,3	17	8,0
	2	14	—	15	—	16	6,6	16	7,3	17	8,0
	4	14	—	15	—	15	6,6	16	7,3	17	8,0
	6	14	—	15	—	15	6,6	16	7,3	17	8,0
	8	14	—	14	—	15	6,6	16	7,3	16	8,0
19°	0	14	—	14	—	15	6,6	16	7,3	16	7,9
	2	14	—	14	—	15	6,6	15	7,3	16	7,9
	4	13	—	14	—	15	6,6	15	7,3	16	7,9
	6	13	—	14	—	14	6,6	15	7,3	16	7,9
	8	13	—	14	—	14	6,6	15	7,3	15	7,9
20°	0	13	—	14	—	14	6,6	15	7,3	15	7,9

TABLA IV. — *(Continuación)*

Diferencia *de los dos termómetros*	Termómetro húmedo									
	20°		**21°**		**22°**		**23°**		**24°**	
	H	T	H	T	H	T	H	T	H	T
	%	m/m	%	m/m	%	m/m	%	m/m	%	m/m
14° 0	24	9,5	25	10,4	25	11,3	26	12,2	27	13,2
2	24	9,4	24	10,3	25	11,2	26	12,1	26	13,1
4	23	9,4	24	10,3	25	11,2	25	12,1	26	13,1
6	23	9,3	24	10,2	24	11,1	25	12,0	26	13,0
8	22	9,3	23	10,2	24	11,1	25	12,0	25	13,0
15° 0	22	9,2	23	10,1	24	11,0	24	11,9	25	12,9
2	22	9,2	22	10,1	23	10,9	24	11,8	24	12,8
4	21	9,1	22	10,0	23	10,9	23	11,8	24	12,8
6	21	9,1	22	10,0	23	10,8	23	11,7	24	12,7
8	21	9,0	21	9,9	22	10,8	23	11,7	23	12,7
16° 0	20	9,0	21	9,9	22	10,7	22	11,6	23	12,6
2	20	9,0	21	9,9	22	10,7	22	11,6	23	12,6
4	20	8,9	21	9,8	21	10,6	22	11,5	22	12,5
6	20	8,9	20	9,8	21	10,6	21	11,5	22	12,5
8	19	8,8	20	9,7	21	10,5	21	11,4	22	12,4
17° 0	19	8,8	20	9,7	20	10,5	21	11,4	21	12,4
2	19	8,8	19	9,7	20	10,5	21	11,4	21	12,4
4	18	8,8	19	9,6	20	10,5	20	11,3	21	12,3
6	18	8,7	19	9,6	19	10,4	20	11,3	20	12,3
8	18	8,7	19	9,5	19	10,4	20	11,2	20	12,2
18° 0	18	8,7	18	9,5	19	10,4	19	11,2	20	12,2
2	18	8,7	18	9,5	19	10,4	19	11,2	20	12,2
4	17	8,7	18	9,5	18	10,4	19	11,2	19	12,1
6	17	8,7	18	9,5	18	10,3	19	11,1	19	12,1
8	17	8,7	17	9,5	18	10,3	18	11,1	19	12,0
19° 0	17	8,6	17	9,4	18	10,3	18	11,1	19	12,0
2	17	8,6	17	9,4	18	10,3	18	11,1	19	12,0
4	16	8,6	17	9,4	17	10,3	18	11,1	18	12,0
6	16	8,6	17	9,4	17	10,2	18	11,0	18	11,9
8	16	8,6	16	9,4	17	10,2	18	11,0	18	11,9
20° 0	16	8,6	16	9,4	17	10,2	17	11,0	18	11,9

TABLA IV. — *(Continuación)*

Diferencia *de los dos termómetros*		Termómetro húmedo									
		25°		26°		27°		28°		29°	
		H	T	H	T	H	T	H	T	H	T
		%	m/m	%	m/m	%	m/m	%	m/m	%	m/m
14°	0	27	14,3	28	15,4	29	16,6	29	17,8	30	19,1
	2	27	14,2	28	15,3	29	16,5	29	17,7	29	19,0
	4	27	14,1	27	15,2	28	16,4	28	17,6	29	18,9
	6	26	14,1	27	15,2	28	16,4	28	17,6	29	18,9
	8	26	14,0	26	15,1	27	16,3	27	17,5	28	18,8
15°	0	25	13,9	26	15,0	27	16,2	27	17,4	28	18,7
	2	25	13,8	26	14,9	26	16,1	27	17,3	27	18,6
	4	25	13,8	25	14,9	26	16,0	26	17,2	27	18,5
	6	24	13,7	25	14,8	26	16,0	26	17,2	27	18,5
	8	24	13,7	24	14,8	25	15,9	25	17,1	26	18,4
16°	0	24	13,6	24	14,7	25	15,8	25	17,0	26	18,3
	2	23	13,5	24	14,6	25	15,7	25	—	—	—
	4	23	13,5	23	14,6	24	15,7	24	—	—	—
	6	23	13,4	23	14,5	24	15,6	24	—	—	—
	8	22	13,4	23	14,5	24	15,6	24	—	—	—
17°	0	22	13,3	22	14,4	23	15,5	—	—	—	—
	2	22	13,3	22	14,4	23	15,5	—	—	—	—
	4	21	13,2	22	14,3	22	15,4	—	—	—	—
	6	21	13,2	21	14,3	22	15,4	—	—	—	—
	8	21	13,1	21	14,2	22	15,3	—	—	—	—
18°	0	20	13,1	21	14,2	21	15,3	—	—	—	—
	2	20	—	21	—	—	—	—	—	—	—
	4	20	—	20	—	—	—	—	—	—	—
	6	20	—	20	—	—	—	—	—	—	—
	8	19	—	20	—	—	—	—	—	—	—
19°	0	19	—	—	—	—	—	—	—	—	—
	2	19	—	—	—	—	—	—	—	—	—
	4	19	—	—	—	—	—	—	—	—	—
	6	19	—	—	—	—	—	—	—	—	—
	6	18	—	—	—	—	—	—	—	—	—
20°	0	18	—	—	—	—	—	—	—	—	—

CONVERSIÓN

en milímetros de las lecturas de los barómetros y pluviómetros ingleses cuando están graduados en pulgadas y décimos ó centésimos de pulgada.

BARÓMETRO		BARÓMETRO		PLUVIÓMETRO	
pulg. dec,	*mm*	*pulg. dec.*	*mm*	*pul.*	*mm*
24,0	609,59	27,4	695,95	0,01	0,254
1	612.13	5	698,49	0,02	0,508
2	614,67	6	701,03	0,03	1,762
3	617,21	7	703,57	0,04	1,016
4	619,75	8	706,11	0,05	1,270
5	622,29	9	708,65		
6	624,83	28,0	711,19	0,06	1,524
7	627,37	1	713,73	6,07	1,778
8	629,91	2	716,27	6,08	2,032
9	632,45	3	718,01	0,09	2,286
9	632,45	3	718,81	0,09	2,286
25,0	634,99	4	721,35		
1	637,53	5	723,89	0,10	2,540
2	640,07	6	726,43	0,20	5,080
3	642,71	7	723,97	0,30	7,620
4	645,15	8	731,51	0,40	10,160
5	647,69	9	734,05	0,50	12,700
6	650,23	29,0	736,59		
7	652,77	1	739,12	0,60	15,240
8	655,31	2	741,67	0,70	17,780
9	657,85	3	744,21	0,80	20,320
26,0	660,39	4	746,75	0,90	22,860
1	662,93	5	749,29		
2	665,47	6	751,83	1,00	25,400
3	668,01	7	754,37	2,00	50,799
4	670,55	8	756,91	3,00	76,199
5	673,09	9	759,45	4,00	101,598
6	675,63	30,0	761,99	5,00	126,998
7	678,17	1	764,53		
8	680,71	2	767,07	6,00	152,397
9	683,25	3	769,61	7,00	177,797
27,0	685,79	4	772,15	8,00	203,196
1	688,33	5	774,69	9,00	228,596
2	690,87	6	777,23	10,00	253,995
3	693,41	7	779,77		

COMPARACIÓN

de los termómetros Fahrenheit y Centigrado.

Farenheit	Centigrado	Fahrenheit	Centígrado	Fahrenheit	Centígrado
— 4	— 20,00	33	0,56	70	21,11
— 3	— 19,44	34	1,11	71	21,67
— 2	— 18,89	35	1,67	72	22,22
— 1	— 18,33	36	2,22	73	22,78
0	— 17,78	37	2,78	74	23,33
1	— 17,22	38	3,33	75	23,89
2	— 16,67	39	3,89	76	24,44
3	— 16,11	40	4,44	77	25,00
4	— 15,56	41	5,00	78	25,56
5	— 15,00	42	5,56	79	26,11
6	— 14,44	43	6,11	80	26,67
7	— 13,89	44	6,67	81	27,22
8	— 13,33	45	7,22	82	27,78
9	— 12,78	46	7,78	83	28,33
10	— 12,22	47	8,33	84	28,89
11	— 11,67	48	8,89	85	29,44
12	— 11,11	49	9,44	86	30,00
13	— 10,56	50	10,00	87	30,56
14	— 10,00	51	10,56	88	31,11
15	— 9,44	52	11,11	89	31,67
16	— 8,89	53	11,67	90	32,22
17	— 8,33	54	12,22	91	32,78
18	— 7,78	55	12,78	92	33,33
19	— 7,22	56	13,33	93	33,89
20	— 6,67	57	13,89	94	34,44
21	— 6,11	58	14,44	95	35,00
22	— 5,56	59	15,00	96	35,56
23	— 5,00	60	15,56	97	36,11
24	— 4,44	61	16,11	98	36,67
25	— 3,89	62	16,67	99	37,22
26	— 3,33	63	17,22	100	37,78
27	— 2,78	64	17,78	101	38,33
28	— 2,22	65	18,33	102	38,89
29	— 1,67	66	18,89	103	39,44
30	— 1,11	67	19,44	104	40,00
31	— 0,56	68	20,00	105	40,56
32	— 0,00	69	20,56	106	41,11

COMPARACIÓN

de los termómetros Reaumur y Centígrado.

Reaumur	Centígrado	Reaumur	Centígrado	Centígrado	Reaumur	Centígrado	Reaumur
0	0	35	43,75	0	0	35	28,0
1	1,25	36	45,00	1	0,8	36	28,8
2	2,50	37	46,25	2	1,6	37	29,6
3	3,75	38	46,50	3	2,4	38	30,4
4	5,00	39	48,75	4	3,2	39	31,2
5	6,25	40	50,00	5	4,0	40	32,0
6	7,50	41	51,25	6	4,8	41	32,8
7	8,75	42	52,50	7	5,6	42	33,6
8	10,00	43	53,75	8	6,4	43	34,4
9	11,25	44	55,00	9	7,2	44	35,2
10	12,50	45	56,25	10	8,0	45	36,0
11	13,75	46	57,50	11	8,8	46	36,8
12	15,00	47	58,75	12	9,6	47	37,6
13	16,25	48	60,00	13	10,4	48	38,4
14	17,50	49	61,25	14	11,2	49	39,2
15	18,75	50	62,50	15	12,0	50	40,0
16	20,00	51	63,75	16	12,8	51	40,8
17	21,25	52	65,00	17	13,6	52	41,6
18	22,50	53	66,25	18	14,4	53	42,4
19	23,75	54	67,50	19	15,2	54	43,2
20	24,00	55	68,75	20	16,0	55	44,0
21	25,25	56	70,00	21	16,8	56	44,8
22	27,50	57	71,25	22	17,6	57	45,6
23	28,75	58	72,50	23	18,4	58	46,4
24	30,00	59	73,75	24	19,2	59	47,2
25	31,25	60	75,00	25	20,0	60	48,0
26	32,50	62	77,50	26	20,8	61	48,8
27	33,75	64	80,00	27	21,6	62	49,6
28	35,50	66	82,50	28	22,4	63	50,4
29	36,25	68	85,00	29	23,2	64	51,2
30	37,00	70	87,50	30	24,0	65	52,0
31	38,75	72	90,00	31	24,8	70	56,0
32	40,00	74	92,50	32	25,6	75	60,0
33	41,25	76	95,00	33	26,4	80	64,0
34	42,50	78	97,50	34	27,2	90	72,0
35	43,75	00	100,00	35	28,0	100	80,0

TABLAS PARA CALCULAR LAS ALTURAS

POR MEDIO DE

OBSERVACIONES BAROMÉTRICAS

El barómetro ofrece uno de los medios mas cómodos para obtener rápidamente la diferencia de altura entre dos estaciones en las cuales se han hecho observaciones meteorológicas simultáneas.

Entre las fórmulas que permiten la resolución de este problema, la más célebre y la primera conocida es la de LAPLACE.

Esta fórmula sirvió de base para la construcción de numerosas tablas, entre los cuales las que contiene el *Annuaire du Bureau des Longitudes* ofrece un modelo perfecto.

Más tarde, varios autores han modificado esta fórmula; citaremos solamente la de RÜLLMANN que contiene un término de corrección para tener en cuenta la humedad de la atmósfera.

Después el ilustre BESSELL dió á conocer una fórmula un poco más complicada que la de LAPLACE, para cuyo uso el Sr. PLANTAMOUR publicó todas las tablas necesarias. Con esta fórmula, así como con la de LAPLACE, se obtiene resultados muy satisfactorios.

Desde los trabajos de estos dos grandes geómetras, se han publicado diferentes fórmulas cuya enumeración nos haría entrar en detalles inútiles que nos llevarían demasiado lejos.

Después de un examen prolijo de la cuestión, hemos adoptado para este Anuario la fórmula y las tablas del señor ALFRED ANGOT que nos parecen alcanzan el mayor grado de precisión que se puede esperar del empleo de los instrumentos meteorológicos para la medida de alturas (*).

(*) Véase *Annales du Bureau Central Météorologique de France*, par E. MASCART, *année 1879*, pág. B. 81, *Paris*, GAUTHIER-VILLARS, *1880*.

Si se llama:

Z la diferencia de nivel entre las dos estaciones,
m el módulo de los logaritmos vulgares,
h la altura del barómetro (reducida a 0°) en la estación superior,
h' la altura del barómetro (reducida a 0°) en la estación inferior,
θ la temperatura media del aire entre las dos estaciones,
f la tensión media del vapor de agua,
λ la latitud media,
D la densidad del mercurio á 0°,
a el peso de litro de aire seco á 0° á la presion de 760ᵐᵐ de mercurio, al nivel del mar y á la latitud de 45°,

la teoría de Laplace da:

$$Z = \frac{0^m 760 \times D}{ma\left(1 - 0{,}378\frac{f}{760}\right)} \times \left(1 + \frac{\theta}{272}\right)(1 + 0{,}00260 \cos 2\lambda)\left(1 + \frac{Z + 15926}{6366200}\right) \log\frac{h'}{h}$$

Segun Regnault la relación $\frac{D}{a}$ es igual á 10517,3; á más,

el término $\frac{1}{1 - 0{,}378\frac{f}{760}}$ puede ser remplazado sin error

appreciabe por $1 + 0378\frac{f}{760}$ ó sea 1,000497

La fórmula viene á ser entonces:

$$Z = 18404^m 9 \begin{cases} \left(\left(1 + \frac{\theta}{273}\right)\left(1 + 0{,}0004974\, f\right)\right. \\ \left.\left(1 + 0{,}000260 \cos 2\lambda \left(1 + \frac{Z + 15926}{6366200} \log\frac{h'}{h}\right)\right)\right. \end{cases}$$

En lugar de calcular directamente la diferencia de altitud de las dos estaciones, el método del Sr. Angot consiste en avaluar separadamente la altitud de los dos puntos arriba de un plano cualquiera, aquel, por ejemplo, donde la presión es de 760 m/m en el momento de la observación. Basta después restar los dos números así obtenidos el uno del otro para tener la diferencia de altitud buscada.

El cálculo se hace entonces del modo siguiente. Con la

presión barométrica h (reducida á 0°) observada en una de las dos estaciones, se calcula primero la altura Z_1 de esta estación arriba del plano donde la presión es igual á 760 m/m despreciando por el momento todas las correcciones. Se obtiene así:

$$Z_1 = 18404^m 9 \log \frac{760}{h}$$

Sea ahora t la temperatura del aire exterior en la estación donde la altura del barómetro es h, y admitimos que la temperatura decrece regularmente en la atmósfera á razón de 1° cada 180 metros. La temperatura en la estación donde la presión es 760 m/m, á Z_1 metros abajo, sería $t + \frac{Z_1}{180}$, de modo que la temperatura media teórica θ de la capa de aire es rigurosamente conocida é igual á

$$\theta = \frac{1}{2}\left(t + t + \frac{Z_1}{180}\right) = t + \frac{Z_1}{360}$$

Se puede entonces ahora obtener fácilmente una nueva altura Z_2 más aproximada que Z_1 por

$$Z_2 = Z_1\left(1 + \frac{\theta}{273}\right)$$

Como el término relativo á la humedad es siempre muy pequeño, se puede despreciar el decrecimiento de la humedad con la altitud, y suponer que en toda la capa de aire la tensión del vapor es la misma que en la estación considerada:

Se tendrá entonces

$$Z_3 = Z_2(1 + 0{,}0004974\ f)$$

En fin, como los términos que dependen de la altitud y de la latitud son muy pequeños, se puede emplazar

$$\left(1 + 0{,}00260 \cos 2\lambda\right)\left(1 + \frac{Z + 15926}{6366200}\right)$$

por

$$1 + 0{,}00260 \cos 2\lambda + \frac{Z + 15926}{6366200}$$

de modo que se tendrá la altitud definitiva Z_4 por la ecuación.

$$Z_4 + Z_3\left(1 + 0{,}00260 \cos 2\lambda + \frac{15926 + Z_3}{6367200}\right)$$

Este número representará la altitud de la primera estación arriba del plano donde la presión es 760 m/m Haciendo la misma operación para la segunda estación se encontrará un número Z_2 y la diferencia de altura entre las dos estaciones será $Z_1 - Z_2$.

Las tablas que van á continuación y cuyo uso indicamos más abajo, permiten hacer estas operaciones muy rápidamente y sin que se necesite recurrir á los logaritmos.

Se debe notar que en lo que precede no se hace uso de ningún coeficiente empírico. La constante barométrica, 18404m9, es la que se calcula directamente, introduciendo en la fórmula teórica los resultados de las experiencias de Regnault sobre la relación de los pesos del aire y del mercurio. Para la dilatación del aire se ha tomado el coeficiente de Regnault, $\frac{1}{273}$.

En fin, el decrecimiento medio de 1° por 180 metros, resulta de numerosas observaciones efectuadas en las mejores condiciones entre estaciones terrestres de latitudes muy variadas, y no en ascensiones aerostáticas; lo que correspondería á condiciones del todo diferentes.

La ley del decrecimiento de la temperatura con la altitud varía como se sabe con la estación y los países. Ha parecido suficiente al autor de admitir un decrecimiento constante de 1° por 180 metros, que es el valor medio para el hemisferio Norte.

Pero se podría, sin cambiar nada de esencial en el método, suponer otra ley; las Tablas quedan las mismas, á excepción de la Tabla II, que se reemplazará, sin ninguna dificultad, por una tabla análoga, que pareciera preferible en cada caso.

USO DE LAS TABLAS

El cálculo de una altitud por medio de las tablas que siguen debe efectuarse del modo siguiente:

Con la altura barométrica reducida á 0° se encuentra en la tabla I una primera altitud aproximada Z_1.

Las tablas proporcionales permiten interpolar fácilmente para las fracciones de milímetros; pero hay que tener en cuenta que los números de la tabla crecen cuando la presión disminuye; se debe entonces *restar* la cantidad que corresponde á los décimos de la altitud que corresponde al números entero de milímetros.

La tabla II da en función de la altura Z_1 encontrada precedentemente, la corrección que se debe sumar á la temperatura *t* del aire para deducir la temperatura θ que entra en los cálculos.

Con esta temperatura θ y la altura aproximada Z_1 se encuentra en la tabla III la corrección de temperatura que se debe *sumar* á Z_1 si θ es *positiva*, y *restar* si θ es *negativa*. Se obtiene así una segunda altitud más aproximada Z_2.

En fin, las tablas IV y V dans las correcciones siempre aditivas que se debe agregar á Z_2 para tener en cuenta la humedad del aire, la altitud y la latitud.

Volviendo á empezar las mismas operaciones para la segunda estación se obtiene otra altitud Z'; la diferencia $Z-Z'$ es la diferencia de altitud de las dos estaciones.

Damos como ejemplo, el cálculo de la altitud del *Mont Ventoux* (Francia), según las observaciones efectuadas el 7 Setiembre de 1879 entre el vértice de la montaña y la ciudad de *Aviñón*.

EJEMPLO DEL CÁLCULO DE UNA ALTITUD

Mont Ventoux. . h =607 mil. 91 t =14° 4 f=6 mil.
Avinon. . . . . h'=758 mil. 20 t'=26° 7 f=13 mil. latitud 44°.

MONT VENTOUX

TABLA I		t	14°
para 607 mil. . . .	1796m8	TABLA II	
» 0 mil. 91 . . .		para 14°, 4 y 1785 mil.	4, 9
Z_1. . . .	1784, 8	θ	19,
TABLA III			
para 1785m y 19°3. .	126, 3		
Z_2. . . .	1911, 1		
TABLA IV			
para 1910m y f=6 mil.	5, 7		
TABLA V			
para 1915m y λ=44°.	5, 6		
Z	1922, 4		

AVIÑÓN

TABLA I

para 758 mil. . . . 21m0

para 0m20 . . . . . 2. 1

Z_1. . . . 18, 9

TABLA III

para 19m y 26°8 . . 1, 9

Z_2. . . . 20, 8

TABLA IV

para 21m y f=14 mil. 0, 1

TABLA V

para 21m y λ=44°. . 0. 1

Z'. . . . 21, 0

t. . . 26° 7

TABLA II

para 19m. 0, 1

θ. 26, 8

La diferencia de altitud entre *Aviñón* y el *Mont Ventoux* es entonces:

$$Z—Z'=1922^m4—21^m0=1901^m4$$

La altitud del barómetro de *Aviñón* siendo de 22m, la altitud del *Mont Ventoux* arriba del nivel del mar, sería, según esta observación, *igual á 1923 metros.*

TABLA I.

Presión	Altitud	Diferª	Presión	Altitud	Diferª
m/m	m		m/m	m	
779	—197.4	10.3	739	224.0	10.8
778	—187.1	19.3	738	234.8	10.8
777	—176.8	10.3	737	245.6	10.9
776	—166.5	10.3	736	256.5	10.9
775	—156.2	10.3	735	267.4	19.9
774	—145.9	10.3	734	278.3	10.9
773	—135.6	10.3	734	289.2	10.9
772	—125.3	10.4	732	300.1	10.9
771	—114.9	10.4	731	311.0	10.9
770	—105.5	10.4	730	321.9	11.0
769	— 94.1	10.4	729	332.9	11.0
768	— 83.7	10.4	728	343.9	11.0
767	— 73.3	10.4	727	354.9	11.0
766	— 62.9	10.4	726	365.9	11.0
765	— 52.5	10.5	725	376.9	11.0
764	— 42.0	10.5	724	387.9	11.1
763	— 31.5	10.5	723	398.9	11.1
762	— 21.0	10.5	722	410.0	11.1
761	— 10.5	10.5	721	421.1	11.1
760	— 0	10.5	720	432.2	11.1
759	10.5	10.5	719	443.3	11.1
758	21.0	10.6	718	454.4	11.1
757	31.6	10.6	717	465.5	11.2
756	42.2	10.6	716	476.7	11.2
755	52.8	10.6	715	487.9	11.2
754	63.4	10.6	714	499.1	11.2
753	74.0	10.6	713	510.3	11.2
752	84.6	10.6	712	521.5	11.2
751	95.2	10.6	711	532.7	11.2
750	105.8	10.7	710	543.9	11.3
749	116.5	10.7	709	555.2	11.3
748	127.2	10.7	708	566.5	11.3
747	137.9	10.7	707	577.8	11.3
746	148.6	10.7	706	589.1	11.3
745	159.3	10.7	705	600.4	11.4
744	170.0	10.8	704	611.8	11.4
743	180.8	18.8	703	623.2	11.4
742	191.6	10.8	702	634.6	11.4
741	202.4	10.8	701	646.0	11.4
740	213.2	10.8	700	657.4	11.4

PART. PROP.

	10.9	10.4	10.6	10.8
mm	mm	mm	mm	mm
0.1	1.02	1.04	1.06	1.08
0.2	2.04	2.08	2.12	2.16
0.3	3.06	3.12	3.18	3.24
0.4	4.08	4.16	4.24	4.32
0.5	5.12	5.20	5.30	5.40
0.6	6.10	6.24	6.36	6.48
0.7	7.14	7.28	7.42	7.56
0.8	8.16	8.32	8.48	8.64
0.9	9.18	9.36	9.54	9.72

	11.0	11.3	11.4
mm	mm	mm	mm
0.1	1.10	1.12	1.14
0.2	2.20	2.24	2.28
0.3	3.30	3.36	3.42
0.4	4.40	4.48	4.56
0.5	5.50	5.60	5.70
0.6	6.60	6.72	6.84
0.7	7.70	7.84	7.98
0.8	8.80	8.96	9.12
0.9	9.90	10.08	10.26

TABLA I. — *(Continuación).*

Presión	Altitud	Diferª	Presión	Altitud	Diferª
m/m	m		m/m	m	
699	668.8	11.4	659	1139.8	12.1
698	680.2	11.5	658	1151.9	12.1
697	691.7	11.5	657	1164.1	12.2
696	703.2	11.5	656	1176.3	12.2
695	714.7	11.5	655	1188.5	12.2
694	726.2	11.5	654	1200.7	12.2
693	737.7	11.5	653	1212.9	12.2
692	749.2	11.6	652	1225.1	12.3
691	760.8	11.6	651	1237.4	12.3
690	772.4	11.6	650	1249.7	12.3
689	784.0	11.6	649	1262.0	12.3
688	795.6	11.6	648	1274.3	12.3
687	807.2	11.6	647	1286.7	12.4
686	818.8	11.7	646	1299.1	12.4
685	830.5	11.7	645	1311.5	12.4
684	842.2	11.7	644	1323.9	12.4
683	853.9	11.7	643	1336.3	12.4
682	865.6	11.7	642	1348.7	12.5
681	877.3	11.7	641	1361.2	12.5
680	889.0	11.8	640	1373.7	12.5
679	900.8	11.8	639	1386.2	12.5
678	912.6	11.8	638	1398.7	12.5
677	924.4	11.8	637	1411.2	12.6
676	936.2	11.8	636	1423.8	12.6
675	948.0	11.9	635	1436.4	12.6
674	959.9	11.9	634	1449.0	12.6
673	971.8	11.9	633	1461.6	12.6
672	983.7	11.9	632	1474.2	12.7
671	995.6	11.9	631	1486.9	12.7
670	1007.5	11.9	630	1499.6	12.7
669	1019.4	12.0	629	1512.3	12.7
668	1031.4	12.0	628	1525.0	12.7
667	1043.4	12.0	627	1537.7	12.7
666	1055.4	12.0	626	1550.4	12.8
665	1067.4	12.0	625	1563.2	12.8
664	1079.4	12.0	624	1576.0	12.8
663	1091.4	12.1	623	1588.8	12.9
662	1103.5	12.1	622	1601.7	12.9
661	1115.6	12.1	621	1614.6	12.9
660	1127.7	12.1	620	1627.5	12.9

PART. PROP.

	11.6	11.8	12.0	12.2
mm	mm	mm	mm	mm
0.1	1.16	1.18	1.20	1.22
0.2	2.32	2.36	2.40	2.44
0.3	3.48	3.54	3.60	3.66
0.4	4.64	4.72	4.80	4.88
0.5	5.80	5.90	6.00	6.10
0.6	6.96	7.08	7.20	7.32
0.7	8.12	8.26	8.40	8.54
0.8	9.28	9.44	9.60	9.76
0.9	10.44	10.62	10.80	10.98

	12.4	12.6	12.8
mm	mm	mm	mm
0.1	1.24	1.26	1.28
0.2	2.48	2.52	2.56
0.3	3.72	3.78	2.84
0.4	4.90	5.04	5.12
0.5	6.20	6.30	6.40
0.6	7.44	7.56	7.68
0.7	8.68	8.82	8.96
0.8	9.92	10.08	10.24
0.9	11.16	11.34	11.52

TABLA I. — *(Continuación).*

PRESIÓN	ALTITUD	DIFERª	PRESIÓN	ALTITUD	DIFERª
m/m	m		m/m	m	
619	1640.4	12.9	579	2174.3	13.8
618	1653.3	12.9	578	2188.1	13.9
617	1666.2	13.0	577	2202.0	13.9
616	1679.2	13.0	576	2215.9	13.9
615	1692.2	13.0	575	2220.8	13.9
614	1705.2	13 0	574	2243.7	13.9
613	1718.2	13.0	573	2257.6	14.0
612	1731.2	13.1	572	2271.6	14.0
611	1744.3	13.1	571	2285.6	14.0
610	1757.4	13.1	570	2299.6	14.0
609	1770.5	13.1	569	2313.6	14.1
608	1783.6	13.2	568	2327.7	14.1
607	1796.8	13.2	567	2341.8	14.1
606	1810.0	13.2	566	2355.9	14.1
605	1823.2	13.2	565	2370.0	14.2
604	1836.4	13.2	564	2384.2	14.2
603	1849.6	13.3	563	2398.4	14.2
602	1862.9	13.3	562	2412.6	14.2
601	1876.2	13.3	561	2426.8	14.3
600	1889.5	13.3	560	2441.1	14.3
599	1902.8	13.4	559	2455.4	14.3
598	1916.2	13.4	558	2469.7	14.3
597	1929.6	13.4	557	2484.0	14.4
596	1943.0	13.4	556	2498.4	14.4
595	1956.4	13.5	555	2512.8	14.4
594	1969.9	13.5	554	2527.2	14.4
593	1983.4	13.5	553	2541.6	14.5
592	1996.9	13.5	552	2556.1	14.5
591	2010.4	13.5	551	2570.6	14.5
590	2023.9	13.6	550	2585.1	14.5
589	2037.5	13.6	549	2599.6	14.6
588	2051.1	13.6	548	2614.2	14.6
587	2064.7	13.6	547	2628.8	14.6
586	2078.3	13.6	546	2643.4	14.6
585	2091.9	13.7	545	2658.0	14.7
584	2105.6	13.7	544	2672.7	14.7
583	2119.3	13.7	543	2687.4	14.7
582	2133.0	13.7	542	2702.[illegible]	14.8
581	2146.7	13.8	541	2716.9	14.8
580	2160.5	13.8	540	2731.7	14.8

PART. PROP.

	13.0	13.2	13.4	13.6
mm	mm	mm	mm	mm
0.1	1.30	1.32	1.34	1.36
0.2	2.60	2.64	2.68	2.72
0.3	3.90	3.96	4.02	4.08
0.4	5.20	5.28	5.36	5.44
0.5	6.50	6.60	6.70	6.80
0.6	7.80	7.92	8.04	8.16
0.7	9.10	9.24	9.38	9.52
0.8	10.40	10.56	10.72	10.88
0.9	11.70	11.88	12.06	12.24

	13.8	14.0	13.2
mm	mm	mm	mm
0.1	1.38	1.40	1.42
0.2	2.76	2.80	2.84
0.3	4.14	4.20	4.26
0.4	5.52	5.60	5.68
0.5	6.90	7.00	7.10
0.6	8.28	8.40	8.52
0.7	9.66	9.80	9.94
0.8	11.04	11.20	11.36
0.9	12.42	12.60	12.78

	14.4	14.6	14.8
mm	mm	mm	mm
0.1	1.44	1.46	1.48
0.2	2.88	2.92	2.96
0.3	4.32	4.38	4.44
0.4	5.76	5.84	5.92
0.5	7.20	7.30	7.40
0.0	8.64	8.7[illegible]	8.88
0.7	10.08	10.22	10.36
0.8	11.68	11.68	11.84
0.9	13.14	13.14	13.32

TABLA I. — *(Continuación).*

Presión m/m	Altitud m	Difer.ª	Presión m/m	Altitud m	Difer.ª
539	2746.5	14.9	499	3362.9	16.0
538	2761.5	14.9	498	3378.9	16.1
537	2776.3	14.9	497	3395.0	16.1
536	2791.2	14.9	496	3411.1	16.1
535	2806.1	15..	495	3427.2	16.2
534	2821.1	15.0	494	3443.4	16.2
533	2836.1	15.0	493	3459.6	16.2
532	2c51.1	15.0	492	3475.8	16.3
531	2866.1	15.1	491	3492.1	16.3
530	2881.2	15.1	490	3508.4	16.3
529	2896.2	15.1	489	3524.7	16.4
528	2911.4	15.1	488	3541.1	16.4
527	2926.5	15.2	487	3557.5	16.4
526	2941.7	15.2	486	3573.9	16.5
525	2956.9	15.2	485	3590 4	16.5
524	2972.1	15.3	484	3606.9	16 5
523	2987.4	15.3	483	3623.4	16.6
522	3002.7	13.3	482	3640.4	16.6
521	3018.0	15.4	481	3656.6	16.6
520	3033.4	15.4	480	3673.2	16.7
519	3048.8	15.4	479	3689.9	16.7
518	3064.2	15.4	478	3306.6	16.7
517	3069.7	15.5	477	3723.3	16.8
516	3095.1	15.5	476	3740.1	16.8
515	3110.6	15.5	475	3756.9	16.9
514	3126.1	15.6	474	3772.8	16.9
513	3141.7	15.6	473	3790.7	16.9
512	3157.3	15.6	472	3807.6	16.9
511	3172.9	15.7	471	3824.5	17.0
510	3188.6	15.7	470	3841.5	17.0
509	3204.3	15.7	469	3858.5	17.1
508	3220.0	15.8	468	3875.6	17.1
507	3235.8	15.8	467	3892.7	17.1
506	3251.6	15.8	466	3909.8	17.2
505	3267.4	15.8	465	3927.0	17.2
504	3283.2	15.9	464	3944.2	17.3
503	3299.1	13.9	463	3961.5	17.3
502	3315.0	15.9	462	3978.8	17.3
501	3330.9	16.0	461	3996.1	17.4
500	3346.9	16.0	460	4013.5	17.4

PART. PROP

mm	15.0 mm	15.2 mm	15.4 mm	15.6 mm
0.1	1.50	1.52	1.54	1.56
0.2	3.00	3.04	3.08	3.12
0.3	4.50	4.56	4.62	4.68
0.4	6.00	6.08	6.16	6.24
0.5	7.50	7.60	7.70	7.80
0.6	6.00	9.12	9.24	9.36
0.7	10.50	10.64	10.78	10.92
0.8	12.00	12.16	12.32	12.48
0.9	13.50	13.68	13.86	14.04

mm	15.8 mm	16.0 mm	16.2 mm
0.1	1.58	1.60	1.62
0.2	3.16	3.20	3.24
0.3	4.74	4.80	4.86
0.4	6.32	6.40	6.48
0.5	7.90	8.00	8.10
0.6	9.48	9.60	9.72
0.7	11.06	11.20	11.34
0.8	12.64	12.80	12.96
0.9	14.22	14.40	14.58

mm	16.4 mm	16.6 mm	16.8 mm
0.1	1.64	1.66	1.68
0.2	3.28	3.32	3.36
0.3	4.92	4.98	5.04
0.4	6.56	6.64	6.72
0.5	8.20	8.30	8.40
0.6	9.84	9.96	10.08
0.7	11.48	11.65	11.76
0.8	13.12	13.28	13.44
0.9	14.70	14.94	15.12

mm	17.0 mm	17.2 mm	17.4 mm
0.1	1.70	1.72	1.74
0.2	3.40	3.44	3.48
0.3	5.10	5.16	5.22
0.4	6.80	6.88	6.96
0.5	8.50	8.60	8.70
0.6	10.20	10.31	10.44
0.7	11.90	12.0[illegible]	12.18
0.8	13.60	13.76	13.92
0.9	15.30	15.48	15.66

TABLA I. — *(Conclusión).*

Presión	Altitud	Diferª	Presión	Altitud	Diferª
m/m	m		m/m	m	
459	4030.9	17.4	424	4664.9	18.9
458	4048.3	17.5	423	4683.8	18.9
457	4065.8	17.5	422	4702.7	18.9
456	4083.8	17.5	421	4721.6	19.0
455	4100.8	17.6	420	4740.6	19.0
454	4118.4	17.6			
453	4136.0	17.7	419	4759.6	19.1
452	4153.7	17.7	418	4778.7	19.1
451	4171.4	17.7	417	4797.8	19.2
450	4189.1	17.8	416	4817.0	19.2
			415	4836.2	19.3
449	4206.9	17.8	414	4855.5	19.3
448	4224.7	17.9	413	4874.8	19.4
447	4242 6	17.9	412	4894.2	19.5
446	4260.5	18.0	411	4913.7	19.5
445	4278.5	18.0	410	4933.2	19.8
444	4296.5	18.0			
443	4314.5	18.1	400	5131.0	202.0
442	4332.6	18.1	390	5333.0	207.0
441	4350.7	18.1	380	5540.0	213.0
440	4368.8	18.2	370	5753.0	219.0
			360	5972.0	225.0
439	4387.0	18.2	350	6197.0	232.0
438	4405.2	18.3	340	6429.0	239.0
437	4423.5	18.3	330	6668.0	246.0
436	4441.8	18.4	320	6914.0	254.0
435	4460.2	18.4	310	7168.0	262.0
434	4478.6	18.5			
433	4497.0	18.5	300	7430.0	271.0
432	4515.5	18.5	290	7701.0	280.0
431	4534.0	18.6	280	7981.0	290.0
430	4552.6	18.6	270	8271.0	302.0
			260	8573.0	314.0
429	4571.2	18.7	250	8887.0	334.0
428	4589.9	18.7	240	9214.0	340.0
427	4608.6	18.7	230	9554.0	355.0
426	4627.3	18.8	220	9909.0	372.0
425	4646.1	18.8	210	10281.0	

PART. PROP

	17.6	17.8	18.0	18.2
mm	mm	mm	mm	mm
0.1	1.76	1.78	1.80	1.82
0.2	3.52	3.56	3.60	3.64
0.3	5.28	5.34	5.40	5.46
0.4	7.04	7.12	7.20	7.28
0.5	8.80	8.90	9.00	9.10
0.6	10.56	10.68	10.80	10.92
0.7	12.32	12.46	12.60	12.74
0.8	14.08	14.24	14.40	14.56
0.9	15.84	16.02	16.20	16.38

	18.4	18.6	18.8	19.9
mm	mm	mm	mm	mm
0.1	1.84	1.86	1.88	1.90
0.2	3.68	3.72	3.76	3.80
0.3	5.52	5.58	5.64	5.70
0.4	7.36	7.44	7.52	7.60
0.5	9.20	9.30	9.40	9.50
0.6	11.04	11.16	11.28	11.40
0.7	12.88	13.02	13.16	13.30
0.8	14.72	14.88	15.04	15.20
0.9	16.56	16.74	16.92	17.10

	19.2	19.4	19.6	19.8
mm	mm	mm	mm	mm
0.1	1.92	1.94	1.96	1.98
0.2	3.84	3.88	3.92	3.96
0.3	5.76	5.82	5.88	5.94
0.4	7.68	7.76	7.84	7.92
0.5	9.60	9.70	9.80	9.90
0.6	11.52	11.64	11.76	11.88
0.7	13.44	13.58	13.72	13.86
0.8	15.36	15.52	15.68	15.84
0.9	17.28	17.46	17.64	17.82

TABLA II. — Cálculo de la temperatura 0.

Altitud	Corrección	Altitud	Corrección	Altitud	Corrección
m	o	m	o	m	o
10	0. 3	1100	3.06	3000	8.33
20	0. 6	1200	3.33	3100	8.61
30	0. 8	1300	3.61	3200	8.89
40	0.11	1400	3.89	3300	9.17
50	0.14	1500	4.17	3400	9.44
60	0.17	1600	4.44	3500	9.72
70	0.19	1700	4.72	3600	10.00
80	0.22	1800	5.00	3700	10.28
90	0.25	1900	5.28	3800	10.56
100	0.28	2000	5.66	3900	10.83
200	0.56	2100	5.83	4000	11.11
300	0.83	2200	6.11	4500	12.50
400	1.11	2300	6.39	5000	13.89
500	1.39	2400	6.67	5500	15.28
600	1.67	2500	6.94	6000	16.67
700	1.94	2600	7.22	6500	18.06
800	2.22	2700	7.50	7000	19.44
900	2.50	2800	7.78		
1000	2.78	2900	8.06		

TABLA III. — Corrección de temperatura.

ALTITUD	1°	2°	3°	4°	5°	6°	7°
m	m	m	m	m	m	m	m
100	0.4	0.7	1.1	1.5	1.8	2.2	2.6
200	0.7	1.5	2.2	2.9	3.7	4.4	5.1
300	1.1	2.2	3.3	4.4	5.5	6.6	7.7
400	1.5	2.9	4.4	5.9	7.3	8.8	10.3
500	1.8	3.7	5.5	7.3	9.2	11.0	12.9
600	2.2	4.4	6.6	8.8	11.0	13.2	15.4
700	2.6	5.1	7.7	10.3	12.9	15.4	18.0
800	2.9	5.9	8.8	11.7	14.7	17.6	20.6
900	3.3	6.6	9.9	13.2	16.5	19.8	23.1
1000	3.7	7.3	11.0	14.7	18.4	22.0	25.7
1100	4.0	8.1	12.1	16.2	20.2	24.2	28.3
1200	4.4	8.8	13.2	17.6	22.0	26.4	30.8
1300	4.8	9.5	14.3	19.1	23.9	28.6	23.4
1400	5.1	10.3	15.4	20.6	25.7	30.8	36.0
1500	5.5	11.0	16.5	22.0	27.6	33.0	38.5
1600	5.9	11.7	17.6	23.5	29.4	35.2	41.1
1700	6.2	12.5	18.7	25.0	31.2	37.4	43.7
1800	6.6	13.2	19.8	26.4	33.1	39.6	46.2
1900	7.0	14.0	20.9	27.9	34.9	41.8	48.8
2000	7.3	14.7	22.0	29.4	36.7	44.0	51.4
2100	7.7	15.4	23.1	30.8	38.5	46.2	53.9
2200	8.1	16.2	24.2	32.3	40.4	48.4	56.5
2300	8.4	16.9	25.3	33.8	42.2	50.6	59.1
2400	8.8	17.6	26.4	35.2	44.0	52.8	61.7
2500	9.2	18.4	27.5	36.7	45.9	55.1	64.2
2600	9.5	19.1	28.6	38.2	47.7	57.3	66.8
2760	9.9	19.8	29.7	39.6	49.5	59.5	69.4
2800	10.3	20.6	30.8	41.1	51.4	61.7	71.9
2900	10.6	21.3	31.9	42.6	53.2	63.9	74.5
3000	11.0	22.0	33.0	44.0	55.1	66.1	77.1
3100	11.4	22.8	34.1	45.5	56.9	68.3	79.6
3200	11.7	23 5	35.2	47.0	58.7	70.5	82.2
3300	12.1	24.2	36.3	48.4	60.6	72.7	84.8
3400	12.5	25.0	37.4	49.9	62.4	74.9	87.3
3500	12 9	25.7	38.5	51.4	64.2	77.1	89.9
3600	13.2	26.4	39.6	52.9	66.1	79 3	92.5
3700	13.6	27.2	40.7	54.3	67.9	81.5	95.1
3800	14.0	27.9	41.8	55.8	69.7	83.7	97.6
3900	14.3	28.6	42.9	57.3	71.6	85.9	100.2
4000	14.7	29.4	44.0	58.7	73.4	88.1	102.8
5000	18.4	36.7	55 1	73.4	91.8	110.1	128.5
6000	22.0	44.0	66.1	88.1	110.1	132.1	154.1
7000	25.7	51.4	77.1	102.8	128.5	154.1	179.8

TABLA III. — Corrección de temperatura *(Conclusión)*

ALTITUD	8°	9°	10°	20°	30°	50°
m	m	m	m	m	m	m
100.	2.9	3.3	3.7	7.3	11.0	14.7
200.	5.9	6.6	7.3	14.7	22.0	29.4
300.	8.8	9.9	11.0	22.0	33.0	44.0
400.	11.7	13.2	14.7	29.4	44.0	58.7
500.	14.7	16.5	18.4	36.7	55.1	73.4
600.	17.6	19.8	22.0	44.0	61.1	88.1
700.	20.6	23.1	25.7	51.4	77.1	102.8
800.	23.5	26.4	29.4	58.7	88.1	117.4
900.	26.4	29.7	33.0	66.1	99 1	132.1
1000.	29.4	33.0	36.7	73.4	110.1	146.8
1100.	32.3	36.3	40.4	80.7	121.1	161.5
1200.	35.2	39.6	44.0	88.1	132.1	176.2
1300.	38.2	42 9	47.7	95.4	143.1	190.8
1400.	41.1	46.2	51.4	102.8	154.1	205.5
1500.	44.0	49.5	55.1	110.1	165.2	220.2
1600.	47.0	52.8	58.7	117.4	176.2	284.9
1700.	49'9	56.2	62.4	129.8	187.2	244.6
1800.	52.8	59.5	66.1	132.1	198.2	264.2
1900.	55 8	62.8	69 7	139.5	209.2	278.9
2000.	58.7	66.1	73.4	146.8	220.2	293.6
2100.	61.7	69.4	77.1	154.1	231.2	308.3
2200.	64.6	72.7	80.7	161.5	242.2	323.0
2300.	67.5	76.0	84.4	168 8	253.2	337.6
2400.	70.5	79.3	88.1	176.2	264.2	352.3
2500.	73.4	82.6	91.8	183.5	275 3	367.0
2600.	76.3	85.9	95.4	190.8	286.3	381.7
2700.	79.3	89.2	99.1	198.2	297.3	396.4
2800.	82.2	92.5	102.8	205.5	308.3	411.0
2900.	85.1	95.8	106.4	212.9	319.3	425.7
3000.	88.1	99.1	110.1	220.2	330.3	440.4
3100.	91.0	102.4	113.8	227.5	341.3	455.7
3200.	94.0	105.7	117.4	234.9	352.3	469.8
3300.	96.9	109.0	121.1	242.2	363.3	484.4
3400.	99.8	112.3	124.8	249.6	374.3	499.1
3500.	102.8	115.6	128.5	256.0	385.4	513.8
3600.	105.7	118.9	132.1	264.2	396.4	528.5
3700.	108.6	112.2	135.8	278.6	407 4	543.2
3800.	111.6	125.5	139.5	278.9	418.4	557.8
3900.	114.5	128.8	143.1	286.3	429.4	572.5
4000.	117.4	132.1	146.8	293.6	440.4	587.2
5000.	146.8	165.2	183.5	367.0	550.5	734.0
6000.	176.2	198.2	220.2	440 4	660.6	880.8
7000.	205.5	231.2	256.0	513.8	770.7	—

Tabla IV. — Corrección de la humedad.

ALTITUD	TENSIÓN DEL VAPOR					
	1m/m	2m/m	3m/m	4m/m	5m/m	6m/m
100.	0m1	0m1	0m1	0m2	0m2	0m3
200.	0.1	0.2	0.3	0.4	0.5	0.6
300.	0.2	0.3	0.5	0.6	0.7	0.9
400.	0.2	0 4	0.6	0.8	1.0	1.2
500. . . .	0.3	0.5	0.8	1.0	1.2	1.5
600.	0.3	0.6	0.9	1.2	1.5	1.8
700.	0.4	0.7	1.0	1.4	1.7	2.1
800.	0.4	0.8	1.2	1.6	2.0	2.4
900.	0.5	0.9	1.3	1.8	2.2	2.7
1000.	0.5	1.0	1.5	2.0	2.5	3.0
1100.	0.6	1.1	1.6	2.2	2.7	3.3
1200.	0.6	1.2	1.8	2.4	3.0	3.6
1300.	0.7	1.3	1.9	2.6	3.2	3.9
1400.	0.7	1.4	2.1	2.8	3.5	4.2
1500.	0.8	1.5	2.2	3.0	3.7	4.5
1600.	0.8	1.6	2.4	3.2	4.0	4.8
1700.	0.9	1.7	2.5	3.4	4.2	5.1
1800.	0.9	1.8	2.7	3.6	4.5	5.4
1900.	1.0	1.9	2.8	3.8	4.7	5.7
2000.	1.0	2.0	3.0	4.0	5.0	6.0
2100.	1.0	2.1	3.1	4.2	5.2	6.3
2200.	1.1	2.2	3.3	4.4	5.5	6.6
2300	1.1	2.3	3.4	4.6	5 7	6.9
2400.	1.2	2.4	3.6	4.8	6.0	7.2
2500.	1.2	2.5	3.7	5.0	6.2	7.5
2600.	1.3	2.6	3.9	5.2	6.5	7.8
2700.	1.3	2.7	4.0	5.4	6.7	8.1
2800.	1.4	2.8	4.2	5.6	7.0	8.4
2900.	1.4	2.9	4.3	5.8	7.2	8.7
3000.	1.5	3.0	4.5	6.0	7.5	9.0
3100.	1.5	3.1	4.6	6.2	7.7	9.3
3200.	1.6	3.2	4.8	6.4	8.0	9.5
3300.	1.6	3 3	4.9	6.6	8.2	9.8
3400.	1.7	3 4	5.1	6.8	8.5	10.1
3500.	1.7	3.5	5.2	7.0	8.7	10.4
3600.	1.8	3.6	5.4	7.2	9.0	10.7
3700.	1.8	3.7	5.5	7.4	9.2	11.0
3800.	1.9	3.8	5.7	7.6	9.5	11.3
3900.	1 9	3 9	5.8	7.8	9.7	11.6
4000.	2.0	4.0	6.0	8.0	9.9	11.9
5000.	2.5	5.0	7.5	9.9	12.4	14.9
6000.	3.0	6.0	8.0	11.9	14.9	17.9
7000.	3.5	7.0	10.4	13.9	17.4	20.9

TABLA IV. — Corrección de la humedad *(Conclusión).*

ALTITUD	TENSIÓN DEL VAPOR					
	7m/m	8m/m	9m/m	10m/m	20m/m	30m/m
100.	0m3	0m4	0m4	0m5	1m0	1m5
200.	0.7	0.8	0.9	1.0	2.0	3.0
300.	1.0	1.2	1.3	1.5	3.0	4.5
400.	1.4	1.6	1.8	2.0	4.0	6.0
500.	1.7	2.0	2.2	2.5	5.0	7.5
600.	2.1	2.4	2.7	3.0	6.0	9.0
700.	2.4	2.8	3.1	3.5	7.0	10.4
800.	2.8	3.2	3.6	4.0	8.0	11.9
900.	3.1	3.6	4.0	4.5	9.0	12.4
1000.	3.5	4.0	4.5	5.0	9.9	14.9
1100.	3.8	4.4	4.9	5.5	10.9	16.4
1200.	4.2	4.8	5.4	6.0	11.9	17.9
1300.	4.5	5.2	5.8	6.5	12.9	19.4
1400.	4.9	5.6	6.3	7.0	13.9	20.9
1500.	5.2	6.0	6.7	7.5	14.9	22.4
1600.	5.6	6.4	7.2	8.0	15.9	23.9
1700.	5.9	6.8	7.6	8 5	16.9	25.4
1800.	6.3	7.2	8.1	9.0	17.9	26.9
1900.	6.6	7.6	8.5	9.5	18.9	28.3
2000.	7.0	8.0	9.0	9.9	19.9	20.8
2100 . . .	7.3	8.4	9.4	10.4	20.9	31.3
2200.	7.7	8.8	9.8	10.9	21.9	32.8
2300.	8.0	9.2	10.2	11.4	22.9	34.3
2400.	8.4	9.5	10.7	11.9	23.9	35.8
2500.	8.7	9.9	11.2	12.4	24.9	37.3
2600.	9.1	10.3	11.6	12.9	25.9	38.8
2700.	9.4	10.7	12.1	13.4	26.9	40.3
2800.	9.7	11.1	12.5	13.9	27.9	41.8
2900.	10.1	11.5	13.0	14.4	28.9	43.3
3000.	10.4	11.9	13.4	14.9	29.8	44.8
3100.	10.8	12.3	13.9	15.4	30.8	46.3
3200.	11.1	12.7	14.3	15.9	31.8	47.7
3300. . . .	11.5	13.1	14.8	16.4	32.8	49.2
3400.	11.8	13.5	15.2	16.9	33.8	50.7
3500. . . .	12.2	13.9	15.7	17.4	34.8	52.2
3600.	12.5	44.3	16 1	17.9	35.8	53.7
3700.	12.9	14.7	16.6	18.4	36.8	55.2
3800.	18.2	15.1	17.0	18.9	37.8	56.7
3900.	13.6	15.5	17.5	19.4	38.8	58.2
4000.	13.9	15.9	17.9	19.9	39.8	59.7
5000.	17.4	19.9	22.4	24.9	49.7	74.6
6000.	20.9	23.9	26.9	29.8	59.7	89.5
7000.	24.4	27.9	31.3	34.8	69.6	—

Tabla V. — Corrección de la latitud.

ALTITUD	LATITUD						
	0°	5°	10°	15°	20°	25°	30°
100	0^{m}5	0^{m}5	0^{m}5	0^{m}4	0^{m}4	0^{m}4	0^{m}4
900	1.1	1.1	1.0	0.9	0.9	0.8	0.8
300	1.6	1.6	1.5	1.4	1.4	1.3	1.2
400 . . .	2.1	2.1	2.0	1.9	1.8	1.7	1.6
500	2.6	2.6	2.5	2.4	2.3	2.2	2.0
600	3.1	3.1	3.0	2.9	2.8	2.6	2.4
700	3.7	3.6	3.5	3.4	3.2	3.0	2.8
800	4.2	4.2	4.1	3.9	3.7	3.5	3.2
900	4.7	4.7	4.6	4.4	4.2	3.9	3.6
1000	5.3	5.2	5.1	4.9	4.7	4.4	4.0
1100	5.8	5.8	5.6	5.4	5.2	4.8	4.4
1200	6.4	6.4	6.2	6.0	5.6	5.2	4.8
1300	6.9	6.9	6.7	6.5	6.1	5.7	5.2
1400	7.4	7.4	7.2	7.0	6.6	6.1	5.6
1500	8.0	8.0	7.8	7.5	7.1	6.6	6.1
1600	8.6	8.6	8.3	8.0	7.6	7.1	6.5
1700	9·1	9.1	8.9	8.5	8.1	7.5	6.9
1800	9.7	9.6	9.4	9.1	8.6	8.0	7.4
1900	10.3	10.2	9.9	9.6	9.1	8.5	7.8
2000	10.8	10.7	10.5	10.1	9.6	9.0	8.2
2100	10.4	11.3	11.0	10.6	10.1	9.4	8.7
2200	22.0	11.9	11.6	11.1	10.6	9.9	9.1
2300	12.6	12.5	12.2	11.7	11.1	10.3	9.6
2400	13.2	13.1	12.8	12.3	11.6	10.8	10.0
2500	13.7	13.7	13.4	12.9	12.2	11.4	10.5
2600	14.3	14.3	14.0	13.4	12.7	11.9	11.0
2700	14.9	14.9	14.6	14.0	13.3	12.4	11.4
2800	15.5	15.5	15.2	14.5	13.8	12.2	11.9
2900	16.1	16.1	15.7	15.1	14.3	13.4	12.4
3000	16.7	16.7	16.3	15.7	14.9	13.9	12.8
3100	17.3	17.3	16.9	16.2	15.4	14.4	13.3
3200	17.9	17.9	17.5	16.8	16.0	14.9	13.8
3300	18.5	18.5	18.1	17.4	16.6	15.5	14.3
3400	19.2	19 1	18.6	18.0	17.1	15.9	14.7
3500	19.8	19.7	19.2	18.6	17.7	16.4	15.1
3600	20.4	20.3	19.8	19.1	18.2	16.9	15.6
3700	21.0	20.9	20.4	19.7	18.8	17.4	16.1
3800	21.7	21.5	21.0	20.3	19.3	18.0	16.6
3900	22.3	22.1	21.6	20.9	19.9	18.6	17.1
4000	22.9	22.8	22.3	21.5	20.4	19.2	17.7
4500	26.1	26.0	25.4	24.6	23.4	22.0	20.3
5000	29.4	29.2	28.7	27.7	26.4	24.8	22.9
5500	32.8	32.6	32.0	30.9	29.5	27.6	25.7
6000	36.3	36.0	35.3	34.2	32.6	30.5	28.5
6500	39.8	39.3	35.5	37.5	35.8	33.6	31.2
7000	43.4	43.1	42.3	41.0	39.2	36.9	34.3

TABLA V. — Corrección de latitud *(Conclusión).*

ALTITUD	LATITUD							
	35°	40°	45°	50°	55°	60°	65°	70°
100.	0m4	0m3	0m3	0m3	0m2	0m2	0m1	0m1
200.	0.7	0.6	0.6	0.5	0.4	0.3	0.2	0.1
300.	1 0	0 9	0.8	0 7	0.5	0.4	0.3	0.2
400.	1.4	1.2	1.0	0 8	0.7	0.5	0.4	0.2
500.	1.7	1.5	1.3	1.1	0.9	0.5	0.5	0.3
600.	2.1	1.8	1.6	1.4	1.1	0.6	0.7	0.4
700.	2.4	2.1	1.8	1.5	1.2	0.9	0.8	0.4
800.	2.8	2 4	2.1	1.8	1 4	1.0	0.6	0.5
900.	3.2	2.7	2.4	2.1	1.6	1.2	0.9	0.6
1000.	3.6	3.1	2.7	2.2	1.8	1.4	1.0	0.6
1100.	3.9	3.4	2.9	2.4	2.0	1.5	1.1	0.7
1200.	4.3	3.7	3.2	2.6	2.2	1.6	1.2	0.8
1300.	4.7	4.1	3.5	2.9	2.4	1.8	1.3	0.9
1400.	5.1	4.4	3.8	3.1	2.6	2.0	1.5	1.0
1500.	5 5	4.8	4.1	3.4	2.8	2.1	1.6	1.1
1600.	5.8	5.1	4.4	3.7	3.0	2.3	1.7	1.2
1700.	6.2	5.4	4.7	4.0	3.2	2.4	1.8	1.3
1800.	6.6	5.7	5.0	4.2	3.4	2.6	2.0	1.4
1900.	7.0	6.1	5.3	4.4	3.6	2 8	2.1	1.5
2000.	7.4	6.5	5.6	4.7	3.8	3.0	2.3	1.6
2100.	7.8	6.9	5 9	4.9	4.0	3.2	2.5	1.7
2200.	8.2	7.2	6.3	5.2	4.3	3.4	2.6	1.9
2300.	8.6	7.6	6.6	5.5	4 5	5 6	2.8	2.0
2400.	9.0	8.0	6.9	5.8	4.8	3.8	2.9	2.1
2500.	9.5	8.4	7.2	6.1	5.1	4.0	3.1	2.2
2600.	9.9	8.7	7.6	6.4	5 3	4.2	3.3	2.4
2700.	10.3	9.1	7.9	6.7	5.5	4.4	3.5	2.5
2800.	10.7	9.5	8.2	7.0	5.8	4.6	3.6	2.6
2900.	11.2	9.9	8.6	7.3	6.0	4.8	3.8	2.8
3000.	11.6	10.3	8.9	7.6	6 3	5.0	3.9	2.9
3100.	12.0	10.7	9.3	7.9	6.6	5.3	4.1	3.1
3200.	12.5	11.1	9.6	8.2	6.9	5.5	4.3	3.2
3300.	12.9	11.5	10.0	8.5	7.1	5.7	4.5	3.4
3400.	13.3	11.9	10.3	8.8	7.3	5.9	4.7	3.5
3500.	13.8	12.3	10.7	9.1	7.6	6.2	4.9	3.7
3600.	14.2	12.7	11.0	9.4	7.9	6.4	5.1	3.8
3700.	14.6	13.1	11.4	9.8	8.2	6.6	5 3	4.0
3806.	15.0	13.5	11.8	10.1	8.4	6.8	5.5	4.2
3900.	15.5	13.9	12.1	10.4	8.7	7.1	5.6	4.4
4000.	16.1	14.3	12.5	10.7	9.0	2.3	5.8	4.6
4500.	18.4	16.5	14.4	12.4	10.4	8.6	6.9	5.5
5000.	0.9	18.7	16.4	14.2	12.2	9.9	8.1	6.5
5500.	23.4	21.0	18.5	16.0	13.6	11.3	9.4	7.6
6000.	26.0	23.4	20.7	18.0	15.3	12.9	10.8	8.7
6500.	28.7	25.8	22.9	20.0	17.1	14.5	12.2	9.9
7000.	31.4	28.4	25.2	22.0	19.0	16.1	13.6	11.3

TERMÓMETRO HIPSOMÉTRICO

En viaje es algunas veces cómodo emplear el termómetro hipsométrico. El principio de este instrumento es el siguiente :

Cuando se hace hervir el agua, en el momento en que entra en ebullición, su temperatura es tal que la tensión máxima del vapor es igual á la presión que se efectúa sobre la superficie del líquido.

Para obtener la presión atmosférica basta determinar la temperatura del líquido en el momento que empieza á hervir, y luego por medio de la Tabla se obtiene la presión barométrica correspondiente, de la cual se puede deducir como acabamos de verlo, la altitud del punto donde se hace la observación.

Cuando la temperatura es cerca de 100° á una variación de 0°, 1 del termómetro, corresponde una diferencia de 2ᵐ/ₘ, 7 en la presión. Se hace entonces indispensable el emplear termómetros especiales y muy sensibles. Se construyen aparatos portátiles que permiten efectuar esta operación con toda la precisión requerida.

La Tabla que publicamos más adelande ha sido calculada para la latitud de 45°. La tabla que sigue á ésta, encabezada *Corrección de la latitud*, da en función de la latitud y de la presión el valor de la corrección que se debe sumar ó restar según su signo.

TABLA HIPSOMÉTRICA

TENSIÓN DEL VAPOR DEL AGUA HIRVIENTE Á DIVERSAS TEMPERATURAS Y Á LA LATITUD DE 45°.

Grados centígrados	DÉCIMOS DE GRADO									
	0,°0	0,°1	0,°2	0.°3	0,°4	0,°5	0,°6	0,°7	0,°8	0,°9
	m/m	m/m	m/m	m/m	m/m	m/m	m/m	m/m	m/m	m/m
90°	525.45	527.45	529.46	531.48	553.50	535.53	537.57	539.61	541.66	543.72
91	545.78	547.85	549.92	552.00	554.09	556.19	558.29	560.39	562.51	564.63
92	566.76	568.80	571.03	573.18	575.34	577.50	579.67	581.84	584.02	586.21
93	588.41	590.61	592.82	595.04	597.26	599.49	601.72	603.97	606.22	608.48
94	610.74	613.01	615.29	617.58	619.87	622.17	624.48	621.79	629.11	631.44
95	633.78	636.12	638.47	640.83	643.19	645.57	647.95	650.34	652.73	655.13
96	657.54	659.95	662.37	664.80	667.24	669.69	672.14	674.60	677.07	679.55
97	682.03	684.32	687.02	689.55	692.04	694.56	691.08	699.61	702.12	704.70
98	707.26	709.82	712.39	714.97	717.56	720.15	722.75	725.35	727.96	730.58
99	733.21	735.85	738.50	741.96	743.83	746.50	749.18	751.87	754.57	757.28
100	760.00	762.73	765.46	768.20	771.95	773.71	776.48	779.26	782.04	784.83

Tabla para la corrección de la latitud.

Latitud	PRESIÓN									
	500mm	530mm	560mm	590mm	620mm	650mm	680mm	710mm	740mm	770mm
	m/m	m/m	m/m	m/m	m/m	m/m	m/m	m/m	m/m	m/m
30°	+0.99	+0.73	+0.77	+0.81	+0.86	+0.90	+0.94	+0.98	+1.02	+1.06
35	0.47	0.50	0.53	0.55	0.58	0.61	0.64	0.67	0.70	0.72
40	0.24	0.25	0.27	0.28	0.30	0.31	0.33	0.34	0.36	0.37
45	0	0	0	0	0	0	0	0	0	0
50	−0.24	−0.25	−0.27	−0.28	−0.30	−0.31	−0.33	−0.34	−0.36	−0.37
55	5.47	0.50	0.53	0.55	0.58	0.61	0.64	0.67	0.70	0.72

TABLAS DE CONVERSIÓN

TABLA DE CONVERSIÓN

de pies y pulgadas franceses en metros y decimales de metro.

PIES	METROS	PULGADAS	METROS
1	0.32484	1	0.02707
2	0.64968	2	0.05414
3	0.97452	3	0.08121
4	1.29936	4	0.10828
5	1.62420	5	0.13535
6	1.94904	6	0.16242
7	2.27388	7	0.18949
8	2.59872	8	0.21656
9	2.92355	9	0.24363
10	3.24839	10	0.27070
20	6.49679	11	0.29777
30	9.94518	12	0.32484
40	12.99358	13	0.35191
50	16.24197	14	0.37898
60	19.49037	15	0.40605
70	22.73876	16	0.43312
80	25.98715	17	0.46019
90	29.23555	18	0.48726
100	32.48394	19	0.51433
200	64.96789	20	0.54140
300	97.45183	30	0.81210
400	129.93577	40	1.08280
500	162.41972	50	1.35350
600	194.90366	60	1.62420
700	227.38760	70	1.89490
800	259.87155	80	2.16560
900	292.35549	90	2.43630
1000	324.83943	100	2.70700
2000	649.67886	200	5.41399
3000	974.51830	300	8.12099
4000	1299.35773	400	10.82798
5000	1624.19716	500	13.53498
10000	3248.39432	1000	27.06995

TABLA DE CONVERSIÓN

de líneas francesas en milímetros, y de milímetros en líneas francesas

Líneas	*Milímet.*	*Líneas*	*Milímet.*	*Milím.*	*Líneas*	*Milím.*	*Líneas*
1	2.256	250	563.957	1	0.443	400	177.318
2	4.512	260	586.516	2	0.887	420	189.184
3	6.767	270	609.074	3	1.330	440	195.050
4	9.023	280	631.632	4	1.773	460	203.916
5	11.279	290	654.191	5	2.216	480	212.782
6	13.535	300	676.749	6	2.660	500	221.648
7	15.791	310	699.307	7	3.103	520	230.514
8	18.047	320	721.865	8	3.546	540	239.380
9	20.302	330	744.424	9	3.990	560	248.246
10	22.558	340	766.982	10	4.433	580	257.112
20	45.117	350	789.540	20	8.866	600	265.978
30	67.675	360	812.099	30	13.299	620	274.843
40	90.233	370	834.657	40	17.732	640	283.709
50	112.791	380	857.215	50	22.165	660	292.575
60	135.350	390	879.773	60	26.598	680	301.441
70	157.908	400	902.332	70	31.031	700	310.307
80	180.466	410	924.890	80	35.464	720	319.173
90	203.025	420	947.448	90	39.897	730	323.606
100	225.583	430	970.007	100	44.330	740	328.039
110	248.141	440	992.565	120	53.196	750	332.472
120	270.700	450	1015.123	140	62.061	760	336.905
130	293.258	460	1037.682	160	70.927	770	341.338
140	315.816	470	1060.240	180	79.793	780	345.771
150	338.374	480	1082.798	200	88.659	800	354.637
160	360.933	490	1105.356	220	97.525	820	363.503
170	383.491	500	1127.915	240	106.391	840	372.369
180	406.049	510	1150.473	260	115.257	860	381.235
190	428.608	520	1163.031	280	124.123	880	390.100
200	451.166	530	1195.590	300	132.989	900	398.966
210	473.724	540	1218.148	320	141.855	920	407.832
220	496.282	550	1240.706	340	150.721	940	416.698
230	518.841	560	1263.264	360	159.587	960	425.564
240	541.399	570	1285.823	380	168.452	980	434.430
250	563.957	1000	2255.829	400	177.318	1000	443.296

TABLA DE CONVERSIÓN

de centímetros y decímetros en pies, pulgadas y líneas franceses.

Centim.	*Pies.*	*Pulg.*	*Lineas*	*Centim.*	*Pies*	*Pulg.*	*Lineas*
1	0.	0.	4.433	35	1.	0.	11.154
2	0.	0.	8.866	36	1.	1.	3.587
3	0.	1.	1.299	37	1.	1.	8.020
4	0.	1.	5.732	38	1.	2.	0.452
5	0.	1.	10.165	39	1.	2.	4.885
6	0.	2.	2.598	40	1.	2.	9.318
7	0.	2.	7.031	41	1.	3.	1.751
8	0.	2.	11.461	42	1.	3.	6.184
9	0.	3.	3.897	43	1.	3.	10.617
10	0.	3.	8.330	44	1.	4.	3.050
11	0.	4.	0.763	45	1.	4.	7.483
12	0.	4.	5.196	46	1.	4.	11.916
13	0.	4.	9.628	47	1.	5.	4.349
14	0.	5.	2.061	48	1.	5.	8.782
15	0.	5.	6.494	49	1.	6.	1.215
16	0.	5.	10.927	50	1.	6.	5.648
17	0.	6.	3.360	60	1.	10.	1.978
18	0.	6.	7.793	70	2.	1.	10.307
19	0.	7.	0.226	80	2.	5.	6.637
20	0.	7.	4.659	90	2.	9.	2.966
21	0.	7.	9.092				
22	0.	8.	1.525				
23	0.	8.	5.958	*Decim.*	*Pies.*	*Pulg.*	*Lineas*
24	0.	8.	10.391				
25	0.	9.	2.824	1	0.	3.	8.330
26	0.	9.	7.257	2	0.	7.	4.659
27	0.	9.	11.690	3	0.	11.	0.989
28	0.	10.	4.123	4	1.	2.	9.318
29	0.	10.	8.556	5	1.	6.	5.648
30	0.	11.	0.989	6	1.	10.	1.978
31	0.	11.	5.422	7	2.	1.	10.307
32	0.	11.	9.855	8	2.	5.	6.637
33	1.	0.	2.288	9	2.	9.	2.966
34	1.	0.	6.721	10	3.	0.	11.296

TABLA DE CONVERSIÓN

de pies y pulgadas ingleses, en metros y decimales de metro.

PIES	METROS	PULGADAS	METROS
1	0.30479	1	0.02540
2	0.60959	2	0.05080
3	0.91438	3	0.07620
4	1.21918	4	0.10160
5	1.52397	5	0.12700
6	1.82877	6	0.15240
7	2.13356	7	0.17780
8	2.43836	8	0·20320
9	2.74315	9	0.22860
10	3.04794	10	0.25400
20	6.09589	11	0.27939
30	9.14383	12	0.30479
40	12.19178	13	0.33019
50	15.23972	14	0.35559
60	18.28767	15	0.38099
70	21.33561	16	0.40639
80	24.38356	17	0.43179
90	27.43150	18	0.45719
100	30.47945	19	0.48259
200	60.95889	20	0.50799
300	91.43835	30	0.76199
400	121.91780	40	1.01598
500	152.39725	50	1.26998
600	182.87669	60	1.52397
700	213.35614	70	1.77797
800	243 83559	80	2.03196
900	274.31504	90	2.28596
1000	304.79449	100	2.53995
2000	609.58898	200	5.07991
3000	914.38347	300	7.61986
4000	1219.17796	400	10.15982
5000	1523.97245	500	12.69977
10000	3047.94490	1000	25 39954

TABLA DE CONVERSIÓN

de fracciones de pulgadas inglesas en milímetros.

Fracciones de Pulgada	*Milímetros*	*Fracciones de Pulgada*	*Milímetros*
1/2	12,7	1/12	2,1
1/3	8,5	5/12	10,6
2/3	16,9	7/12	14,8
1/4	6,3	11/12	23,3
3/4	19,0	1/16	1,6
1/6	4,2	3/16	4,8
5/6	21,2	5/16	7,9
1/8	3,2	7/16	11,1
3/8	9,5	9/16	14,3
5/8	15,9	11/16	17,5
7/8	22,2	13/16	20,6
		15/16	23,8

Conversión de las libras inglesas por pulgada cuadrada en kilogramos por centímetro cuadrado y vice versa.

Libras por pulgada cuadrada	*Kilog por centímetro cuadrado*	*Kilog por centímetro cuadrado*	*Libras por pulgada cuadrada*
10	0,703	1,0	14,223
20	1,406	1,5	21,334
30	2,109	2,0	28,446
40	2,812	2,5	35,557
50	3,515	3,0	42,668
60	4,219	3,5	49,780
70	4,922	4,0	56,891
80	5,625	4,5	64,003
90	6,328	5,0	71,114
100	7,031	5,5	78,225
110	7,734	6,0	85,337
120	8,437	6,5	92,448
130	9,140	7,0	99,560
140	9,843	7,5	106,671
150	10,546	8,0	113,783
160	11,249	8,5	120,894
170	11,953	9,0	128,005
180	12,656	9,5	135,117
190	13,359	10,0	142,228
200	14,062		

MAREAS

MAREAS

y declinación de la brújula en los puertos de la República

PARA EL AÑO 1891

El Sol y la Luna, por su atracción combinada sobre las aguas del mar, determinan el fenómeno de las mareas.

La resultante de esta doble atracción varía cada día con las posiciones relativas de estos dos astros y alcanza su máximo hacia las sizigias, en cuyo caso la altamar solar se suma á la altamar lunar, porque ambas atracciones se ejercen en la misma dirección.

Pero no sucede lo mismo hacia la época de las cuadraturas, en que los dos astros obran en direcciones rectangulares: á la altamar lunar corresponde la bajamar solar y la marea es la diferencia de las dos mareas parciales. Entre las sizigias y las cuadraturas, el Sol tiene tendencia más ó menos grande á aumentar ó disminuír la marea lunar.

La altura de las mareas varía con las declinaciones del Sol y de la Luna y con las distancias de estos astros á la tierra. Es tanto mayor cuanto mas próximos están el Sol y la Luna, de la tierra y del plano del ecuador.

Así las más fuertes mareas se producen cuando tienen lugar los equinoccios, siempre que la Luna esté en el perigeo y muy cerca del plano del ecuador; y las más débiles, hacia los solsticios, siempre que la Luna se halle en el apogeo y con una declinación grande. Por otra parte, se ha notado que, cuanto más se eleva el mar en el flujo, tanto más desciende en el reflujo siguiente.

Los vientos, causa principal de las irregularidades del movimiento del mar, producen en las mareas variaciones accidentales.

En todos los puertos del Océano se ha encontrado, que la marea más alta no tiene lugar el día mismo de la sizigia, sino día y medio después; que la pleamar que tiene lugar en el momento de la sizigia es la que resulta de las atracciones del Sol y de la Luna 36^h antes. Así la marea observada en un día cualquiera, es precisamente la determinada por las posiciones del Sol y de la Luna 36^h antes.

En la época de los equinoccios, cuando la Luna nueva ó llena se encuentra á sus distancias medias de la tierra, el tiempo trascurrido entre su pasaje por el Meridiano de un puerto y el instante de la pleamar que sigue á este pasaje es siempre el mismo : se llama *establecimiento del puerto*. El establecimiento del puerto es pues el retardo de la pleamar sobre el pasaje de la Luna por el Meridiano, el día de una sizigia equinoccial. — Este retardo constante, proviene de circunstancias locales, así como de la configuración de las costas. — Á menudo es muy diferente para dos puertos próximos, porque las circunstancias locales, sin cambiar en nada las leyes de las mareas, influencian más ó menos la magnitud de éstas en un puerto así como su establecimiento.

En los días de Luna nueva y llena, el instante en que los dos astros ejercen su mayor acción relativamente á un puerto, es el que corresponde al pasaje de la Luna por el Meridiano del puerto.

Para los demás días, este instante precede algunas veces y otras sigue al pasaje de la Luna por el Meridiano, no separándose de éste en mucho en ningún caso, porque la Luna, á causa de su proximidad á la tierra, produce en muchos puertos una marea que es en término medio tres veces la que resulta de la acción del Sol.

Cálculo de la hora de la pleamar.

En los cuadros que van á continuación damos, en el I que es extraído de la *Connaissance des temps* para 1891, las alturas de las mareas mayores durante el año con el tiempo medio de La Plata correspondiente.

Han sido calculadas por la fórmula dada por Laplace en la

Mecanique Celeste, tomo II, tomando como unidad de altura la *mitad* de la altura media de la *marea total*, que llega uno ó dos días después de la sizigia en momentos en que el Sol y la Luna están en el ecuador y á sus distancias medias de la tierra. Las alturas contenidas en este cuadro sirven para calcular la altura de una marea mayor en un puerto dado. Al efecto se multiplica la altura sacada del cuadro por una constante especial para cada puerto y que se llama *unidad de altura*. Es la mitad de la oscilación total comprendida entre la halta y baja mar equinoccial en el puerto. Para obtener este número con exactitud en un lugar dado, se deben practicar numerosas observaciones de altas y bajas mareas equinocciales y tomar su promedio.

El cuadro II da á conocer los valores del establecimiento del puerto y la unidad de altura para varios puntos de las costas de la República. Á estos números no se les puede considerar sino como aproximados, por haber sido deducidos en su totalidad de las cartas marinas; los modificaremos á medida que lleguen á nuestro poder datos más exactos. Hemos añadido una tercera columna en que se da el valor de la declinación de la brújula para el puerto.

Hemos calculado la tabla III que contiene para cada día del año y para el momento del paso de la Luna por el Meridiano el día indicado, los valores de la expresión

$$A = 30{,}6 \frac{q'^2 \cos^2 \delta'}{q^2 \cos^3 \delta}$$

en la que q, q', δ, δ' representan respectivamente los semidiámetros y declinaciones del Sol y de la Luna que corresponden al instante que antecede de 36 horas al paso de la Luna por el Meridiano.

Y si llamamos :

E = al establecimiento del puerto,

T = al tiempo del paso de la Luna por el Meridiano, el día indicado en el lugar considerado,

t = al instante de la pleamar que sigue inmediatamente á T,

$\Delta\alpha$ = al exceso de la ascensión recta verdadera del Sol sobre la de la Luna,

Se tendrá según la fórmula de LAPLACE:

$$C = \frac{1}{30} \text{ arc tang } \frac{\sin 2 \Delta \alpha}{A + \cos 2 \Delta\alpha}$$

$$e = E - 19^m$$

y
$$t = T + C + e$$

La cantidad e constante para cada puerto, pero que varía del uno al otro, necesita una explicación. Desde que el establecimiento del puerto es el atraso t — T de la pleamar sobre el tiempo T del paso de la Luna por el Meridiano, en el día de una sizigia equinoccial cuando la Luna se encuentra á su distancia media de la tierra, en esta época se tiene que $\Delta\alpha$ es igual poco más ó menos á $1^h\ 12^m$, ó sea 18°; porque 36 horas antes de la sizigia la ascensión recta del Sol sobrepasa á la de la Luna de esta cantidad media. Podemos entonces calcular A y C para dicha época, tomando los valores medios de q, q', δ, δ' que corresponden á la sizigia equinoccial, y así se encuentra $C = 19^m$; tenemos entonces

$$t = T + 19^m + e$$

y como en las sizigias se tiene por definición

$$t - T = E$$

se dudece que

$$e = E - 19^m$$

y en fin, tendremos para el instante de una pleamar cualquiera

$$t = T + C + E - 19^m$$

El valor de C está dado en la tabla IV que hemos extraído del *Annuaire du Bureau des Longitudes*. Sus argumentos son A y $\Delta\alpha$ ó sea la diferencia entre las ascensiones rectas del Sol y de la Luna para el instante 36^h anterior á T. La corrección C tiene el signo que corresponde al valor de $\Delta\alpha$ y que está indicado en las dos primeras columnas verticales.

En todo rigor se debería calcular el tiempo del paso de la Luna por el Meridiano del puerto según la manera indicada pág. 112, pero bastará siempre emplear directamente el tiempo del paso por el Meridiano de La Plata tal como se encuentra en el almanaque, para la fecha dada.

Para obtener á $\Delta\alpha$ sería preciso buscar en las efemérides astronómicas los valores de las ascensiones rectas del Sol y de la Luna que no están contenidas en nuestro almanaque; pero se puede obtener $\Delta\alpha$ con exactitud suficiente de la manera siguiente:

Representando siempre por T el tiempo del paso de la Luna por el Meridiano el día indicado, llamemos T_2 el que corresponde al paso de la Luna dos días antes, T_1 el de la víspera y pongamos

$$\Delta T = T_1 - T_2$$

El tiempo T_2 es la diferencia en ascensión recta entre el Sol medio y la Luna al instante T_2, es decir, dos días lunares antes de T; y para obtener esta diferencia para el instante que antecede á T de 36^h, bastará añadir á T_2 el producto de ΔT por 0,55 que representa el valor medio de la mitad del día lunar, tomando al día como unidad, y á fin de pasar de esta diferencia, que corresponde á la ascensión recta media del Sol, al valor de $\Delta\alpha$ será preciso añadirle siempre el tiempo verdadero á medio día medio sacado del almanaque. De manera que si llamamos ε á este último elemento, tendremos:

$$\Delta\alpha = T_2 + 0{,}55\ \Delta T + \varepsilon$$

Ejemplo: Calcular para Santa Cruz la hora de la pleamar el 16 de Febrero de 1891.

Los datos sou

$$\begin{array}{lll} \text{Tabla III. . . .} & A = 26{,}6 & \\ \text{Cuadro II. . . .} & E = 10^h\ 16^m & \\ \text{Almanaque el 16} & T = \ \ 6\ 56 & \\ \quad — \qquad\qquad 15 & T_1 = \ \ 6\ \ 5 & \left.\right\} \Delta T = 51^m \\ \quad — \qquad\qquad 14 & T_2 = \ \ 5\ 14 & \end{array}$$

$$\varepsilon = 11^h\ 46^m = -14^m$$

entonces

$$\Delta\alpha = 5^h\ 14^m + 51^m \times 0{,}55 - 14^m = 5^h\ 28^m$$

y en fin con 26,6 y $5^h\ 28^m$ la tabla IV nos da

$$C = -18^m$$

luego: hora de la pleamar $= t = 6^h 56^m - 18^m + 10^h 16^m$
$- 19^m = 16^h 35^m$ el 16
ó sea el 17 tiempo civil á las 4^h 35 am.

Si se quiere conocer la altura de la marea correspondiente á la sizigia del 10 de marzo en Santa Cruz el cuadro I nos da para altura $1^m 16$ y el II 12,19 metros como unidad de altura del puerto.

Luego tendremos:

Altura de la marea $= 1,16 \times 12,19 = 14,14$ metros

CUADRO I.

MAREAS MÁS GRANDES DEL AÑO 1891

MES	LUNA	SIZIGIA		ALTURA DE LA MAREA
		Dias	*Horas*	
			h m	m
Enero	L. N.	10	11.33 a.m.	0 97
	L. LL.	24	8.34 p.m.	0.78
Febrero	L. N.	8	10.20 p.m.	1.09
	L. LL.	23	3.27 p.m.	0.85
Marzo	L. N.	10	7.59 a.m.	1.16
	L. LL.	25	9.20 a.m.	0.90
Abril	L. N.	8	5. 5 p.m.	1.14
	L. LL.	24	1.14 a.m.	0.89
Mayo	L. N.	8	2.24 a.m.	1.03
	L. LL.	23	2.34 p.m.	0.86
Junio	L. N.	6	0.35 p.m.	0.89
	L. LL.	22	1.20 a.m.	0.85
Julio	L. N.	6	0. 7 a.m.	0.78
	L. LL.	21	10. 2 a.m.	0.95
Agosto.	L. N.	4	1.21 p.m.	0.79
	L. LL.	19	5.37 p.m.	1 09
Septiembre . . .	L. N.	3	4.24 a.m.	0.85
	L. LL.	18	1.12 a.m.	1.17
Octubre	L. N.	2	9. 6 p.m.	0.88
	L. LL.	17	9.53 a.m.	1.16
Noviembre. . . .	L. N.	1	2.41 p.m.	0.87
	L. LL.	15	8.24 p.m.	1.06
Diciembre	L. N.	1	7.53 a.m.	0.82
	L. LL.	15	9. 1 a.m.	0.90
	L. N.	30	11.28 p.m.	0 83

CUADRO II.

Establecimiento del puerto, unidad de altura y declinación de la aguja de la brújula para 1891.

LUGARES	*Establecimiento del puerto*	UNIDAD DE ALTURA	*Declinación de la aguja para 1891*	AUTORIDADES
	h m		° ′	
Punta Médano	11. 0	—	—	Fitzroy 1834
Cabo Corrientes	10. 0	—	9. 3 E	» »
Bahía Blanca (Entrada)	5. 0	—	—	» »
Puerto Belgrano (B. Blanca)	6. 0	3m66	12.33 »	» 1833
Bahía Unión	3.10	3.66	12.58 »	» »
Bahía San Blas (Entrada)	1.30	3.66	13.13 »	» 1834
Punta Rubio	2. 0	3.66	—	» »
Punta Rasa	12. 0	—	—	» »
Río Negro	11. 0	4.27	13.54 »	» »
Puerto San Antonio	10.45	5.49 á 9.14	14.57 »	» »
Bahía San José	10. 0	6.10 á 9.14	—	» »
Punta del Norte (Pen. San José)	9.45	—	—	» »
Punta de los Baldes (»)	9.30	—	—	» »
Punta Delgada (»)	8.15	—	—	» »

Golfo Nuevo.	7. 0	3.05	—	» »
Puerto Madryn (G. Nuevo)	7.15	4.11	15.30 E	Buque Inglés « Volage » 1876
Bahía Cracker »	7.15	3.96	15.25 »	» » » »
Río Chubut (Entrada).	5.30	2.74	—	Fitzroy 1834
Punta Tombo	4.30	—	—	» »
Puerto S. Elena	4. 0	5.18	16.16 »	» »
Puerto Huevo	4. 0	5.18	15.20 »	Buque Francés « Forbin » 1876
Isla de Tovas.	3.45	5.49	15.35 »	» » » »
Bahia Solano.	1.45	—	—	Fitzroy 1834
Cabo Tres Puntas	4. 0	—	—	» »
Puerto Deseado	0.52	5.64	17.26 »	Annuaire des Marées des Côtes de France pour 1888 par M. Hatt
Sea Bear (Bahía)	12.45	6.71	17.31 »	Buque Inglés « Beagle » 1828
Cabo Dañoso.	11. 0	—	—	» » » 1834
Puerto San Julián	10.26	9.14	18.52 »	Annuaire des Marées des Côtes de
Puerto Santa Cruz	10.16	12.19	19.47 »	France pour 1888 par M. Hatt
Bahía Coy	9.30	12.19	—	Buque Inglés « Beagle » 1834
Puerto Gallegos	8.22	4.02	19 56 »	
San Esteban (Malvinas).	7.54	—	—	Annuaire des Marées des Côtes de
Albemarl (»)	7.38	—	—	France pour 1888 par M. Hatt
Cabo Vírgenes.	7.52	10.97 á 12.80	19.11 »	
Cabo Dungeness (Estr. Magall.) . . .	8.30	10:97 á 13.41	—	Buque Inglés « Nassau » 1867-8
Bahía San Yago (») . . .	9.27	6.10	—	» » » »

CUADRO II. — (Conclusión).

LUGARES	Establecimiento del puerto	UNIDAD DE ALTURA	Declinación de la aguja para 1891	AUTORIDADES
	h m		° ′	
Bahía Posesión (Estr. Magall.) . . .	8.35	10.97 á 12.80	20.13 E	Buque Inglés « Nassau » 1867-8
Banco Tritón (» ») . . .	9.00	4.57	—	»
Bahía Gregory (» ») . . .	9.30	6.40	—	»
Punta Gracia (» ») . . .	10.17	2.44	20.44 »	»
Puerto Oazy (» ») . .	10.18	2.13	—	»
Puerto Pecket (» ») . . .	9.30	2.13	—	»
Bahía Laredo (» ») . . .	11. 0	2.13	—	»
Punta Arenas (» ») . . .	12. 0	1.52	—	»
Cabo Peñas (T. del Fuego)	4. 0	—	—	»
Cabo San Pablo (»)	5.30	—	—	»
Puerto Cook (I. de les Estados) . . .	3.30	—	17.54 »	Buque Francés «Romanche» 1882-3
Bahía Buen Suceso (T. del F.). . . .	4. 3	1.83 á 2.44	19. 3 »	Fitzroy 1830
Lennox Cove (I. Lennox).	4.40	2.44	19.48 »	» »
Rada de Goree.	4. 0	2.50	—	» 1834
Bahía Moat (C. Beagle).	—	—	18. 58»	Buque Francés «Romanche» 1882-3
Banner Cove (I. Picton).	4.30	2.20	19. 2 »	»
Fondeadero de Packewaïa (C. Beagle)	3.30?	2.20	—	

Bahía Ushuaiá (C. Beagle)	3.58	2.20	19.34 »	»
Bahía Fleuriais (C. Beagle)	3.18	2.20	21.19 »	»
Bahía de la Romanche (C. Beagle) .	—	—	20. 5 »	»
Bahía de las Ballenas (I, O' Brien). .	2. 5	1.75	20.15 »	»
Fondeadero Steward (I. Steward) . .	2.50	1.20	—	Fitzroy 1830
Islas Week (C. Beagle)	2. 0	1.20	—	» »
Puerto Laura	1. 0	1.80	—	» »
Bahía Latitud	2. 5	1.30	—	» »
Bahía Dislocación	1.40	1.20	—	» »
Christmas Sound.	2.26	—	—	Annuaire des Marées des Côtes de France 1888 par M. Hatt
Isla Packsaddle	3.30	1.80	21.18 »	Buque Francés «Romanche 1882-3
Rada Isla Burt.	2.10?	1.10	20.20 »	Romanche 1882-3
Bahía S. Bernardo (Orange).	2.36	2.80	19.38 »	» »
Islas Otter (Wooleston).	3.46	2.80	19.28 »	» »
Golfo del Medio (I. Wooleston) . . .	3.30	—	—	Fitzroy 1834
Bahía San Martín (I. Hermit.). . . .	3.50	2.40	20.26 »	Tte. Kendal 1828
Ensenada Coralie (I. Hoste).	4.17	2.10	—	Romanche 1882-3
Bahía Indiana (I. Hoste)	4.40	2.20	19.58 »	» »

La Plata. . . . . . { Declinación de la Brújula . . . . 8° 38′ NE / Inclinación » » » . . . . 29° 28′ S } 1889

TABLA III

Valor del número A.

DÍAS	*Enero*	*Febrero*	*Marzo*	*Abril*	*Mayo*	*Junio*	DÍAS
1	25.8	26.1	24.3	23.5	28.0	37.9	1
2	26.8	26.3	24.1	24.0	30 2	38.3	2
3	27.7	26.2	23.9	25.4	32.7	37.5	3
4	28.5	26.3	23.8	27.4	34.8	35.7	4
5	29.0	26.5	24.2	29.9	36.2	33.3	5
6	29.2	27.1	25.2	32.4	36.3	—	6
7	29.2	28.4	26.9	33.9	—	30.8	7
8	29.2	—	29.2	—	35.0	28.6	8
9	—	30.3	—	34.6	32.8	27.1	9
10	29.4	32.3	31.6	33.7	30.1	26.5	10
11	30.1	33.9	33.3	31.5	27.7	26.4	11
12	31.3	34.4	33.8	28.8	25.8	26.9	12
13	32 8	33.6	33.0	26.1	24.7	27.6	13
14	34.2	31.7	30.9	23.9	24.3	28.5	14
15	34.9	29.4	28.2	22.4	24.4	29.4	15
16	34.7	26.6	25.4	21.7	25.1	30.2	16
17	33.5	24.2	23.1	21.6	26.0	30.8	17
18	31.6	22.3	21.4	22.0	27.0	31.1	18
19	29.2	20.9	20.4	22.9	28.1	31.1	19
20	26.9	20.3	20.1	23.8	28.9	30.8	20
21	24.8	20.2	20.3	24.8	29.4	30.6	21
22	23.2	20.7	20.9	25.7	29.5	30.4	22
23	22.2	21.3	21.7	26.3	29.3	30.8	23
24	21.7	22.1	22.6	26.6	28.8	31.9	24
25	21.8	22.9	23.5	26.4	28.5	33.7	25
26	22.3	23.6	24.1	26.0	28.4	35.8	26
27	23.1	24.1	24.4	25.6	29.0	37.7	27
28	23.9	24.3	24.4	25.3	30.3	38.9	28
29	24.7		24.2	25.4	32.2	39.1	29
30	25.4		23.8	26 3	34.4	38.0	30
31	25.9		23.4		36.6		31

TABLA III. — Valor del número A *(Conclusión).*

Días	*Julio*	*Agosto*	*Septiembr.*	*Octubre*	*Noviembre*	*Diciembre*	Días
1	36.1	25.5	22.4	23.2	—	—	1
2	33.7	24.4	—	—	24.6	25.1	2
3	31.1	—	23.0	23.7	24.2	24.7	3
4	29.0	24.0	23.1	23.9	23.6	24.8	4
5	—	24.2	24.2	23.8	23.0	25.5	5
6	27.3	24.7	24.6	23.4	22.8	26.9	6
7	26.4	25.5	24.7	22.9	23.1	28.9	7
8	26.2	26.1	24.4	22.6	24.1	31.3	8
9	26.5	26.6	24.0	22.0	25.9	33.4	9
10	27.1	26.9	23.6	22.1	28.3	35.1	10
11	27.9	27.0	23.2	22.8	31.1	35.8	11
12	28.6	26.8	23.1	24.3	33.5	35.4	12
13	29.2	26.5	23.7	26.6	35.2	33.9	13
14	29.7	26.2	24.9	29.4	35.7	31.6	14
15	29.9	26.0	26.9	32.2	34.7	29.3	15
16	29.8	26.2	29.5	34.4	32.5	27.4	16
17	29.6	27.0	32.4	35.2	29.9	26.1	17
18	29.4	28.7	34.5	34.3	27.4	25.6	18
19	29.2	31.0	35.5	32.1	25.5	25.5	19
20	29.7	33.6	34.7	29.2	24.5	25.9	20
21	30.7	35.5	32.5	26.4	24.1	26.4	21
22	32.4	36.8	29.6	24.2	24.2	26.8	22
23	34.7	36.2	26.6	22.9	24.8	27.1	23
24	36.7	34.4	24.1	22.1	25.3	27.2	24
25	38.1	31.6	22.3	22.0	25.9	27.1	25
26	38.3	28.6	21.3	22.4	26.3	26.8	26
27	37.2	26.0	21.0	23.1	26.5	26.4	27
28	35.2	23.9	21.3	23.7	26.4	25.9	28
29	32.5	22.5	21.7	24.3	26.1	25.5	29
30	29.7	21.9	22.5	24.7	25.6	—	30
31	27.3	21.9	—	24.8	—	25.5	31

TABLA IV.

Diferencia de ascensión recta		Corrección *C*									
—	+	18	19	20	21	22	23	24	25	26	27
h m	h m	m	m	m	m	m	m	m	m	m	m
0. 0	12. 0	0	0	0	0	0	0	0	0	0	0
10	50	4	3	3	3	3	3	3	3	3	3
20	40	7	7	6	6	6	6	6	6	6	5
30	30	11	10	10	10	9	9	9	9	8	8
40	20	14	13	13	12	12	12	12	11	11	11
50	10	18	17	17	16	16	15	15	14	14	13
1. 0	11. 0	21	20	20	19	19	18	17	17	16	16
10	50	25	24	23	22	21	21	20	20	19	19
20	40	28	27	26	25	25	24	23	22	23	21
30	30	32	30	29	28	27	26	26	25	24	23
40	20	35	34	32	31	30	29.	28	27	27	26
50	10	38	37	35	34	33	32	31	30	29	28
2. 0	10. 0	41	40	38	37	36	34	33	32	31	30
10	50	44	43	41	40	38	37	36	34	33	32
20	40	47	46	44	42	41	39	38	37	35	34
30	30	50	48	46	45	43	41	40	39	37	36
40	20	53	51	49	47	45	43	42	40	39	38
50	10	56	53	51	49	47	45	44	42	41	39
3. 0	9. 0	58	55	53	51	49	47	45	44	42	41
10	50	60	58	55	53	51	49	47	45	43	42
20	40	62	59	57	54	52	50	48	46	44	43
30	30	64	61	58	55	53	51	49	47	45	43
40	20	66	62	59	56	54	51	49	47	45	43
50	10	67	63	60	57	54	52	49	47	45	43
4. 0	8. 0	67	63	60	57	54	51	49	47	45	43
10	50	67	63	60	56	53	51	48	46	44	42
20	40	67	63	59	56	52	50	47	45	43	41
30	30	66	61	57	54	51	48	45	43	41	39
40	20	64	59	55	51	48	46	43	41	39	37
50	10	61	56	52	48	45	42	40	38	36	34
5. 0	7. 0	56	52	48	44	41	38	36	34	32	30
10	50	51	46	42	39	36	34	32	30	28	27
20	40	43	39	36	33	30	28	26	25	23	22
30	30	35	31	28	26	24	22	21	19	18	17
40	20	24	22	19	18	16	15	14	13	12	12
50	.10	12	11	10	9	8	8	7	7	6	6
6. 0	6. 0	0	0	0	0	0	0	0	0	0	0
—	+	18	19	20	21	22	23	24	25	26	27

TABLA IV *(Conclusión).*

Diferencia de ascensión recta —	+	Corrección C 28	29	30	31	32	34	36	38	40	42
h m	h m	m	m	m	m	m	m	m	m	m	m
0. 0	12. 0	0	0	0	0	0	0	0	0	0	0
10	50	3	3	2	2	2	2	2	2	2	2
20	40	5	5	5	5	5	5	4	4	4	4
30	30	8	8	8	7	7	7	7	6	6	6
40	20	10	10	10	10	9	9	9	8	8	8
50	10	13	13	12	12	12	11	11	10	10	10
1. 0	11. 0	16	15	15	14	14	13	13	12	12	11
10	50	18	18	17	17	16	16	15	14	14	13
20	40	20	20	19	19	18	18	17	16	15	15
30	30	23	22	22	21	21	20	19	18	17	16
40	20	25	24	24	23	23	21	21	20	19	18
50	10	27	27	26	25	25	23	22	21	20	20
2. 0	10. 0	29	29	28	27	26	25	24	23	22	21
10	50	31	31	30	29	28	27	25	24	23	22
20	40	33	32	31	31	30	28	27	26	24	23
30	30	35	34	33	32	31	30	28	27	26	24
40	20	37	36	35	34	33	31	29	28	27	25
50	10	38	37	36	35	34	32	30	29	27	26
3. 0	9. 0	39	38	37	36	35	33	31	30	28	27
10	50	40	39	38	37	36	34	32	30	29	27
20	40	41	40	38	37	36	34	32	30	29	27
30	30	42	40	39	38	36	34	32	31	29	28
40	20	42	40	39	38	36	34	32	30	29	27
50	10	42	40	39	37	36	34	32	30	28	27
4. 0	8. 0	41	40	38	37	36	33	31	29	28	26
10	50	40	39	37	36	35	32	30	29	27	25
20	40	39	38	36	35	33	31	29	27	26	24
30	30	37	36	34	33	32	29	28	26	24	23
40	20	35	34	32	31	30	27	26	24	23	21
50	10	32	31	30	28	27	25	23	22	20	19
5. 0	7. 0	29	28	26	25	24	22	22	19	18	17
10	50	25	24	23	22	21	19	18	17	16	15
20	40	21	20	19	18	17	16	15	14	13	12
30	30	16	15	15	14	13	12	11	10	10	9
40	20	11	10	10	9	9	8	8	7	7	6
50	10	6	5	5	5	5	4	4	4	3	3
6. 0	6. 0	0	0	0	0	0	0	0	0	0	0
—	+	28	29	30	31	32	34	36	38	40	42

DATOS DIVERSOS

MECÁNICA, FÍSICA, QUÍMICA

UNIDADES DE MEDIDA

El sistema absoluto de medidas en todos los fenómenos mecánicos y físicos está basado sobre el uso de las unidades de las tres cantidades, *largo* [L], *masa* [M] y *tiempo* [T].

Las *unidades fundamentales* de largo, masa y tiempo son, según el sistema establecido por la *Asociación Británica* y adoptado por el Congreso internacional de electricistas en 1881 :

Para el largo : el *centímetro*.

Para la masa : la *masa del gramo*, ó sea la masa de un centímetro cúbico de agua destilada á la temperatura de 4° C.

Para el tiempo : el *segundo de tiempo medio*. Este sistema llamado abreviadamente *sistema centímetro*, *gramo*, *segundo*, está representado por : *sistema C. G. S.*

Unidad derivada es aquella que deriva de una de las tres unidades fundamentales ; es así como en Geometría la unidad de superficie y la de volumen pueden ser expresadas en función de la unidad de longitud.

Unidades diversas. — Pudiendo una cantidad ser expresada en función de otra unidad diferente de la unidades fundamentales, resulta que la unidad derivada variará con el tamaño de esta unidad ; y se tiene en general, si n es la expresión numérica de una cantidad en función de una unidad [N], siendo n' el valor de esta misma cantidad en función de una nueva unidad [N'] que :

$$\frac{n'}{n} = \frac{[N]}{[N']}$$

Dimensiones de las unidades. — Así se llama la relación que liga una unidad derivada con las unidades fundamentales ; por consiguiente, según lo que se acaba de decir, la dimensión de la unidad de superficie será $[L^2]$ y la unidad de volumen $[L^3]$.

Si en general las dimensiones de una unidad derivada se expresan por el símbolo $[L^p M^q T^r]$ en el sistema fundamental, y si en seguida se toman unidades diferentes tales como L′, M′, T′, se tendrá para la relación de los valores [N] y [N′] de la unidad derivada en cada sistema.

$$\frac{[N']}{[N]} = \left(\frac{L'}{L}\right)^p \left(\frac{M'}{M}\right)^q \left(\frac{T'}{T}\right)^r$$

Unidades de longitud, de superficie y de volumen. — La unidad de longitud es el centímetro en el sistema C. G. S., siendo la unidad práctica un múltiplo ó submúltiplo de la unidad, según los casos; así para el metro su dimensión será 10^2 con relación á la unidad fundamental; si es el milímetro, éste tendrá por dimensión 10^{-1} con relación á la misma unidad.

En microscopia se emplea el *micron* que vale en metros $0^m000001$ ó 10^{-6}, en milímetros $0^{mm}001$ y en unidad C. G. S. 10^{-4}.

Las unidades de superficie y de volumen se deducen de las de longitud, como lo hemos indicado, y las dimensiones son respectivamente $[L^2]$ y $[L^3]$.

Unidad de velocidad. — Es la velocidad de un cuerpo que recorre en línea recta y con un movimiento uniforme la unidad de longitud en la unidad de tiempo; de suerte que la velocidad es en general la relación entre el camino recorrido y el tiempo. Se puede entonces escribir como dimensión de la unidad en el sistema C. G. S. :

$$[V] = [LT^{-1}],$$

donde L = 1 centímetro y T = 1 segundo de tiempo medio.

Según los casos que se presenten, se puede tomar en la práctica L igual á un metro ó un kilómetro y T igual á un minuto ó una hora.

Unidad de aceleración. — La aceleración es la relación del acrecentamiento de velocidad al tiempo; es decir, el cociente de una velocidad por un tiempo si se la representa por γ, se tiene por dimensión de la unidad.

$$[\gamma] = [LT^{-1}]$$
$$T^{-2}$$

Como se ha dicho más arriba, se tomará en el sistema C. G. S., L = 0m01 y T = 1s.

Unidad de fuerza. — La fuerza aplicada á un cuerpo tiene como medida el producto de su masa por la aceleración que es la resultante de la fuerza; las dimensiones de la unidad, representando la fuerza por *f*, son entonces:

$$[f] = [LMT^{-2}]$$

En el sistema C. G. S., la unidad de fuerza se llama *Dyne*.

En la práctica no se hace uso de esta unidad, se acostumbra á expresarla en función del peso.

Si se representa por g la aceleración que la pesantez imprime al cabo de un segundo á un cuerpo que cae libremente en el vacío en un lugar determinado, y por P el peso de este cuerpo en el mismo lugar, se tiene para expresión de su masa M.

$$M = \frac{P}{g}$$

relación en la cual si P está expresado en gramos, g debe estarlo en centímetros. Resulta de esto, que la unidad de masa sobre la cual obra la unidad de fuerza deberá en la práctica ser sostituída por $\frac{1}{g}$ desde que se debe tomar

P = 1 gramo, y por consiguiente, la *dyne* vale $\frac{1}{g}$ gramos. Variando el valor de g con la latitud y la altura del punto de observación sobre el nivel del mar, resulta que en cada caso será necesario tomar para g el valor correspondiente. En las aplicaciones que no exigen una cierta precisión, se puede dar á g su valor numérico medio que es 981 centímetros; es decir, que la *dyne* equivale en término medio $\frac{1}{981}$ en gramos.

Si se toma como unidad el metro y la masa del kilogramo, entonces la unidad de fuerza llega á ser $\frac{1}{9.81}$ del kilogramo.

Unidad de trabajo ó energía. — Siendo el trabajo W el producto de la fuerza por el camino recorrido por el punto de aplicación, esto es, el producto de una fuerza por una longitud, se tiene para las dimensiones de la unidad.

$$[W] = [ML^2 T^{-2}]$$

En el sistema C. G. S. se llama *Erg.* Es en otras palabras el trabajo producido por una fuerza de una *dyne* que da lugar á un desplazamiento de un centímetro.

En la práctica donde se hace, como precedentemente, intervenir los pesos en lugar de las masas, las unidades empleadas con preferencia son el centímetro-gramo, el gram-metro y el kilográmetro que valen respectivamente 981,98100,98100000 *ergs.*

Para simplificar 1,000,000 de ergs se llama *meg-erg;* es decir que el kilográmetro equivale á 98,1 merg-ergs.

Se debe notar que la *fuerza viva* es una cantidad de la misma especie que el trabajo, pues es el producto de una masa por el cuadrado de una velocidad.

Es de utilidad consignar aquí los valores recíprocos del *Cheval vapeur* francés del *Horse power* inglés, según las unidades empleadas (*).

1 *Caballo Vapor Francés*	=	75 Kilográmetros por segundo.
	=	7360 meg-erg por segundo.
	=	0,9863 Caballo Vapor Inglés.
1 *Caballo Vapor Inglés*	=	75,9 Kilográmetros por segundo.
	=	7460 meg-ergs por segundo.
	=	1,0139 Caballo Vapor Francés.

(*) Este cuadro, así como los datos y referencias que siguen, se han extraído del *Formulaire Pratique de l'Électricien, pour 1886,* de Hospitalier.

UNIDADES ELÉCTRICAS

Unidades Electro-Magnéticas.

Unidades C. G. S. — Unidades Prácticas. — Las unidades electro-magnéticas del sistema C. G. S. se deducen de las unidades fundamentales geométricas, mecánicas y magnéticas por definiciones que haremos conocer; pero como su empleo daría lugar al uso de números demasiado grandes ó demasiado chicos, se ha adoptado en la práctica, unidades que son múltiplos ó submúltiplos decimales de las unidades C. G. S., y para evitar toda confusión, se ha dado á estas unidades prácticas nombres especiales que las distinguen de las de C. G. S.

El cuadro que sigue demuestra las relaciones entre las unidades C. G. S., y las prácticas correspondientes, los símbolos que las representan y las dimensiones de cada unidad en función de las fundamentales.

Cuadro de las unidades electro-magnéticas.

NATURALEZA DE LAS CANTIDADES Á MEDIR	*Símbolo*	NOMBRE de la unidad *práctica*	*Número de la* unidad C. G. S. *encerrado en la unidad práctica*	*Dimensiones de la unidad*
Resistencia. . . .	R	Ohm	10^9	LT^{-1}
Fuerza electromotriz.	E	Volt	10^8	$M^{\frac{1}{2}} L^{\frac{3}{2}} T^{-2}$
Intensidad. . . .	I	Ampère	10^{-1}	$M^{\frac{1}{2}} L^{\frac{1}{2}} T^{-1}$
Cantidad.	Q	Coulomb	10^{-1}	$M^{\frac{1}{2}} L^{\frac{1}{2}}$
Capacidad. . . .	C	Farad	10^{-9}	$M^{-1} T^{2}$

Unidad de intensidad. — Una corriente tiene una intensidad igual á una unidad C. G. S., cuando cruzando un circuito de un centímetro de largo, doblado en forma de arco de un centímetro de radio, ejerce una fuerza de una dyne sobre un polo magnético de una unidad de intensidad colocada en su centro.

La unidad práctica de intensidad lleva el nombre de *Ampère* y es igual á 10^{-1} unidades C. G. S.

Unidad de cantidad. — La unidad de cantidad C. G. S. es la cantidad de electricidad que cruza un circuito durante un segundo, cuando la intensidad de la corriente es igual á una unidad C. G. S.

La unidad práctica lleva el nombre de *Coulomb* y es igual á 10^{-1} unidades C. G. S.

Ampère-hora. — Cantidad de electricidad que pasa en un circuito durante una hora cuando la intensidad de la corriente es de un ampère.

$$1 \text{ ampère-hora} = 3600 \text{ Coulombs.}$$

Unidad de fuerza electro-motriz. — Cuando una cierta cantidad de electricidad Q pasa por un conductor bajo la influencia de una fuerza electro-motriz E, el trabajo producido es igual al producto Q. E.

La unidad C. G. S. de fuerza electro-motriz, es la fuerza necesaria para que la unidad de cantidad desarrolle una unidad C. G. S. de trabajo ó un erg. La unidad práctica de fuerza electro-motriz lleva el nombre de *Volt*, y vale 10^8 unidades C. G. S.

No existe tipo de fuerza electro-motriz que dé exactamente un volt. Los experimentadores expresan á menudo las fuerzas electro-motrices, tomando como tipo la pila que usan.

Entre estos tipos los más usados son:

El elemento Daniell, que establecido en ciertas condiciones, tiene una fuerza electro-motriz de 1,07 volt legal.

El elemento Latimer Clark muy constante cuando está en circuito abierto y cuyo fuerza electro-motriz es de 1,435 volt.

Unidad de resistencia. — Un conductor tiene una resistencia igual á una unidad C. G. S. cuando una fuerza electro-motriz unitaria entre sus dos extremidades, hace circular en este conductor una corriente de intensidad también unitaria.

La unidad práctica de resistencia lleva el nombre de *Ohm* y vale 10^9 unidades C. G. S.

La ley de Ohm : $I = \frac{E}{R}$, que establece una relación entre las tres unidades prácticas: de intensidad, fuerza electro-motriz y resistencia, se puede escribir.

$$1 \text{ ampère} = \frac{1 \text{ volt}}{1 \text{ ohm}}$$

El 3 de Mayo de 1884, la conferencia internacional para la determinación de las unidades eléctricas, decidió que :

El *ohm legal* esté representado por una columna de mercurio de un milímetro cuadrado de sección y de 106 centímetros de largo á la temperatura del hielo fundente.

Unidad de capacidad. — Un condensador tiene una capacidad unitaria C. G. S., cuando cargado con un potencial de una unidad C. G. S. encierra una cantidad de electricidad unitaria.

La unidad práctica se llama *Farad* y vale 10^{-9} unidades C. G. S. Como el farad es aun una cantidad demasiado grande para las necesidades de la práctica, se usa más el *microfarad*, cuyo valor es 10^{-15} unidades C. G. S. ó 10^{-6} farad.

Un condensador de un microfarad cargado al potencial de un volt, encierra una cantidad de electricidad igual un *microcoulomb*.

Unidad de trabajo eléctrico. — La unidad práctica del trabajo eléctrico se llama *Joule* ó *Volt-Coulomb*. Es el trabajo producido por la unidad práctica de cantidad (coulomb), bajo una diferencia de potencial igual á un volt.

1 joule. . . . . = 10 meg-ergs.

1 joule. . . . . = $\frac{1}{9.81}$ kilográmetro.

Unidad de potencia eléctrica. — La unidad práctica de potencia eléctrica es el *Watt ó Volt-Ampère*. Es la potencia debida á la unidad práctica de intensidad de corriente (ampère), bajo una diferencia de potencial igual á un volt.

1 watt. . . . = 10 meg-ergs por segundo

1 watt. . . . = $\frac{1}{9.81}$ kilográmetro por segundo

1 Caballo vapor francés. . . = 736 watts.
1 » » inglés . . . = 746 watts.

Unidades electro-estáticas.

Unidad electrostática de cantidad. — La unidad de cantidad es aquella que, colocada á una distancia de un centímetro de una cantidad semejante é igual, la rechaza con una fuerza igual á una dyne.

Dimensiones :

$$\left[M^{\frac{1}{2}} L^{\frac{3}{2}} T^{-1}\right].$$

Unidad electrostática de diferencia de potencial. — La diferencia de potencial entre dos puntos es unitaria, cuando es necesario gastar una unidad de trabajo ó un erg para hacer pasar una cantidad de electricidad unitaria de un punto al otro.

Dimensiones :

$$\left[M^{\frac{1}{2}} L^{\frac{1}{2}} T^{-1}\right].$$

Unidad de capacidad electrostática. — La capacidad de un conductor es de una unidad, cuando una unidad de cantidad de electricidad eleva su potencial de una unidad. Dimensiones : (L). Una esfera de un centímetro de radio tiene una capacidad de una unidad C. G. S. electrostática. La capacidad de las esferas es proporcional á sus radios.

Relación de las unidades electrostáticas y electromagnéticas. — La relación entre las unidades electrostática y electromagnética de cantidad, tiene por dimensiones $\left[\frac{L}{T}\right]$. Esta expresión es equivalente á una velocidad y se designa por la lettra v. El valor numérico de v varía entre

$$2{,}825 \times 10^{10} \quad y \quad 3{,}1074 \times 10^{10}$$

centimetros por segundo. El adoptado hoy día es dado por los Señores Ayrton y Perry

$$v = 2{,}98 \times 10^{10} \text{ cm : s.}$$

Esa cifra es la misma que la que se ha encontrado para la velocidad de la luz.

UNIDADES DIVERSAS

Unidades de presión. — La unidad de presión en e sistema C. G. S. es igual á la unidad de fuerza que se ejerce sobre la unidad de superficie, es decir, *una dyne, por centímetro cuadrado.* Tiene sólo un valor teórico sin empleo práctico.

En Francia se cuenta en *atmósferas* y en *kilogramos por centímetro cuadrado.* Una *atmósfera* es la presión ejercida por una columna de mercurio de 760 milímetros de altura á 0°, ó la ejercida por una columna de agua de $10^{m}33$, á 4° C.

El *kilogramo por centímetro cuadrado*, equivale á una columna de agua de 10^{m} de altura.

Estas dos unidades tienen valores muy próximos y pueden fácilmente confundirse sin error grosero.

En Inglaterra se hace uso del *pound per square foot* (presión de una libra inglesa por pie cuadrado inglés) y del *pound per square yard* (presión de una libra por yarda cuadrada).

El cuadro de la página 431 indica las relaciones entre sí de estas unidades diferentes.

Unidad de temperatura. — La unidad de temperatura generalmente adoptada es el *grado centígrado* ó grado Celsius (C por abreviación).

Está fundada sobre las propiedades térmicas del agua destilada á la presión de 760^{mm}, ó presión atmosférica. En la escala termométrica práctica, el cero es la temperatura del hielo fundente; el grado 100, la del vapor de agua hirviente á la presión de 760^{mm}, y el grado centígrado, la centésima parte de esta diferencia de temperatura.

En la graduación de Reaumur, el 0° corresponde al hielo fundente; pero el punto de ebullición del agua está marcado 80°.

En la graduación de Fahrenheit el hielo fundente marca el grado 32 y el vapor de agua hirviendo el 212°.

Las temperaturas son á veces referidas á una cierta escala, llamada : *escala de temperaturas absolutas*. El valor del grado es el mismo que en la escala centígrada, pero el 0° absoluto corresponde á — 273° de aquélla.

Para reducir la graduación absoluta á la centígrada basta restar 273° del número que expresa aquélla.

Unidades de calor. — La unidad práctica de calor empleada en Francia, toma el nombre de *caloría*; es la cantidad de calor necesaria para elevar de 1° C. la temperatura de un kilogramo de agua.

La unidad de calor teórica esta todavía bastante ma definida, pues el calor específico del agua varía con la temperatura, y la temperatura adoptada como tipo varía con los autores. Se toma generalmente como base una temperatura intermedia entre 0° y 4° C.

Algunos físicos han adoptado una unidad mil veces menor; el calor necesario para elevar de 0° á 1° C. un gramo de agua. Desgraciadamente la dan también el nombre de *caloría*, por la razón de que deriva más directamente del sistema C. G. S. por la elección del gramo como unidad de masa.

Para evitar toda confusión se llama generalmente *gran*

caloría á la primera (kilógramo-grado) y *pequeña caloría* á la segunda (gramo-grado).

En Inglaterra se hace uso del *pound grado centigrado* y de *pound grodo Fahrenheit* ó *thermal unit.*

La primera es una unidad bastarda, basada á la vez sobre la libra inglesa y el grado centígrado. Su nombre la define suficientemente.

El ponnd grado Fahrenheit ó unidad termal, es la cantidad de calor necesaria para elevar de 1° Far. una libra inglesa de agua.

El cuadro página 432 indica las relaciones entre estas unidades.

Equivalente mecánico del calor. — La cifra adoptada generalmente para el equivalente mecánico del calor, es la siguiente:

1 caloría (kilog.-grado) = 424 kilográmetros.

Cuando se considera la energía bajo sus formas diferentes, trabajo, calor y electricidad, se la expresa, según los casos, en unidades de trabajo ó de calor; el cuadro pág. 432 da las relaciones entre las diferentes unidades de energía empleadas generalmente : caloría, meg-erg, kilográmetro y volt-coulomb ó joule.

Unidades fotométricas. — En Francia, la unidad es el *pico carcel*, lámpara que consume 42 gramos de aceite de *colza depurado* por hora con una llama de 40^{mm}, en las condiciones establecidas por los Sres. J. B. Dumas y Regnault para la verificación del poder de iluminación del gas.

En Inglaterra la unidad es el *candle ó Parliamentary Standard*, vela de esperma de ballena de $^1/_8$ de pulgada de diámetro que consume 120 gramos por hora.

Las variaciones de este tipo llegan algunas veces á 30 0/0.

1 pico carcel = 7.4 candles.

En Alemania el tipo es una vela de parafina de 20^{mm} de diámetro, que quema con una llama de 5 centímetros de altura.

1 pico carcel = 7.6 velas alemanas.

Unidad fotométrica de la conferencia internacional. — (Decisión del 3 de Mayo 1884.)

La unidad de cada luz simple es la cantidad de luz de la misma especie emitida normalmente por un centímetro cuadrado de platino á la temperatura de solidificación.

La unidad práctica de luz blanca es la totalidad de luz emitida por un centímetro cuadrado de platino á la temperatura de solidificación.

Cuadro comparativo de las unidades diferentes de luz.

	Tipo de M. Violle	*Pico Carcel*	*Vela de estearina*	*Candle Inglés*	*Kerzen Candle Alemán*
Tipo de M. Violle.	1	2.080	13.520	15.392	15.808
Pico Carcel . . .	0.481	1	6.500	7.400	7.60
Vela de estearina.	0.074	0.154	1	1.139	1.169
Candle inglés. . .	0.065	0.135	0.879	1	1.027
Kerzen-candle Alemán.	0.063	0.132	0.855	0.974	1

UNIDADES DE PRESIÓN

$(g = 981 \text{ cm} : s^2)$

NOMBRE DE LA UNIDAD	*Atmósfera*	*Kilogramo por met. cuad.*	*Kilogramo por cent. cuad.*	*Dyne por cent. cuad.*	*Pound per square foot*	*Pound per square inch*
Atmósfera (76c de mercurio á 0°). . . .	1	10330	1.033	1014000	2118	14.67
Kilogramo por metro cuadrado.	»	1	0.0001	98.1	0.205	»
Kilogramo por centímetro cuadrado . .	0.968	10000	1	981000	2050	14.2
Dyne por centimetro cuadrado.	»	»	»	1	0.00211	»
Pound per square-foot	0.00047	4.88697	»	479	1	0.0067
Pound per square inch.	0.0681	703.876	0.0704	69000	144	1

Presión de 30 pulgadas inglesas de mercurio á 0°C. . . . . = 1016300 dynes por cent. cuadrado.
Presión de 1 pulgada inglesa de mercurio á 0°C. . . . . = 33880.

UNIDADES DE ENERGÍA

Calor y trabajo ($g = 981$ cm : s^2)

NOMBRE DE LA UNIDAD	CALORÍA *(g.—g. C.)*	CALORÍA *(Kg.-g.C.)*	*Meg-erg*	*Kilográ-metro*	*Pound grado C.*	*Pound grado Fahrenheit*
Caloría (g.-g. C.) (Pequeña)	1	0.001	41.6	0.424	0.0022	0.004
Caloría (Kg.-g. C.) (Grande)	1000	1	41600	424	2.2056	3.968
Meg-erg	0.00243	»	1	0.0102	»	»
Kilográmetro	2.358	0.00236	98.1	1	0.00515	0.00926
Pound-grado C.	»	0.4545	19100	194	1	0.5556
Pound-grado Fahrenheit *(unidad Termal)*	»	0.252	10600	108	1.8	1

1 Pound grado centígrado . . . . = 1390 foot-pounds.
1 Pound grado Fahrenheit . . . . = 772. » »
1 Volt-Coulomb ó joule = 10 meg-ergs. . . . . = 0.102 kilográmetros.

PESANTEZ-PÉNDULO

La aceleración de la pesantez tiene por valor en París en metros por segundo:

$$g = 9^{m}80867\text{; log. } g = 0{,}9916103$$

Si la pesantez ha sido determinada á una altura de h metros sobre el nivel del mar, es necesario para obtener su valor á dicho nivel añadir á g la cantidad

$$0{,}00000308\, h$$

La pesantez al nivel de los mares no es igual en todos los lugares; es la resultante de la gravedad (que se puede suponer constante) y de la fuerza centrífuga variable según la latitud φ.

$$g = 9^{m}80547 - 0^{m}02538 \cos 2\varphi = 9^{m}78010 + 0^{m}05075 \operatorname{sen}^2 \varphi$$

Sea: l, el largo de un péndulo simple que ejecuta en el vacío oscilaciones muy pequeñas.

t, la duración en segundos de una oscilación

g, la pesantez en el lugar de observación: se tendrá

$$t = \frac{\pi}{\sqrt{g}} \sqrt{l} \text{ ó } l^2 = \frac{\pi^2 t}{g}$$

Haciendo $t = 1$, se tiene el largo de un péndulo simple que bate el segundo, que para París, es

$$l = 0^{m}99383$$

Si se designa por T el tiempo que un péndulo simple emplea para hacer N oscilaciones, se tendrá

$$T = \frac{\pi}{\sqrt{g}} N \sqrt{l}, \text{ ó } T^2 - \frac{\pi^2}{g} N^2 l$$

Resulta, pues, que las longitudes de ambos péndulos están entre sí como los cuadrados de los tiempos de sus oscilaciones, ó en razón inversa de los cuadrados de número de oscilaciones en el mismo tiempo.

Valores de la aceleración y largo del Péndulo

(Everett)

LUGARES	LATITUD	VALOR DE g	VALOR DE l
	° ′		
Ecuador	0. 0	978.10	99.103
Latitud 45°.	45. 0	980.61	99.356
Munich	48. 9	980.88	99.384
París	48.50	980.94	99.390
Greénwich.	51.29	981.17	99.413
Göttingen	51.32	981.17	99.414
Berlín.	52.30	981.25	99.422
Dublin.	53.21	981.32	99.429
Manchéster	53.29	981.34	99.430
Bélfast.	54.36	981.43	99.440
Edimburgo.	55.37	981.54	99.451
Aberdeen	57. 9	981.64	99.466
El Polo	90. 0	983.11	99.610

CUADRO DE LOS ÍNDICES DE REFRACCIÓN

NÚMEROS	CUERPOS MONO-REFRINGENTES	DENSIDAD	TEMPERATURA
	FLINTS		°
1	Feil pesado N° 2.	5.00	22.5
2	Rossette pesado N° 3	4.08	12.4
3	Feil F (1249).	3.68	24.0
4	Robichon	3.63	13.7
5	Feil B (1227).	3.54	23.2
	FLINTS LIVIANOS		
6	Rossette N° 1	3.44	19.5
7	Feil (1226).	3.24	22.0
8	Rossette N° 2	3.22	18.4
9	Feil muy liviano (1232). . .	2.98	23.2
	CROWNS		
10	Feil pesado (1185)	3.00	21.9
11	Feil (1209).	2.80	21.2
12	Rossette N° 1.	2.55	18.4
13	San Gobain	2.50	17.8
14	Feil Liviano (1228).	2.49	23.5

ÍNDICE PARA SIETE RAYAS DEL ESPECTRO

NÚMEROS	B	C	D	b	F	G	H
1.	1.7801	1.7831	1.7920	1.8062	1.8149	1.8368	1.8567
2.	1.6771	1.6795	1.6858	1.6959	1.7019	1.7171	1.7306
3.	1.6237	1.6255	1.6304	1.6384	1.6429	1.6549	1.6647
4.	1.6131	1.6149	1.6198	1.6275	1.6321	1.6435	1.6534
5.	1.6045	1.6062	1.6109	1.6183	1.6225	1.6335	1.6428
6.	1.5966	1.5982	1.6027	1.6098	1.6141	1.6246	1.6338
7.	1.5766	1.5783	1.5822	1.5887	1.5924	1.6018	1.6098
8.	1.5659	1.5675	1.5715	1.5776	1.5813	1.5902	1.5979
9.	1.5609	1.5624	1.5660	1.5715	1.5748	1.5828	1.5898
10.	1.5554	1.5568	1.5604	1.5658	1.5690	1.5769	1.5836
11.	1.5157	1.5166	1.5192	1.5234	1.5256	1.5313	1.5360
12.	1.5226	1.5237	1.5265	1.5307	1.5332	1.5392	1.5442
13.	1.5244	1.5254	1.5280	1.5320	1 5343	1.5397	1.5443
14.	1.5126	1.5134	1.5160	1.5198	1.5222	1.5278	1.5323

LONGITUD DE LA ONDA DE LA LUZ

Expresada en millonésimos de milímetro, para las radiaciones principales visibles é invisibles.

	ESPECTRO SOLAR			Elementos correspondientes
Parte infra-rojo	Límite		1940,0 [3]	
	Raya		1445,0 [3]	
	Raya		1220,0 [2]	
	Raya	A	760,4 [1]	
Parte visible	»	B	686,7 [1]	
	»	C	656,2 [1]	Hidrógeno
	»	D	589,5 [1]	Sodio
			588,9 [1]	Sodio
	»	b_1 (a)	518,3 [1]	Magnesio
	»	F	486,1 [1]	Hidrógeno
	»	G'	434,0 [1]	Hidrógeno
	»	G	430,7 [1]	Hierro

	ESPECTRO SOLAR			Elementos correspondientes
Parte visible	Raya	*h*	410,1 [1]	Hidrógeno
	»	H	396,7 [4]	Calcio
	»	K	393,3 [5]	Calcio
Parte Ultra Violeta	»	L	381,9 [4]	Hierro
	»	M	372,9 [4]	Hierro
	»	N	358,0 [4]	Hierro
	»	O	344,0 [4]	Hierro
	»	P	336,0 [4]	
	»	Q	328,6 [4]	Hierro
	»	R	317,9 [5]	Hierro
	»	S_2	309,9 [5]	Hierro
	»	T	302,0 [5]	Hierro
	»	U	294,8 [5]	Hierro

[1] Angström. — [2] E. Becquerel. — [3] Fizeau. — [4] Mascart. — [5] Cornu.

(*a*) La raya menos refrangible de las tres.

LONGITUD DE LA ONDA DE LA LUZ *(Conclusión)*

Espectros de origen artificial.

Litio		670,7 (3)
Cesio	459,7 y	456,0 (6)
Rubidio	421,6 y	420,2 (6)
Talio		534,9 (4)
Indio	451,0 y	410,1 (7)
Galio	417,0 y	403,1 (6)

Escala convencional de las rayas muy refrangibles.

CADMIO

Visible	Nº 1	643,7 (4)
	» 2	537,7 (4)
	» 3	533,6 (4)
	» 4	508,4 (4)

CADMIO

Visible	Nº 5	479,9 (4)
	» 6	467,6 (4)
	» 7	441,4 (4)

Escala convencional de las rayas muy refrangibles.

CADMIO

Nº 8 (b)	398,6 (4)
» 9	360,7 (4)
» 10	346,4 (4)
» 11	340,3 (4)
» 12	324,7 (5)
» 17	274,3 (4)
» 18	257,4 (4)
» 22	232,2 (5)
» 23	231,3 (5)
» 24	226,5 (5)
» 25	219,4 (5)
» 26	214,4 (5)

ZINC

Nº 27	209,9 (5)
» 28	206,3 (5)
	206,1 (5)

ALUMINIO

Nº 30	198,8 (5)
» 31	193,3 (5)
	192,9 (5)
» 32	186,0 (5)
	185,2 (5)

(3) Fizeau. — (4) Mascart. — (5) Cornu. — (6) Lecoq de Boisbaudran. — (7) Thalén.

(b) Raya del aire.

VELOCIDAD DEL SONIDO

(Del *Annuaire du Bureau des Longitudes*).

La velocidad del sonido en el aire atmosférico ha sido determinada en 1822, por orden del *Bureau des Longitudes* entre Villejuif y Montlhéry. Se ha encontrado para esta velocidad un valor de 337m2 por segundo, á la temperatura de +10°.

Esta velocidad aumenta de 0m670 por cada grado de acrecentamiento de la temperatura; á cero, la velocidad es entonces 331m1.

El Sr. Regnault, ha publicado en 1868, que según sus experiencias exactas, es de 330m7.

Según Sturm y Colladon, la velocidad del sonido en el agua, á la temperatura de + 8°1 es de 1435 metros por segundo.

En la fundición la velocidad del sonido es igual á 10 1/2 veces la velocidad en el aire.

VELOCIDAD DE LA LUZ

Medida directamente sin intervención de fenómenos astronómicos

Según	M. Fizeau	(1849*)	315000	kilóm.	por	segundo.
»	L. Foucault	(1862)	298000	»	»	»
»	M. Cornu	(1874)	300400	»	»	»
»	Michelson	(1879)	299940	»	»	»

Según la constante de la aberración diurna 20″445 determinada por W. Struve, se ha encontrado 308314 kilómetros por segundo en el vacío.

Y combinando los valores de la velocidad por segundo susodichos, con la constante de la aberración diurna, L. Foucault ha encontrado 8″86 y M. Cornu 8″798 respectivamente como valor de la paralaje del sol.

(*) Determinación aproximativa.

VELOCIDADES DIVERSAS

Velocidad media del desplazamiento de la Tierra en su órbita	29724 kilóm. por segundo
Velocidad de rotación de un punto en el Ecuador terrestre debida á la revolución diurna.	463,8 metros por segundo
Ídem en la latitud de 45°. .	328,0 » » »

La velocidad de un huracán llega algunas veces á 45 metros por segundo.

La velocidad de los trenes expresos está generalmente comprendida entre 17 y 28 metros por segundo.

CUADRO DE LAS DILATACIONES DEL MERCURIO

de 0° á 100°

Según las experiencias de REGNAULT y los cálculos de M. BROCH.

Temperatura	SEGÚN LA FÓRMULA		SEGÚN M. BROCH *Las temperaturas están expresadas en grados.*	
	de Regnault	*de Wullner*	*de Regnault*	*Normales*
0°	1.0000000	1.0000000	1.0000000	1.0000000
10	1.0017926	1.0018129	1.0018181	1.0018180
20	1.0035902	1.0036282	1.0036365	1.0036362
30	1.0053929	1.0054460	1.0054554	1.0054549
40	1.0072006	1.0072666	1.0072749	1.0072742
50	1.0090134	1.0090899	1.0090953	1.0090944
60	1.0108312	1.0109158	1.0109167	1.0109157
70	1.0126541	1.0127456	1.0127395	1.0127383
80	1.0144820	1.0145782	1.0145638	1.0145625
90	1.0163150	1.0164142	1.0163898	1.0163883
100	1.0181530	1.0182535	1.0182177	1.0182161

COEFICIENTES DE LA DILATACIÓN LINEAL DE LOS CUERPOS SÓLIDOS

Según Fizeau. — *Extraído de Jamin.*

$$\alpha = a + a' (t-40)$$

SUSTANCIAS	a (*Coeficiente de dilatacion á 40°*)	a'
Carbono	0,00000118	+ 0,0000000144 *
Carbón de retortas de Gas	0340	0110 *
Grafito (de Batongol)	0786	0101 *
Antracita (de Pensilvania)	2078	— 0,0000000815
Hulla de Charleroi	2782	+ 0295
Silicio cristalizado	0276	0146
Azufre (de Sicilia) dilatación media según la recta que hace con los ejes ángulos iguales	6413	3348
Selenio fundido	3680	1115
Teluro fundido	1675	0575
Arsénico (sublimado)	0963	0281
Paladio (forjado, recocido)	1176	0132 *
Platino (fundido)	0995	0106 *
Platino iridio (fundido; Ir 0,08) metal de tripode á tornillo, empleado para la medición de las dilataciones	0882	0076 *

Oro (fundido)	1443		0083 *
Plata (fundida)	1921		0147 *
Cobre rojo { (del lago superior)	1690		0183 *
Cobre rojo { empleado en las artes	1678		0105 *
Cobre amarillo (Cu, 71,5; Zn, 27,7; Sn, 0,3; Pb, 0,5)	1859		0196 *
Bronce (Cu, 86,3' Sn, 9,7; Zn, 4,0)	1782		0204 *
Hierro { dulce de las artes	1210		0185 *
Hierro { reducido por el Hidrógeno y comprimido	1188		205 *
Hierro { meteórico (de Caille)	1095		175 *
Acero { fundido (francés) templado	1322		399
Acero { » » recocido	1101		124 *
Acero { » (inglés) »	1095		152 *
Hierro fundido (gris)	11061	—	137
Bismuto cristalizado (romboédrico de 87°40'). { α	621		209
Bismuto cristalizado (romboédrico de 87°40'). { α'	1208		311
Antimonio cristalizado (romboédrico de 117°8). { α	1692	—	094
Antimonio cristalizado (romboédrico de 117°8). { α'	0882	+	134
Plomo fundido	2924		239 *
Aluminio fundido	2313		229 *
Cristal de San Gobain	0777		158 *
Óxido de estaño (Casiterita) { α	0392		119 *
Óxido de estaño (Casiterita) { α'	0321		076

COEFICIENTES DE LA DILATACIÓN LINEAL DE LOS CUERPOS SÓLIDOS

(Conclusión.)

SUSTANCIAS		a (*Coeficiente de dilatación á 40°*)	a'
Cuarzo	α	0,000000781	0,000000000205 *
	α'	1419	238 *
Corindón	α	0619	205
	α'	0543	225
Hierro Oligista	α	0820	119
	α'	0830	262
Pirita magnética	α	0235	864
	α'	3120	— 165
Espato de Islanda	α	2621	+ 160
	α'	— 0540	087
Aragonita	α	+ 3460	337
	α'	+ 1719	368
	α''	+ 1016	064

Sustancia					
Yoduro de plata cristalizado	α	−	0397	−	427
	α'	+	0065	+	138
Yoduro de plata fundido		−	0139	−	140 *
Topacio blanco (de Australia)	α	+	0592		183 *
	α'		0484		153 *
	α''		0414		168 *
Turmalina verde del Brasil	α		0905		320 *
	α'		0379		183 *
Esmeralda (berilo)	α	−	0106		114 *
	α'	+	0137		133 *
Feldespato (ortoso del S. Gotardo)	α	−	0203		128
	α'	+	1905		106
	α''	−	0151		146
Gipso (hierro de lanza) de Montmartre	α		4163		936
	α'		0157		109
	α''		2933		343

Nota. — En la columna α' los números marcados con un asterisco son aquellos cuya determinación ha parecido la más exacta. El coeficiente medio α entre las temperaturas θ' y θ'' se calcula dando á t el valor $\frac{\theta' + \theta''}{2}$.

PUNTO DE FUSIÓN DE DIVERSOS CUERPOS

SUSTANCIAS	*Temperatura*	SUSTANCIAS	*Temperatura*
Alcohol absoluto (¹)	— 130.5	Azufre octaédrico { 121°	117.4
Tricloruro de fósforo (¹)	— 111.8	calentado á (²) { 144°	113.4
Sulfuro de carbono (¹)	— 110	Azufre octaédrico { 170°	112.2
Ácido sulfhídrico.	— 85 *	calentado á (²) { 200° y arriba	114.4
Amoniaco anhidro	— 80 *	Urea	120
Ácido sulfuroso	— 78.9	Percloruro de fósforo	148
» azótico monohidratado	— 50	Azúcar de caña	160
Cianógeno	— 40	Litio	180
Mercurio.	— 39.5	Azotato de plata.	198
Ácido sulfúrico monohidratado	— 34	Arsénico.	210
Alcohol amílico	— 23	Selenio	217
Acido cianhídrico	— 13.8	Estaño.	235
Esencia de trementina	— 10	Bismuto	265
Ácido hipoazótico	— 9	Succino	288
Bromo.	— 7.5	Clorato de potasa	334

Agua de mar	— 2.5	Plomo	335
Agua	0	Cloruro de plata	350
Nitrobencina	+ 3	Bromuro de plata	380
Bencina	7	Antimonio	440
Acido fórmico	8.2	Yoduro de plata	450
» acético concentrado	17	Zinc	450 *
» sulfúrico anhidro	25	Cadmio	500 *
» azótico anhidro	29	Teluro	525 *
Galio	30.5	Aluminio	600 *
Parafina	43.7	Bronce	900 *
Fósforo	44.2	Plata (3)	954
Esperma	49	Oro (3)	1035
Estearina	61	Cobre (3)	1054
Cera blanca	68.7	Hierro (fundición)	1050-1200
Ácido esteárico	70	Acero	1300-1400
Naftalina	78	Hierro dulce	1500-1600 *
Sodio	90	Paladio (3)	1500
Azúcar de uva	100	Platino (3)	1775
Yodo	107	Iridio (3)	1950

(1) Según Wroblewski y Olzewski. (2) Según Gernez. (3) Según M. Violle. (*) Estos números deben ser considerados como aproximados.

PUNTO DE EBULLICIÓN

(Extraído de Jamin, Cours de Physique).

SUSTANCIAS	*Temperatura*	SUSTANCIAS	*Temperatura*
Ázoe [1]	— 193.1	Bencina	80.8
Aire [1]	— 192.2	Cloruro de etilo	84.9
Óxido de carbono [1]	— 186	Ácido azótico monohidratado	86
Oxígeno [1]	— 184	Agua	100
Formeno [2]	— 155-160	Agua de mar	103.7
Etileno [2]	— 103	Ácido fórmico	105.3
Protóxido de ázoe	— 88	Petróleo	106
Ácido carbónico	— 78	Ácido acético	120
Cloro	— 40	Ácido azótico cuadrihidratado	123
Amoníaco anhidro	— 35	Alcohol amílico	131.8
Cianógeno	— 18	Sub-cloruro de azufre	138
Cloruro de cianógeno gaseoso	— 12	Ácido butírico	157
Ácido sulfuroso	— 10	Yodo	176

Sustancia		Sustancia	
Cloruro de etilo	+ 11	Anilina [3]	182
Aldehido	20.8	Oxalato de etilo	183
Ácido hipoazótico	25	Cloruro de cianógeno sólido	190
Ácido cianhídrico	26.2	Benzoato de etilo	209
Ácido fluorhídrico	30	Naftalina	210
Ácido sulfúrico anhidro	32 *	Nitrobencina	213
Éter	35.5	Ácido benzoico	240
Bromuro de etilo	40.7	Benzoato de amilo [3]	253
Sulfuro de carbono	48	Fósforo	290
Ácido azótico anhidro	50	Difenilamina [3]	290
Formiato de etilo	52.9	Ácido sulfúrico monohidratado	326
Cloruro de silicio	59	Mercurio	350
Cloruro de azufre	64	Parafina	370 *
Alcohol metílico	66.3	Aceite de linaza	387.5
Yoduro de etilo	70	Azufre	440
Acetato de etilo	74.1	Potasio y sodio	700 *
Alcohol etílico	78.3	Cadmio [4]	746.3
Tricloruro de fósforo	78.3	Zinc [4]	940

[1] Según Wroblewski. [2] Según Olzewski. [3] Según V. Meyer. [4] Según Deville y Troost.

LICUEFACCIÓN DE GASES

Según **Faraday**.

Temperatura	PRESIÓN EN ATMÓSFERAS					
	Gas oleifiante	*Ácido carbónico*	*Protóxido de Ázoe*	*Ácido clorhídrico*	HIDRÓGENO *Sulfurado*	HIDRÓGENO *Arseniado*
— 87°2	—	—	1.0	—	—	—
— 73.3	9.3	1.8	1.8	1.8	1.0	—
— 56.7	12.5	5.3	4.1	4.0	1.6	1.1
— 40.0	17.0	11.1	8.7	7.7	2.9	2.3
— 28.9	21.2	16.3	13.3	10.9	4.2	3.5
— 12.2	31.7	26.8	22.9	17.7	7.2	6.2
— 1.1	42.5	37.2	31.1	25.3	9.9	8.7
+ 4.4	—	—	—	30.7	11.8	10.0

Temperatura	PRESIÓN EN ATMÓSFERAS		
	Ácido sulfuroso	*Cianógeno*	*Amoniaco*
— 18.0	0 7	1.2	2.5
0.0	1.5	2.4	4.4
+ 4.4	1.8	2.8	5.0
+ 32.0	4.3	6.2	11.0
+ 38.0	5.1	7.3	»

Faraday ha llegado á liquidar casi todos los gases conocidos, con excepción del hidrógeno, del ázoe, del oxígeno, del óxido de carbono, del bióxido de ázoe y del protocarburo de hidrógeno.

Todos estos gases han podido después liquidarse; los autores de estas experiencias notables son los Señores Cailletetet, Pictet, von Wroblewski y Olzewski. También se han podido liquidar las mezclas gaseosas tales como el ácido carbónico con el aire ó con el hidrógeno, y el ozono.

MEZCLAS FRIGORÍFICAS

Proporción y naturaleza de las sustancias que se deben emplear para producir un determinado descenso de temperatura.

SUSTANCIAS	*Partes en peso*	ENFRIAMIENTO PRODUCIDO
Sulfato de soda . . . . Ácido clorhídrico	8 5	+ 10° á — 17°
Hielo machacado ó nieve. . . . Sal. marina.	2 1	+ 10 á — 19°
Sulfato de soda . . . . Ácido azótico diluído.	3 2	+ 10 á — 19°
Sulfato de soda . . . . Azotato de amoníaco. . . . . . Ácido azótico diluído.	6 5 4	+ 10 á — 26°
Fosfato de soda . . . . Ácido azótico diluído.	9 4	+ 10 á — 29°
Cloruro de calcio en polvo . . . Hielo machacado ó nieve. . . .	4 3	+ 10 á — 51°

CUADRO DE LOS CUERPOS SIMPLES

Y DE SUS EQUIVALENTES

NOMBRES	*Equivalentes*	*Símbolos*	DESCUBRIDORES Y FECHA DEL DESCUBRIMIENTO
Aluminio. .	13.7	Al	Aislado por Wœhler en 1827.
Antimonio. .	122	Sb	Conocido de los antiguos.
Arsénico . .	75	As	Conocido de los alquimistas.
Ázoe	14	Az	
Azufre . . .	16	S	
Bario. . . .	68.5	Ba	Descubierto por H. Davy en 1807.
Bismuto. . .	210	Bi	Conocido desde el siglo XV.
Boro	11	Bo	Aislado por Gay-Lussac y Thenard.
Bromo . . .	80	Br	Descubierto por Balard en 1826.
Cadmio. . .	56	Cd	Descubierto por Stromeyer en 1817.
Calcio. . . .	20	Ca	Aislado por H. Davy.
Carbono . .	6	C	
Cesio	133	Cs	Descubierto por Kirchhoff y Bunsen en 1861.
Cerio	46	Ce	Berzelius é Hisinger 1809.
Cloro. . . .	35.5	Cl	Descubierto por Scheele en 1774.
Coballo. . .	29.5	Co	Conocido en la edad media.
Cobre. . . .	31.8	Cu	
Cromo . . .	26.2	Cr	Descubierto por Vauquelin en 1797.
Didimio. . .	48	Di	Descubierto por Mosander en 1839.
Erbio. . . .	—	Er	Descubierto por Mosander.
Estaño . . .	59	Sn	
Estroncio .	43.8	S	Estronciana desc. por Crawfurd 1790.
Fluor. . . .	19	Fl	Aislado por Moissan en 1886.
Fósforo. . .	31	Ph	Descubierto por Brandt en 1677.

Cuadro de los cuerpos simples y de sus equivalentes *(Continuación)*.

NOMBRES	*Equivalentes*	*Símbolos*	DESCUBRIDORES Y FECHA DEL DESCUBRIMIENTO
Galio.......	69.9	Ga	Descubierto por Lecoq de Boisbaudran 1875.
Germanio...	36.2	Ge	Winkler 1885.
Glucinio ...	4.6	Gl	Glucina descubierta por Vauquelin — Glucinio aislado por Wœhler.
Hidrógeno.	1	H	
Hierro......	28	Fe	
Indio.......	36.7	In	Reich y Richter 1863.
Iodo........	127	I	Descubierto por Courtois en 1811.
Iridio,......	98.6	Ir	Descubierto por Tennant y Collet-Descotil en 1803.
Lantano....	46.2	La	Descubierto por Mosander en 1839.
Litio	7	Li	Litina descubierta por Arfwedson en 1817 — Litio aislado por H. Davy.
Magnesio ...	12.2	Mg	Aislado por Bussy.
Manganeso..	27.4	Mn	Óxido de manganeso descubierto por Scheele en 1774 — Manganeso aislado por Gahn.
Mercurio....	100	Hg	
Molibdeno..	48	Mo	Descubierto por Scheele en 1778.
Níkel.......	29.5	Ni	Descubierto por Cronsdedt en 1751.
Niobio.... .	48.9	Nb	Descubierto por H. Rose.
Oro.........	98.3	Au	
Osmio......	99.5	Os	Descubierto por Tennant en 1803.
Oxígeno....	8	O	Descubierto por Priestley en 1774.
Paladio.....	53.2	Pd	Descubierto por Wollaston en 1803.
Plata.......	108	Ag	
Platino.....	98.6	Pt	Importado de América hacia 1740.

Cuadro de los cuerpos simples y de sus equivalentes *(Continuación)*.

NOMBRES	*Equivalentes*	*Símbolos*	DESCUBRIDORES Y FECHA DEL DESCUBRIMIENTO
Plomo......	103.5	Pb	
Potasio. . ..	39	K	Descubierto por H. Davy en 1807.
Rodio	52.2	Rh	Descubierto por Wollaston en 1804.
Rubidio.....	85	Rb	Descubierto por Kirchhoff y Bunsen en 1861.
Rutenio	52.2	Ru	Descubierto por Claus.
Selenio	39.8	Se	Descubierto por Berzelius en 1817.
Silicio.	28	Si	Aislado por Berzelius.
Sodio.......	23	Na	Aislado por H. Davy en 1807.
Tantalo.....	68.8	Ta	Descubierto por Hatchett en 1801.
Teluro... ..	64.2	Te	Descubierto por Müller en 1782.
Terbio.....	56.5	—	Descubierto por Mosander.
Talio	203	Tl	Descubierto por Crookes en 1862.
Torio.......	59.5	Th	Descubierto por Berzelius.
Titano......	24.5	Ti	Descubierto por Grégor en 1791.
Tungsteno ..	92	W	Descubierto por Scheele en 1780.
Uranio......	59.8	U	Descubierto por Klaproth 1779 — Aislado por Péligot 1841.
Vanadio	68.7	V	Descubierto por Sefströn 1830.
Ytrio	29.9	Y	Aislado por Wœlher en 1827.
Zinc........	32.7	Zn	Aislado en los tiempos modernos.
Zirconio. ...	33.6	Zr	Zircona descub. por Klaproth 1789 — Zirconio aislado por Berzelius.

Estudios recientes han demostrado que los minerales que contienen cerio, lantano, didimio, etc., encierran muchos metales muy difíciles de separar uno de otro.

Cuadro de los cuerpos simples y de sus equivalentes *(Conclusión)*.

NOMBRES	*Equivalentes*	*Símbolos*	DESCUBRIDORES Y FECHA DEL DESCUBRIMIENTO
Gadolinio...	53.5	Gd	Marignac, 1878.
Yterbio.....	58.7	Yb	Marignac, 1880.
Scandio.....	44.1	Sc	Nilson, 1880.
Tulio.......	56.9	Tu	Clève, 1880.
Holmio.....	55.3	Ho	Clève, 1880.
Neodimio...	46.9	Ne	Auer von Welsbach, 1886.
Praseodimio.	47.9	Pr	Auer von Welsbach, 1886.

El Samario Sa = 50,0 (Lecoq de Boibaudran, Soret, Delafontaine) sería una mezcla de dos elementos por lo menos (Demarçay, 1886 ; Nilson, 1887).

El Disprocio (Lecoq de Boisbaudran) sería también una mezcla.

PESOS ATÓMICOS

Un gran número de químicos adoptan, bajo el nombre de *peso atómico* de un cuerpo simple, un múltiplo del equivalente químico, como representando la menor cantidad relativa de materia (siendo *uno* el hidrógeno) que puede entrar en combinación.

Este múltiplo es 2 para los elementos siguientes :

Al, Ba, Cd, Ca, C, Ce, Cr, Co, Cu, Sn, Fe, Ge, Gl, Ir, La, Mg, Mn, Hg, Mo, Ni, Nb, Au, Os, Pd, Pt, Rh, Ru, S, Sr, Te, Ti, W, V, Zn.

Este múltiplo es 3 para los siguientes :

Di, In, Ta, Te, Y, Zr, Gd, Yb, Sc, Tu, Ho, Ne, Pr, Sa.

DENSIDAD DE LOS SÓLIDOS

TOMANDO COMO UNIDAD LA DENSIDAD DEL AGUA Á 4 GRADOS

CUERPOS SIMPLES	*Símbolos*	*Densidad*	AUTORIDADES
Aluminio fundido . .	Al	2.56	H. Deville.
» laminado. .		2.67	» »
Antimonio.	Sb	6.72	d'Elhuyart.
Arsénico.	As	5.67	Herapath.
Azufre octaédrico . .	S	2.07	C. Deville.
» prismático. . .		1.96 á 1.99	» »
Bario	Ba	»	
Bismuto	Bi	9.82	d'Elhuyart.
Boro cristalino. . . .	Bo	2.69	Woehler y H. Deville.
Cadmio fundido . . .	Cd	8.60	Troost.
» laminado. . .		8.69	Herapath.
Calcio	Ca	1.58	Fernet.
Carbono antracita . .	C	1.34 á 1.46	Regnault.
» diamante.. .		3.50 á 3.53	Dumas.
» grafita . . .		2.09 á 2.24	Dufrenoy.
Cerio	Ce	5.50	Woehler
Cesio.	Cs	»	
Cobalto fundido . . .	Co	7.81	Herapat.
Cobre fundido	Cu	8.85	d'Elhuyart.
» laminado . . .		8.95	Herapat.
Cromo.	Cr	5.90	d'Elhuyart
Didimio..	Di	»	
Erbio	Er	»	
Estaño.	Sn	7.29	Herapat.
Estroncio	Sr	2.54	Bunsen.
Fósforo	Ph	1.77	d'Elhuyart.
Galio	Ga	5.95	Lecoq de Boisbaudran

Densidad de los sólidos *(Continuación).*

Cuerpos simples	Símbolos	Densidad	Autoridades
Glucino	Gl	2.10	Woehler.
Hierro fundido	Fe	7.20	Herapath.
» forjado		7.79	Herapath.
Indio	In	7.40	Troost.
Iodo	I	4.95	Gay-Lussac.
Iridio	Ir	22.40	H. Deville y Debray.
Lantano	La	»	
Litio	Li	0.59	Bunsen.
Magnesio	Mg	1.74	Bunsen.
Manganeso	Mn	8.01	Herapath.
Mercurio sólido á—40°	Hg	14.39	Rivot.
Molibdeno	Mo	8.60	Herapath.
Níkel fundido	Ni	8.28	Herapath.
» forjado		8.67	Herapath.
Niobio	Nb	»	
Oro fundido	Au	19.26	Children.
» laminado		19.36	Children.
Osmio	Os	22.47	H. Deville y Debray.
Paladio	Pd	12.05	H. Deville y Debray.
Plata fundida	Ag	10.512	Dumas.
Platino fundido	Pt	21.45	H. Deville y Debray.
Plomo	Pb	11.35	Gay-Lussac y Thénard
Potasio	K	0.86	Leroyer y Dumas.
Rodio	Rh	12.41	H. Deville y Debray.
Rubidio	Rb	1.52	Bunsen.
Rutenio	Ru	11.3	H. Deville y Debray.
Selenio	Se	4.30	Leroyer y Dumas.
Silicio cristalino	Si	2.65	D'Elhuyart.
» amorfo		2.49	D'Elhuyart.

Densidad de los sólidos *(Conclusión)*.

CUERPOS SIMPLES	*Símbolos*	*Densidad*	AUTORIDADES
Sodio	Na	0.97	D'Elhuyart.
Tantalo	Ta	»	
Talio.	Tl	11.86	Lamy.
Teluro.	Te	6.24	Gay-Lussac y Thénard
Torio	Th	10.099	Nilson.
Titano.	Ti	5.30	D'Elhuyart.
Tungsteno.	W	17.60	D'Elhuyart.
Uranio.	U	18.33 á 18.40	Péligot.
Vanadio	V	»	
Ytrio.	Y	»	
Zinc.	Zn	7.19	Herapath.
Zirconio	Zr	4.14	Troost.

DENSIDAD DE ROCAS DIVERSAS

EMPLEADAS EN LA CONSTRUCCIÓN, EL ORNATO Y LA ESTATUARIA

(Según Damour; Extraído del *Annuaire du Bureau des Longitudes, 1890.)*

Alabastro calcáreo.	2,69 á 2,78
Alabastro gipsoso	2,26 á 2,32
Anhidrita.	2,94 á 2,96
Pizarra (esquito).	2,64 á 2,90
Basalto.	2,78 á 3,10
Calcáreo litográfico.	2,67 á 2,70
Calcáreo bruto *(en pedazos)*.	1,94 á 2,06
» » *(en polvo)*	2,60 á 2,68
Diorita	2,80 á 3,10
Dolerita.	2,80 á 2,90
Fluorina	3,14 á 3,19
Granito.	2,63 á 2,75
Greda abigarrada de los Vosges *(en pedaz.)*	2,19 á 2,25
» » » » *(en polvo.)*	2,62 á 2,65
Greda cuarzosa	2,55 á 2,65
Gipso (*piedra de yeso, en pedazos*). . .	2,17 á 2,20
Mármoles calcáreos	2,65 á 2,74
Petrosílex.	2,55 á 2,77
Mármoles magnesianos *(dolomia)*	2,82 á 2,85
Piedra ollar.	2,55 á 2,60
Pórfido	2,61 á 2,94
Cuarzita.	2,65
Serpentina.	2,49 á 2,66
Sienita	2,63 á 2,73
Traquita	2,70 á 2,80
Kersanton.	2,75 á 2,78

DENSIDAD DE SUSTANCIAS DIVERSAS

Compuestos metálicos.

Acero dulce.	7,833
Acero fundido estirado.	7,717
Acero forjado.	7,840
Acero templado.	7,816
Acero Wootz	7,665
Bronce antiguo	8,45 á 9,20
Bronce de cañón	8,44 á 9,24
Bronce de los Tam-tam	8,813
Bronce templado	8,686
Cobre 90, Aluminio 10.	7,700
Cobre y Zinc *(latón)*.	7,30 á 8,65
Fundición blanca	7.44 á 7,84
Fundición gris.	6,79 á 7,05
Plata alemana.	8,615
Plata 90, Cobre 10	10,121

Vidrios y porcelanas.

Cristal	3,330
Crown ordinario.	2,447
Crown de Clichy.	2,657
Esmalte egipcio antiguo.	2,25 á 2,64
Flint de Faraday	4,358
Flint de Guinand	3,589
Flint pesado.	4,056
Porcelana de China	2,384
Porcelana de Sevres.	2,242
Porcelana de Sajonia	2,493
Strass.	4,11
Vidrio de botellas.	2,64 á 2,70
Vidrio de espejos	2,463
Vidrio de ventana.	2,527
Vidrio antiguo de Pompeya	2,490

Densidad de Sustancias diversas.

(Continuación.)

Maderas.

Abeto.	0,49 á 0,66
Álamo.	0,39 á 0,51
Boj de Francia	0,91
» Holanda.	1,32
Caoba.	0,56 á 0,85
Cedro del Líbano	0,49 á 0,66
Ciruelo.	0,87
Corteza de Alcornoque.	0,24
Ébano	1,12 á 1,21
Fresno	0,70 á 0,84
Granado	1,35
Haya.	0,66 á 0,82
Madera de hierro	1,02 á 1,09
Manzano	0.73
Nogal.	0,68 á 0,92
Olivo.	0,68
Olmo.	0,55 á 0,76
Peral.	0,73
Pino	0,55 á 0,74
Plátano.	0,65
Roble.	0,61 á 1,17
Tejo	0,80
Tilo	0,60

Sustancias vegetales.

Algodón	1,95
Almidón	1,53
Carbón de leña.	0,32 á 0,52
Cautchuc.	0,99
Guta-Percha	0,97
Lino	1,79
Resina copal	1,05

Densidad de Sustancias diversas.

(Conclusión.)

Sustancias del reino animal.	
Blanco de ballena.	0,94
Cera	0,96
Coral.	2,69
Cuerno	1,31
Cuerpo humano (*medio*)	1,07
Grasa de carnero.	0,92
Grasa de chancho	0,94
Huesos	1,80 á 2,00
Lana	1,61
Marfil.	1,93
Perlas	2,68 á 2,75
Nácar de perlas	2,74 á 2,78

DENSIDAD DE LÍQUIDOS

Tomando como unidad la densidad del Agua á 4 grados

Mercurio (á 0^0)	13,600
Bromo	2,966
Ácido sulfúrico hidratado, SO^3 HO	1,848
Ácido azótico fumante, Az O^5, HO	1,52
Ácido azótico cuadrihidratado, Az O^5 4 HO	1,42
Ácido hipo-azótico, Az O^4	1,451
Ácido clorhídrico hidratado, Cl H. 6 HO	1,208
Sulfuro de carbono, CS^2	1,263
Bencina C^{12} H^6	0,89
Esencia de trementina C^{20} H^{16}	0,864
Esencia de almendras amargas C^{14} H^6 O^2	1,050
Alcohol absoluto C^4 H^6 O^2	0,795
Mercaptano C^4 H^6 S^2	0,842
Aldehido, C^4 H^4 O^2	0,795
Éter, C^8 H^{10} O^2	0,730
Éter fórmico, C^2 HO^3. C^4 H^5 O	0,915
Éter acético, C^4 H^3 O^3. C^4 H^5 O	0,890
Éter benzoico, C^{14} H^5 O^3. C^4 H^5 O	1,052
Éter oxálico, C^4 O^6. 2 C^4 H^5 O	1,093
Espíritu de madera, C^2 H^4 O^2	0,801
Aceite de papas, C^{10} H^{12} O^2	0,818
Licor de los holandeses, C^4 H^4 Cl^2	1,280
Ácido cianhídrico, C^2 Az H	0,697
Ácido fórmico, C^2 H^2 O^4	1,22
Ácido acético monohidratado C^4 H^3 O^3 HO	1,063
Agua de mar (media)	1,026
Leche	1,03
Vino	0,99
Aceite de Olivo	0,915
Esencia de limón C^{20} H^{16}	0,847

PROPIEDADES FÍSICAS DE LAS MADERAS DE LA REPÚBLICA ARGENTINA

(Por el profesor don Emilio Rosetti)

NOMBRE COMÚN	NOMBRE CIENTÍFICO	DENSIDAD	LOCALIDAD
Aguay	Chysophylum lucumifolium GRB.	0.750	Chaco, Corrientes.
Aguay-mirí	» » spec.	0.777 á 0.822	» »
Aguay-guazú	» » spec.	0.724	» »
Aguarigay	Schinus Molle L.	0.663	Todas las Provincias.
Ajicillo	Poligonum acre	0.927	Córdoba, Tucuman.
Álamo	Populus Italica L	0.416 á 0.445	Todas las Provincias.
Algarrobo negro	Prosopis, algarrobilla; var. nig. GRB	0.646 á 0.730	Varias Provincias.
» blanco	Prosopis alba GRB.	0.809	» »
» colorado	Prosopis vor,	0.959	» »
Alecrin		0,834	Misiones.
Anchico ó Angica		0.723	Misiones, Alto Uruguay.
Anchico colorado		0.942 á 0.969	Misiones, Brasil.
Araten ó Aratren		0.632	» »
Arazá	Myrtus incana	1.122	» »
Arayí colorado		0.904	» »

Aticu		0.735	Misiones, Brasil.
Blanco grande		0.720	Islas del Paraná.
Blanquillo	Excœcaria marginata	0.610 á 0.656	Chaco, Misiones.
Brea ó cina-cina	Parkinsonia aculeata, L aut, cœsalpinæ precox	0.620	Varias Provincias.
Cabrioba		0.977	Tucuman, Brasil.
Cabuya		0.860	Alto Uruguay.
Canela ó palo canela		0.714 á 0.822	Chaco, Misiones, Brasil.
Canelón	? Oreodaphne, spec.	0.625	Corrientes, Brasil.
Cancharena		0.616	Misiones, Brasil.
Cañafístula		0.670	» »
» colorada		0.705	» »
Caoba	Swietenia Mahagani.	0.702 á 0.787	Santo Domingo.
Carambaré amarillo		0.920	Misiones.
» oscuro		1.050	»
Carandá	? Prosopis spec	1.207	Chaco, Corrientes.
Cebil	Piptadenia communis Grb.	0.854 á 0.936	Tucuman, Salta.
» colorado	» Cebil, Grb	0.680	Tucuman, Chaco.
Cedro	Cedrela Brasiliensis, St. Hil	0.505 á 0.658	Chaco, Tucuman, Misiones
» blanco	» »	0.455 0.480	» » »
» colorado oscuro, etc	» »	0.675 0.715	» » »
jaspeado crespo, etc	» » spec.	0.540 0.690	» » »

Propiedades Físicas de las Maderas de la República Argentina

(Continuación)

Nombre Común	Nombre Científico	Densidad	Localidad
Cedro macho	Cedrela Brasiliensis spec.	0.610 á 0.739	Chaco, Tucuman, Misiones
Cedrillo	? » » spec.	0.622	Chaco, Misiones.
Ceibo ó seibo	Eritryna crista galli L.	0.228	Islas del Paraná.
Cepa-caballo	? Xanthium Spinosum.	0.654	Misiones.
Chal-chal	Urvillea seriana, Grb aut. Schmidelia edulis St. Hil.	0.700	Tucuman.
Chañar	Gourliea decorticans Gill.	0.568 á 0.650	Córdoba y otras Provincias
Chichita		0.881	Corrientes.
Chuña		0.642	Tucuman.
Ciñal		0.680	Chaco.
Ciprés	Cupressus piramidalis, L.	0.640	Buenos Aires.
Coco ó cochuchu	Xantoxylum, Coco, Grb	0.504 á 0.640	Córdoba, Tucuman.
Coigüé		0.675 0.730	Patagonia.
Coronillo	Scutia buxifolia, Reiss.	1.231 á 1.243	Buenos Aires.
Coronilla	? Garugandra amorphoides.	0.833	Tucuman.

Curá-pytá.		0.623	Misiones.
Curá-pytá amarillo.		1.605	Misiones, Paraguay.
Curá-turá		0.685	» »
Curiú	? Podocarpus angustifolia	0.410 á 0.585	Chaco.
Curupay.	Acacia atramentaria, BENTH, aut Sapium aucuparium.	0.977 1.172	Chaco y Prov. limítrofes.
Curupicay.	Excœcaria biglandulosa, MUELL. .	0.420	Corrientes.
Espina de corona.	Acacia, spec.	0.858 á 0.951	»
Espinillo ó algarrobo amarillo. .	» cavenia, HOOK.	0.650 0.766	Tucuman, Paraguay.
» aromita.	» spec	0.948	Corrientes.
Eucaliptus globulus.	Eucaliptus globulus.	0.625	Buenos Aires.
Fresno.	? Fraxinus spec.	0.584	Estados Unidos.
Grapiapuña.		0.829 á 0.913	Chaco, Corrientes, Brasil.
Guaviyú.		0.690	Misiones.
Guaranina.		0.926	Entre Ríos.
Guatambú		0.917	Misiones.
Guayabo.	Psidium guayabo	0.844	Chaco.
Guyacán blanco	? Calliandra Portoricensis BENTH.	1.110	Oran.
» negro.	Cæsalpinia Melano-carpa, GRB aut Porliera hygrométrica, GRB . .	1.113 á 1.284	Chaco y Prov. limítrofes.
Guayay		0.678	Misiones.
Guayaibí blanco	Patagonula americana spec . . .	0.907 á 0.922	Chaco, Misiones.

Propiedades Físicas de las Maderas de la República Argentina

(Continuación)

Nombre Común	Nombre Científico	Densidad	Localidad
Guayaibí negro	Patagonula americana spec	0.743 á 0.983	Chaco, Misiones.
Guay-Curuzú		1.055	Misiones.
Guayatu, tal vez Guay-hiyay		0.887	Alto Uruguay.
Haya	? Fagus. spec	0.743	Corrientes.
Hascayante ó viscayante		1.211	Chaco.
Horco-cebil ú Orco-cebil		0.946 á 1.126	Tucuman.
Horco molle	Maytenus Magellanica Hook	1.226	Córdoba, Catamarca.
» » ó molle del monte	Bumelia obtusifolia R. S.	0.703 á 0.838	Prov. del Norte.
Incienso ó palo de incienso	? Duvana, spec	0.869 0.945	Chaco.
Jacarandá	? Jacarandá chelonia	0.885 1.005	Brasil.
Kirindy ó Quirindy		0.675 0.710	Chaco.
Lanza blanca ó palo de lanza	Myrsine marginata Grb Hook.	0.738	Tucuman.
» amarilla	Chuncoa triflora	0.770	Oran.
» negra	? Ruprechtia exelsa	0.881 á 1.010	Tucuman.
Lapacho	Tabebuia favescens Benth Hook	0.952 1.072	Chaco, Misiones.

Lapacho amarillo	Tabebuia favescens, spec	0.958	Chaco, Misiones.
» crespo	» » spec	1.000	» »
» piruzú	» » spec	0.753	Misiones, Paraguay.
Lapuy		0.720	» »
Laurel blanco	Nectandra amara MON, Nectandra porphyria GRB aut	0.570 á 0.750	Chaco, Misiones.
» negro	Emmontum apogon	0.502 0.826	» »
» amarillo	Ocotea suaveolens	0.532 0.845	» »
Loro blanco ó palo de loro		0.878	Misiones.
» oscuro		0.928	»
Manceibo		0.929	Misiones Paraguay.
Manduví guaycurú	? Sterculia, spec	0.626	Corrientes.
Mataojo	Lucuma Sellowi D. C. aut Lucuma verifolia	0.705	Islas del Paraná.
Mato	Eugenia Mato, BRG, aut Eugenia pungens BRG	0.890	Tucuman.
Mistol	Zizyphus Mistol GRB	1.274	Entre Ríos, Santiago.
Molle	Duvana aut Lithrœa precox, aut moya spinosa	0.833	Corrientes.
» blanco	Duvana Fasciculata	0.517	Tucuman.
Mora	Maclura Mora, GRB	0.977 á 1.690	Chaco.
Naranjo silvestre	Citrus aurantium L	0.704 0.946	Islas del Paraná.

Propiedades Físicas de las Maderas de la República Argentina

(Continuación)

Nombre Común	Nombre Científico	Densidad	Localidad
Nogal de Tucuman	Juglans australis, Grb aut Cupania, spec	0.514 á 0.538	Prov. del Norte.
» Europeo	Juglans regia y Juglans nigra	0.633 0.827	Córdoba.
» de Norte América	? Juglans, spec	0.502 0.710	Norte América.
Ñandubay	Prosopis Nandubay Grb	1.090 1.211	Chacos Entre Ríos.
Ñandupá	Genipa, spec	0.746	Corrientes.
Ñangapirú		0.873 á 0.904	Misiones.
Olmo		0.847	Chaco.
Ombú	Pirtcornia. dioica	0.648	Buenos Aires, etc.
Pacará	Calliandra Pacará	0.344 á 0.473	Prov. del Norte.
Pacará bayo	Calliandra, spec.	0.350	Tucuman.
Pacurí		0.093	Misiones.
Palan-palan		0.403	Barrancas del Paraná.
Palma negra (corteza)	Copernicia cerifera Mart.	0.910	Chaco, Corrientes.
» » (corazón)	» » »	0.593 á 0.660	»

Palma amarilla.		1.067	Chaco, Corrientes.
Palo amarillo		0.544	Corrientes, Oran.
» blanco	Calycophyllum multiflorum Grb aut solanum verbascifolium . .	0.918 á 1.027	Prov. del Norte, Chaco.
» de anis.	Pimpinella anisum.	0.929	Corrientes.
» yerba mate	Ilex Paraguayensis St. Hil . . .	0.490	Misiones, Paraguay.
» rosa ó Rosa.	? Machœrium, spec.	0.634 á 0.735	Misiones, Chaco.
» » colorado ó macho . .	» spec.	0.783 0.918	» »
» » con venas		0.634 0.735	» »
» santo.	Guayacum officinale, L. aut Bulnesia Sarmientií.	1.216 1.303	Chaco, Misiones.
Paraíso.	Melia Azedarach, L	0.755 0.938	Varias Provincias.
Petereby ó Pitereby	? Sterculia, spec.	0.619 0.850	Chaco, Paraguay.
Pino de Misiones.	? Araucaria Brasiliensis	0.420 0.510	Misiones.
» amarillo.	Pinus, spec.	0.364 0.394	Norte América.
» blanco	» alba.	0.434	» »
» spruce	» spec.	0.461	» »
» de California	» »	0.516 0.612	» »
» de tea	» »	0.630 0.778	» »
Piquillin.	Condalia lineata Grb	1.114	Tucuman,
Quebracho blanco.	Aspidosperma quebracho blanco Schlecht	0.810 á 1.080	Chaco y Prov. limítrofes.

Propiedades Físicas de las Maderas de la República Argentina

(Continuación)

Nombre Común	Nombre Científico	Densidad	Localidad
Quebracho colorado	Quebrachia Lorenizii Grb	1.232 á 1.392	Chaco y Prov. limítrofes.
» negro	? Quebrachia, spec	0.765 0.807	Misiones, Paraguay.
» macho	» spec	1.275	» »
Quebratillo		0.970	Misiones.
Rabo de macaco		0.920	»
Retama ó Retamo	Bulnesia retama aut Spartium junceum	0.917	Catamarca.
Roble Europeo	Quercus pedunculata L	0.791 á 0.934	Europa.
» Norte Americano	» spec	0.622 0.872	Norte América.
Roviraró, tal vez *Ybiraró*		1.086	Misiones.
Runa Caspi		0.576	Tucuman.
Samuhú ó Yuchán	Chorisia insignis Kth	0.228	Corrientes, Chaco.
San Antonio ó palo de S. Antonio	Myrsine floribunda, R. DR aut Pentapanœ angelicifolium	0.695	Tucuman.
Sangre de Drago		0.300	Chaco, Corrientes.

Sapiranguí		0.685	Chaco, Corrientes.
Sasafraz		0.662	Misiones.
Sauce blanco	Salix, spec	0.468	Islas del Paraná.
» colorado	» Humboldtiana, Grb et Wild.	0.497	» »
Sombra de toro	Agonandra excelsa, aut Acanthosyris Spinescens Grb	0.754	Tucuman.
Tacuara ó caña tacuara	Bambusa, spec	0.468	Chaco, Corrientes.
Taincán		1.104	Misiones.
Tala	Celtis flexuosa, Wild, aut Duranta Lorintzii Grb	0.608 0.896	Varias Provincias.
Tala Crespo	Celtis chichope, Mig aut Celtis diffusa Pl.	0.985	» »
Tarcó ó Talco	? Thoxinia Weinmanifolia Grb	0.542	Prov. del Norte.
Taperibá-guazú		0.909	Misiones.
Taperuguá-guazú		0.500	Corrientes.
Tatané ó tatanel	Zygophyllea.	0.970	Chaco, y Prov. limítrofes.
» amarillo		0.650 á 0.978	» » »
Tatané ala de loro		0.947	Chaco.
Tataré		0.671 á 0.767	Misiones, Paraguay.
Tataybá		0.720 1.040	» »
Tayi		1.024	» »
Tembetary blanco		0.693	» »

Propiedades Físicas de las Maderas de la República Argentina

(Conclusión)

Nombre Común	Nombre Científico	Densidad	Localidad
Tembetary negro		0.848	Misiones, Paraguay.
Timbó	Enferolabium Timbouwa Mart.	1.328 á 0.440	Chaco, y Prov. limítrofes.
» blanco	» » spec.	0.340	» » »
» negro	» » spec.	0.421	» » »
» macho	» » spec.	0.550	» » »
Timbo-y-atá	» » spec.	0.597	Corrientes.
Tipa blanca	Macherium fertile	0.662	Tucuman.
Toro ratay		0.877	Corrientes.
Trébol	Miroxilum microspermun	0.566 á 0.632	Misiones, Paraguay.
Tusca	Acacia moniliformis Grb aut Acacia aroma	0.918	Tucuman.
Tuyú-hapé		0.756	Corrientes.
Urunday ó Urundey	Astronium juglandifolium	1.110 á 1.270	Chaco y Prov. limítrofes.
Urunday-hú ó negro	» » spec.	1.256	» » »
Urunday-mí	» » spec.	0.920 á 1.407	» » »

Urunday-pará	Astronium juglandifolium	0.848 á 1.091	Chaco y Prov. limítrofes.
Urunday-rá	» » spec.	0.938	Corrientes.
Vinal ó visnal	Prosopis ruscifolia GRB	0.800	Tucuman, Corrientes.
Virarú	Ruprechtia excelsa GRB	0.765	Tucuman.
Viraró ó ybiraró	» viraró	0.765 á 0.875	Misiones, Paraguay.
Ybiraró amarillo	» corylifolia aut Ruprechtia salicifolia MEYN	0.918	» »
Ybirá-pytá ó Vira Pita	Daphnosis Leguizamonis	0.745 á 1.038	Chaco y Prov. limítrofes.
» » Miní	» » spec	0.839	Misiones.
» » guazú	? » » spec	0.608	»
Ybira-pepé		0.894 á 1.003	Misiones, Paraguay.
Ybirá-rirá	? Gnaphalium luteoalbum	0.900	Misiones.
Ybirá-tay		1.012	»
Ybirá yepiró		0.988	Corrientes.
Yasuretá ó caoba de Misiones		0.824	Misiones.
Yatytá		0.811	Corrientes.
Yba-hehé		0.832	»
Yba-hay		0.862	»
Yguá-viyú		0.924	»
Yucurubuzú		0.416	»

PROPIEDADES FÍSICAS DE LAS MADERAS DE LA REPÚBLICA ARGENTINA

MADERAS	Módulos de elasticidad relativos á la flexión, en kilogramos por milímetro cuadrado			Coeficientes de resistencia á la rotura por flexión, en kilogramos por milímetro cuadrado		
	Máximo	*Medio*	*Mínimo*	*Máximo*	*Medio*	*Mínimo*
Álamo	1112	800	—	6.907	3.10	4.40
Algarrobo negro	650	572	499	8.32	6.33	3.76
Aguay-miní	1263	1199	1117	12.37	11.46	10.11
Blanco grande	1125	963	841	7.22	6.80	5.71
Canelá ó palo canela	1227	1161	1093	12.30	11.11	9.92
Caoba de Santo Domingo	1350	1238	1127	11.01	8.70	6.51
Carandá	1522	1427	1382	15.51	13.26	11.11
Cebil	—	778	418	—	7.01	5.03
Cedro de Misiones	932	877	780	7.70	7.00	5.56
Cedro de Tucuman	1122	967	837	6.74	6.30	5.62

Cochuchú ó coco	1055	899	860	10.35	6.75	3.59
Coigué	—	—	—	—	5.85	—
Coronillo	—	1080	—	10.25	8.90	—
Curupicay	1386	1333	1212	—	12.81	—
Curupay	1394	1247	1100	17.44	12.83	11.58
Eucaliptus globulus	—	675	547	—	7.46	6.10
Guayacán	1684	1603	1575	17.32	—	—
Guaraniná	1149	1115	1032	12.33	10.80	9.29
Grapiapuña	1675	1228	1220	10.12	9.66	8.77
Guayaivi blanco	1687	1357	1110	11.25	8.50	6.60
Incienso	1150	1251	1210	13.90	17.70	12.00
Jacarandá del Brasil	1350	1240	1147	13.26	11.20	8.21
Lapa·ho	1474	1336	1246	16.60	15.43	10.63
Laurel negro	640	582	540	—	6.96	—
Lanza blanca ó palo de lanza	1296	1179	1116	10.11	9.46	8.76
Mataojo	383	546	520	7.87	6.20	4.50
Mistol	1092	1032	1032	10.97	9.96	8.95
Mora	1552	1500	1413	11.70	9.00	6.40
Naranjo	880	800	720	11.864	—	—
Nogal de Estados Unidos	1042	1042	874	71.461	10.26	8.76

Propiedades Físicas de las Maderas de la República Argentina

(Conclusión)

MADERAS	MÓDULOS de elasticidad relativos á la flexión, en kilogramos por milímetro cuadrado			COEFICIENTES de resistencia á la rotura por flexión, en kilogramos por milímetro cuadrado		
	Máximo	*Medio*	*Mínimo*	*Máximo*	*Medio*	*Mínimo*
Nogal de Tucuman	—	780	—	9.05	7.20	6.45
Ñandubay	1396	1079	916	12.35	12.00	9.54
Orco cebil	—	1253	—	—	9.76	—
Orco-molle	1042	854	724	13.18	—	—
Pacará	909	821	737	8.31	7.87	7.41
Palo santo	088	872	827	14.07	10.81	8.91
Palo rosa	1054	950	912	9.79	8.81	6.69
Palmera negra (corteza)	1646	1440	1329	10.00	8.76	6.87
Palma amarilla	2004	1704	1374	14.76	13.00	10.57
Petereby	660	622	549	—	—	4.72

Pino amarillo de E. U.	—	1430	—	6.00	5.45	4.31
Pino blanco de E. U.	—	982	—	5.30	4.67	3.70
Pino de tea de E. U.	—	1350	—	7.84	7.17	6.18
Quebracho colorado.	1824	1433	1293	11.32	15.43	12.00
Quebracho blanco	544	478	433	7.16	4.33	3.26
Retama	1053	897	780	11.25	7.50	4.50
Roble de E. U.	1127	960	810	8.31	7.40	6.51
Sauce blanco.	497	465	434	5.24	—	—
Tala.	1173	1033	870	9.175	6.30	4.30
Tatané blanco	1233	1133	1066	11.41	10.41	8.91
Tarco	—	625	—	—	6.86	—
Timbó.	729	687	666	6.74	6.33	6.52
Trébol.	675	610	340	6.30	3.60	4.95
Urunday.	1236	1042	944	11.85	11.25	9.30
Urundey-pará	1209	1146	1116	—	7.42	—
Ybiraró	—	1430	—	—	12.23	—
Yvirapitá.	1456	1415	1376	12.66	12.10	11.65

PROPIEDADES FÍSICAS DE LAS MADERAS DE LA REPÚBLICA ARGENTINA

CLASE DE MADERA	*Trabajabilidad*	FLECHA *de encorvación bajo la misma carga*		FLECHA *de encorvación bajo cargas distintas*			
				LÍMITE DE ELASTICIDAD		ROTURA	
		Carga en kilogramos	*Flecha en milimetros*	*Carga en kilogramos*	*Flecha en milimetros*	*Carga en kilogramos*	*Flecha en milimetros*
Álamo	8	5.00	3.00	8.80	6.50	12.50	12.00
		9.90	7.00				
Algarrobo negro	5	5.00	8.50	7.30	13.00	9.00	15.00
Blanco grande	6	9.90	7.20	12.40	10.00	—	—
Caoba de Santo Domingo	7	9.90	5.60	14.40	8.50	22.00	19.10
Canela	7	9.90	5.00	21.80	11.60	23.70	16.00
Carandá	4	9.90	4.70	24.00	12.50	31.00	20.10
Cedro	6	9.90	6.50	12.60	9.50	17.40	19.00
Coco ó Cochuchú	7	9.90	6.10	15.00	9.40	31.00	34.10
Coronillo	2	9.90	5.20	16.00	10.25	27.00	20.50

Curupay.	3	9.90	3.20	28,30	11,00	41.00	24.00
Curupicay.	4	9.90	4.50	22,40	9.50	29.40	14.00
Eucalyptus globulus	8	9.90	9,00	9,90	9.00	13.50	20.00
Grapiapuña.	4	9.90	5.50	12.00	7.70	28.00	22.40
Guayacán	2	9.90	4,00	27.48	13.00	38.48	25.00
Guayaiby blanco.	6	9.90	4.50	12.00	5.50	32.00	30.00
Incienso.	5	9.90	3.75	16.00	5.60	42.00	24.00
Jacarandá del Brasil	6	9.90	5.50	18.48	9.50	29.48	19.50
Lapacho.	4	9.90	3.50	32.12	15.00	35.00	18.00
Laurel negro.	6	9.90	11.10	12.48	15.00	15.48	26.00
Lanza blanca ó palo de lanza.	9	9.90	5.20	16.48	10.00	24.48	25.00
Mataojo	7	9.90	10.20	12.00	14.60	21.00	43.00
Mora.	5	9.90	4.00	14.00	6.00	27.00	12.00
Nogal de Tucuman.	7	9.90	6.50	18.48	13.00	23.00	17.00
Nogal de Estados Unidos.	7	9.90	11.30	12.48	14.00	16.00	20.00
Naranjo	4	9.90	6.60	17.00	22.00	22.00	45.00
Ñandubay	1	9 90	5.00	24.00	16.00	29.00	25.00
Orco-molle.	5	9.90	6.50	10.80	7.00	29.30	31.00
Pacará.	10	9.90	7.00	14.00	10.50	18.00	16.50
Palo Santo.	2	9.90	6.00	22.00	17.50	28.00	25.50

Propiedades Físicas de las Maderas de la República Argentina

(Conclusión)

CLASE DE MADERA	*Trabajabilidad*	FLECHA *de encorvación bajo la misma carga*		FLECHA *de encorvación bajo cargas distintas*			
				LÍMITE DE ELASTICIDAD		ROTURA	
		Carga en kilogramos	*Flecha en milimetros*	*Carga en kilogramos*	*Flecha en milimetros*	*Carga en kilogramos*	*Flecha en milimetros*
Palma negra (corteza)	3	9.90	6.20	14.00	8.60	24.00	15.00
Pino amarillo de N. A.	10	5.00 9.90	3.00 7.00	8.80	6.50	12.50	12.00
Pino blanco de N. A.	10	5.00 9.90	3.00 6.00	9.90	6.00	11.96	9.50
Pino de tea de N. A.	9	5.00 9.90	2.25 5.25	17.80	9.00	15.75	11.00
Quebracho blanco	3	5.00	7.50	6.90	11.00	9.66	13.50
Quebracho colorado	1	9.90	4.50	27.14	14.50	33.00	20.00
Retama	2	9.90	6.40	12.00	7.70	30.00	24.60

Roble de Estados Unidos	8	9.90	6.50	11.48	9.50	18.48	18.50
Sauce colorado	9	5.00 9.90	4.00 9.10	8.80	8.00	12.50	20.00
Tala	6	9.90	5.50	12.00	6.80	28.00	22.30
Tatané	5	9.90	4.00	17.70	8.00	22.38	14.00
Timbó	10	5.00 9.90	4.50 10.50	9.90	10.50	14.40	16.50
Trébol	8	9.90	10.70	11.00	13.50	14.00	18.50
Urunday	1	9.90	7.00	21.39	16.50	26.00	26.00
Yviraró	4	—	—	—	—	—	—
Yvirapitá	1	—	—	—	—	—	—

Nota. — Se llama *trabajabilidad* aquella propiedad preciosa de las maderas, por efecto de la cual, ellas puedan ser cortadas y reducidas más ó menos fácilmente á todas las variadas formas requeridas en la práctica.

En el cuadro anterior se ha indicado la trabajabilidad especialmente para el cepillo, suponiendo las maderas estacionadas y adoptando una escala de uno á diez, á donde diez representa la madera trabajable más fácilmente y el uno la que se trabaja con mayor dificultad.

De dicho cuadro se verá que en general las maderas argentinas más importantes pecan por el lado de la trabajabilidad. Tales por ejemblo son el Yvirapitá, el Quebracho colorado, el Ñandubay, Urunday, Tabaybá, Curupay, y en general todas las maderas duras.

PESO ESPECÍFICO Y DENSIDAD DE LOS GASES

(Por M. Berthelot)

NOMBRES	*Fórmulas*	*Peso del litro*	*Densidad*	OBSERVADORES
Oxígeno	O	1.433 (T) 1.430 (R)	1.1056	Regnault.
Hidrógeno	H	0.08958	0.06928	»
Ázoe	Az	1.254 (T) 1.256 (R)	0.9714	»
Cloro	Cl	3.18	2.47 (T.O)	Gay-Lussac y Thenard.
Bromo*	Br	7.16	5.54	Mitscherlich.
Iodo*	I	11.38	8.72 hacia 300° 5. 7 á 1500°	Dumas. V. Mayer.
Fluor	Fl	1.70	—	—
Azufre*	S	2.87	6.51 á 506° 2.23 1040°	Dumas. Deville y Troost.
Selenio*	Se	7.03	6.37 1040°	» »
Teluro*	Te	11 48	9.08 1390°	» »
Fósforo	Ph	2.78	4.42 313° 4. 5 1040°	Dumas. Deville y Troost.
Arsénico*	As	13.44	10. 6	Mitscherlich.
Mercurio*	Hg	8.96	6.98	Dumas.
Cadmio*	Cd	5.02	3.94 á 1040°	Deville y Troost.

Ácido clorhídrico	HCl	1.635	1.278	Biot y Gay-Lussac.
» bromhídrico	HBr	3.63	2.71	Lowig.
» iodhídrico	Hi	5.73	4.44	Gay-Lussac.
» fluorhídrico	HFl	0.896	—	—
Vapor de agua*	HO	0.806	0.6235	Gay-Lussac.
Ácido sulfhídrico	HS	1.523	1.191	Gay-Lussac y Thenard.
» selenhídrico	HSe	3.63	2.80	Bineau.
» telurhídrico	HTe	5.82	4.49	»
Amoniaco	AzH^3	0.761	0.597	Biot y Arago.
Hidrógeno fosforado	PhH^3	1.52	1.214	Dumas.
» arsenicado	AsH^3	3.49	2.695	»
» antimoniado	SbH^3	5.60	—	—
» siliciado	SiH^4	1.43	—	—
Protóxido de ázoe	AzO	1.971	1.527	Thomson.
Bióxido de ázoe	AzO^2	1.343	1.039	Bérard.
Ácido azotoso	AzO^3	3.40	—	—
» hipoazótico	AzO^4	2.06	2.65 á 26° 1.57 183°	Deville y Troost.
» sulfuroso	SO^2	2.87	2.25	Gay-Lussac.
Óxido de carbono	CO	1.254	0.968	Wrede.
Ácido carbónico	CO^2	1.971 (T) 1.9774 (R)	1.529	Regnault.
» hipocloroso	ClO	3.90	—	—

* Este cuerpo no es gaseoso á la temperatura ordinaria.
NOTA. — (T) significa teoría. — (R) significa Regnault. — (TO) Significa temperatura ordinaria.

Peso específico y densidad de los gases

(Conclusión)

NOMBRES	*Fórmulas*	*Peso del litro*	*Densidad*	OBSERVADORES
Ácido cloroso	$Cl\ O^8$	5.33	4.07 á 9°	Brandau.
» hipoclórico	$Cl\ O^4$	3.024	2.33	Pébal.
Oxisulfuro de carbono	$C\ O\ S$	2.69	2.10	Than.
Oxicloruro de carbono	$C\ O\ Cl$	4.43	3.46	Thomson.
Cloruro de boro	$Bo\ Cl^3$	5.26	3.94	Dumas.
Fluoruro de boro	$Bo\ Fl^3$	3.05	2.31	»
» de silicio	$Si\ Fl^4$	4.66	3.60	»
» de fósforo	$Ph\ Fl^5$	3.94	3.05	Moissan.
» fosfórico	$Ph\ Fl^3$	5.64	4.39	Thorpe.
Oxifluoruro de fósforo	$Ph\ Fl^3\ O^2$	4.66	3.71	Moissan.
Acetileno	$C^2\ H$ ó $C^4\ H^2$	1.165	0.92	Berthelot.
Etileno	$C^2\ H^2$ ó $C^4\ H^4$	1.254	0.971	Thomson.
Metileno ó hidruro de etileno	$C^2\ H^3$ ó $C^4\ H^6$	1.343	1.075	Kolbe y Frankland.
Formeno ó gas de los pantanos	$C^2\ H^4$	0.716	0.558	Thomson.
Cianógeno	$C^2\ Az$ ó $C^4\ Az^2$	2.330	1.806	Gay-Lussac.
Ácido cianhídrico*	$C^2\ Az\ H$	1.210	0.948	»
Cloruro de cianógeno	$C^2\ Az\ Cl$	2.755	—	—
Éter metilclorhídrico	$C^2\ H^3\ Cl$	2.261	1.73	Dumas y Péligot.
» bromhídrico	$C^2\ H^3\ Br$	4.255	3.25	Bunsen.

Éter metilfluorhídrico.	$C^2 H^3 Fl$	1.523	1.186	Dumas y Péligot.
» metílico.	$C^2 H^3 O$ ó $C^4 H^6 O^2$	2.060	1.617	Dumas y Péligot.
Metilamino.	$C^2 H^5 Az$	1.388	1.08	Izarn.
Metilfosfino	$C^2 H^5 Ph$	2.150	—	—
Bortrimetilino	$C^6 H^9 Bo$ $(C^2 H^3)^3 Bo$	2.508	1.91	Frankland.
Acetileno clorado.	$C^4 H Cl$	2.709	—	—
Etileno clorado.	$C^4 H^3 Cl$	2.799	—	—
Éter clorhídrico	$C^4 H^5 Cl$	2.889	2.219	Thenard.
Etilamino	$C^4 H^7 Az$	2.015	1.58	Izarn.
Alileno.	$C^6 H^4$	1.792	—	—
Propileno	$C^6 H^6$	1.881	1.498	Berthelot y de Luca.
Hidruro de Propileno.	$C^6 H^8$	1.971	—	—
Diacetileno.	$C^8 H^4$	2.330	—	—
Crotonileno	$C^8 H^6$	2.420	—	—
Butileno.	$C^8 H^8$	2.508	1.99	Kolbe.
Etilo é hidruro de Butileno. . .	$C^8 H^{10}$	2.596	2.05	Frankland.

FUERZA ELÁSTICA DE LOS VAPORES
DE ALGUNOS LÍQUIDOS

(Por Regnault según Jamin)

Temperatura	Alcohol	Éter	Sulfuro de Carbono	Cloroformo
	m/m	m/m	m/m	m/m
— 20	3.34	68.90	47.30	—
0	12.70	184.39	127.91	—
+ 10	24.23	286.83	198.46	—
20	44.46	432.78	298.03	160.47
30	78 52	634.80	434.62	247.51
35	102.91	761.20	519.66	303.49
45	172.18	1074.15	729.53	446.01
50	219.90	1264.83	857.07	535.05
60	350.21	1725.01	1164.51	755.44
65	436.90	1998.47	1347.52	889.72
75	665.54	2645.41	1779.88	1214.20
80	812.91	3022.79	2032.53	1407.64
100	1697.55	4953.30	3325.15	2428.54
120	3231.73	7719.20	5148.79	3925.74
125	3746.88	—	5699.69	4386.60
150	7318.40	—	9065.94	7280.62
155	8259.19	—	—	7985.35
165	—	—	—	9527.82

FUERZA ELÁSTICA DE LOS VAPORES

DEL MERCURIO Y DEL AZUFRE

(Por Regnault según Jamin.)

Temperatura	MERCURIO	*Temperatura*	AZUFRE
	m/m		*m/m*
0°	0.020	390°	272.31
20	0.037	400	328.98
40	0.077	440	663.11
60	0.164	450	779.89
80	0.353	500	1635.32
100	0.746	550	3086.51
150	4.266	570	3877.08
200	19.90		
250	75.75		
300	242.15		
350	663.18		
360	797.74		
400	1587.96		
450	3384.35		
500	6520.25		
520	8264.96		

TENSIÓN DEL VAPOR DE AGUA

(Según Regnault.)

Temperatura	Tensiones en m/m de mercurio	Temperatura	Tensiones en m/m de mercurio	Temperatura	Tensiones en m/m de mercurio
	m/m		m/m		m/m
—32°	0.32	6°	2.88	20°	17.39
31	0.35	5	3.11	21	18.49
30	0.39	4	3.37	22	19.66
29	0.42	3	3.64	23	20.89
28	0.46	2	3.94	24	22.18
27	0.50	— 1	4.26	25	23.55
26	0.55	0	4.60	26	24.99
25	0.60	+ 1	4.94	27	26.51
24	0.66	2	5.30	28	28.10
23	0.72	3	5.69	29	29.78
22	0.78	4	6.10	30	31.55
21	0.85	5	6.53	31	33.41
20	0.93	6	7.00	32	35.36
19	1.01	7	7.49	33	37.41
18	1.09	8	8.02	34	39.57
17	1.19	9	8.57	35	41.83
16	1.29	10	9.16	36	44.20
15	1.40	11	9.79	37	46.69
14	1.52	12	10.46	38	49.30
13	1.65	13	11.16	39	52.04
12	1.78	14	11.91	40	54.91
11	1.93	15	12.70	41	57.91
10	2.09	16	13.54	42	61.06
9	2.27	17	14.42	43	64.35
8	2.46	18	15.36	44	67.79
7	2.66	19	16.35	45	71.39

TENSIÓN DEL VAPOR DE AGUA

(Conclusión.)

Temperatura	*Tensiones en m/m de mercurio*	*Temperatura*	*Tensiones en m/m de mercurio*	*Temperatura*	*Tensiones en m/m de mercurio*
	m/m		m/m		m/m
46°	75.16	65°	186.95	84°	416.30
47	79.09	66	195.50	85	433.04
48	83.20	67	204.38	86	450.34
49	87.50	68	213.60	87	468.22
50	91.98	69	223.17	88	486.60
51	96.66	70	233.09	89	505.76
52	101.54	71	243.39	90	525.45
53	106.64	72	254.07	91	545.78
54	111.95	73	265.15	92	566.76
55	117.48	74	276.62	93	588.41
56	123.24	75	288.52	94	610.74
57	129.25	76	300.84	95	633.78
58	135.51	77	313.60	96	657.54
59	142.02	78	326.81	97	682.03
60	148.79	79	340.49	98	707.26
61	155.84	80	354.64	99	733.21
62	163.17	81	369.29	100	760.00
63	170.79	82	384.44		
64	178.71	83	400.10		

TENSIÓN DEL VAPOR DE AGUA

(Según Regnault.)

Temperatura	TENSIONES		Temperatura	TENSIONES	
	En milímetros de mercurio	*En atmósferas*		*En milímetros de mercurio*	*En atmósferas*
	m/m			m/m	
100°	760.00	1.000	130°	2030.28	2.671
101	787.59	1.036	131	2091.9	2.752
102	816.01	1.074	132	2155.0	2.836
103	845.28	1.112	133	2219.7	2.921
104	875.41	1.152	134	2285.9	3.008
105	906.41	1.193	135	2353.7	3.097
106	938.31	1.235	136	2423.2	3.188
107	971.14	1.278	137	2494.2	3.282
108	1004.91	1.322	138	2567.0	3.378
109	1039.65	1.368	139	2641.4	3.476
110	1070.37	1 415	140	2717.6	3.576
111	1112.09	1.463	141	2795.6	3.678
112	1149.83	1.513	142	2875.3	3.783
113	1188.61	1.564	143	2956.9	3.891
114	1228.47	1.616	144	3040.3	4.000
115	1269.41	1.671	145	3125.6	4.113
116	1311.47	1.726	146	3212.7	4.227
117	1354.66	1.782	147	3301.9	4.345
118	1399.02	1.841	148	3393.0	4.464
119	1444.55	1.901	149	3486.1	4.587
120	1491.28	1.963			
121	1539.25	2.025	150	3581.2	4.712
122	1588.47	2.090	160	4651.6	6.121
123	1638.96	2.157	170	5961.7	7.844
124	1690.76	2.225	180	7546.4	9.929
125	1743.88	2.295	190	9442.7	12.425
126	1798.35	2.366	200	11689.0	15.380
127	1854.20	2.440	210	14324.8	18.848
128	1911.47	2.515	220	17390.4	22.882
129	1970.15	2.592	230	20926.4	27.535

LISTA

DE LAS

OBRAS DONADAS AL OBSERVATORIO

LISTA DE LAS OBRAS DONADAS AL OBSERVATORIO

DONANTES	OBRAS	NÚMERO de Tomos	NÚMERO de Folletos
Observatorio de Milán	*Sulla distribuzione apparente delle Stelle ad l'ochio nudo*, per G. V. Schiaparelli		1
Observatorio de Besançon	*Premier Bulletin chronométrique*, publié par L. Y. Grueg		1
Banco Hipotecario Nacional	*Memoria correspondiente al año 1888*	1	
Observatorio de Harvard College.	*Micrometrical measurements of double stars and other observations*, by F. P. Seavenworth	1	
E. González Méndez	*La Phylloxera vastatrix en la R. Argentina*, por E. González Méndez		1
Observatorio de William's College.	*The William's College Catalogue of North Polar Stars*, by Truman H. Safford	1	
Observatorio de William's College.	*Commemoration of the fiftieth Anniversary of the dedication of the Hopkins Observatory*, by H. Safford		1
H. y J. Pérez Mendoza, en memoria de Alfredo Pérez Mendoza.	*Astronomia Náutica*, por Fontecha	3	
	Cours d'Astronomie, par H Faye	1	
	Traité de la Charpenterie, par A. Remy	3	

Lista de las obras donadas al Observatorio.

(Continuación.)

DONANTES	OBRAS	NÚMERO de Tomos	NÚMERO de Folletos
H. y J. Pérez Mendoza, en memoria de Alfredo Pérez Mendoza. *(Continuación.)*	*L'Arte di fabricare,* per Giovanni Cimone	2	
	Conducción de las Aguas, por M. Riesta y Perera	1	
	Tablas, por José Mendoza Ríos	1	
	Coupe des Pierres, par E. Lejeune.	2	
	Des Machines à vapeur, par F. Jacquemin.	2	
	Astronomia, por A. Echevarria	1	
	Álgebra y Trigonometria, por J. Sarriez	1	
	Tratado de las Acotaciones: Soldevilla.	1	
	Cours de mécanique : Ch. Delauney	1	
	Occultations des étoiles par la Lune : Beuf et Perrin	1	
	Dictionnaire des Mathématiques : H. Sonnet	1	
	Curso de Máquinas : E. Rosetti	2	
	Manuel de l'Ingénieur.	1	

Lista de las obras donadas al Observatorio.

(Continuación.)

DONANTES	OBRAS	NÚMERO de Tomos	NÚMERO de Folletos
H. y J. Pérez M ndoza, en memoria de A fr do Pérez Mend za. *(Continuación.)*	*Leçons de Trigonométrie.:* Briot et Bouquet	1	
	Sulle Construzioni in Legno : L. Mazzochi	2	
	Science de l'Ingénieur : Claudel	1	
	Traité de Géométrie descriptive	2	
	Connaissance des Temps	2	
	Traité élémentaire de Cosmographie, par Pichot	1	
	Traité de la figure de la Terre : L.-B. Francœur	1	
	Astronomie, 1764. M. de la Lande	2	
	Formules et Tables : J. Ca.del	2	
	Tables de logarithmes	1	
	Geometria analitica	1	
	Nivelación Geodésica : Ibáñez	1	
	Carnet de l'Ingénieur, 1884 : Lacroix	1	

Lista de las obras donadas al Observatorio.

(Continuación.)

DONANTES	OBRAS	NÚMERO de Tomos	NÚMERO de Folletos
H. y J. Pérez Mendoza, en memoria de Alfredo Pérez Mendoza. *(Continuación.)*	*Cours de Mécanique :* Ch. Sturm	1	
	Géologie appliquée : A. Bural	2	
	Tables de Logarithmes : Houel.	1	
	Traité de Géométrie : H. E. Timbeau.	1	
	Observations sur le terrain : F. Brun	1	
	Géodésie : Ch. Moeman	1	
	Curso de Matemáticas : J. Faries.	2	
	Elementos de Álgebra : M. Bounder	1	
	Manuel d'irrigation : Villeroy et Muller	1	
	Estudio de las Reglas de Descartes y Newton : A. Orzabel . .	1	
	Geologia de la Sierra Baya : E. Aguirre.	1	
	Annuaire du Bureau des longitudes, 1886	1	
	Tránsito de Venus : F. Latzina	1	

Lista de las obras donadas al Observatorio.

(Continuación.)

DONANTES	OBRAS	NÚMERO de Tomos	NÚMERO de Folletos
H. y J. Pérez Mendoza su memoria de Alfredo Pérez Mendoza. *(Continuación.)*	*Memoria del departamento de Ingenieros nacionales,* 1880	1	
	Fracciones continuas : Darío Bacas	1	
	Los constructores : F. Rebaux	1	
Observatorio meteorológico de Puebla.	*Resumen de once años de observaciones meteorológicas en el colegio de Puebla,* por C. González	1	
Observatorio de Stonyhurst College.	*Results of meteorological, magnetical and solar observations,* 1883, by the Rev. S. J. Perry	1	
Observatorio de Montsouris.	*Annuaire de l'Observatoire de Montsouris,* 1889	1	
Sociedad Real de Dublin	*The scientific transactions of the royal Dublin Society* (series II)	1	
Oficina meteorológica Argentina.	*Ligeros apuntes sobre el clima de la República Argentina,* por Gualterio. C. Davis	1	
Universidad de Yale	*Report of the year 1888-89 presented by the board of managers of the Observatory of Yale university to the President and Fellows*	1	
Observatorio de Lyon	*Travaux de l'observatoire de Lyon*	1	

Lista de las obras donadas al Observatorio.

(Continuación.)

DONANTES	OBRAS	NÚMERO de Tomos	NÚMERO de Folletos
Observatorio de San Fernando	*Almanaque Náutico*, 1891	1	
Universidad de Coïmbra	*Observações meteorologicas feitas no observatorio meteorologico e magnetico da Universidad de Coïmbra*	1	
Observatorio del Parque San Maur.	*Observations magnétiques faites à l'Observatoire du Parc Saint-Maur pendant 1887*, par Th. Moureaux	1	
Observatorio de Sydney	*Results of Rain, River and Evaporation observations in N. S. W. during 1888*, by H. C. Russel	1	
	Results of meteorological observations made in N. S. W. during 1887 under the direction of H. C. Russel	1	
	Presidents address, by H. C. Russel		1
	Astronomical and meteorological workers in N. S. W. from 1877 to 1886, by H. C. Russel		1
	Proposed methods for recording variations in the direction of the vertical, by H. C. Russel		1
	On a new Self recording thermometer, by H. C. Russel		1

Lista de las Obras donadas al Observatorio.

(Continuación.)

DONANTES	OBRAS	NÚMERO de Tomos	NÚMERO de Folletos
Observatorio de Sydney . .	*The Thunder storm of 26th october 1888,* by H. C. Russel . . .		1
— —	*The Source of the under ground water in the Western district* by H. C. Russel.		1
— —	*The Storm of 21st September 1888,* by H. C. Russel.		1
El Autor.	*El Gran Cometa de 1882,* por E. Cappelett.		1
Observatorio de Córdoba . . .	*Resultados del Observatorio Nacional Argentino,* tomo XI . . .	1	
El Autor.	*On the High Tides of 15-17 June 1889,* by J. Tebbut.		1
	Report of Mr. Tebbut's Observatory 1888, by J. Tebbut		1
Sociedad Astronómica del Pacífico.	*Publications of the Astronomical Society of the Pacific,* nº 4.		1
Observatorio de Helsingfors.	*Beobachtungen von Cometen von Anders Donner*	1	
Instituto Meteoº de Rumaña	*Annales de l'Institut météorologique de Roumanie*	1	
Observatorio de Yale. . . .	*Determination of the orbit of Titan an the mass of Saturn* by Asaph Hall.	1	

Lista de las Obras donadas al Observatorio.

(Continuación.)

DONANTES	OBRAS	NÚMERO de Tomos	NÚMERO de Folletos
Observatorio de Siracusa . .	*Osservazioni Meteorologiche fatte nell'Osservatorio di Siracusa,* Julio á Diciembre 1889		6
Banco de la Provincia . . .	*Memoria del Banco de la Provincia,* 1889		1
A. Rozet	*Essai sur la climatologie de Toulon,* A. Rozet		1
Observatorio de Lubeck . .	*Resultate magnetischer Beobachtungen in Lubeck un Bochum Herausgegeben* von Dr W. Schaper.		1
— — . .	*Ueber die Bestimmung der Magnetischen Inklination mittels Erdinductor und Telephon,* von Dr W. Schaper		1
Observatorio de Constantinopla.	*Climatologie de Constantinople déduite de vingt années d'observations*		1
Observatorio de Ginebra . .	*Rapport sur le concours pour le réglage des chronomètres pendant l'année 1888,* par E. Gautier		1
Richard Hermanos	*De la mesure de la vitesse du vent.*	1	
Observatorio de Palermo . .	*Osservazioni Meteorologiche,* anni V y VI	1	

Lista de las Obras donadas al Observatorio.

(Conclusión.)

DONANTES	OBRAS	NÚMERO de Tomos	NÚMERO de Folletos
Observatorio de Allegheny .	*The Solar and the Lunar Spectruno*		1
Observº Fisico Central de San Petersburgo.	*Annalen der Physikalischen Central Observatorum Herausgegeben*, von H. Wild, Theil I. 1887.	1	
— — .	*Repertorium fur Meteorologie*, von H. Wild, Band XI	1	
El Autor	*Ephemeris for physical observations of the Moon*, by A. Marth	1	
Oficina Hidrográfica de la República de Chile.	*Anuario Hidográfico de la Marina de Chile*	1	

Publicaciones Periódicas que recibe el Observatorio en canje.

Boletín del Departamento Nacional de Agricultura *(quincenal)*.

Boletín mensual de Estadística Municipal (Buenos Aires).

Boletín mensual de Correos y Telégrafos.

El Factor de Correos y Telégrafos *(semanal)*.

Revue Sud-Américaine *(semanal)*.

Revista do Observatorio de Rio Janeiro *(mensual)*.

Sociedad Científica Antonio Alzate-Méjico *(mensual)*.

Boletín mensual del Observatorio de Méjico.

Boletín del Instituto Geográfico Argentino *(mensual)*.

Boletín mensual del Museo de Productos Argentinos.

Publications of the Astronomical Society of the Pacific *(mensual)*.

Revista de Educación (Dirección General de Escuelas) *(mensual)*.

S CIRCUMPOLARES

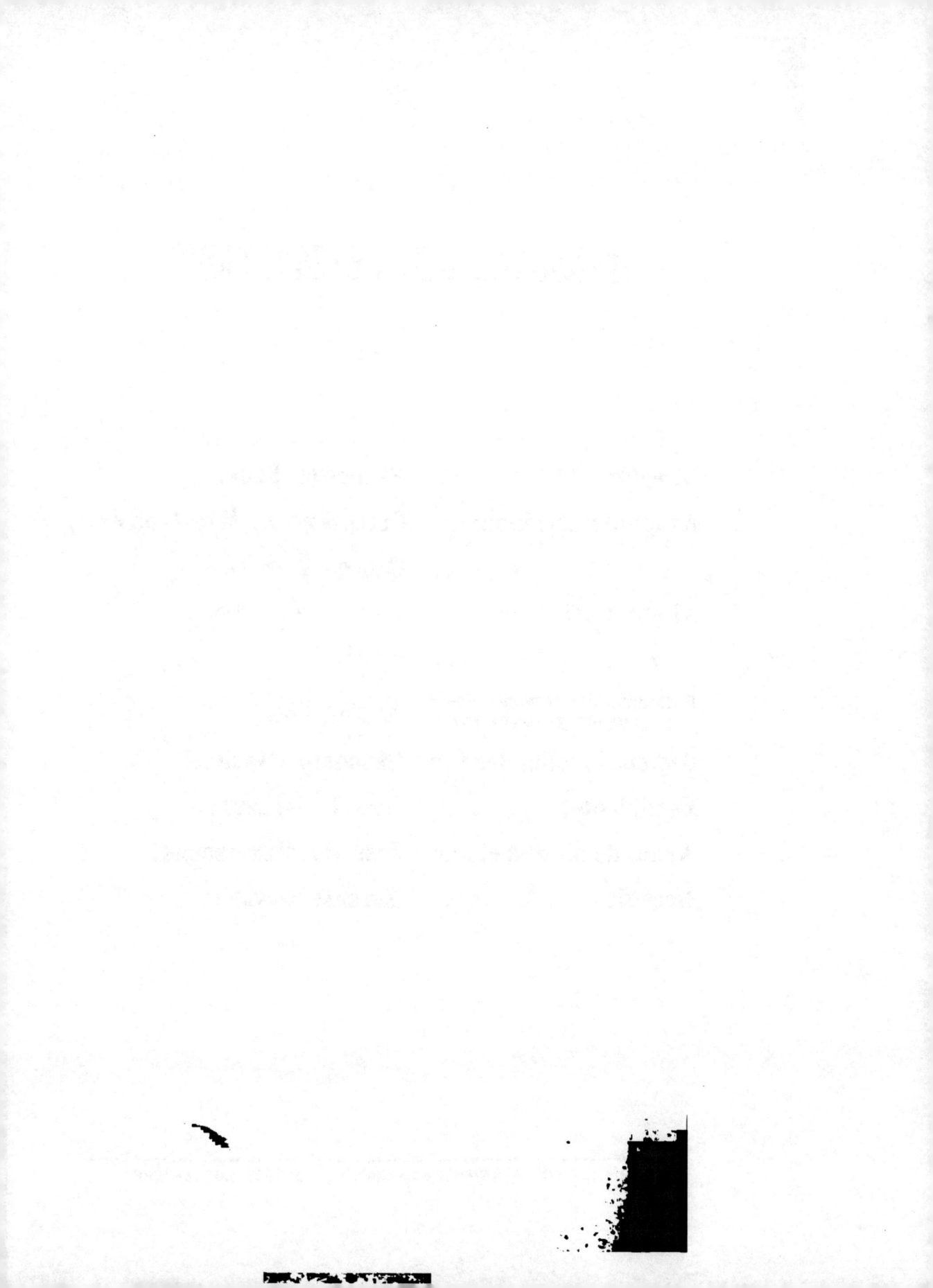

PERSONAL DEL OBSERVATORIO

Director..............	Francisco Beuf.
Ayudante astrónomo..	Guillermo S. Mac Carthy.
» » ..	Carlos P. Salas.
Alumno astrónomo ...	Luis A. Álvarez.
» » ...	N. N.
Encargado del servicio meteorológico y magnético	Víctor Beuf.
Secretario bibliotecario	Gregorio Cánepa.
Escribiente..........	Juan P. Meletta.
Ayud. de observaciones	José M. Mendiboure.
Mecánico	Esteban Gavarry.

PARÍS. — TIP. GARNIER HERMANOS, 6, RUE DES SAINTS-PÈRES

Princeton University Library
32101 043297926

Lightning Source UK Ltd.
Milton Keynes UK
UKOW02f2114250214

227171UK00008B/278/P